ESTUDOS EM HOMENAGEM A
SERGIO DE ANDRÉA FERREIRA:
Em comemoração aos seus 85 anos

Coordenadores
Aluisio Gonçalves de Castro Mendes
Gustavo Binenbojm
José dos Santos Carvalho Filho

ESTUDOS EM HOMENAGEM A SERGIO DE ANDRÉA FERREIRA:

Em comemoração aos seus 85 anos

GZ
EDITORA

Rio de Janeiro
2024

1ª edição – 2024

Diagramação: *Olga Martins*

CIP-BRASIL. CATALOGAÇÃO NA PUBLICAÇÃO
SINDICATO NACIONAL DOS EDITORES DE LIVROS, RJ

E85

Estudos em homenagem a Sergio de Andréa Ferreira : em comemoração aos seus 85 anos / coordenação Aluisio Gonçalves de Castro Mendes, Gustavo Binenbojm, José dos Santos Carvalho Filho. - 1. ed. - Rio de Janeiro : GZ, 2024.
398 p. ; 24 cm.

Inclui bibliografia e índice
ISBN 978-65-5813-081-9

1. Direito - Brasil. I. Mendes, Aluisio Gonçalves de Castro. II. Binenbojm, Gustavo. III. Carvalho Filho, José dos Santos.

23-86071 CDU: 34(81)

Meri Gleice Rodrigues de Souza - Bibliotecária - CRB-7/6439

13/09/2023 18/09/2023

contato@editoragz.com.br
www.editoragz.com.br

Estrada do Capuava, nº 1325 - Box Q - CEP 06715-410
Bairro Barro Branco - Município de Cotia - SP
Tels.: (0XX21) 99585-0737 / 99755-0737

Impresso no Brasil
Printed in Brazil

APRESENTAÇÃO

SERGIO DE ANDRÉA FERREIRA nasceu em 15 de outubro de 1938, no Rio de Janeiro. O seu aniversário e a sua trajetória se entrelaçam com o Magistério, com o Direito e com a Academia. A sua memória prodigiosa, a sua disciplina e organização, o olhar profundo e crítico, a sua inteligência incomum, o humor fino e a sua ampla cultura lhe propiciaram a genialidade, as projeções profissionais e a admiração de todos que o conheceram no convívio do dia a dia, nas suas aulas, palestras, julgamentos, pareceres e escritos. Esta sincera homenagem reúne expoentes do mundo jurídico, às vésperas do 85º ano de vida do homenageado, encontrando-o com plena saúde, vitalidade, atividade e realizações que não cessam.

Filho de Lauro Barbosa Ferreira e de Haydée de Andréa Ferreira, casou-se com Lúcia Galvao de Andréa Ferreira, com quem teve três filhos (Eduardo, Cristina e Fernando); 5 netos (Laura, Carolina, Sophia, Giorgio Antonio e Valentina Maria); e 3 bisnetos (Lucca, Letícia e Isabel).

O seu gosto pelos estudos ficou logo demonstrado ao obter a primeira colocação em todas as séries dos cursos Ginasial e Clássico dos Colégios Anglo Americano e Mello e Souza, valendo-lhe a medalha Luiz de Melo Campos, em 1956. Diplomado em inglês pela Universidade de Cambridge, obteve o título de Bacharel em Direito pela Faculdade de Direito da então Universidade do Estado da Guanabara (UEG), que se tornou depois a Universidade do Estado do Rio de Janeiro (UERJ), tendo ingressado no ano de 1957 e concluído em 1961, como primeiro aluno da sua turma. Recebeu, ao longo do curso, os seguintes prêmios: *i*) "Faculdade de Direito da Universidade da Guanabara", pela primeira colocação em todas as séries; *ii*) "Clóvis Beviláqua", como primeiro colocado em quatro anos de Direito Civil; *iii*) "Tobias Barreto", pela primeira colocação nas Cadeiras de Direito Penal e Medicina Legal; *iv*) "Melhor Estudo sobre Clóvis Beviláqua", nas comemorações pelo centenário do seu nascimento, em concurso instituído pelo Centro Acadêmico Luiz Carpenter, em 1959; *v*) "Vencedor do concurso promovido pelo referido Centro Acadêmico, em combinação com a Livraria Revista Forense, em comemoração do Centenário da publicação do 'Tableau Économique', do economista François Quesnay (1958); e *vi*) Primeiro lugar no Concurso de Oratória para os alunos da Faculdade, promovido pelo Centro Acadêmico Luiz Carpenter – CALC (1957).

Em seguida, o homenageado obteve o título de Doutor, também na UEG (hoje UERJ), tendo sido aprovado com nota dez (10) em todas as matérias. Obteve, ainda, o título de Livre Docente de Direito Administrativo, na mesma instituição, em concurso realizado em que apresentou a tese *As Fundações de Direito Privado Instituídas pelo Poder Público no Brasil*, publicada pela Editora Borsoi, em 1970. A banca foi composta pelos eminentes juristas Themístocles Brandão Cavalcanti, Caio Tácito, Carlos Medeiros Silva, Roberto Lyra e Flávio Bauer Novelli. Registre-se, ainda, a conclusão de curso de especialização em Direito norte-americano, pela *Washington University*.

Na carreira docente, Sergio de Andréa Ferreira despontou ainda cedo, integrando o quadro efetivo de professores da UEG desde 1º de março de 1963, lecionando Direito Administrativo e ostentando a matrícula funcional nº 82 da Universidade. Foi Professor Instrutor, Auxiliar de Ensino, Professor Adjunto e Professor Catedrático (depois denominado como Titular), tendo se aposentado em 1992. Exerceu importantes cargos ao longo desta trajetória na UEG/UERJ, como o de Diretor do Centro de Ciências Sociais (CCS), membro do Conselho Universitário, do Conselho de Ensino e Pesquisa e da Comissão de Capacitação Docente. Foi Consultor Jurídico da UERJ, coordenador de inúmeros cursos e participou de várias bancas de doutoramento, mestrado, pós-graduação *lato sensu* e de concursos públicos para os cargos de Juiz Federal, do Ministério Público e da Procuradoria do Município do Rio de Janeiro.

Foi, também, professor do Curso de Direito de Empresa, no Mestrado da Pontifícia Universidade Católica do Rio de Janeiro (PUC-RJ), e da Faculdade de Direito da Universidade Santa Úrsula, na qualidade de Professor Adjunto e Professor Titular de Direito Administrativo.

A sua experiência profissional foi extremamente marcante em diversas posições jurídicas, especialmente na Advocacia, no Ministério Público, na Magistratura e no Magistério Superior, sempre galgando destaque na sua atuação.

Em 1960, iniciou a sua atividade como solicitador, no escritório Silva Rocha, e como estagiário do Ministério Público. No ano de 1962, torna-se advogado e assistente jurídico na Superintendência de Urbanização e Saneamento (SURSAN) do Estado da Guanabara. No período entre 1963 e 1989, integrou o prestigiado quadro de advogados da LIGHT – Serviços de Eletricidade S.A. e da Fundação de Seguridade Social – BRASLIGHT. Nesta época, recebeu os prêmios 'Targino Ribeiro', no Concurso de Prêmios Jurídicos da OAB/RJ, em 1975, com o trabalho 'A Técnica da aplicação de pena como instrumento de sua individualização, nos Códigos de 1940 e 1969', e no Concurso de Trabalhos Jurídicos 'Cândido de Oliveira Neto', da OAB-RJ, em 1980, com a monografia 'Jurisdição x Administração'.

Ingressou, também no ano de 1963, no Ministério Público do Estado da Guanabara, em concurso que logrou a primeira colocação. Foi promovido, sucessivamente, por merecimento, aos cargos de Promotor Substituto, em 1967, Promotor Público, em 1970, Curador de Justiça, em 1974, e Procurador de Justiça. Foi 2º Subprocurador de Justiça, exercendo a Chefia do Ministério Público. Desde o ano de 1978, atuou perante os Tribunais do Estado, perante as 3ª, 4ª, 5ª e 7ª Câmaras Cíveis, aos 3 e 4º Grupo de Câmaras Cíveis, perante o Órgão Especial e o Conselho da Magistratura. Na Procuradoria Geral de Justiça, exerceu inúmeros cargos, dentre os quais o de Assistente e Assessor do Procurador Geral da Justiça, Chefe da Consultoria de Direito Público e Assuntos Institucionais, Curador de Fundações da Comarca da Capital e Supervisor da Provedoria de Fundações, Secretário da Revista de Direito, Diretor do Departamento de Assistência Judiciária e Estágio Forense, Membro da Comissão designada pelo Procurador-Geral da Justiça do novo Estado do Rio de Janeiro para elaborar o anteprojeto da Lei Complementar Orgânica do Ministério Público do novo Estado, de que resultou a Lei Complementar nº 5, de 06.10.76, Membro de

Comissões designadas pelo Procurador-Geral da Justiça para apresentar sugestões sobre a reestruturação de órgãos do Ministério Público e da Procuradoria-Geral e Membro do Grupo de Trabalho que representou o Ministério Público no 'Seminário sobre os resultados na aplicação do novo Código de Processo Civil', organizado pela Associação dos Magistrados Brasileiros em 1974, no Rio de Janeiro. Foi, ainda, Conselheiro e Diretor Cultural da Associação do Ministério Público do Estado do Rio de Janeiro.

Na magistratura, o homenageado foi membro do Tribunal Regional Federal da 2ª Região (TRF-2), na sua primeira composição, em 1989, em vaga destinada aos advogados, tendo atuado no Plenário e na Segunda Turma. Integrou a Comissão que elaborou o Regimento Interno do TRF-2 e foi palestrante da Escola da Magistratura Federal – EMARF e da Escola da Magistratura do Estado do Rio de Janeiro – EMERJ.

Depois de se aposentar no cargo de Desembargador Federal, brindou, novamente, a advocacia com a sua atuação como consultor jurídico de inúmeras entidades: FOG, CEPEL, PRECE, CSN, FORLUZ, ELETROS, FAF, Pro-INTO, Hospital de Laranjeiras, Governo do Estado do Paraná e Município de Curitiba. Prestou assessoria jurídica à Fundação BANEB de Seguridade Social, no contexto das sucessivas transformações societárias do Banco BANEB, Banco Alvorada S/A e BANEB Corretora de Seguros, patrocinadores daquela Entidade; à FURNAS Centrais Elétricas S/A; à Fundação Real Grandeza; à BRASLIGHT; à Fundação dos Funcionários da Caixa Econômica Estadual – FUCAE; à Fundação COELBA de Previdência Complementar; ao Ministério Público Estadual, na elaboração do projeto de lei sobre o RIOPREVIDÊNCIA; e à PREVHAB.

O Professor Sergio vem proferindo, com a sua invejável memória, cultura, bom humor, didática e erudição uma quantidade enorme de palestras, nos mais diversos recantos, desde 1963, totalizando mais de 150 (cento e cinquenta) conferências e algumas dezenas de cursos e exposições, no Brasil e no exterior.

Extremamente vasta e rica foi, também, a sua produção bibliográfica. Livros consagrados, como as suas *Lições de Direito Administrativo* e as sucessivas edições do *Direito Administrativo Didático*, bem como *As Fundações de Direito Privado Instituídas pelo Estado*; *Princípios Institucionais do Ministério Público*; *A Técnica de aplicação da Pena como Instrumento de sua Individualização, nos Códigos de 1940 e 1969*; *Princípios Institucionais do Ministério Público e da Assistência Judiciária*; *O Direito de Propriedade e as limitações e Ingerências administrativas*; *Princípios Institucionais do Ministério Público*; *Comentários à Constituição Federal de 1988*; *Comentando as Licitações Públicas*, Série Grandes Nomes nº 4; e *O Controle da Administração Pública pelo Judiciário*. Mais de 200 (duzentos) textos e artigos valiosos foram produzidos e publicados em obras coletivas marcantes, em revistas especializadas, em anais de congressos e eventos, em temas sob os quais o homenageado sempre foi uma referência, como na matéria previdenciária, nas licitações, nos contratos e em temas específicos do Direito Administrativo. Realizou, além disso, a tradução de importantes autores estrangeiros, como Giorgio Del Vecchio, Julio Oyhanarte, Nikola Balog e Suzanne Honoré.

É de se consignar, ainda, que o jurista Sergio de Andréa Ferreira foi membro da Comissão Especial de Revisão Constitucional por designação do Presidente da República, Itamar Franco; participou na Comissão que elaborou o Anteprojeto da Portaria MME nº 222/96, sobre a situação jurídica dos usuários dos serviços de energia elétrica; foi membro da Comissão de Juristas, nomeado pelo Ministro do Planejamento, que elaborou o Anteprojeto de Lei Orgânica da Administração Pública Nacional (2008/2009); e Assessor do Vice-Presidente do Senado Federal, na Comissão de Sistematização da Assembleia Nacional Constituinte.

O festejado administrativista integrou várias bancas de concurso, dentre as quais a para a magistratura federal, no Tribunal Regional Federal da 2ª Região, para a Procuradoria do Município do Rio de Janeiro e para o ingresso na prestigiada carreira do Ministério Público do Estado do Rio de Janeiro.

O jurista homenageado teve sempre uma participação em marcantes organizações e associações, procurando construir laços e uma atuação em prol do aprimoramento do Direito, bem como tendo o reconhecimento por parte de instituições históricas. Nesse sentido, vale a pena destacar que o Professor Sergio de Andréa Ferreira ocupa a Cadeira nº 15 da Academia Brasileira de Letras Jurídicas (ABLJ), sendo o seu Secretário-Geral. Na Academia de Ciências Políticas e Sociais – ANE, ocupa a Cadeira nº 111, e, na Academia de Letras, Artes e Ciências – ALAC, a Cadeira nº 10. É, também, membro efetivo do Instituto dos Advogados Brasileiros, desde 1963, do Instituto Comparado Luso-brasileiro e membro fundador do Instituto Brasileiro de Direito Administrativo – IBDA. Fundou e presidiu, ainda, o Instituto Superior de Estudos do Ministério Público, e fez parte do Instituto Brasileiro de Direito Constitucional; do Instituto Brasileiro de Direito Nuclear; da *International Law Association* (Seção Brasileira); do *Comitê Nacional de Direito Comparado*, filiado à *Association Internationale de Sciences Juridiques*, da UNESCO; da *The American Society of International Law*; e do Instituto Argentino-Brasileiro de Direito Administrativo.

Os relevantes serviços prestados e a sua produção doutrinária renderam-lhe prestigiadas condecorações, como o Colar do Mérito Judiciário (Tribunal de Justiça do Estado do Rio de Janeiro), o Colar do Mérito do Ministério Público do Estado do Rio de Janeiro, a Medalha D. João VI (Polícia Militar do Estado do Rio de Janeiro), Medalha Levi Carneiro (Instituto dos Advogados Brasileiros), a Medalha do Mérito da Associação do Ministério Público do Estado do Rio de Janeiro (por relevantes serviços prestados ao MP), a Moção de Louvor e Aplausos, conferida pela Câmara Municipal do Rio de Janeiro, o Diploma de Honra ao Mérito da Academia de Letras, Artes e Ciências, a Medalha Amizade, conferida pela Chefia da Polícia Civil do Estado do Rio de Janeiro e a Medalha de Louvor, conferida pelo Centro de Procuradores do Ministério Público do Estado do Rio de Janeiro – CEPROJUS.

O primeiro coordenador desta obra, Aluisio Gonçalves de Castro Mendes, foi seu aluno na Faculdade de Direito da Universidade do Estado do Rio de Janeiro, tendo a oportunidade e a satisfação de aurir os conhecimentos do ora homenageado nas suas aulas. A admiração era tão grande que, depois das classes, que geralmente se davam no final do turno, costumava acompanhar o seu Professor até a saída, em animadas conversas, em que tirava dúvidas e recebia preciosos aconselhamentos. A partir de certa ocasião, descobriu-se que o aluno morava no caminho do retorno do Mestre, que lhe passou a lhe oferecer carona, o que se tornando constante. No final do curso, no ano de 1992, o discente recebeu o honroso convite para lhe assessorar no seu gabinete de Desembargador Federal, o que acabou por não se concretizar em razão de fatos alheios (ingresso no Mestrado da USP e aprovação e posse como Promotor de Justiça em Minas Gerais), ocorridos dois e quatro meses depois da formatura. No entanto, o contato se manteve ao longo das décadas passadas, transformando-se em uma relação de amizade sincera e duradoura. O aluno seguiu os passos do seu Mestre ao ingressar na magistratura federal, galgando o cargo de Desembargador Federal, e no magistério, atualmente como Professor Titular de Direito Processual Civil, na Faculdade de Direito da UERJ, caminho este trilhado também pelo coordenador Gustavo Binenbojm, que, no caso, assumiu a Cátedra de Direito Administrativo. Disciplina esta que vem sendo cultuada também pelo coordenador José dos Santos Carvalho Filho.

Como se pode constatar, Sergio de Andréa Ferreira é um jurista completo na sua excelência e um exemplo para as atuais e futuras gerações. As suas qualidades acadêmicas e profissionais se fundem com a grandeza de espírito do ser humano caridoso, dedicado ao Direito, do bom marido, pai e amigo, que carrega na sua memória a história em várias facetas, do futebol à música, passando pelo rádio e pela política, com o senso crítico e humor fino e largo. A pronta colaboração e adesão de inúmeros juristas e homens públicos a esta coletânea é somente uma pequena demonstração do prestígio, da envergadura, do carinho e das qualidades perenes do nosso querido homenageado.

Rio de Janeiro, maio de 2023.

Aluisio Gonçalves de Castro Mendes
Gustavo Binenbojm
José dos Santos Carvalho Filho
(Coordenadores)

SUMÁRIO

O PAPEL DAS PALAVRAS NA HERMENÊUTICA JURÍDICA

Alexandre Santos de Aragão[1]

"En faisant survivre les mots aux realités qu'ils recouvrent, l'on évite à la masse des hommes la conscience des transformations sociales".

Gaston Morin[2]

SUMÁRIO: I. Introdução. **II.** A Lingüística e a sua Importância para a Interpretação Jurídica. **III.** Conceitos Jurídicos. **IV.** Naturezas Jurídicas. **V.** Classificações Jurídicas. **VI.** A Utilização pela Constituição de Termos Técnico-Jurídicos. **VII.** O Caso das "Autorizações" de Atividades Econômicas referidas pela Constituição Federal de 1988.

I. Introdução

Sendo a linguagem a matéria-prima por excelência do labor dos juristas e operadores do Direito em geral,[3] é natural que a maior parte das divergências jurídicas se revele em interpretações, ou seja, formas de se ver divergentes de textos legais, mister se fazendo, portanto, ter na atividade hermenêutica uma abordagem incindível entre Direito e Lingüística.

Preliminarmente, deve ser advertido que uma análise lingüística do Direito nada tem a ver com uma preponderância da interpretação meramente literal,[4] muito pelo contrário, já que a lingüística pressupõe

---

1 Professor Titular de Direito Administrativo da UERJ. Doutor em Direito do Estado pela USP. Mestre em Direito Público pela UERJ. Procurador do Estado. Árbitro.

2 Advogado. MORIN, Gaston. *La Révolte du Droit contre le Code*, Sirey, Paris, 1945, p. 04.

3 "Não se pode fazer ciência do Direito ou pretender ensiná-lo sem ter o respaldo de uma séria compreensão dos elementos lingüísticos comprometidos com o mundo jurídico. Não se deve esquecer que o objeto da ciência jurídica é algo que já pré-cientificamente se apresenta como linguagem" (WARAT, Luis Alberto e MARTINO, Antonio Anselmo. *Lenguaje y Definición Jurídica*, Cooperadora de Derecho y Ciencias Sociales, Buenos Aires, 1973, p. 17)

4 A respeito da pobreza da interpretação meramente literal vale a pena citar a espirituosa passagem de voto proferido pelo Min. Luiz Galloti: "De todas, a interpretação literal é a pior. Foi por ela que Cléia, na *Chartreuse de Parme*, de Stendhal, havendo feito um voto a Nossa Senhora de que não mais veria seu amante Fabrício, passou a recebê-lo na mais absoluta escuridão, supondo que assim estaria cumprindo o compromisso" (*apud* BARROSO, Luís Roberto. *Interpretação e*

verificações contextuais, teleológicas e sistemáticas, que vão muito além da mera gramática.

E mais, como adverte RAÚL CANOSA USERA, tratando da dicotomia entre o espírito e a letra da lei, escreve que essa distinção absoluta não procede, uma vez que "as palavras expressam efetivamente esse espírito e são elas mesmas também espírito".[5]

Para demonstrar mais concretamente a importância da lingüística na interpretação das normas jurídicas, elegemos uma questão constitucional: o termo "autorização", utilizado várias vezes pela Constituição Federal de 1988 como condição para o exercício de atividades econômicas, tem um conceito e uma natureza jurídica pré-determinadas pelo tratamento que a doutrina administrativista vinha dando à autorização administrativa até a promulgação da Constituição, sendo inconstitucionais as leis que exigirem para o desempenho de dadas atividades econômicas atos administrativos com características diversas? Em caso negativo, já conteria então a Constituição um conceito próprio de autorização administrativa de atividade econômica? Se não o contém, o Legislador estaria livre para dar ao termo o tratamento que bem entendesse?

II. A Lingüística e a sua Importância para a Interpretação Jurídica

Como afirma TERCIO SAMPAIO FERRAZ JÚNIOR, ao disciplinar a conduta humana, as normas jurídicas usam palavras, signos lingüísticos que devem expressar o sentido daquilo que deve ser. Este uso oscila entre o uso corrente para a designação de um fato, e a sua significação normativa. Os dois aspectos podem coincidir, mas nem sempre isto ocorre. O legislador, nestes termos, usa vocábulos que tira da linguagem cotidiana, mas freqüentemente lhes atribui um sentido técnico, apropriado à obtenção da disciplina desejada. Este sentido técnico não é absolutamente independente, mas está ligado de algum modo ao sentido comum, sendo, por isso, passível de dúvidas que emergem da tensão entre ambos".[6]

Aplicação da Constituição, Ed. Saraiva, 1996, p. 120). Todavia, "conquanto este método seja reputado como o mais pedestre e o mais rudimentar meio de interpretação, não há como negar-se que o texto é o ponto de partida do intérprete, bem como representa o seu limite" (SILVA. Celso de Albuquerque. *Interpretação Constitucional Operativa*, Ed. Lumen Juris, Rio de Janeiro, 2001, p. 117).

5 Cf. BASTOS, Celso Ribeiro. *Hermenêutica e Interpretação Constitucional*, 3ª edição, Celso Bastos Editor, São Paulo, 2002, p. 183.

6 FERRAZ JÚNIOR, Tercio Sampaio. *Introdução ao Estudo do Direito: técnica, decisão, dominação*, 2ª edição, Ed. Atlas, São Paulo, 1994, p. 255.

Com efeito, por um lado, se considerado o significado usual da palavra inserida em um diploma legislativo, nunca será apenas um termo da linguagem comum: sendo parte dos textos referenciados pelo ordenamento jurídico,[7] inevitavelmente se juridiciza, até porque serão aplicados através da técnica jurídica, que, de uma forma ou outra, banhará a palavra da linguagem comum.[8]

Por outro lado, se considerado o significado técnico-jurídico da palavra, ela também não poderá ser tomada exclusivamente neste sentido, já que também os termos técnicos integram o universo mais geral da linguagem comum, e, um mínimo de significado afinado com o que possui nesta, os termos da linguagem técnica devem manter.

HANS-GEORG GADAMER destaca também "o fato de as expressões técnicas serem tão pouco manejáveis é um fenômeno muito conhecido não apenas por parte dos pesquisadores mas também por parte de todo leigo sedento de compreender esses termos. É como se esses termos possuíssem uma redoma protetora que impede a sua verdadeira integração na verdadeira vida da linguagem. E, no entanto, o que acontece essencialmente com essas expressões técnicas é que a sua força de esclarecimento, reduzida pela univocidade, se vê enriquecida quando inserida na comunicação viva da vida da linguagem mediante a força comunicativa do dizer, mesmo vago e polissêmico. A ciência pode se opor a esse obscurecimento de seus próprios conceitos. Todavia, a 'pureza'

---

7 "Construir um sentido verbal de um texto é construí-lo como um todo. Aqui, baseamo-nos mais na análise do discurso como obra do que na análise do discurso como escrito. Uma obra de discurso é mais do que uma seqüência linear de frases; é um processo cumulativo, holístico. Visto que essa estrutura específica da obra não se pode derivar das frases singulares, o texto enquanto tal tem uma espécie de plurivocidade, que é diferente da polissemia das palavras individuais e diversa da ambigüidade das frases isoladas. A plurivocidade textual é típica de obras complexas do discurso e abre-as a uma pluralidade de construções" (RICOEUR, Paul. *Teoria da Interpretação*, trad. Artur Morão, Edições 70, Lisboa, 2000, p. 88).

8 GENARO R. CARRIÓ, afirma, não sem certa ironia, que "a linguagem jurídica não é nada mais que uma forma menos espontânea e menos imprecisa de linguagem natural, que muitos juristas usam com a pretensão, consciente ou não, de estar usando uma linguagem absolutamente rigorosa. (...) O Direito não poderia cumprir as suas funções de guiar atos humanos e possibilitar a sua apreciação se as suas palavras não fossem definíveis em termos da linguagem comum. (...) Ver o Direito, não em seu sentido comum, mas tal como o vê o juiz no momento em que tem que interpretá-lo, é conceber o Direito apenas como Direito judicial. (...) O que acontece é que a simples inserção de uma expressão no contexto de uma norma converte em expressão técnica a mais comum das palavras" (CARRIÓ, Genaro R. *Notas sobre Derecho e Lenguaje*, 4ª edição, Abeledo-Perrot, Buenos Aires, 1990, pp. 51, 139 e 143).

metodológica só se deixa alcançar em âmbitos particulares. Essa vem sempre precedida pelo contexto da orientação do mundo, implícito na relação de mundo que se dá eminentemente na linguagem".[9]

A tensão entre os dois sentidos (comum e técnico-jurídico) das palavras utilizadas pelo legislador nos remete à distinção feita por TERCIO SAMPAIO FERRAZ JÚNIOR entre "código forte", em que o comando é mais estrito, e "código fraco", em que o comando se vale de termos e idéias mais gerais.[10] Assim, a utilização do termo no sentido da linguagem comum é um "código fraco", que deixa maior poder de apreciação ao hermeneuta, que tende a restringi-lo ao interpretá-lo; ao passo que a utilização do termo no sentido da linguagem técnico-jurídica, por ser mais estrita, constitui um "código forte", de maneira que são menores as opções deixadas ao intérprete, que, assim, tende a tentar ampliar as possibilidades de aplicação do texto, ainda mais se pro libertate.

Na verdade, "a interpretação é um ato de síntese e o intérprete, para alcançar a ratio legis, deve lançar mão de todos os meios doutrinários a seu alcance".[11] "Por isso é uma regra dogmática a exigência de que, ao interpretar, o hermeneuta não se cinja a um único método de interpretação, mas aplique todos" (gramatical, sistemático, teleológico...).[12]

Em relação aos procedimentos de validação pelas quais o intérprete testa as suas conjecturas hermenêuticas, elas se aproximam mais da lógica da probabilidade do que de uma lógica da verificação empírica. Mostrar que uma interpretação é mais provável à luz do que sabemos é diferente do que mostrar que uma conclusão é verdadeira. A hermenêutica jurídica é uma disciplina argumentativa, dentro de uma lógica de incerteza e de probabilidade qualitativa, não uma verificação.[13]

Como expõe EROS ROBERTO GRAU, com base nas lições de KARL LARENZ e HERMANN HELLER, "a lógica jurídica é a da escolha entre várias possibilidades corretas. Interpretar um texto normativo signifi-

---

9 GADAMER, Hans-Georg. *Verdade e Método*, vol. II, trad. Enio Paulo Giachini, Editora Vozes, Petrópolis, 2002, p. 208.

10 FERRAZ JÚNIOR, Tercio Sampaio. *Introdução ao Estudo do Direito: técnica, decisão, dominação*, 2ª edição, Ed. Atlas, São Paulo, 1994, pp. 283/4.

11 FERRAZ JÚNIOR, Tercio Sampaio. *Introdução ao Estudo do Direito: técnica, decisão, dominação*, 2ª edição, Ed. Atlas, São Paulo, 1994, p. 297. Cada interpretação é um recorte diferente da mesma realidade, sendo a opção por uma delas decorrente de certa margem de escolha do intérprete.

12 FERRAZ JÚNIOR, Tercio Sampaio. *Introdução ao Estudo do Direito: técnica, decisão, dominação*, 2ª edição, Ed. Atlas, São Paulo, 1994, p. 283.

13 RICOEUR, Paul. *Teoria da Interpretação*, trad. Artur Morão, Edições 70, Lisboa, 2000, p. 90.

ca escolher uma entre várias interpretações possíveis, de modo que a escolha seja apresentada como adequada. A norma não é objeto de demonstração, mas de justificação. Por isso, a alternativa verdadeiro/falso é estranha ao Direito; no Direito há apenas o aceitável (justificável). O sentido do justo comporta sempre mais de uma solução".[14]

Acompanhando este pensamento, o MINISTRO NELSON JOBIM, ao afirmar que os julgamentos do Supremo Tribunal Federal – STF são "jurídico-políticos", explicou:

> "O texto constitucional tem um espectro de julgamento dentro qual qualquer posição é legítima. Dentro desse espectro você pode pender para um lado ou para o outro e é aí que tem que ter o pé na realidade".[15]

Ao realizar a atividade hermenêutica, o intérprete se vê, naturalmente, influenciado pelos seus preconceitos, considerados não do sentido negativo de opiniões prévias e irracionais sobre determinados assuntos, mas sim como toda a carga pessoal que traz para poder interpretar, já que sem dados psicológicos, científicos e de conhecimentos anteriores, a atividade hermenêutica seria logicamente impossível. Neste sentido, o próprio conhecimento da língua em que o texto foi escrito, os estudos que a pessoa já fez do Direito, integram a noção de "preconceito" na hermenêutica.

É assim que pode ser dito que, ao interpretar, não devemos nos desvestir dos nossos preconceitos, mas sim nos vestirmos deles, deles termos consciência e explicitá-los, já que, do contrário, não se terá de onde partir para começar a interpretação: seria como ler um texto em língua estrangeira sem compreendê-la.

São por essas razões que GADAMER, bastante enfaticamente, afirma que "uma consciência crítica, que demonstra por toda a parte a existência de preconceitos e dependências, mas que considera ela mesmo absoluta, isto é, independente e livre de preconceitos, permanece necessariamente presa a ilusões.[16] (...) A pretensão de uma ausência total

---

14 GRAU, Eros Roberto. *Ensaio e Discurso sobre a Interpretação/Aplicação do Direito*, Ed. Malheiros, São Paulo, 2002, p. 88.

15 Declaração transcrita no Jornal *Valor Econômico*, de 25 de agosto de 2004, p. A10, coluna de Rosângela Bittar.

16 "Não há uma interpretação jurídica, uma atribuição significativa na dimensão normativa, desvinculada da ideologia dos seus usuários. Toda vez que um protagonista do jogo jurídico tenta construir uma definição normativa, está no fundo produzindo um processo de recriação significativa, que lhe permite

de preconceitos é uma ingenuidade, seja na forma delirante de um ilusionismo absoluto, seja como o delírio de um empirismo livre de todos os preconceitos da tradição metafísica, ou ainda como o delírio de uma superação da ciência pela crítica ideológica".[17]

Muitas vezes, para se sustentar que o texto de uma norma jurídica adotou o sentido da linguagem comum ou da linguagem técnico-jurídica, invoca-se a "vontade do Legislador" neste ou naquele sentido, quando na verdade, não se deve perquirir qual era a concepção da palavra que tinha a(s) autoridade(s) que emitira(m) a norma, mas sim como ela (a palavra) deve ser tomada no contexto hermenêutico atual, afinal "a palavra isolada, que não traga, ainda quando única, o poder da frase, não chega sequer a ser parte, já que a parte só faz sentido em referência ao todo, num contexto".[18]

"A intenção do autor da norma perdeu-se como evento psíquico. Além disso, a intenção de escrever não tem mais nenhuma expressão a não ser o sentido verbal do próprio texto. Daí que toda a informação acerca da biografia e da psicologia do autor constitua apenas uma pequena parte da informação total, que a lógica da validação tem de tomar em conta. Tal informação, enquanto distinta da interpretação textual, de nenhum modo é normativa quanto à tarefa da interpretação".[19]

O importante para o intérprete é que seja atribuído às palavras utilizadas pelas normas jurídicas "largueza e amplitude conectivas, a fim de que, numa tessitura de conexões, possa prestar-se ao sentido com maior efetividade e com mais eficácia. Não dá para se exigir que a cada palavra corresponda uma idéia; ou a cada idéia uma palavra".[20]

Deve-se sempre ter em vista ainda que "o Direito, por obra da fertilidade significativa (dos seus textos), liberta as alternativas de justiça e, por decorrência, civiliza e semeia a igualdade, à luz da eqüidade flexibili-

---

enquadrar o sentido da sua decisão dentro do marco ideologicamente querido" (WARAT, Luis Alberto e MARTINO, Antonio Anselmo. *Lenguaje y Definición Jurídica*, Cooperadora de Derecho y Ciencias Sociales, Buenos Aires, 1973, p. 21).

---

17 GADAMER, Hans-Georg. *Verdade e Método*, vol. II, trad. Enio Paulo Giachini, Editora Vozes, Petrópolis, 2002, p. 215.

18 FALCÃO, Raimundo Bezerra. *Hermenêutica*, Ed. Malheiros, São Paulo, 2000, p. 75.

19 RICOEUR, Paul. *Teoria da Interpretação*, trad. Artur Morão, Edições 70, Lisboa, 2000, p. 109. Para RAIMUNDO BEZERRA FALCÃO, a escrita "tenderia à inação se inexistisse a possibilidade de subjetivar-se de novo, no encontro com outros espíritos, ou num momento diferente, até com o próprio espírito de quem a objetivara" (FALCÃO, Raimundo Bezerra. *Hermenêutica*, Ed. Malheiros, São Paulo, 2000, p. 72).

20 FALCÃO, Raimundo Bezerra. *Hermenêutica*, Ed. Malheiros, São Paulo, 2000, p. 75.

zante e, por isso, acomodadora, em camadas de interpretações distintas, das diferentes situações individuais e dos fatos diferentes, embora sob o pálio das mesmas leis, que não podem ser uma para cada fato nem se podem tornar tão diferenciadas, por correriam o risco de serem discriminatórias, pelos casuísmos destinados a proteger ou pelos rigorismos fadados a perseguir".[21]

Ao procurarmos aferir o sentido que a "autorização" tem na Constituição, não devemos nos prender ao seu sentido histórico, mas sim contextual atual, assim como não devemos vê-la apenas do ponto de vista da técnica jurídica, já que "autorização" também é uma palavra da linguagem comum, sentido que deve ser ainda mais relevado em se tratando de palavra inserida na Constituição.

III. A Utilização pela Constituição de Termos Técnico-Jurídicos

Os mesmos problemas expostos no Item anterior em relação ao Direito em geral se verificam, com especial intensidade e peculiaridades, no Direito Constitucional.

Sendo a Constituição muito mais que um simples diploma normativo, mas a Carta organizativa do próprio Estado e, em certa medida, até da sociedade, é comum escutarmos a afirmação de que os termos usados pelo Constituinte não devem considerados em sua acepção técnico-jurídico, já que a Constituição deve ser conhecida, aplicada e protegida por todo o povo, não podendo ser acessível apenas aos iniciados nas letras jurídicas.[22]

Reversamente, como aplicação do Princípio da maior Eficácia da Constituição, há os que afirmam que, se as palavras constantes da Constituição não forem entendidas em seu sentido técnico-jurídico ("código forte"), estar-se-á abrindo a possibilidade de o Legislador vir a disciplinar a matéria com um leque de opções muito maior do que seria recomendado pela força vinculante que a Constituição deve manifestar.

Neste sentido, já decidiu o Supremo Tribunal Federal – STF, em ilustrativa passagem de Voto do Exmo. Sr. MINISTRO MARCO AURÉLIO:

21 FALCÃO, Raimundo Bezerra. *Hermenêutica*, Ed. Malheiros, São Paulo, 2000, pp. 79 e 80.

22 Sem hermenêutica, jurídica ou não, o homem inexiste enquanto tal. Mundo e interpretação se inter-relacionam em uma unidade constitutiva. O homem é um ser permanentemente interpretante. Todos interpretam, independentemente da maior ou da menor especialização técnica.

> "De início lanço a crença na premissa de que o conteúdo político de uma Constituição não pode levar quer ao desprezo de sentido vernacular das palavras utilizadas pelo legislador constituinte, quer ao técnico, considerados institutos consagrados pelo Direito. Toda ciência pressupõe a adoção de escorreita linguagem, possuindo os institutos, as expressões e os vocábulos que a revelam conceito estabelecido com a passagem do tempo, por força dos estudos acadêmicos e pela atuação dos pretórios... Realmente, a flexibilidade de conceitos, o câmbio dos interesses em jogo, implicam insegurança incompatível com o objetivo da própria carta que, realmente, é um corpo político, mas o é ante os parâmetros que encerra e estes não são imunes ao real sentido dos vocábulos, especialmente os de contorno jurídicos. Sempre tenho presente a premissa de que o Direito é ciência e, como tal, possui institutos, expressões e vocábulos com sentido próprio, havendo de se presumir que o legislador, especialmente o constituinte, haja atuado com técnica, atentando para o fato de que o esmero da linguagem é essencial à revelação do sentido correto da disposição normativa".[23]

Mais recentemente, o MINISTRO MARCO AURÉLIO teve a oportunidade de reafirmar este seu cânone hermenêutico:

> "Sendo o Direito uma ciência, os institutos, expressões e vocábulos têm sentido próprio, e tanto maior é a segurança jurídica quanto mais fiel for o emprego de cada qual".[24]

No mesmo sentido, CELSO DE ALBUQUERQUE SILVA, em um primeiro momento, afirma que, "notadamente na seara constitucional, é de que tais normas devem, por princípio, serem interpretadas tomando-se como norte o sentido comum dos vocábulos, na presunção de que o Poder legislativo, por ser composto de representantes do povo, legis-

---

23 RE nº 166772-9/RS. No caso se decidiu que o termo "folha de salários" utilizado pela Constituição deve ser entendido em seu sentido técnico-jurídico, como os pagamentos feitos pelos empregadores aos seus empregados, tal como definidos na legislação trabalhista.

24 ADI 1.668-5/DF. Neste caso, no entanto, o Ministro Marco Aurélio, Relator, foi vencido ao querer impor o sentido técnico ao termo serviço público, no sentido de que todo serviço público deveria necessariamente ser prestado no regime jurídico de Direito Público.

la para o povo e, portanto, adota conteúdos semânticos determinados e compartilhados por toda a sociedade". Todavia, em um segundo momento, vem a tergiversar em relação aos vocábulos que também possuem uma acepção técnica: "Não obstante, tal regra é excepcionada quando a Constituição utiliza expressamente um vocábulo que possui um sentido eminentemente técnico, determinado seja pela conceituação científica especializada, seja por legislação específica. Em tais hipóteses, a norma constitucional sofre um processo de integração de seu sentido por obra da atividade do legislador ordinário, a revelar o fenômeno conhecido na práxis constitucional como a interpretação da Constituição conforme a lei".[25]

Criticando essa possibilidade, CELSO RIBEIRO BASTOS afirma que, "nada obstante o fato de as Constituições conterem conceitos exógenos, isto é, provenientes de outras searas do direito ou mesmo do campo extrajurídico, desde que apreendidos em disposições constitucionais, devem ser interpretados no sentido que adquirem por força desta nova inserção sistemática. **A Constituição é o marco a partir do qual se erige a ordem jurídica. Seria um contra-sendo admitir-se que o que lhe vem abaixo – devendo, portanto, sofrer o seu influxo – viesse de repente a insurgir-se contra esta ordem lógica, fornecendo critérios para a inteligência do próprio preceito que lhe serve de validade**. (...) A linguagem da Constituição é a do bom senso, de um instrumento feito para exprimir necessidades práticas da vida humana. (...) Por derradeiro, não se poderia deixar de fazer referência à natural evolução da linguagem, no sentido de açambarcar as inovações operadas na realidade. Esta é, sem dúvida, uma das finalidades que a atividade interpretativa deve levar a cabo. Isto implica, pois, na aplicação do enunciado ora abordado em seu caráter dinâmico, já que a linguagem comum apresenta realmente um dinamismo próprio".[26]

Com efeito, admitir sem muitas mitigações a acepção técnico-jurídica de palavras utilizadas pela Constituição, seria engessar conceitos contidos em leis ordinárias pré-existentes ou elaborados pela doutrina e pela jurisprudência escritas até a promulgação da Constituição. Dessa maneira, a adoção dessa postura, além de constitucionalizar conceitos legislativos ou doutrinários, em ambos os casos infraconstitucionais, levaria à impossibilidade de atualização do próprio legislador infraconstitucional e até mesmo da doutrina. Ou seja, o legislador in-

25 SILVA. Celso de Albuquerque. *Interpretação Constitucional Operativa*, Ed. Lumen Juris, Rio de Janeiro, 2001, p. 118/9.

26 BASTOS, Celso Ribeiro. *Hermenêutica e Interpretação Constitucional*, 3ª edição, Celso Bastos Editor, São Paulo, 2002, pp. 187-9.

fraconstitucional do passado estaria vinculando o do futuro, o que não é admissível até mesmo por respeito às gerações futura – direito intergeracional.

A Constituição de um Estado Democrático de Direito é dotada de maior abertura pela adoção de vocábulos mais vagos, o que propicia que o equilíbrio político seja buscado em cada conjuntura econômica e política, sob pena de se inviabilizar um projeto constitucional de longo prazo, ensejando a ruptura constitucional ou a revisões mais freqüentes do que seria desejável de uma Carta rígida.[27] Enfocar esses vocábulos sob o ponto de vista técnico-jurídico, e não da linguagem comum, seria diminuir essa vagueza lingüística e, portanto, a abertura da Constituição e, em última instância, a própria viabilidade do Estado Democrático de Direito.[28]

Isso não quer dizer, contudo, que a linguagem técnica deva sempre ser ignorada pelo intérprete da Constituição. É o que se revela pela própria visão absoluta que o MINISTRO MARCO AURÉLIO tem dessa necessidade, mas que, como visto acima, foi acolhida pelo Supremo Tribunal Federal – Supremo Tribunal Federal – STF, ao tratar da "folha de salários", mas refutada por ampla maioria (o citado Ministro foi o único que votou pela inconstitucionalidade) ao tratar do termo "serviço público".

O que nos parece que deve guiar os casos em que a Constituição utiliza termos que têm significo para a Ciência do Direito é que, se também possuir um significado mais amplo na linguagem comum (ex., "domicílio") ou na Ciência Política (ex., "serviço público"), deve ser esse que deve prevalecer. Mas, se a palavra é essencialmente de natureza técnico-jurídica (ex., "terrenos de marinha"), devemos realmente respeitá-lo, não porque nesses casos a técnica prevalecerá sobre a linguagem comum, mas porque a adoção de significado outro seria um desvirtuamento dos próprios limites lingüísticos da interpretação, isto é, o sentido comum da palavra é intrinsecamente ligado ao seu sentido técnico. O que deve-

---

27 RAÚL CANOSA USERA chega a afirmar, não sem certo lamento, que "o papel da interpretação gramatical se reduz ao de simples delimitadora de zonas hermenêuticas muito extensas" (USERA, Raúl Canosa. *Interpretación Constitucional y Fórmula* Política, Centro de Estudios Constitucionales, Madrid, 1988, p. 95).

28 Tratando da questão GUSTAVO ZAGREBELSKY observa que "a lei passa a exprimir as combinações possíveis entre os princípios constitucionais. (...) Ela toma a forma de um direito particular e contingente, a saber um direito que traduz o ponto de vista dos atores políticos que ocasional e temporariamente se impõem no processo legislativo em virtude do princípio majoritário. Em relação às concepções de lei do século XIX, esta mudança consistiu num claro redimensionamento" (ZAGREBELSKY, Gustavo. *Le Droit em Douceur – Il Diritto Mite*, Ed. Econômica, Paris, 2000, trad. Michel Leroy, p. 91).

mos considerar em ambos os casos é que "as palavras têm sentidos mínimos que devem ser respeitados, sob risco de se perverter o seu papel de transmissoras de idéias e significados".[29]

IV. Conceitos Jurídicos

É inegável o papel dos conceitos jurídicos, com as preocupações sobre naturezas jurídicas e classificações que eles acarretam, para a estruturação do ordenamento jurídico, principalmente para fins didáticos. Essa importância não pode, contudo, ser superdimensionada, deixando que tenhamos de ter consciência dos seus limites diante da realidade multifacetária e dinâmica que os conceitos pretendem, em uma tentativa contínua e essencialmente sempre frustrante, organizar.

Ensina GENARO R. CARRIÓ que "não podemos ter a falsa segurança de que os tecnicismos da linguagem jurídica podem enquadrar todos os casos. A experiência diária dos tribunais e, em geral, o contato profissional com o Direito, nos mostram que essa segurança é quimérica. (...) Não há como deixarmos de tropeçar com a imprecisão e a relatividade dos conceitos jurídicos, pois existem numerosas zonas de transição, nos quais o jurista deve estar atento para não cair na tentação de uma perigosa geometria jurídica".[30]

Além de os conceitos e classificações muitas vezes serem problemas meramente convencionais entre os juristas contendores, "é uma ilusão pensar que cada palavra corresponde a um - e apenas um - significado; a grande maioria delas tem uma pluralidade de significados. Também é ilusória a crença de que o uso de uma mesma palavra para indicar objetos diversos pressupõe necessariamente - salvo os casos de mera homonímia - que todos esses objetos têm uma propriedade ou um conjunto de propriedades em comum, que integram o corpo de uma entidade que a palavra denomina. O fato de estarmos usando uma mesma palavra não garante que estejamos nos referindo à mesma coisa".[31]

Até mesmo do ponto de vista didático, uma simplificação exagerada dos conceitos, ao invés de ajudar, tende é a confundir o estudante sempre que, em um segundo momento de aprofundamento, tentar entender

29 BARROSO, Luís Roberto Barroso. *Interpretação e Aplicação da Constituição*. Ed. Saraiva, São Paulo, 1996, p. 122.

30 CARRIÓ, Genaro R. *Notas sobre Derecho e Lenguaje*, 4ª edição, Abeledo-Perrot, Buenos Aires, 1990, pp. 54/5.

31 CARRIÓ, Genaro R. *Notas sobre Derecho e Lenguaje*, 4ª edição, Abeledo-Perrot, Buenos Aires, 1990, p. 94.

a realidade jurídica através dos conceitos, dentro dos quais não é possível enquadrar a realidade a fórceps, em uma eterna tentativa de classificação de novas figuras atípicas com um arsenal conceitual que, ainda que permanentemente atualizado, será sempre insuficiente.[32]

Isso se dá com especial intensidade em momentos de grandes alterações sócio-econômicas e legislativas, como o que vivemos, em que fica mais evidente que os conceitos tradicionais não são, em maior ou menor escala, instrumentos aptos a apreender e organizar a realidade jurídica e institucional. Estando vivendo um momento de "Evolução do Direito Administrativo",[33] é natural que os conceitos anteriores a esse momento estejam cada vez mais desconfortáveis diante dele.

A maioria das discussões dos juristas sobre conceitos e classificações "talvez se deva ao fato de que teoria jurídica é manejada com classificações herdadas, muitas das quais com o aval de um enorme prestígio e tradição milenar. Os juristas então crêem que essas classificações constituem a 'verdadeira' forma de agrupar regras e os fenômenos, em lugar de ver nelas simples instrumentos para uma melhor compreensão deles. Os fenômenos – se crê – devem acomodar-se às classificações, e não o contrário. Boa parte das controvérsias dos juristas sobre problemas de classificação são abordadas como se fossem questões de fato, sem que se advirta que não há sentido em refutar como 'falsa' uma classificação – ou seus resultados – e postular em seu lugar uma outra, 'verdadeira', como se tratassem de dois modos excludentes de reproduzir com palavras certas divisões e subdivisões que estariam na 'natureza das coisas'. As classificações não são nem verdadeiras, nem falsas, são funcionais ou inúteis; suas vantagens ou desvantagens dependem do interesse que guia quem as formula, e a sua fecundidade para apresentar uma área de conhecimento de uma maneira mais facilmente compreensível ou mais rica das conseqüências práticas desejadas pelo autor que as elabora. Sempre há múltiplas maneiras de agrupar ou classificar um campo de relações ou de fenômenos; o critério para se decidir por uma delas é dado apenas por critérios de conveniência científica, didática ou prática".[34]

---

32 CARRIÓ, Genaro R. *Notas sobre Derecho e Lenguaje*, 4ª edição, Abeledo-Perrot, Buenos Aires, 1990, p. 53.

33 Ver a indispensável obra com este nome de MEDAUAR, Odete. *Direito Administrativo em Evolução*, 2ª edição, Ed. RT, São Paulo, 2003.

34 CARRIÓ, Genaro R. *Notas sobre Derecho e Lenguaje*, 4ª edição, Abeledo-Perrot, Buenos Aires, 1990, pp. 98/9.

Quanto às buscas pelas naturezas jurídicas dos fenômenos jurídicos, ROBINSON sustenta ser "muito difícil que uma pequena definição ou fórmula possa gerar afirmações verdadeiras acerca de todos os tipos de fenômenos efetivamente abrangidos pelo uso comum da palavra, já que é muito difícil que abranja um campo totalmente homogêneo'. (...) As cansativas pesquisas dos juristas para 'descobrir' a natureza jurídica de determinada instituição ou relação estão de antemão irremediavelmente fadadas ao fracasso. A explicação para que, apesar de tudo isto, continuar-se tentando elaborar conceitos, classificações e naturezas jurídicas, é, entre outras, o desejo de se achar um ponto de partida fixo e seguro para a posterior tarefa de classificação e sistematização. Além disso, há o desejo de equiparar as instituições de surgimento recente às de outras linhagens mais ilustres, atenuando dessa maneira o choque da novidade mediante sua absorção por um mundo familiar de idéias já elaboradas".[35]

Os conceitos tradicionais do Direito Administrativo se caracterizam pelos pressupostos ideológicos da supremacia da Administração Pública sobre o particular e do papel do Estado de provedor universal das necessidades sociais. Ora, não precisamos de maiores divagações para constatar que, se esses pressupostos ideológicos não foram totalmente ultrapassados, encontram-se na melhor (ou seria na pior?) das hipóteses seriamente comprometidos, inquinando também, como não poderia deixar de ser, os conceitos que deles defluiam.

No caso das autorizações administrativas, tradicionalmente identificadas com um espaço de poder discricionário da Administração Pública e de uma posição jurídica precária do particular, a mudança do Direito Administrativo se fez sentir pela necessidade de se conferir maior segurança jurídica aos autorizatários, sob pena de o Estado perder os investimentos que poderiam aoportar.

Afinal, como explicita LUIS ALBERTO WARAT, "as definições não podem se limitar à descrição ou explicação dos conceitos, (...) devendo incluir a existência de conceitos impregnados de carga emotiva e ideológica, e previstos com força operativa, de maneira que a mera explicitação racional e lógica não é capaz de delimitar o seu conteúdo. (...) No plano jurídico é imprescindível efetuar uma análise pragmática de sua linguagem que tome em conta fundamentalmente a relação dos signos com a intencionalidade dos seus usuários, que nunca perca de vista o contexto fático e ideológico no qual no qual as mensagens normativas

35 CARRIÓ, Genaro R. *Notas sobre Derecho e Lenguaje*, 4ª edição, Abeledo-Perrot, Buenos Aires, 1990, pp. 101/2.

estão submersas. (...) Se não se nutre desse contexto, corre o perigo de se divorciar totalmente da realidade e, perder o ritmo de adaptabilidade e provocar com isso a possibilidade de uma ruptura violenta do sistema. (...) É a lei que deve se adaptar às circunstâncias, e não pretender que essas se acomodem a ela."[36]

V. O Caso das "Autorizações" de Atividades Econômicas referidas pela Constituição Federal de 1988

À luz dos paradigmas teóricos acima colocados, passaremos a analisar se a previsão constitucional de autorizações administrativas, pressupõe a adoção pelo constituinte de concepções da doutrina tradicional do Direito Administrativo quanto a dois aspectos do instituto: o de poderem constituir uma espécie de delegação de serviço público, e o de deverem necessariamente ser atos discricionários.

A Constituição se refere a autorizações de atividades econômicas em duas ocasiões: uma, genérica, no parágrafo único do art. 170, ao dispor serem essas atividades livres, salvo exigência legal de prévia autorização pela Administração Pública; e outra, específica, ao, nos incisos XI e XII do art. 21, conferir competência à União para "explorar" diretamente, ou mediante concessão, permissão ou autorização, os serviços que enumera, entre os quais os de telecomunicações, de energia elétrica e de transportes ferroviários, aquaviários e aéreos.

A primeira questão que se coloca é se estas autorizações, chamadas por alguns de autorizações de serviços públicos, seriam distintas daquelas previstas genericamente no art. 170, que são as autorizações de poder de polícia sobre atividades econômicas privadas.

Ao nosso ver, ao contrário do que se poderia inferir da alusão semântica feita pelo art. 21 à autorização como um tipo de exploração indireta pela União daquelas atividades, devemos considerar que o art. 21 da Constituição Federal é norma meramente atributiva de competência, não de disciplina material daquelas atividades. Por ela se está admitindo que, observado o Princípio da Subsidiariedade, o Legislador da União possa vir a qualificar todas ou parte daquelas atividades como serviços públicos, passíveis de exploração direta ou indireta mediante concessão ou permissão, ou como atividades econômicas privadas que, em razão de sua importância para o interesse público, devem ficar sujeitas à autorização.

36 WARAT, Luis Alberto e MARTINO, Antonio Anselmo. *Lenguaje y Definición Jurídica*, Cooperadora de Derecho y Ciencias Sociales, Buenos Aires, 1973, pp. 25, 28, 56 e 57.

Em outras palavras, ao contrário da disciplina geral para a economia prevista no art. 170, parágrafo único, que deixa ao Legislador a discricionariedade de impor ou não a necessidade de consentimento prévio da Administração Pública para o exercício de cada atividade econômica, o art. 21, XI e XII, impõe ao Legislador a obrigação de impor, pelo menos, a autorização administrativa, sendo-lhe também possível publicizar a atividade, retirando-a da órbita privada para qualificá-la como serviço público, ao contrário das atividades econômicas em geral, que só podem vir a ser prestadas pelo Estado nos termos estritos do art. 173, CF.

A tese sustentada é a que nos parece mais consentânea com o Estado democrático de Direito, pelo qual o Constituinte não deve pré-fixar opções econômicas estanques, deixando espaço suficiente para que o Legislador, de acordo com as opções políticas majoritárias de cada momento, tenha margens de escolha razoáveis.

O que não nos parece possível é, apenas por uma interpretação literal, equiparar a autorização do art. 21 a uma forma de delegação de serviço público, quando a própria semântica da palavra "autorização" denota uma relação exógena do autorizante em relação à atividade autorizada, o que é corroborado ainda pela interpretação sistemática com o art. 170, parágrafo único, que evidentemente não prevê a autorização como mecanismo de delegação de serviço público, mas sim do exercício do poder de polícia.

Ademais, a autorização administrativa sempre foi considerada como o ato de polícia preventiva que admite o desenvolvimento de atividade de interesse preponderantemente do particular. Impossível então admitir a delegação de serviço público, atividade por essência ligada ao interesse público, mediante autorização.

Em suma, o conteúdo mínimo do termo "autorização", tanto na linguagem comum como na técnico-jurídica, não pode ser distorcido a ponto de equipará-la a uma forma de delegação de serviço público, até porque, caso o fosse, seria uma noção inútil, pois o espectro da delegação de serviços públicos propriamente ditos já é coberto pelas concessões e permissões em suas várias modelagens possíveis.

O que muitas vezes se chama de autorização de serviço público é, na verdade, o controle permanente sobre atividades privadas, o que leva muitos a confundirem essas, talvez por uma acepção ainda oitocentista do poder de polícia, com serviços públicos, como se admitissem tamanha ordenação estatal apenas se a atividade fosse pública. As atividades privadas admitiriam, então, apenas o poder de polícia negativo do Estado Liberal, que impunha às atividades econômicas privadas apenas a não violação do interesse público, mas que não poderia, pelo menos enquanto a atividade continuasse sendo privada, obrigar a empresa a contribuir ativamente para a realização do interesse público.

Por outro lado, a acepção técnico-jurídica da autorização como ato necessariamente discricionário, ou seja, em que a Administração Pública tem a possibilidade de optar entre pelo menos duas alternativas válidas, não pode ser considerada como tendo sido constitucionalizada.

Em primeiro lugar, nem a própria doutrina é unânime quanto a isso, apesar de a grande maioria dos autores realmente apontar a discricionariedade como uma de suas principais características. Ademais, se o art. 170, parágrafo único, se referisse à "autorização" apenas enquanto ato discricionário, as licenças – atos vinculados segundo a doutrina – estariam necessariamente excluídas enquanto mecanismo de poder de polícia preventivo sobre atividades econômicas, o que contrariaria até mesmo o Princípio da Subsidiariedade, já que se estaria obrigando o Legislador a sempre deixar certa margem de apreciação para a Administração Pública assentir ou não o exercício das atividades econômicas, vedando-lhe tout court oferecer maiores garantias jurídicas ao particular através de requisitos de admissibilidade no mercado já previamente estabelecidos em lei.

E mais, não faria sentido permitir que a Administração Pública restringisse a sua discricionariedade através da edição de regulamentos que homogeneizassem a forma de exercício desse seu poder de polícia, e vedássemos ao legislador que o fizesse, implantando-se uma reserva de poder normativo à Administração Pública, hipótese inadmissível, ainda mais se tratando de limitação a direitos.

Podemos constatar, então, que, se por um lado, o termo "autorização" não admite uma expansão tal a ponto de poder ser considerado atecnicamente como uma delegação de serviço público, por outro, não pode ser restringida a ponto de compreender apenas a noção tradicional da doutrina administrativista de ato discricionário.

A nossa proposta hermenêutica busca conciliar a necessária mobilidade normativa exigida pelo Estado democrático de Direito, com um mínimo de rigor na utilização das palavras, que, naturalmente, não são suscetíveis de acolher qualquer sentido que pretendamos atribuir-lhes. Na interpretação, podemos tocar a Aquarela do Brasil de várias formas, mas não a ponto de a transformarmos na Carinhoso: aí, já teríamos outra canção, não mais uma das possíveis interpretações daquela.

Não devemos, com efeito, limitar excessivamente, apenas aos seus sentidos técnico-jurídicos, as palavras utilizadas pela Constituição, já que, como adverte LUIS ALBERTO WARAT, "a inalterabilidade significativa do processo definitório é a chave que fecha o caminho para novas ideologias e para a mudança. Esta é a postura do dogmatismo jurídico, que propugna uma univocidade significativa inalterável (...). Ao revés, a multiplicidade significativa adotada pelas correntes doutrinárias que podem ser denominadas de realistas ou empíricas, dão os argumentos para que a sua concepção da linguagem jurídica se identifique com a linguagem natural. (...) O dogmatismo tem uma atitude específica em relação às definições: ao aceitar a inalterabilidade definitória dos termos da linguagem jurídica, apóia a visão de uma interpretação rígida e a idéia de que os juízes não criam direito e que a maior garantia de segurança está na pré-determinação dos conteúdos definitórios."[37]

Sendo assim, podemos concluir que a Constituição não tem um conceito absolutamente pré-definido de "autorização administrativa", deixando largo espaço para o Legislador vir a defini-la em cada ocasião, ou melhor dizendo, para cada setor econômico regulado. Protege, contudo, a Constituição, os traços semânticos básicos das autorizações administrativas, enquanto consentimento prévio da Administração Pública para que determinadas atividades privadas definidas pelo Legislador possam vir a ser exercidas.

37 WARAT, Luis Alberto e MARTINO, Antonio Anselmo. *Lenguaje y Definición Jurídica*, Cooperadora de Derecho y Ciencias Sociales, Buenos Aires, 1973, pp. 33 e 44.

O DIREITO ADMINISTRATIVO E O REGIME JURÍDICO DOS ATOS BIFACES

Arnoldo Wald[1]

Sumário: **I.** Introdução; **II.** O Direito Bancário; III. Os Atos Bifaces; **IV.** A posição da doutrina; **V.** As lições de Hely Lopes Meirelles e Caio Tácito; **VI.** Aspectos internacionais; **VII.** Conclusões.

I. Introdução

É com imensa alegria que participo da justa, merecida e oportuna homenagem que prestamos ao professor, acadêmica e desembargador Sergio de Andréa Ferreira, por se tratar de um amigo de mais de meio século, cuja brilhante carreira tenho acompanhado. Conhecendo-o desde o tempo da Faculdade do Catete, onde lecionávamos, eu já como livre docente e ele como assistente do professor Caio Tácito, reencontrei-o, pouco depois, em 1965, como defensor público, recém empossado e tive o prazer de pedir a sua colaboração para reorganizar a justiça gratuita.

Nomeado Procurador Geral pelo Governador Negrão de Lima, mobilizei os membros do Ministério Público, inclusive os mais jovens, para atender a população, dinamizando as atividades da Defesa Pública. Demos posse a algumas centenas de estagiários e criamos centros de atendimento dos menos afortunados em vários bairros, em convênio com as Faculdades de Direito, dando aos defensores e estagiários uma maior experiência e uma função social. Para organizar essa área, recorri ao Dr. Sergio que se dedicou de corpo e alma para atender e superar as expectativas. Tivemos, outrossim, mestres comuns como Caio Tácito, com o qual fundamos o CEPED e do qual Sergio é sucessor na Faculdade de Direito da UERJ.

Para escrever o meu artigo numa área tangente entre o Direito Comercial e o Direito Administrativo, retomei uma conferência que tinha feito em Buenos Aires nas Primeiras Jornadas Jurídicas Argentino-Brasileira, atualizando-a numa matéria que continua tendo grande atualidade.

---

1 Advogado, Professor Catedrático de Direito Civil da Faculdade de Direito da UERJ. Doutor *honoris causa* da Universidade de Paris II e do Instituto de Direito Público (IDP). Presidente de honra da Comissão de Arbitragem do Conselho Federal da Ordem dos Advogados do Brasil.

II. O Direito Bancário

1. A importância crescente das instituições financeiras, em todos os países em vias de desenvolvimento e até no mundo industrializado, fez com que nos chamasse a atenção o estudo dos problemas do direito público bancário. Embora se tivesse admitido a existência, na área bancária, de normas de direito privado e de direito público, estas últimas ainda não mereceram, por parte da jurisprudência e da doutrina, um estudo sistemático que nos parece oportuno, no presente momento e, em particular, em relação ao Direito brasileiro.

2. A ausência de bibliografia na matéria se explica pelo fato de se ter considerado tradicionalmente o Direito Bancário como sendo "o mais comercial dos ramos do direito mercantil", cuja autonomia só recentemente foi reconhecida. É, assim, na área do direito privado que se multiplicaram os estudos referentes aos aspectos jurídicos das operações bancárias. Ressalvadas algumas poucas referências encontradas eventualmente nas obras que, no Brasil, trataram do direito econômico,[2] o conflito negativo estabelecido entre comercialistas e administrativistas, quanto aos aspectos publicísticos do direito bancário, fez com que não fossem examinados em profundidade até o presente momento, embora abrangendo matérias controvertidas a merecer a dedicação dos estudiosos, tanto no plano teórico quanto prático.

3. O amplo movimento de publicização do direito privado, em virtude do qual se receava que "o direito administrativo pudesse vir a devorar o direito civil"[3], transformou-se numa espécie de simbiose entre elementos de direito público e de direito privado, em virtude da alegada "comercialização do direito administrativo". Efetivamente, do mesmo modo que,

---

2 VIDIGAL, Geraldo de Camargo *Teoria Geral do Direito Econômico*. São Paulo: Revista dos Tribunais, 1977 e *Disciplina dos Órgãos de Direção, Monetária*, tese, São Paulo, 1964, e ainda GRAU, Eros Roberto. *Elementos de Direito Econômico*. São Paulo: Revista dos Tribunais, 1981; QUEIROZ, José Wílson Nogueira de. *Direito Econômico*. Rio de Janeiro: Forense, 1982; RAMOS, José Nabantino. *Sistema Brasileiro de Direito Econômico*. São Paulo: Resenha Tributária, 1977 e GOMES, Orlando; VARELA, Antunes. *Direito Econômico*. São Paulo: Saraiva, 1977; CARVALHOSA, Modesto. *Direito Econômico*. São Paulo: Revista dos Tribunais, 1973.

3 A frase é de RADBRUCH citado por CAIO TÁCITO no seu artigo "Evolução histórica do direito administrativo", In: *Temas de Direito Público. Pareceres*. Rio de Janeiro: Renovar, 1997, v. 1, pp. 1-8. No mesmo sentido, WALD, Arnoldo. *A Evolução do Direito e a Absorção da Administração Privada Pela Administração Pública*. Rio de Janeiro: Imprensa Nacional, 1953.

na conquista de Roma pelos bárbaros, o elemento cultural do povo mais culto, embora vencido, acabou prevalecendo sobre o do menos desenvolvido, algumas das técnicas do direito comercial e, em particular, do direito societário foram sendo progressivamente adotadas pelo direito público na regulamentação das novas áreas por ele ocupadas,[4] como se verifica no caso das sociedades de economia mista e até nas empresas públicas e nas parcerias público-privadas.

4. Efetivamente, em vez da anexação pura dos territórios antes submetidos ao direito comercial, preferiu o direito público (por ocasião das nacionalizações), utilizar as técnicas mais sofisticadas do "protetorado", em virtude do qual ou o Estado se substitui aos particulares, continuando a aplicar aos bancos públicos, determinadas normas de direito comercial ou delega a atividade bancária aos particulares, num sistema de tutela, supervisão, liberdade vigiada e regulamentação imperativa.[5]

5. A área bancária sofreu, pois, em todos os países, uma crescente publicização na medida em que o controle da moeda pelo Estado passou a ser mais intenso e em que toda a economia nacional sofreu as consequências da concentração bancária, do desenvolvimento tecnológico, do dirigismo estatal e com a globalização da crescente interdependência econômica e política entre os Estados.

6. A utilização dos depósitos à vista considerados como forma de moeda escritural fez com que os Estados não mais pudessem controlar a evolução de sua moeda sem acompanhar e fiscalizar as operações bancárias e, especialmente, as realizadas pelos bancos comerciais, que recebem depósitos à vista e que se tornam, assim, os catalisadores do famoso milagre da "multiplicação dos pães". Essa alavancagem na sua forma atual pode ter, infelizmente, como eventual consequência, o risco do desaparecimento dos recursos, que ocorre quando o banco não consegue, em virtude da inflação, reaver os valores por ele emprestados em virtude das crises sistêmicas, e com os quais pretendia reembolsar os depositantes.

4 HOUIN, Roger. "La gestion des entreprises publiques et les méthodes du droit commercial", In: *Archives de Philosophie du Droit.* Paris: Recueil Sirey, 1952, p. 79.

5 Neste sentido, RIVERO, Jean, « Droit Public et Droit Privé: conquête ou *statuo quo* », *Dalloz*, 1947, p. 65.

7. Assim, os economistas esclarecem que, ao lado do papel-moeda, existe a "moeda escritural", "*bank money*" ou "*deposit currency*", que abrange os depósitos bancários à vista, representados pela expressão esóterica (M^1). A moeda em circulação consiste, pois, tanto no papel-moeda (denominado simplesmente M) como nos depósitos bancários à vista ou moeda bancária (M^1), que representam, pois, um importante múltiplo do valor do papel-moeda.[6]

8. Verificamos, assim, que, na realidade, os bancos comerciais criam moeda, exercendo verdadeira ação multiplicadora da função emissora do Banco Central. Deste modo, podemos até afirmar que, enquanto o Banco Central é o órgão emissor por atacado, os bancos comerciais são os multiplicadores da moeda que a redistribuem no varejo, em virtude do sistema de reservas, que os autoriza a emprestar valores superiores aqueles por eles recebidos em depósito.[7] Assim, ao princípio tradicional *deposits make loans,* acrescentou-se a sua inversão: *loans make deposits* (os empréstimos criam os depósitos).

9. Sendo o Estado moderno titular do monopólio da emissão do papel-moeda e cabendo-lhe dirigir a política monetária, ele acaba de fato delegando, em parte, essa faculdade aos bancos comerciais em virtude da utilização da moeda escritural, cabendo aos bancos centrais a função básica de controlar direta ou indiretamente a política monetária e creditícia, ou seja, o ritmo da emissão da moeda escritural, que aumenta a velocidade da circulação da moeda. O Banco Central é, pois, o "guardião da moeda"[8].

10. Evidencia-se, pois, a importância do papel que desempenha o Banco Central independente no mundo contemporâneo. Já houve, aliás, quem dissesse que, desde a criação do mundo houve três grandes invenções: o

---

6 SAMUELSON, Paul A. *Economics.* 9. ed., Nova York: Mac-Graw Hill, 1973, pp. 277-281; GUITTON, Henri; BRAMOULLÉ, Gérard. *La Monnaie.* 4ª ed. Paris: Dalloz, 1978, p. 194; HUGON, Paul. *A Moeda.* São Paulo: Livraria Pioneira/Ed. Universidade de São Paulo, 1967, p. 46 e GUDIN, Eugênio. *Princípios de Economia Monetária.* 3ª ed. Rio de Janeiro: Agir, 1954, v. 1, p. 61.

7 FONSECA, Herculano Borges da. *Instituições Financeiras do Brasil.* Rio de Janeiro: Crown, 1970, p. 43.

8 Sobre o Banco Central, ver o tigo de GUSTAVO LOYOLA, "Banco Central: invenção da dupla Campos/Bulhões", In: MARTINS, Ives Gandra da Silva; CASTRO, Paulo Rabello de. *Lanterna na Proa.* São Luís: Resistência Cultural, 2017, pp. 96-100.

fogo, a roda e o Banco Central. Por outro lado, com injustificada maldade, o economista liberal americano MILTON FRIEDMAN, parodiando uma frase de GEORGES CLÉMENCEAU, chegou a afirmar que "a moeda é uma coisa excessivamente séria para ser confiada aos Bancos Centrais".[9]

11. O sistema bancário como um todo, abrangendo tanto o Banco Central como a totalidade dos bancos que recebem depósitos à vista, constitui, pois, um sistema orgânico que tem uma verdadeira função de serviço público, incumbindo-se do exercício do poder monetário, que, na realidade, é um poder-dever.

12. É estranho que só a partir de meados do século passado, os juristas tenham analisado, em profundidade, as repercussões jurídicas da moeda e do poder monetário. Além de algumas digressões, poucas foram as obras jurídicas que se dedicaram ao estudo do fenômeno monetário, antes da Primeira Guerra Mundial. Podemos dizer que foi com os livros de TULLIO ASCARELLI, ARTHUR NUSSBAUM e F. A. MANN[10] que se criou nova focalização dos aspectos jurídicos da moeda e dos efeitos da inflação no mundo do Direito. Quanto ao poder monetário exercido pelo Estado moderno, nem sempre tem merecido a necessária atenção dos mestres do direito público e só recentemente tem sido pontualmente apreciado pela jurisprudência.

13. Há cerca de 60 anos, o Prof. HERCULANO BORGES DA FONSECA proferiu, no Instituto dos Advogados Brasileiros, uma conferência na qual defendia a existência autônoma do direito monetário, como ramo do direito público, e reconhecia o surgimento, no Estado contemporâneo, de um novo poder – tão importante quanto os três poderes tradicionais aos quais aludia MONTESQUIEU - o Poder Monetário. Para o economista e jurista brasileiro, estava ocorrendo uma evolução em virtude da qual "o que era, no passado, de interesse privado, assumiu, nos tempos atuais, caráter público à medida que se tornam mais complexas e difundidas as funções dos Bancos Centrais e mais íntimas as suas ligações com os

9 PATAT, Jean Pierre. *Les Banques Centrales.* Paris: Sirey, 1972, p. 1.

10 ASCARELLI, Tullio. *Studi giuridici sulla moneta.* Milano: A. Giuffrè, 1952; NUSSBAUM, Arthur, *Teoría jurídica del dinero: el dinero en la teoría y en la práctica del derecho alemán y extranjero,* tradução espanhola. Madrid: Lebrería General de Victoriano Suárez, 1929; MANN, Fritz Alexander. *The legal aspect of money: with special reference to comparative private and public international.* Oxford: At The Clarendon Press, 1971.

Bancos Comerciais, criadores de moeda bancária. As atividades dos banqueiros deixaram de ser assunto de natureza exclusivamente privada".[11]

14. Dentro desse espírito houve, progressivamente, o reconhecimento do fato de constituir a atividade bancária, especialmente no campo dos bancos comerciais, uma verdadeira delegação do poder estatal, importando na aplicação, ao direito bancário de normas tanto de direito privado como de direito público, interpenetrando-se umas com as outras.

15. Essa conceituação foi amplamente discutida na Europa e, especialmente, na França e na Itália, divergindo os doutrinadores menos quanto à função exercida pelos bancos do que no tocante à adequação técnica da terminologia escolhida. Há mais de meio século, autores franceses, como o professor ROGER HOUIN, definiram a instituição financeira como sendo o instrumento de um serviço público de distribuição e regulação do crédito, considerando que estaria exercendo "um verdadeiro serviço público" ou, ainda, que a "função bancária é próxima do serviço público".[12]

16. Os tribunais franceses chegaram a admitir essa tese, ao decidir que os bancos participam do serviço público da distribuição do crédito e que, consequentemente, a sua responsabilidade pode decorrer de faltas cometidas no exercício dessa função.[13]

17. Posteriormente, sob a influência do Prof. MICHEL VASSEUR, a matéria foi objeto de uma certa revisão, pela doutrina francesa, que melhor definiu a vocação de serviço público dos bancos como uma ideia-força,

---

11 FONSECA, Herculano Borges da, *op. cit.*, p. 318.

12 A ideia foi lançada inicialmente por ROGER HOUIN em artigo publicado na *Revue Trimestrielle de Droit Commercial*, 1955, pp. 150 e 1964, p. 164, sendo adotada por RIVES-LANGE e JACK VEZIAN (*Jurisclasseurs Banque et Bourse*, 1970, t. I, fasc. 8, n. 173) e por CHRISTIAN GAVALDA (*Jurisclasseurs* cit., fasc. 30, cad. II, 1966, n. 8). Em trabalhos posteriores a doutrina francesa salientou que não se tratava de um autêntico serviço público mas de uma situação próxima ou equiparada ao serviço público em virtude de sua importância econômica e social. (GAVALDA, Christian; STOUFFLET, Jean. *Droit de la Banque.* Paris: Puf, 1974, n. 3, p. 9 e n. 214, p. 252; RODIERE, René; RIVES-LANGE, Jean-Louis. *Précis de Droit Bancaire.* Paris: Dalloz, 1973, n. 5, p. 4 e VEZIAN, Jack. *La Responsabilité du Banquier.* Paris: Librairies Téchniques, 1977, n. 172, p. 152).

13 *Apud* VASSEUR, Michel. *La Responsabilité Civile du Banquier Dispensateur de Crédit.* 3ª ed. Paris: Banque, 1978, pp. 9 e ss., e PRATT, Georges. *La Responsabilité du Banquier.* Paris: Téchnique et Documentation, 1981, p. 12.

eventualmente desvinculada do conceito técnico, que o serviço público tem em direito administrativo. Os autores esclarecem que se trata de salientar, no caso, a importância excepcional e a missão econômica própria que tem a instituição financeira no mundo moderno.[14]

18. É preciso salientar, todavia, que o próprio MICHEL VASSEUR, que foi o maior crítico das consequências que se pretendia tirar do conceito de serviço público bancário no campo da responsabilidade civil, reconhece que a relação de direito administrativo existe entre o banqueiro e o Estado, em virtude da delegação que lhe foi confiada de participar indiretamente na emissão de moeda, não devendo, porém, ser ampliada para reger as operações realizadas entre o banco e os seus clientes.[15] Daí a criação de uma situação híbrida, regida tanto pelo direito privado como pelo direito público e, já agora acrescentamos também, o direito do consumidor ao qual, pela jurisprudência, foram equiparados, para certos fins, os mutuário e os depositantes.

19. De qualquer modo, reconheceu-se que o banqueiro não é um comerciante comum, pelo fato de estar criando uma mercadoria diferente das demais, o crédito ou seja, a própria moeda, que constitui "o sangue da economia".[16]

20. Já se afirmou até haver uma vinculação entre a moeda e a liberdade. Os economistas costumam citar a frase de DOSTOIEVSKI na *Casa dos Mortos*, de acordo com a qual a moeda é a liberdade cunhada pelo Estado. A moeda seria, pois, um grau de liberdade e, por sua vez, a liquidez abrangeria as noções de disponibilidade e de liberdade. E já se escreveu que "o que constitui o grau de liquidez para um corpo torna-se o grau de liberdade na escala do comportamento humano".[17]

21. A doutrina italiana teve o ensejo de examinar o ordenamento setorial existente na área financeira e vislumbrou um instrumento ainda mais penetrante do que a concessão no direito administrativo, pois nele se agregaria ao poder de direção, a competência para estabelecer uma nor-

14 Ver nota supra *passim*.

15 VASSEUR, Michel, *op. cit.*, p. 66.

16 STOUFFLET, Jean. « Devoirs et Responsabilité du banquier » In: GAVALDA, Christian (Dir.) *Responsabilité Professionnelle du Banquier.* Paris: Econômica, 1978, p. 23.

17 GUITTON, Henri; BRAMOULLÉ, Gérard, *op. cit.*, pp. 64-65.

matividade a qual estão sujeitas todas as instituições financeiras, tanto públicas como privadas.[18] Também na Itália, reconhece-se que o sistema financeiro constitui objetivamente um serviço público cujas normas mesclam elementos de direito comercial e de direito administrativo, conforme indica aliás o próprio título de algumas teses e monografias.[19]

22. Explica-se, pois, a presença do direito público na área bancária, embora nem sempre lhe tenham dado a devida importância os especialistas da matéria e só poucas vezes se tenha estudado a verdadeira natureza da relação entre o Estado e o sistema bancário.

23. No Direito brasileiro, a Constituição Federal de 1988 atribui à União Federal a competência exclusiva para emitir moeda (art. 21, VII), legislar sobre o sistema monetário (art. 22, VI), administrar as reservas cambiais (art. 22, VIII) e fiscalizar as operações de crédito (art. 21, VIII). As Constituições anteriores determinavam que só podiam funcionar no país bancos de depósitos quando fossem brasileiros os seus acionistas (art. 145 da Constituição de 1937) tendo sido a norma posteriormente transferida para a Lei Ordinária (art. 149 da Constituição de 1946) e atualmente não mais prevalecendo.

24. A regulamentação do Sistema Financeiro Nacional consta na Lei Complementar nº 4.595, de 31.12.1964. O sistema é integrado pelo Conselho Monetário Nacional, pelo Banco Central e pelas demais instituições financeiras públicas e privadas.

25. Enquanto o Conselho Monetário Nacional tem competência de caráter normativo, ao Banco Central cabe, basicamente, a função de fiscalizar o sistema bancário tanto privado como público. Assim, determina a Lei que o Banco Central deve exercer o controle do crédito, a fiscalização das instituições financeiras e a aplicação de penalidades às mesmas, tendo poderes para autorizar as instituições financeiras para que possam funcionar no país, instalar ou transferir a sua sede ou dependências, ser transformadas, fundidas, incorporadas ou encampadas, alterar os seus estatutos, etc. (art. 10 da Lei 4.595, de 31.12.64). Por outro lado, a auto-

---

18 GIANNINI, Massimo Severo. *Diritto Pubblico dell'Economia*. Bolonha: Società Editrice di Mulino, 1977, p. 200.

19 VITALE, Paolo. *Pubblico e Privato nell'Ordinamento Bancario*. Milão: Ed. Dott. A. Giuffrè, 1977, *passim* e especialmente p. 159.

ridade monetária também aprova os nomes dos administradores eleitos para gerir as instituições financeiras (art. 33 da Lei 4.595/64), e autoriza a alienação de controle dos estabelecimentos bancários que sejam sociedades de capital aberto (art. 255 da Lei 6.404, de 15.12.76, com a redação dada pela Lei 9.457, de 05.05.97).

26. A legislação brasileira considera, outrossim, a compensação bancária como atividade essencial do sistema bancário (art. 10, inc. XI, da Lei 7.783, de 28.06.89).

27. Os tribunais brasileiros têm admitido, embora sem maior análise de mérito, que a instituição financeira exerce uma função concedida pelo Poder Público, razão pela qual a autorização para financiar que lhe foi concedida pode ser cancelada, quando a entidade paralisa as suas atividades, ou não cumpre as suas obrigações.[20]

28. Na área administrativa, as autoridades têm preferido reconhecer que se trata de uma atividade autorizada de natureza especial em relação à qual a fiscalização contínua realizada pelo Banco Central adquire uma densidade especial, de tal modo que os principais atos da vida bancária não têm validade ou eficácia sem o *placet* da autoridade administrativa.

III. Os Atos Bifaces

29. Verificamos, assim, que quando se trata da alteração da diretoria, da modificação dos estatutos de um banco, de sua transferência de controle ou de sua incorporação ou fusão, a operação só se concretiza mediante a simbiose de duas ou mais declarações de vontades sucessivas a dos particulares, que se rege pelo direito comercial, e a do Estado, sob a forma de autorização ou aprovação do Banco Central, que está sujeita às normas de direito administrativo. O mesmo ocorre, em certos casos, em relação aos atos que necessitam da aprovação da CVM, do CADE ou de outros órgãos públicos embora o problema tenha sido examinado, pela primeira vez, no direito bancário.

20 Acórdão unânime do Plenário do antigo Tribunal Federal de Recursos no MS 94.668, julgado em 3.12.81. No estrangeiro, alguns autores também explicitam que os bancos são, no fundo, concessionários de um serviço público ou equiparados aos concessionários (MATEO, R. Martin; WAGNER, F. Sosa. *Derecho Administrativo Econômico.* Madri: Pirámide, 1974, p. 81).

30. Essa situação nos parece peculiar e importante, pois exige, para a sua análise, o exame simultâneo de duas posições que obedecem a regulamentações distintas. Tanto para verificar a validade do ato, como para eventualmente desconstituí-lo, torna-se necessário compatibilizar normas de dois sistemas que podem estar em conflito ou, ao contrário, ser complementares.

31. Trata-se de problema que tem surgido nos tribunais brasileiros nos quais se discute, por exemplo, a desconstituição de uma incorporação de instituição financeira, em virtude da qual foi extinta a autorização para financiamento de um banco. Até que ponto é viável, em tal hipótese, examinar a validade e eficácia da incorporação sob o prisma exclusivo do direito comercial, podendo eventualmente restabelecer a existência de um banco, se não tiver mais autorização para funcionar. Ou se, ao contrário, é necessário proceder simultaneamente à anulação do ato administrativo, para que possa ocorrer o restabelecimento da situação anterior na sua totalidade? E sendo a concessão e a extinção da carta patente ou de autorização um poder discricionário do Banco Central, será ou não possível restabelece-la, por via judicial, quando já extinta pela autoridade monetária, considerando-se que se trata de poder discricionário da mesma?

32. Essas perguntas de natureza prática envolvem, inclusive, questões processuais, quanto à Justiça competente para resolver o eventual conflito e a posição exata da autoridade administrativa no litígio, que aparentemente, em certos casos, pode travar-se entre particulares como os acionistas das duas empresas (alienante e adquirente do controle acionário). Evidencia-se que o debate não é puramente acadêmico, mas tem importância no próprio desenvolvimento da vida econômica do país, especialmente em momento de dificuldades financeiras nacionais e internacionais que obrigam os poderes públicos a uma atuação mais rápida e segura.

33. Cabe salientar que, no Direito brasileiro, a competência dada na matéria ao Banco Central não é vinculada, mas sim discricionária, de modo que as autoridades podem aprovar ou recusar-se a aprovar uma operação de acordo com os critérios gerais de oportunidade e conveniência, considerando as condições do mercado, sem prejuízo da eventual responsabilidade no caso de desvio ou abuso de poder. Acresce que, no campo do poder discricionário, não cabe ao Juiz se substituir à autoridade, podendo, tão-somente, responsabilizar aqueles que atuaram contra a lei, com culpa ou dolo, de modo que, em tese, qualquer litígio desse tipo se resolverá, necessária e exclusivamente, em perdas e danos, não se admitindo a desconstituição do ato praticado, nem podendo, em tese, a decisão judicial fazer o milagre de ressuscitar o banco cujas atividades foram extintas e vedadas pela autoridade administrativa, a não ser nos casos de desvio de poder pelos órgãos do Banco Central.

34. Acresce que em certos casos, como os previstos na redação originária do art. 255 da Lei das Sociedades Anônimas[21], a norma jurídica tinha como destinatário o próprio Banco Central. Em tais hipóteses, a instituição financeira que adquiria o controle se limitava a obedecer aos critérios fixados pela autoridade competente. Cabe, então, indagar até que ponto poderia o vendedor das ações ser responsabilizado, caso o critério adotado não fosse considerado o adequado, sem que houvesse a desconstituição prévia do ato administrativo. Essa desconstituição seria ou não um requisito prévio para qualquer discussão entre as partes privadas?

IV. A Posição da Doutrina

35. Pensamos que estamos nessas hipóteses diante de atos mistos ou complexos que preferimos denominar bifaces. Efetivamente, o ato administrativo complexo tem a sua conceituação própria no direito administrativo, mas a sua estrutura está tradicionalmente vinculada a existência de várias declarações de vontades, todas elas da mesma natureza, ou

---

21 A redação do art. 255 da Lei nº 6.404 era a seguinte:
"Art. 255. A alienação do controle de companhia aberta que dependa de autorização do governo para funcionar e cujas ações ordinárias sejam por força de lei, nominativas ou endossáveis, está sujeita à prévia autorização do órgão competente para aprovar a alteração do seu estatuto.
§ 1º A autoridade competente para autorizar a alienação deve zelar para que seja assegurado tratamento equitativo aos acionistas minoritários, mediante simultânea oferta pública para a aquisição das suas ações, ou o rateio, por todos os acionistas, dos intangíveis da companhia, inclusive autorização para funcionar.
§ 2º Se a compradora pretender incorporar a companhia, ou com ela se fundir, o tratamento equitativo referido no § 1º será apreciado no conjunto das operações."
Atualmente, em virtude das modificações introduzidas pela Lei nº 9.457, de 5.5.1997 é a seguinte:
"Art. 255. A alienação do controle de companhia aberta que dependa de autorização do governo para funcionar está sujeita à prévia autorização do órgão competente para aprovar a alteração do seu estatuto. (Redação dada pela Lei nº 9.457, de 1997)
§§ 1º e 2º (Revogados pela Lei nº 9.457, de 1997)"

seja, dentro da sistemática administrativa, que obedece exclusivamente ao direito público. O ato misto, tem, por sua vez, a sua definição vinculada aos atos unilateralmente comerciais, ou seja, realizados entre um comerciante e um não comerciante, ambos sujeitos ao direito privado. Donde pensarmos no conceito de ato *biface*, como sendo uma forma de ato complexo abrangendo manifestações de vontades situadas, respectivamente, na área privada e na área pública, ou seja, no direito comercial e no direito administrativo.

36. Não deixa de haver uma certa analogia de estrutura entre os atos básicos de direito bancário aos quais nós nos referimos e outros da vida civil nos quais o Estado também participa, como ocorre no direito de família, em relação ao casamento e, no passado, em certas legislações, em relação à adoção ou à legitimação por decreto.[22] Cabe, todavia, salientar que, nos atos de direito de família, a posição do Estado geralmente se limita a examinar requisitos formais, enquanto, no direito bancário, as autoridades exercem um poder discricionário.

37. A doutrina nem sempre tem dado a devida atenção ao ato complexo, invocando, todavia, eventualmente o ensinamento dos administrativistas[23] e fazendo a devida distinção entre as situações nas quais o Estado tem uma situação meramente passiva, como no caso da função executada pelo registro de imóveis, não podendo a autoridade recusar o seu concurso, sempre que preenchidos os requisitos e as finalidades legais, e aquelas em que desempenha um papel ativo e concorre com uma declaração de vontade, que atende aos interesses público ou social, e se fundamenta no exercício de poder discricionário. No primeiro caso, o Estado não passa de um órgão de registro ou de controle de requisitos formais, sendo, em tese ou na generalidade dos casos, mero espectador, enquanto, no segundo, a sua vontade é substancial e *constitutiva* para a existência do negócio, pois não se limita a registrar o ato, mas dele participa ativamente e somente após a aprovação da autoridade o ato passa a ter eficácia.

---

22 RUGGIERO, Roberto de. *Instituições de Direito Civil*. 3ª ed. São Paulo: Saraiva, 1972, v. 2, pp. 9-10.

23 ANDRADE, Darcy Bessone de Oliveira. *Da Compra e Venda*. Belo Horizonte: Bernardo Álvares, 1960, p. 83.

38. A doutrina italiana definiu o ato complexo como aquele no qual há um feixe de vontades que funcionam como uma vontade única, fazendo os autores a distinção entre a complexidade interna e externa. É interna quando as várias manifestações emanam de um mesmo órgão e externa quando se originam de entidades diversas.[24] Mas em geral, mesmo a chamada complexidade externa, tem como pressuposto que as diversas entidades do qual emanam os atos sejam da mesma natureza ou seja, integram o mesmo sistema, sendo ambas emanadas ou de órgãos públicos ou de entidades privadas. O ato biface seria, pois, um ato duplamente misto (pelo número de pessoas que dele participam e pela natureza diferente das mesmas, uma (ou umas) sendo de direito privado e outra (ou outras) de direito público.

39. Reconhece-se que a aprovação ou a autorização do Banco Central não é simples condição suspensiva para a eficácia do ato, mas verdadeiro requisito para sua própria existência, não havendo, assim, como confundir a autorização com a condição, tanto mais que a própria autorização pode eventualmente ser condicional.[25]A não ser que se admita existir no caso, uma "*conditio juris*" decorrente da lei.

40. Na doutrina francesa e italiana, aludiu-se ao ato misto, comportando uma parte administrativa e outra privada, nele se vislumbrando um contrato com efeitos regulamentares, como acontece, por exemplo, no caso da convenção coletiva de trabalho, da qual se pode dizer que ela tem "o corpo do contrato e a alma da lei". Os mestres franceses também reconheceram a dupla natureza da concessão de serviços públicos, entendendo que ela é de um lado, um contrato entre concedente e concessionário e, de outro, um regulamento que existe em relação aos usuários do serviço público. Defendida por Léon Blum, no Conselho de Estado, e por Léon Duguit e Maurice Hauriou, na doutrina, essa tese nos leva a reconhecer a existência do ato misto ou biface, simultaneamente contratual e regulamentar.[26] De modo análogo, nada impediria que no direito

24 LENTINI, Arturo. *Istituzioni di Diritto Amministrativo.* Milão: Società Editrice Libraria, 1939, v. 1, p. 186.

25 BIELSA, Rafael. *Derecho Administrativo.* 6ª ed. Buenos Aires: La Ley, 1964, t. II, pp. 168-169.

26 Sobre a matéria existe excelente monografia do Prof. Yves Madiot, da Faculdade de Direito de Poitiers, intitulada *Aux frontières du Contrat et de l'Acte Administratif Unilatéral: Recherches sur la Notion d'Acte Mixte en Droit Public Français.* Paris: Librarie Générale de Droit de Jurisprudence, 1971, *passim.*

bancário se reconhecesse a dupla natureza de certos atos, que seriam simultaneamente comerciais e administrativos e entre os quais haveria uma vinculação de tal densidade que não poderiam ser separados um do outro, como se fossem verdadeiros irmãos siameses, embora um deles fosse de direito privado e o outro de direito público. Trata-se-ia dos atos bifaces.

41. Em tal hipótese, a aprovação do ato pelo Banco Central lhe daria uma espécie de "blindagem", na feliz expressão do Prof. WILSON DO EGITO COELHO, que foi consultor jurídico do Banco Central, impedindo que o acordo comercial se desfizesse sem a simultânea desconstituição do ato administrativo[27]. Por outro lado, a desconstituição definitiva do ato da autoridade (autorização ou aprovação) levaria, necessariamente, ao desfazimento do ato comercial, sem prejuízo da eventual responsabilidade de uma das partes em relação à outra, se tivesse culpa ou dolo.

42. Neste sentido, já se manifestou a doutrina alemã para a qual o ato aprovado pela administração não pode ser desfeito sem a sua intervenção da mesma.[28]

V. As Lições de Hely Lopes Meirelles e Caio Tácito

43. No direito administrativo brasileiro, HELY LOPES MEIRELLES esboçou o conceito do *ato negocial administrativo* que corresponde ao *acto administrativo-negócio jurídico* castelhano, aos *atti amministrativi negoziali* do Direito italiano e aos *rechtsgeschaeftliches Verwaltungsakte* do Direito alemão, entre os quais inclui as autorizações e aprovações administrativas concebidas como atos unilaterais da administração que encerram um conteúdo tipicamente negocial, de interesse recíproco da administração e do administrado, mas não se adentram à esfera contratual.[29]

27 COELHO, Wilson do Egito, "Da responsabilidade dos administradores das sociedades por ações em face da nova Lei e da Lei 6024/74", *Revista de Direito Mercantil*, n. 40, pp. 37-49, out./dez. 1987.

28 FORSTHOFF, Ernst. *Traité de Droit Administratif Allemand.* Bruxelas: Bruylant, 1969, p. 424.

29 MEIRELLES, Hely Lopes. *Direito Administrativo Brasileiro.* 41.ed. São Paulo,: Malheiros, 2014, p. 205.

44. Não chegou inicialmente o ilustre administrativista brasileiro a examinar especificamente, nas primeiras edições do seu livro, o problema das aprovações e autorizações complementares ou vinculadas a atos de direito comercial, que existem, por exemplo, no direito bancário.

45. Todavia, em parecer datado de 06.10.1982, que deu a meu pedido, o Prof. Hely Lopes Meirelles reconheceu a natureza de ato-condição da autorização dada pelo Banco Central do Brasil e admitiu a existência na incorporação de banco, de um verdadeiro ato biface. Escreveu a este respeito, o eminente administrativista brasileiro que:

> *"A autorização do Banco Central do Brasil para a incorporação de Banco é um típico ato-condição de natureza negocial, principal, e integrante da operação a realizar. É ato negocial porque contém uma declaração de vontade da Administração coincidente com a pretensão do particular e se destina a permitir a efetivação do negócio desejado pelas partes, no caso, a incorporação; é principal porque sem ele a operação incorporativa não se viabiliza; é integrante do negócio porque deste não pode dissociar-se (cf. nossa obra citada, pp. 139 e ss.). A incorporação de um Banco por outro apresenta uma face administrativa e outra comercial. É um ato biface, que se forma com a justaposição da vontade da Administração à pretensão dos particulares. Ambas são distintas, mas inseparáveis: aquela é regida pelo direito administrativo e esta pelo direito privado, mas uma não sobrevive sem a outra, e assim sendo, para invalidar-se ou alterar-se o negócio há que se desconstituir ou modificar, primeiro, o ato administrativo, para depois se alterar o ato comercial, pois aquele é que plasma este e o acompanha em todas as suas mutações"*[30].

46. E analisando as consequências do seu entendimento, concluiu que:

> *"Nessa conformidade, o ato administrativo que precede, acompanha ou sucede um negócio privado - civil ou comercial - só pode ser invalidado pelo Judiciário com o chamamento da autoridade, entidade ou órgão, que o praticou, na ação em que se pretende alterar ou anular o negócio realizado com aquiescência do Poder Público. Ainda que o ato administrativo contenha*

30 MEIRELLES, Hely Lopes. "Incorporação de Bancos", In: *Pareceres de Direito Público*. São Paulo: Revista dos Tribunais, 1984, v. 8, p. 309.

> *vício de fundo ou emane de autoridade incompetente, traz em si a presunção de legitimidade e, por isso mesmo, só pode ser desconstituído, desconsiderado ou anulado após a intervenção da Administração na lide em que se discute a legalidade ou as condições do negócio impugnado. Não se nega ao Poder Judiciário a faculdade de invalidar qualquer ato administrativo, mas exige-se o devido processo legal e (da decisão da) Justiça competente para conhecer e decidir qualquer causa que importe negação de efeitos ou de vigência dos atos da Administração interessada"*[31].

47. Em outra hipótese na qual havia um protocolo administrativo e um contrato, funcionando o primeiro como ato-condição, o Professor Hely Lopes Meirelles voltou a examinar a matéria, em parecer de 26.11.1984, tecendo a respeito as seguintes considerações:

> *"Quando, porém, a Administração pública participa ou interfere em atos juntamente com o particular, os denominamos atos bifaces, porque de um lado contêm a manifestação de vontade da Administração e, de outro, a do particular, sendo aquela regida pelo Direito Administrativo e esta pelo Direito Privado (civil ou comercial). Os dois fatos são distintos e inconfundíveis, permanecendo justapostos um ao outro de modo indissolúvel, por integrarem o conteúdo total da manifestação de vontade de ambas as partes. Não podem ser cindidos, porque isso os inviabilizaria, embora possam ter disciplina diferente e efeitos diversos.*
>
> *No que tange à Administração Pública, nos atos bifaces, ela realiza um ato administrativo, no exercício da supremacia do poder e na manifestação unilateral de sua vontade, estabelecendo aquilo que é de sua competência privativa; ao passo que o outro ato pode ter caráter negocial, entre duas ou mais partes, sem que a Administração tenha qualquer ingerência ou assuma obrigações.*
>
> *Essa interferência de atos administrativos em negócios particulares, e vice-versa, é corrente no Direito Público, como sustentam os mais autorizados publicistas pátrios e estrangeiros, como também a nossa jurisprudência reconhece e admite a ingerência do Poder Público em negócios civis ou comerciais*

31 MEIRELLES, Hely Lopes. *Pareceres de Direito Público, op. cit.*, v. 8, p. 310.

> *(cf. nosso Direito Administrativo Brasileiro, 10ª ed., São Paulo, 1984, p. 149). Muitas vezes o ato administrativo (no ato biface) é o ato-condição à realização do negócio pretendido pelas outras partes.*
>
> *No âmbito do Direito Administrativo, o ato negocial é todo aquele que contém uma declaração de vontade da Administração apta a concretizar determinado negócio jurídico ou a deferir certa faculdade ao particular, nas condições impostas ou consentidas pelos Poder Público.*
>
> *Nesta conceituação enquadram-se os atos administrativos de licença, autorização, permissão, admissão, visto, aprovação, homologação, dispensa e renúncia. Esses atos não se confundem com os atos negociados de Direito Público, porque a Administração não interfere com o intuito de lucro, mas sim por força de seu poder de polícia, embora, em certas circunstâncias, esses fatos se tornem necessários à efetivação de determinado negócio particular. Estabelecida essa condição, o particular pode contratar livremente. Exemplo disso é a atividade bancária de um modo geral, que precede uma autorização do Banco Central e é por este fiscalizada, mas, a partir daí as avenças resultam da manifestação de vontade das partes. É como diz o festejado Prof. Arnoldo Wald: 'Os principais atos da vida bancária não têm validade ou eficácia sem o placet da autoridade administrativa' (RDM 48/49).*
>
> *Em outras situações, como nos casos de importação de mercadorias estrangeiras, a Administração, por intermédio da CACEX – do Banco do Brasil, interfere como elemento da balança do comércio internacional. Na espécie, os particulares podem efetuar contratos de compra no exterior, ficando, no entanto, limitados às restrições impostas pela Administração, com vistas à evasão de divisas e à proteção da indústria nacional. Mas esses contratos, realizados dentro das normas estabelecidas pelo Poder Público, obrigam os signatários em todas as suas cláusulas, podendo a inadimplência ser resolvida em perdas e danos, por acordo ou pela via judicial.[32]"*

48. Finalmente no seu *Direito Administrativo Brasileiro* HELY define o ato biface, com seu estilo didático, nos seguintes termos:

32 MEIRELLES, Hely Lopes. "Protocolo administrativo – ato biface". In: *Estudos e Pareceres de Direito Público*. São Paulo: Saraiva, 1986, v. 9, pp. 184-185.

"Os atos administrativos negociais, que acabamos de ver, são normalmente seguidos de atos de Direito Privado que completam o negócio jurídico pretendido pelo particular e deferido pelo Poder Público. É o que ocorre, p. ex., quando a Administração licencia uma construção, autoriza a incorporação de um banco, aprova a criação de uma escola ou emite qualquer outro ato de consentimento do Governo para a realização de uma atividade particular dependente da aquiescência do Poder Público. São atos bifaces.

Os dois atos são distintos e inconfundíveis, mas permanecem justapostos um ao outro de modo indissociável. Daí por que não podem as partes - Administração e particular - alterá-los ou extingui-los unilateralmente, sendo sempre necessária a conjunta manifestação de vontade dos interessados para qualquer modificação ou supressão do negócio jurídico objetivado.

Nessa conformidade, o ato administrativo que precede, acompanha ou sucede a atuação do particular só pode ser impugnado pelo devido processo legal, no âmbito interno da Administração ou na via judicial competente, sempre com a intervenção de ambas as partes. Quanto ao ato administrativo, traz em si a presunção de legitimidade e, por isso mesmo, opera seus efeitos enquanto não for desconstituído ou modificado regularmente.

Por sua vez, o ato do particular, arrimado no ato da Administração, há que obedecer fielmente aos preceitos deste, para sua eficácia e legitimidade. Qualquer processo judicial decorrente do negócio deferido pelo Poder Público deve ser requerido no juízo privativo da Administração interessada.

Essa interferência de atos administrativos em negócios particulares e vice-versa é corrente no Direito Público, como sustentam os mais autorizados publicistas pátrios e estrangeiros, como, também, a nossa jurisprudência reconhece e admite a ingerência do Poder Público em negócios civis ou comerciais."[33]

33 MEIRELLES, Hely Lopes. *Direito Administrativo Brasileiro*, 41. ed., 2014, *op. cit.*, pp. 210-211.

49. A discussão é interessante tanto pelas soluções que pode dar como pelos problemas que suscita.

50. Enquanto a doutrina consolidou no direito administrativo o ato complexo como sendo a simbiose de dois atos simultâneos ou sucessivos, mas ambos de direito administrativo, ou, ao menos, de direito público, a peculiaridade do ato biface, que justifica a sua introdução na terminologia jurídica, é o fato de reunir atos com regimes jurídicos distintos, um de direito administrativo e o outro de direito privado. Assim, não há dúvida que o ato complexo se diferencia do ato unilateral, mas ambos estão na área do direito administrativo, conforme a melhor lição da doutrina.

51. Citando Otto Gierke e Santi Romano, Ruy Cirne Lima concluiu que o ato complexo é a expressão "*de mera unidade extrínseca, em conexão com a unidade do órgão de que promanam*", reconhecendo a unidade material do conteúdo das manifestações de vontade que reúne[34]. Até os atos corporativos poderiam ser considerados complexos, mas desde que se enquadrassem na mesma aérea, ou seja, em tese, no direito administrativo.

52. Resumindo a evolução que ocorreu no direito comparado e na doutrina nacional, Caio Tácito[35] esclarece a respeito que:

> *"Atos administrativos complexos são aqueles cuja formação exige mais de uma manifestação de vontade, sucessivamente emitida pela Administração, através de autoridades ou órgãos diversos, para que se considerem perfeitos e acabados"*
>
> *(...)*
>
> *O conceito de ato complexo é usual em Direito Administrativo, como aquele em que 'várias vontades individuais se somam e se manifestam numa declaração única', conforme a lição de Seabra Fagundes.*
>
> *Oriunda da doutrina germânica, a noção se divulgou, sobretudo, por intermédio do direito administrativo italiano, que lhe deu ampla acolhida. Ocorrendo identidade de conteúdo e de*

34 LIMA, Ruy Cirne. *Princípios de direito administrativo*. 7ª ed. São Paulo: Malheiros, 2007, pp. 235 e seguintes.

35 TÁCITO, Caio. *Temas de Direito Público. Pareceres*. Rio de Janeiro: Renovar, 1997, v.1, p. 305.

> *fins, as sucessivas manifestações de vontade se adicionam para formação do ato complexo, que não se torna perfeito enquanto não se congregam as fases de sua constituição.*
>
> *Atti complessi – ensina Zanobini – sono quelli risultanti dal concorso della volontá di più organi e di più soggetti della pubblicca amministrazione', ou – como define d'Alessio – 'quelli nei quali l'effeto giuridico discende da manifestazione di volontá diverse o di vari soggetti, in tesse i soggetti come vani entre pubblici, o di vari organi dello stesso soggetto o dello stesso organo del medesinno soggetto, però in momenti e com forma diverse'.*
>
> *Observa Sayagues Laso que: 'lo caractéristico del acto complejo es que la declaración de voluntad admnistrativa se forma mediante la intervención conjunta o sucessiva de dós o más órganos, cuyas respectivas manifestaciones de voluntad passam a integrar aquella'.*
>
> *No ato complexo há 'o concurso de vontades para um determinado fim, a conjugação de vontades que se completam e que não subsistem nem produzem efeito isoladamente' (Temístocles Cavalcanti), porque o ato 'só se aperfeiçoa pelas manifestações de vontade convergentes de várias autoridades'(Vítor Nunes Leal)"*[36].

53. Caio Tácito também admite a distinção de Hely entre atos compostos e atos complexos, mas não chega a se manifestar em relação aos atos bifaces, como se verifica pelo seguinte trecho do seu parecer de 13.10.1990:

> *"A deliberação ad referendum – insista-se – não é essencial ao ato definitivo, a excluir, portanto, a qualidade de ato complexo. Não há, no caso, fusão de vontades a produzir, geneticamente, um ato único.*
>
> *Verifica-se antes a existência de atos autônomos, ainda que a sobrevivência do primeiro dependa da emissão do outro, confirmatório daquele, de eficácia provisória em curso.*
>
> *Desenha-se, na espécie, como antes indicado, um ato composto que, na definição de Hely Lopes Meirelles, é aquele que 'se apresenta com um ato principal e com um ato complementar*

36 TÁCITO, Caio. *Temas de Direito Público: estudos e pareceres*. Rio de Janeiro: Renovar, 1997, v. 1, pp. 303-304

que o ratifica ou aprova' (Direito Administrativo Brasileiro – 14ª edição p. 134). Há, em suma, atos próprios de autoridades diversas, que se sucedem e se completam, a contrário do ato complexo em que as vontades parciais e inoperantes se fundem em um ato único, de eficácia final."[37]

54. Por sua vez GABINO FRAGA esclarece que nos atos complexos:

> *"(...) las diversas voluntades que concurrem no se fundem em un solo acto, sino que dan nacimento cada uma de ellas a actos que sucessivamente se condicionan"*[38]

55. Não se tratando de duas autoridades, de dois atos administrativos, mas de um ato administrativo e de um ato de direito privado, justificar-se-ia a denominação do ato biface, pois também não se identifica com o ato composto, do qual se aproxima pela sua natureza, mas se distingue por não se realizar, na sua totalidade, na área administrativa. Ora, HELY LOPES MEIRELLES faz as distinções necessárias e define com clareza o ato composto, escrevendo que:

> *"(...) é o que resulta da vontade única de um órgão, mas depende da verificação por parte de outro, para se tornar exequível. Exemplo: uma autorização que dependa do visto de uma autoridade superior. Em tal caso a autorização é o ato principal e o visto é o complementar que lhe dá exequibilidade. O ato composto distingue-se do ato complexo porque este só se forma com a conjugação de vontades de órgãos diversos, ao passo que aquele é formado pela vontade única de um órgão, sendo apenas ratificado por outra autoridade. Essa distinção é essencial para se fixar o momento da formação do ato e saber-se quando se torna operante e impugnável"*[39]

37 TÁCITO, Caio. *Temas de Direito Público, op. cit.*, v. 2, p. 1.100.

38 FRAGA, Gabino. *Derecho Administrativo.* 4.ed. México: Editorial Porrua, 1948, p. 145.

39 MEIRELLES, Hely Lopes. *Direito Administrativo Brasileiro,* 41.ed., 2014, *op. cit.*, p. 191.

56. Com esses estudos de Hely Lopes Meirelles e Caio Tacito, o primeiro passo foi dado para que se examinasse o regime jurídico dos atos bifaces no Direito brasileiro.

57. Embora a análise da matéria possa se tornar mais sofisticada, a classificação de Hely Lopes Meirelles nos parece satisfatória e pragmática não só do ponto de vista teórico, mas também em relação aos efeitos práticos que deve ter, sabendo-se que o direito não é uma ciência de classificações, mas um instrumento pragmático para dar eficiência à administração e à distribuição da justiça.

VI. Aspectos Internacionais

58. O problema da criação de um ato biface regido simultaneamente por normas de direito privado e de direito público não se limita, aliás, às operações nacionais. Estamos sentindo a necessidade progressiva de estabelecer normas em relação ao mercado internacional e os bancos centrais já reconhecem a inviabilidade da manutenção do sistema atual no qual o excesso de liberdade e a falta de regulamentação que podem levar à criação de um mercado inseguro e de inúmeras fraudes.

59. Quando o Brasil começou a regulamentar as atividades das instituições financeiras, comentou-se que, "depois da liberdade do Faroeste, era preciso que chegasse o xerife para pôr a casa em ordem". É o que está ocorrendo no mercado internacional. Desde 1974, vários Bancos Centrais sustentaram a necessidade de se estabelecer um controle efetivo das operações internacionais, cada Banco Central devendo acompanhar a captação e os financiamentos das instituições financeiras do seu país. Neste sentido, manifestaram-se inicialmente o Governador do Banco da Inglaterra e o Presidente do Banco Nacional Suíço, seguidos por autoridades de outros países.

60. Numerosos são hoje aqueles que defendem a criação de um controle internacional que, no momento, é feito unilateralmente pelos Estados Unidos, que aplicam a sua legislação aos demais países. Fazem inclusive incidir pesadas multas sobre os bancos estrangeiros que não obedecem às normas do governo norte-americano, às quais ele atribui vigência extraterritorial, fazendo-as incidir sobre todas as operações realizadas em dólares fora do seu território. Desde a falência do Banco Herstatt, que ocorreu em 1974, o Banco de Regulamentos Internacionais (BRI) criou um comitê especial para tratar das regras e práticas de controle das operações internacionais também denominado "Comitê Cook".[40] A constante ameaça de crises internacionais justifica certamente uma ação mais eficiente no plano mundial para evita-los, em vez de ter que tomar medidas difíceis e onerosos após terem ocorrido[41].

61. Não há dúvida que, com o fortalecimento do Fundo Monetário Internacional, no campo das relações externas, um certo controle informal foi estabelecido, ensejando uma colaboração entre os banqueiros centrais e as autoridades tanto nacionais quanto internacionais, cooperação que funcionou na última crise, embora não tivesse conseguido evita-la. É, pois, possível que muito breve tenhamos um direito monetário internacional, a completar as normas do direito bancário interno, sendo difícil prever se o direito internacional econômico continuará sendo um mito ou poderá ser uma realidade.[42]

62. Entendemos que há, no caso, um campo novo, que deve merecer a atenção dos juristas e que consiste justamente na harmonização adequada das normas de direito privado e de direito público, a fim de evitar que, considerando ambos os campos como linhas paralelas que nunca se tocam, se leve o direito a situações caóticas e de impasse que acabam engendrando soluções contrárias ao interesse público. Foi o caso da nacionalização total ou parcial dos bancos, realizada em vários países, em virtude de estarem insolventes ou sofrerem de profunda falta de liquidez, em detrimento do próprio desenvolvimento da economia, no plano nacional e internacional.

VII. Conclusões

63. A posição dos juristas que se recusaram a examinar e compreender os problemas econômicos fizeram com que, por longos anos, vivêssemos

---

40 BLAISE, Jean-Bernard; FOUCHARD, Philippe; KAHN, Philippe. *Les Euro-Crédits.* Paris: Librairies Téchniques, 1981 pp. 369 e ss.

41 A respeito da falta de regulação internacional do sistema financeiro, entre as obras mais recentes, destacam-se os livros de DAVID ALLOUCHE e ISABELLE PRIGENT, *Marchés financiers sans foi ni loi?*, Paris: Puf, 2016, *passim* e DOMINIQUE MORISOD e MYRET ZAKI, *La finance de l'ombre a pris le contrôle. Le risque systémique a quadruplé en 12 ans. Les spéculateurs remplacent les banques. Quelle sera la facture de la prochaine crise?* Paris-Lausanne: Favre, 2016, *passim.*

42 WEIL, Prosper. "El derecho internacional económico: mito e realidad", In: *Estudios de Derecho Económico.* México: Universidad Nacional Autónoma de México, 1977, v. 1, p. 173.

num mundo fictício, que foi dominado pelo mito da estabilidade monetária[43]. Foi a época em que, em vários países, os economistas pretenderam substituir os advogados e tornaram-se legisladores e intérpretes da lei, ensejando a prevalência de uma tecnocracia sem a adequada formação jurídica. Agora, nas últimas décadas, os legisladores e os juristas da maioria dos países reconheceram a necessidade de encarar os fatos econômicos, de conviver com eles, e, consequentemente, de aderir, com maior ou menor entusiasmo, ao realismo monetário, rejeitando mitos e presunções descabidas ou ultrapassadas.

64. No plano bancário, a situação é um pouco parecida. Não há como garantir a sobrevivência dos bancos, num mundo tumultuado como o nosso, sem a presença vigorosa e constante de um Banco Central considerado como elemento catalisador e orientador da economia nacional e com o qual os bancos privados devem colaborar na construção de uma "economia concertada". Desconhecer essa realidade só pode levar a soluções fictícias. Todos os bancos necessitam ou podem necessitar do redesconto, que atualmente constitui um verdadeiro seguro para a instituição financeira, mas alguns economistas pretendem manter um liberalismo já inviável e não condizente com a adequada proteção dos depositantes e a própria orientação da economia nacional. Assim sendo, JOHN KENNETH GALBRAITH salientou que todos os bancos querem gozar dos benefícios decorrentes da existência dos bancos centrais, mas nem sempre lhes apraz obedecer às normas baixadas pelas autoridades monetárias, ou seja, pagar o preço correspondente, o prêmio do seguro.[44] Ora é evidente que o Estado moderno não pode abrir mão do exercício do poder de polícia, que deve exercer com cautela e moderação, mas com energia, na área bancária, no próprio interesse dos bancos e da sociedade civil.

65. Ao jurista cabe, pois, a missão de zelar para que este poder de polícia dos Bancos Centrais seja exercido de acordo com normas prévias e claras e com o necessário respeito dos direitos individuais, mas também com a eficiência e a rapidez necessárias para fazer prevalecer os interesses superiores da economia nacional.

---

43 FISHER, Iving. *The money illusion.* Adelphi Company, 1928.

44 GALBRAITH, John Kenneth. *A Moeda.* São Paulo: Livraria Pioneira, 1977, p. 76.

66. Alcançar este justo equilíbrio entre interesses individuais e sociais, entre a liberdade de iniciativa e a responsabilidade decorrente, entre o espírito do direito comercial e o poder de polícia, regulamentado pelo direito administrativo, passa a ser, nos dias de hoje, uma meta básica do advogado e do jurista. Não lhes é lícito desconhecer nem a realidade econômica, nem a escala de valores vigente, pois a sua função consiste basicamente, em submeter a vida econômica aos princípios morais, como bem lembrava CARNELUTTI[45].

67. A palavra crise em chinês é representada por dois sinais, um sombrio evocando as dificuldades do momento e o outro significando a esperança de novas soluções. A crise mundial obriga o jurista a aceitar os desafios do seu tempo e a sair da sua trincheira para construir novas soluções, não mais nas manipulações de retaguarda, mas sim no *front* do direito, ao qual aludia SAN TIAGO DANTAS[46]. Essa luta exige uma mobilização de privatistas, publicistas, internacionalistas e comparatistas para que as soluções dos vários países sejam examinadas e possam ensejar novas construções jurídicas pois sabemos que, como já dizia GEORGE RIPERT[47], "a única realidade que fica, após as grandes revoluções, é o trabalho do jurista que transforma, em realidades concretas, as ideias e proclamações baseadas na poesia e na retórica".

45 WALD, Arnoldo, « La liberté et la régulation en droit des sociétés ». In : *Persona e attività economica tra libertà e regola. Studi dedicati a Diego Corapi.* Napoli : Editoriale Scientifica, 2016, v. 3, pp. 2123-2132.

46 DANTAS, San Tiago. *Palavras de um Professor.* Rio de Janeiro: Forense, 2001, p. 41.

47 RIPERT, George. *Aspects juridiques du capitalisme moderne.* Paris: LGDJ, 1946, p. 342.

A CONSTITUIÇÃO COMO A LEI DAS LEIS E A DEMOCRACIA COMO O PRINCÍPIO DOS PRINCÍPIOS CONSTITUCIONAIS – A civilizada trajetória que vai da democracia política à democracia social e à democracia fraternal ou solidária

Carlos Ayres Britto[1]

1. O Direito Positivo como sistema

1.1. Como amplamente sabido, sistema é conjunto ordenado de elementos, segundo uma perspectiva unitária. Noutro falar, sistema é uma pluralidade de elementos que têm na imperiosidade de sua recondução ao primeiro deles o seu próprio e lógico fator de unidade. Recondução, assim, impeditiva de dispersividade, pois não há confundir pluralidade de elementos com autonomia tal de cada um deles a ponto de caracteri-

---

1 Mestre e doutor em Direito Constitucional pela PUC de São Paulo, Capital, membro da Academia Brasileira de Letras Jurídicas e da Academia Internacional de Direito e Economia, além de advogado e poeta. É titular de Direito Constitucional do UNICEUB-Centro Universitário de Brasília e foi ministro e presidente do STF, do CNJ e do TSE.

zar um completo desgarro; ou seja, a ponto de se traduzir em perda do sentido de conjunto para todos eles, justamente. Por conseguinte, o imperioso reenvio de cada qual desses elementos ao primeiro deles é que responde pela noção de sistema como uma *casa arrumada*. No caso do Direito, recondução que o torna, primeiramente, uno (um só conjunto ou realidade); depois, pleno e coerente. Pleno, por ministrar resposta normativa para todo e qualquer problema de interação dos seus destinatários. Coerente, pela sua aptidão de eliminar toda e qualquer contradição ou antinomia entre os seus comandos. Ordem interna maior, impossível, pois o Direito passa a deter a propriedade de se bastar. A propriedade de se bastar como sistema de estruturação anatômica e funcional tanto do Estado quanto da sociedade civil. O Estado, pelas suas instituições e respectivos agentes; a sociedade civil, também pelas suas instituições e respectivos agentes, mais os indivíduos ou pessoas naturais de que ela (sociedade civil) também se compõe.

1.2. Essas características centrais do Direito se traduzem no substantivo "autopoiese". Que é, justamente, a capacidade que ostenta o Direito de gozar de auto-suficiência quanto aos seus elementos formadores e quanto àqueles referentes à sua operatividade. Anatomia e fisiologia propriamente jurídicas em harmoniosa convivência, destarte. Mais do que isso, em relação de caráter sistêmico, reprise-se. E tudo, objetivamente, a partir da Constituição como ato político de criação do Direito mesmo. Ela, Constituição, a se nos dar como criatura dessa realidade exclusivamente política de nome "Nação". Ele, Direito, a se positivar como criatura dela, Constituição. Constituição em sua originária redação, entenda-se.

1.3. Aqui, nosso propósito é falar dessas coisas por um modo progressivamente cognitivo. Por aproximações conceituais sucessivas, então. Até para explicar o porquê de o Direito ser adjetivado de "Positivo" e receber da Constituição brasileira a denominação de "ordem jurídica". Uma Constituição que faz parte do que tenho chamado de "trajetória da tríplice unidade", como ao longo do presente estudo terei o ensejo de explicar.

2. A Constituição como condição de possibilidade lógico-formal do Direito brasileiro como sistema

2.1. Deveras, é por estar comprometida com essa premissa de ser o Direito uma *casa arrumada* que a Constituição de 5 de outubro de 1988 chama o sistema jurídico brasileiro de "ordem jurídica" (cabeça do art. 127). O que nos possibilita afirmar que sistema e ordem terminam por se entrelaçar para compor um todo tão unitário quanto lógico. Dando-se que Sistema Jurídico é sinônimo tanto de Ordem Jurídica quanto de Direito Positivo. Direito também assim adjetivado de Positivo por ser **impositivo** na acepção mesma de garantida cogência. Donde Goffredo Telles Júnior ensinar que toda norma jurídica é "um imperativo autorizante"; isto é, um comando passível de exigibilidade perante o Estado e por ele próprio. Na mesma linha doutrinária de Hans Kelsen e Norberto Bobbio, que viam no Direito uma realidade normativa "de eficácia garantida" ou "eficácia "reforçada", precisamente.

2.2. No plano desse Direito Positivo ou "ordem jurídica" brasileira em sentido formal, **o sobredito fator de unidade é a Constituição**. Ela que opera como a perspectiva de unidade de todos os atos estatais que sejam editados com forma assim de Direito Positivo (razão-de- ser do adjetivo **formal**, aqui reiteradamente usado). Ela, Constituição, como fator de unidade; eles, os atos estatais, a consubstanciar elementos que se definem pela veiculação de normas jurídicas primárias. Entenda-se: a) normas jurídicas, porque toda norma é comando ou determinação, com a peculiaridade de que as de caráter jurídico são passíveis de exigibilidade; b) normas jurídicas primárias, porque editadas por um modo imediatamente abaixo da Constituição originária ou sem outro ato jurídico de mediação entre elas e essa Constituição originária, precisamente.

2.3. Tais normas jurídicas primárias são as veiculadas pelos atos referidos no *caput* do art. 59 da nossa Constituição, a saber: emendas constitucionais, leis complementares, leis ordinárias, leis delegadas, medidas provisórias, decretos legislativos e resoluções. Atos que, posteriores à Constituição originária, vão servir de fundamento de validade para outros atos jurídicos, porém de envergadura menor. E de envergadura ou força normativa menor porque veiculadores de normas jurídicas secundárias. Por ilustração, decretos e regulamentos (inciso IV do artigo constitucional de nº 84). Estes últimos, de sua parte, a fundamentar a validade de normas jurídicas terciárias, como as "instruções" ministeriais de que fala o inciso II do artigo igualmente constitucional de nº 87. E toda essa pluralidade de atos jurídico-estatais a se reenviar à normatividade originária ou fundante ou inaugural do Sistema Jurídico brasileiro, que não é senão a Constituição originária. **Uma Constituição que instaura ou inaugura ou funda o Direito Positivo brasileiro, mas não o emancipa de todo. Que instaura ou cria ou inaugura o Direito Positivo brasileiro, é certo, mas o mantém sob permanente controle.**

2.4. Quanto à posição tão eminente quanto solitária da Constituição como fator de unidade formal do Sistema em que o Direito Positivo consiste, a explicação está no fato de que ela, na sua redação originária, *é a primeira voz desse Direito aos ouvidos dos seus destinatários.* Sejam eles os singulares agentes ou então as personalizadas instâncias estatais, sejam eles os indivíduos ou então os grupos e pessoas jurídicas particulares. Voz originária ou fundante ou inaugural desse Direito, volta-se a dizer. Que é mais do que voz primária e muito mais ainda do que voz secundária ou então terciária, por evidente. **E voz emitida pela Nação como única instância normativa detentora do Poder Constituinte, que já é o poder de normar sem ser normado. E normar sem ser normado porque situado no campo da pura politicidade, de que a juridicidade é um dado subsequente.** Mais: Nação que se faz de criadora, juridicamente falando, de todo o Estado e da sociedade civil por inteiro. Nação que não divide com ninguém – nem para ninguém repassa – esse poder constituinte de começar tudo de novo em termos jurídicos. A pressupor o exclusivo e concomitante poder de *zerar toda a contabilidade jurídica* até então existente. **Um poder também desconstituinte, no rigor dos termos. O que já explica ser ela, Constituição originária (em função dessa absoluta *insimilaridade*), o único diploma de Direito Positivo que não tem número. A única lei que o Estado não faz, e, no entanto, é a lei de todas as leis que o Estado faz**. Donde ser emblematicamente referida como *Lex Legum*, ou, se prefere dizer, *Lex Maxima*. **Obra normativa que é *filha unigênita* de uma realidade que não tem chefe: a Nação. Única a chefiar tudo e todos, por definição.**

2.5. É nessa mais destacada posição de *ímã* que a nossa Constituição confere a si mesma a credencial de condição formal-objetiva do Direito Positivo brasileiro como sistema. Equivale a dizer: condição de possibilidade lógica do nosso Direito Positivo como um sistema, pois toda a pluralidade dos atos normativos de que ele se compõe termina por se reconduzir à unidade dela, Constituição. **Resultando igualmente claro que essa imperiosa força de atração se dá para o necessário respeito a conteúdos que as próprias normas da Constituição venham a aportar**. Pena de se incorrer no culto ao mesmo tempo burocrático e vazio da forma pela forma. Discurso meramente retórico ou *pra inglês ver*, como se diz em linguagem coloquial.

3. A democracia como condição de possibilidade lógico-material do Direito brasileiro como sistema

3.1. É isso mesmo! A *vis atractiva* da Constituição em face dos demais atos (elementos) de uma só Ordem Jurídica brasileira responde à necessidade de afirmação de certos conteúdos dela. Conteúdos das próprias normas constitucionais originárias, então. Conteúdos que são ideais de vida civilizada, acresça-se o juízo. Ideais de vida civilizada, sim, porquanto humanísticos. Porquanto promotores do mais intrinsecamente virtuoso sentido à experiência humana em recíproca influência. **E um sentido assim tão plural quanto inatamente virtuoso por já significar o ponto de encontro entre a centralidade individual e a coesão social. Equivale a dizer: por já significar a possibilidade da convivência entre indivíduos centrados e sociedade coesa. O que muito concorre para a transformação qualitativa da sociedade mesma em comunidade (de comum unidade), perceptível que sociedade é ainda um ajuntamento humano dominantemente mecânico, automático, rotineiro ou mesmo contingente, enquanto a comunidade é uma congregação de pessoas em bases mais intencionais, orgânicas, afetivas, solidárias, conscientes, enfim.** E é justamente na perspectiva desse tipo mais qualificado de sociedade que ascende à condição de comunidade que se deve entender a passagem do preâmbulo dela, Constituição de 1988, que menciona o exercício dos "direitos sociais e individuais", ao lado da "liberdade," "segurança", "bem-estar", "desenvolvimento", "igualdade" e "justiça", para qualificar todos eles como "valores supremos de uma sociedade fraterna, pluralista e sem preconceitos, fundada na harmonia social e comprometida, na ordem interna e internacional, com a solução pacífica das controvérsias".

3.2. Tais "valores" outra coisa não são que "princípios" ou conteúdos identificadores da própria Constituição, focadamente. Mais abrangentemente, **princípios ou conteúdos que tanto identificam a Constituição brasileira quanto a Nação igualmente brasileira, juridicamente falando.** Dando-se que eles começam mesmo é com a Democracia, pois assim está escrito:

I – no preâmbulo dela, Constituição, ao enunciar que a destinação da Assembleia Nacional Constituinte que funcionou de 1º de fevereiro de 1987 a 5 de outubro de 1988 foi "instituir um Estado Democrático";

II – no corpo dos dispositivos constitucionais propriamente ditos, ora com a denominação de "Estado Democrático de Direito" (*caput* do art. 1º), ora com a mesma denominação daquele referido preâmbulo, que foi a de "Estado Democrático" (inciso XLIV do art. 5º e cabeça do art. 91), ora com o *nomen juris* de "regime democrático" (cabeça dos arts. 17, 127 e 134).

3.3. O que intento revelar fica mais fácil de assimilação com o registro ou a anotação de que **no citado preâmbulo – preâmbulo ou *ementa* dessa Lei Maior de nome "Constituição – há, em verdade, duas sucessivas destinações. A primeira delas, no âmbito da própria Assembleia Nacional Constituinte, que foi a destinação de "instituir um Estado Democrático". A segunda, já referida a esse Estado Democrático mesmo, que foi a de: "assegurar o exercício dos direitos sociais e individuais, a liberdade, a segurança, o bem-estar, o desenvolvimento, a igualdade e a justiça como valores supremos de uma sociedade fraterna, pluralista e sem preconceitos**. Os ideais de vida civilizada de que falei. E a traduzir que, se instituir um Estado Democrático foi a unitária destinação dela, Assembleia Nacional Constituinte, esse Estado Democrático em si também teve a sua destinação. Com a diferença de que uma destinação múltipla. **Uma destinação de operar como um continente para aqueles expressos conteúdos dos direitos sociais e individuais, mais a liberdade, a segurança, o bem-estar, o desenvolvimento, a igualdade e a justiça**. Aqui, uma destinação plúrima. Ali, uma destinação una.

3.4. Esta última qualificação do Estado Democrático brasileiro como um valor-continente é confirmada por ele, corpo de dispositivos da Constituição. Um corpo de dispositivos que designa esse Estado Democrático por "Estado Democrático" mesmo e também por "Estado Democrático de Direito" e "regime democrático" (assim já demonstramos linhas acima). Pelo que, doravante, unificaremos tais expressões com o singelo substantivo "democracia". Não sem antes anotar que "Estado Democrático de Direito", "Estado Democrático" e "regime democrático" são expressões que figuram no TÍTULO I da Constituição de 1988, cujo nome é... "DOS PRINCÍPIOS FUNDAMENTAIS".

3.5. Esta a razão pela qual falei dos conteúdos mais característicos da Constituição de 1988 como "princípios". A partir daqueles que de tão identificadores dela foram por ela mesma chamados de "fundamentais". Caso da democracia, que, ali no TÍTULO I, com o nome de "Estado Democrático de Direito, foi erigido a princípio maior. Alçado a princípio de materialidade mais abrangente que a dos demais, de sorte a merecer o qualificativo de princípio-conti-

nente. Numa clara confirmação do que já figurava do tão comentado preâmbulo.

3.6. De se ver, assim, pelo TÍTULO I da Constituição e do *caput* do seu art. 1º:

I que os primeiros princípios-conteúdos desse princípio-continente que é a democracia são a República e a Federação ("A República Federativa do Brasil, formada pela união indissolúvel dos Estados e Municípios e do Distrito Federal, constitui-se em Estado Democrático de Direito". Ocorrendo que a República e a Federação englobadamente consideradas já incorporam o princípio-conteúdo da Separação dos Poderes a que se reporta o art. 2º, a saber: "São Poderes da União, independentes e harmônicos entre si, o Legislativo, o Executivo e o Judiciário". Princípio da Separação ou da Divisão dos Poderes do Estado, organicamente, Princípio da Especialização das funções estatais, dinamicamente;

II – que os demais princípios-conteúdos se distribuem: a) por categorias explícitas; b) por categorias que se definem como projeção ou desdobramento lógico daquelas.

3.7. Prossigo, e o faço por modo também esquemático:

I – no que toca aos princípios-conteúdos que se definem pela sua explicitude, eles se distribuem pelas seguintes categorias: a) a categoria dos "fundamentos" (incisos de I a V do art. 1º da Constituição, a saber: "soberania", "cidadania"; "dignidade da pessoa humana", "valores sociais do trabalho e da livre iniciativa", "pluralismo político"; b) a categoria da origem e do exercício popular do Poder Político ("Todo o poder emana do povo, que o exerce por meio de representantes eleitos ou diretamente, nos termos desta Constituição", conforme literal disposição do parágrafo único do mesmo art. 1º); c) a categoria da "separação dos Poderes" (art. 2º, combinadamente com o inciso III do § 4º do art. 60, todos de matriz constitucional); d) a categoria dos "objetivos fundamentais da "República Federativa do Brasil" que se lê nos incisos de I a IV do art. 3º, *in verbis*: "construir uma sociedade livre, justa e solidária", "garantir o desenvolvimento nacional", "erradicar a pobreza e a marginalização" e reduzir as desigualdades sociais e regionais", "promover o bem de todos, sem preconceitos de origem, raça, sexo, cor, idade e quaisquer outras formas de discriminação"; e) a categoria das "relações internacionais" do Brasil, listadas em nada menos que nove "princípios", *litteris*: "independência nacional", "prevalência dos direitos humanos", "autodeterminação dos povos", "não intervenção", "igualdade entre os Estados", "defesa da paz", "solução pacífica dos conflitos", "repúdio ao terrorismo e ao racismo", "cooperação entre os povos para o progresso da humanidade", "concessão de asilo político" (incisos de I a IX do art. 4º da Constituição, de parelha com este emblemático parágrafo único do mesmo art. 4º: "A República Federativa do Brasil buscará a integração econômica, política, social e cultural dos povos da América Latina, visando à formação de uma comunidade latino-americana de nações".

II – no que tange aos demais princípios-conteúdos da nossa democracia, eles se definem pelo seu caráter lógico. Racional. São princípios-conteúdos implícitos, porquanto resultantes de projeções ou desdobramento racional dos princípios-conteúdos explícitos. Isso a partir da própria nomenclatura dos dois primeiros títulos formais da Constituição, o primeiro a acarretar ou puxar por modo lógico toda a temática do segundo.

3.8. Explico um pouco mais esse último item de nº II. E o faço para remarcar o seguinte: no "TÍTULO I" da Constituição, o que se tem são "PRINCÍPIOS FUNDAMENTAIS"; no "TÍTULO II", o que se tem? "DIREITOS E GARANTIAS"... igualmente "FUNDAMENTAIS"! E Igualmente fundamentais porque o segundo se destina a densificar ou tonificar ou conferir força normativa ao primeiro. Tornar o primeiro eficaz, no sentido de poder deflagrar os efeitos a que ele se preordena. Logo, são duas fundamentalidades que se interpenetram funcional ou operacionalmente. E se a primeira se define como conteúdos da democracia brasileira que são princípios diretamente constitucionais, a segunda também.

3.9. Ainda neste capítulo, a explicação de que os Poderes de que versa o art. 2º estão nesse artigo mesmo para fazer a mediação, a interlocução, a ponte funcional, enfim, entre os "fundamentos" do art. 1º e os "objetivos fundamentais" do art. 3º. Cada qual desses três Poderes, então, a tomar como base de inspiração os incisos de I a V do art. 1º para concretizar as finalidades que se lê do inciso I ao inciso IV do art. 3º.

4. A unificação funcional dos TÍTULOS I e II da Constituição brasileira em perspectiva igualmente sistêmica

4.1. Há mais o que dizer, porque ambos os TÍTULOS constitucionais ainda se unificam, sistemicamente, por estruturar a identidade jurídica do nosso País. Da nossa Nação. Não só a identidade da nossa Constituição.

Nessa medida, eles têm essa adicional serventia de compor ou plasmar a identidade jurídica do Brasil como um todo monolítico. **A identidade jurídica do País inteiro como uma democracia. O seu caráter jurídico por excelência. Mas ambos os títulos formais (TÍTULO I E TÍTULO II) a fazer da democracia o princípio material ou substantivo que se põe como continente de todas as instituições e de todos os institutos jurídicos a que a Constituição mesma se refere.**

4.2. Deveras, a democracia é o princípio que mais se faz presente nos demais princípios e regras igualmente constitucionais, de maneira a se poder falar, também substantivamente, de democracia política ou eleitoral propriamente dita – com ênfase para o citado princípio da "soberania" em sentido especificamente "popular", conforme elucidam o caput do art. 1º e a cabeça do art. 14; de democracia da divisão e do controle recíproco dos Poderes (art. 2º); de democracia das relações internacionais do Brasil (art. 4º); de democracia dos direitos e garantias fundamentais (arts. 5º a 17); de democracia dos conjugados princípios da legalidade, impessoalidade, moralidade, publicidade e eficiência dos atos da Administração Pública (art. 37, cabeça); de democracia da ordem econômica ou da livre iniciativa(art. 170); de democracia do bem-estar e da justiça sociais como objetivos de toda a "ordem social" e sob o "primado do trabalho" (art. 193). Aqui, ordem social e primado do trabalho que se desdobram em capítulos e seções constitucionais que nos habilitam a falar, também por explícito desdobramento, em democracia da Seguridade Social; democracia da Educação, da Cultura e do Desporto; democracia da Ciência, da Tecnologia e da Inovação; democracia da Comunicação Social (com todo relevo para a liberdade de imprensa); democracia do Meio Ambiente; democracia da Família, da Criança, do Adolescente, do Jovem e do Idoso; democracia indigenista ou dos Índios brasileiros.

4.3. O fecho do raciocínio é um só: assim como a Constituição opera, formalmente, como o fator de unidade de todos os elementos (atos veiculadores de normas jurídicas) do Sistema Jurídico brasileiro, a Democracia cumpre a mesma função no plano material ou substantivo. Pelo que, se tudo se reconduz à unidade dela, Constituição, por um prisma sistêmico-formal, tudo também se reconduz à unidade da Democracia, por um prisma sistêmico-material. Dúplice e ao mesmo tempo concomitante critério de interpretação e aplicabilidade jurídicas, a se impor a todo e qualquer agente privado, a todo e qualquer agente estatal. Em especial, a todo e qualquer agente e instância do Poder Judiciário, a quem incumbe interpretar e aplicar por último a Constituição brasileira. A indissociável parelha temática da

Constituição e da democracia, assim, a operar como luzeiro, farol, lente de visualização de toda e qualquer figura de Direito matricialmente constitucional-brasileiro.

5. A indissociável parelha temática da Constituição e da democracia brasileiras

5.1. Assim demonstrado que a Constituição, formalmente, e a democracia, materialmente, operam como a própria condição de possibilidade do Direito brasileiro como sistema, parece-me essencial ajuizar que:

> I – na Constituição mesma há passagens em que os dois temas são estrategicamente versados por modo enlaçado ou interreferente;
>
> II – ainda na própria Constituição, enfatize-se, a última e imperativa palavra decisória do Estado quem dá é o Poder Judiciário. E dentro do Poder Judiciário quem profere essa derradeira palavra é o Supremo Tribunal Federal.

5.2. Desse imbricamento dos temas dão conta, por modo expresso, dois dispositivos constitucionais. São eles: a) o inciso XLIV do art. 5º, assim redigido: "constitui crime inafiançável e imprescritível a ação de grupos armados, civis ou militares, contra a ordem constitucional e o Estado Democrático"; o art. 23, inciso I, sob a seguinte dicção de alcance *pan-federativo*: "Art. 23. É competência comum da União, dos Estados, do Distrito Federal e dos Municípios: I – zelar pela guarda da Constituição e das instituições democráticas (...)".

5.3. Quanto ao Judiciário como Poder estatal extremo, tudo começa com a redação do art. 2º ("São Poderes da União, independentes e harmônicos entre si, o Legislativo, o Executivo e o Judiciário"), **que deixa nítido ser ele um Poder tão exterior quanto posterior aos outros dois. Funcional ou operativamente falando. O Poder que vai dizer, cogentemente: a) se o Poder Legislativo legislou de acordo com a Constituição; b) se o Poder Executivo bem executou as leis e a própria Constituição. E exatamente por se tratar de um Poder estatal que fala por último, imperativamente, é aquinhoado com a determinação constitucional de que "a lei não excluirá da apreciação do Poder Judiciário lesão ou ameaça a direito" (inciso XXXV do art 5º). Isso no óbvio pressuposto de que a maior de todas as garantias diretamente constitucionais é o acesso à jurisdição (José Afonso da Silva bem o diz, a partir da sólida doutrina de Mauro Capeletti). Uma jurisdição que não pode deixar de ser prestada, se devida-**

mente requestada. E tão equidistante das partes e interesses processuais quanto profissionalizada. Profissionalizada e de formação superior-jurídica, sabido que legisladores e exercentes do Poder Executivo não têm por condição *sine qua non* de investidura a titularidade dessa ou daquela profissão. Menos ainda de uma profissão especificamente jurídica.

5.4. De par com essas e outras normas constitucionais, que se traga à ribalta o *caput* do art. 102. Dispositivo que por modo até mesmo didático entrega ao Supremo Tribunal Federal, "precipuamente", a "guarda da Constituição". Precipuamente, vê-se, como termo sinônimo de primordialmente e também de essencialmente ou fundamentalmente. Como principal razão-de-ser, por conseguinte. A suscitar as ideias centrais de jurisdição constitucional e do STF mesmo como chaves-de-abóbada do Sistema Jurídico, objeto do capítulo entrante deste centrado estudo de Direito Constitucional brasileiro.

6. A jurisdição constitucional e o Supremo Tribunal Federal como *chaves-de-abóbada* do Sistema Jurídico brasileiro

6.1. Chego a este novo capítulo com a categórica afirmativa de que a Lei Maior de 1988 positivou, como vigoroso atestado de sua própria coerência, um modelo de Poder Judiciário e de processo judicial especificamente voltado para a efetividade do que se tem chamado de... Princípio da Supremacia da Constituição. Tanto da supremacia formal quanto da supremacia material dela, Constituição de 1988. **É o modelo também adequadamente chamado de... Jurisdição Constitucional. Modelo pelo qual, já se vê, a aferição da validade jurídica de todos os atos estatais há de se fazer à luz dos comandos constitucionais-federais. Seja por modo incidental a toda e qualquer decisão judicial de mérito, seja quanto ao julgamento de mérito mesmo das ações igualmente judiciárias. Decisão incidental ou preliminar versus decisão de mérito ou de fundo, por inferência. A Constituição Federal a se defender e se afirmar por ambas as vias.**

6.2. Em palavras diferentes, cuidando-se de aferição de constitucionalidade pelo ângulo incidental, também chamado de controle difuso ou em concreto ou ainda em caráter subjetivo, a competência para o devido processo e julgamento é de todo e qualquer magistrado, ou tribunal judiciário. Decidindo este sob o qualificado quórum da maioria absoluta ("Art. 97. Somente pelo voto da maioria absoluta de seus membros ou dos membros do respectivo órgão especial poderão os tribunais declarar a inconstitucionalidade de lei ou ato normativo do Poder Público"). Na segunda hipótese – a de aferição de constitucionalidade como o próprio objeto da ação judicial, também conceituada como processo de aferição ou controle concentrado ou ainda em caráter abstrato ou objetivo de constitucionalidade –, a competência originária é do Supremo Tribunal Federal. Isso no pressuposto de que o objeto da ação seja "lei ou ato normativo federal ou estadual", em se tratando de Ação Direta de Inconstitucionalidade, ou então "lei ou ato normativo federal" (apenas federal, portanto), em se tratando de Ação Declaratória de Constitucionalidade. É como está na alínea *a* do inciso I do artigo constitucional de nº. 102, a que se agregam a ação de descumprimento de preceito fundamental e a ação direta de inconstitucionalidade por omissão, já agora por efeito do § 1º desse mesmo art. 102 e do § 2º do art. 103, respectivamente.

6.3. Tal jurisdição constitucional opera, objetivamente, como *a chave de abóbada* do Sistema Jurídico. Institucionalmente, quem assim opera é o Supremo Tribunal Federal. Tomado o termo *chave-de-abóbada* por empréstimo aos arquitetos e engenheiros, que a ela se referem como a pedra-chave de uma edificação em arco ou abobada, e que mantém as outras pedras nos respectivos lugares. Aquela pedra maior que é colocada tão por último quanto na parte mais alta e central de uma construção assim em arco, mantendo-a hígida. No caso do Direito como sistema, a pedra-chave que o faz fechar em torno de si mesmo e com toda segurança técnica.

7. A tríplice trajetória da unidade: Nação, Constituição e Supremo Tribunal Federal

7.1. Falo, agora, da trajetória de uma tríplice unidade que me parece bem sequenciar os juízos precedentemente feitos. Que tríplice unidade? A unidade da Nação (desconsidere-se o desconforto eufônico **danação**), a unidade da Constituição e a unidade do Supremo Tribunal Federal. Elucido:

> I – por que unidade dela, Nação brasileira? Porque são múltiplas as pessoas estatais (República Federativa do Brasil, União, Estados-membros, Distrito Federal e Municípios), **porém uma só Nação**. A Nação brasileira, justamente, solitária instância de elaboração e promulgação do próprio texto constitucional originário. Sempre entendida como nação a linha imaginária que une o passado, o presente e o futuro de um mesmo povo soberano. Realidade tão hu-

mana quanto "espiritual" (Ernest Renan) que, em face dessa mais qualificada categoria de povo, entrelaça ancestralidade, coetaneidade e contemporaneidade, por via de inferência ou dedução;

II – por que unidade da Constituição? Porque são numerosíssimas as leis do País (mais de 14 mil diplomas legislativos federais, até o presente), **porém uma só Constituição**. A Constituição de 1988, precisamente, a despeito de emendada em número também avultado (110 emendas, até a data do presente estudo);

III – por que unidade do Supremo Tribunal Federal? Porque são múltiplos os tribunais do Brasil (4 tribunais superiores, 5 tribunais regionais federais, 27 tribunais de justiça, 27 tribunais regionais do trabalho e 27 tribunais regionais eleitorais), **porém um único Supremo Tribunal Federal.**

7.2. Com mais essa percepção encadeada das coisas, a ideia do Direito brasileiro como sistema ainda mais se encorpa. Transluz. É que a pluralidade desses elementos sistêmicos de nome "Estado" passa a se reconduzir à unidade do primeiro deles: a Nação brasileira. Tanto quanto a pluralidade dos elementos de nome "leis" e demais atos do Poder Público passa a se reenviar à unidade desse primeiro elemento normativo que é a Constituição de 1988. Constituição que erige o Supremo Tribunal Federal à posição de tribunal-síntese dos demais, exatamente por incumbir a ele guardá-la por um modo tão primacial/especializado quanto derradeiro. Que para isso atua no âmbito de uma jurisdição especificamente constitucional.

7.3. Noutro modo de falar sobre essa tríplice unidade, o que se tem é, inicialmente, a Nação a se identificar juridicamente pela Constituição que somente ela pode promulgar. Que somente ela pode promulgar por esse colegiado de máxima envergadura normante que é a "Assembleia Nacional Constituinte". Identidade que é preciso preservar em suas linhas mestras. Que não pode ser objeto de desfiguração ou quebrantamento ou dessubstancialização. Para o que:

I – objetivamente, institui cláusulas pétreas ou de intangibilidade. Tanto as explícitas quanto as implícitas (cláusulas pétreas lógicas). Tendo o cuidado de dizer que "Não será objeto de deliberação a proposta de emenda tendente a abolir" (§ 4º do art. 60)... E vem a relação das 4 cláusulas pétreas que são os mais eminentes conteúdos do princípio-continente da democracia: a forma federativa de Estado, o voto direto, secreto, universal e periódico, a separação dos Poderes, os direitos e garantias individuais. As três últimas e textuais cláusulas a se traduzir, vê-se, como vistosa expressão do regime republicano de governo. **Dando-se que a expressão "tendente a abolir" é significante de modificação que implique o risco ou que tenha a pretensão (inválida por definição) de depauperar qualquer desses icônicos enunciados diretamente constitucionais.** Com o que possibilita o manejo do controle de constitucionalidade a partir da tramitação mesma das emendas à Constituição. **Aferição qualificadamente preventiva de constitucionalidade, por conseguinte**;

II – institucionalmente, cria o Supremo Tribunal Federal e a ele confia a guarda precípua ou fundamental ou primordial da Constituição. **Na perspectiva, óbvio, da mantença de uma integridade que é tanto da Constituição mesma em sua estruturalidade axiológica quanto da identidade jurídica de todo o País.** De toda a nação brasileira como autora exclusiva dela, Constituição de 1988. A também significar a severa advertência ao Estado de que fazer uso de emendas constitucionais *é mexer em obra alheia*. Pelo que toda cautela se faz preciso.

8. A civilizada trajetória que vai da democracia política à democracia social e à democracia fraternal ou solidária

8.1. Essa tríplice trajetória da unidade da Nação, da Constituição e do Supremo Tribunal Federal é, já numa dimensão material ou substantiva, o percurso que vai da democracia política à democracia social e à democracia fraternal (ou solidária). Contanto que ela se dê, tão material quanto operacionalmente – ajunto –, por modo fidedigno à Constituição Federal.

8.2. Realmente, aplicar fidedignamente a Constituição assim pelo prisma operacional ou instrumental como pelo prisma material ou substantivo é servir ao objetivo fundamental da República Federativa do Brasil que se lê no inciso I do art. 3º dela, Constituição, *litteris*: "construir uma sociedade livre, justa e solidária". Relato normativo que reproduz o ideário da Revolução Francesa da *liberté*, da *igalité* e da *fraternité*, com a peculiaridade de que, na Constituição brasileira, a fraternidade consta expressamente do seu preâmbulo, ao passo que nesse paradigmático inciso I do seu art. 3º ela foi substituída pelo substantivo "solidária". **Ideário que, no científico rigor das coisas, é também a síntese do regime democrático entre nós. A síntese e o clímax tanto de um constitucionalismo quanto de uma democracia liberal, social e fraternal (ou solidária), cumulativamente.**

8.3. Voltamos, então, ao tema da democracia como o princípio que, substantivamente, mais se faz presente nos outros princípios e regras todas da Constituição. Operando esse verdadeiramente icônico inciso I do art. 3º da *Lex Maxima* brasileira como a própria justificativa lógica dos demais objetivos fundamentais dela, República Federativa do Brasil: "garantir o desenvolvimento nacional", "erradicar a pobreza e a marginalização e reduzir as desigualdades sociais e regionais", "promover o bem de todos, sem preconceitos de origem, raça, sexo, cor, idade e quaisquer outras formas de discriminação".

8.4. Também encadeada ou sistemicamente falando, importa adicionar o seguinte juízo: **assim como os incisos de II a IV do art. 3º se põem como desdobramento do comando do inciso I desse mesmo artigo, eles mesmos se desdobram em muitos outros dispositivos constitucionais para compor a tríade dos direitos liberais ou políticos, dos direitos sociais ou de encurtamento de distâncias materiais, dos direitos fraternais ou da mais entranhada ou decidida solidariedade humana**. Por ilustração:

I – no art. 5º o que se tem é um prestígio máximo à liberdade (liberdade espacial ou de locomoção, liberdade de pensamento, liberdade de consciência, de crença e de exercício dos cultos religiosos, liberdade de expressão, liberdade de reunião, de associação, de trabalho, ofício, profissão, liberdade de acesso à informação...). Um máximo prestígio aos direitos e garantias fundamentais do indivíduo como ser eminentemente dotado de autonomia de vontade para fazer tudo que a lei não lhe proíba, ou não o obrigue. **Liberdade como capacidade de fazer escolhas ou de se autodeterminar juridicamente. E como esse tipo de liberdade se impõe à observância do Estado (dimensão vertical de toda liberdade do tipo fundamental), o que *toma corpo* já é a democracia em sua dimensão política. A democracia a se traduzir em direitos e garantias individuais que são liberdades públicas; isto é, liberdades perante o próprio Poder Público. E liberdades públicas ou políticas propriamente ditas por que? Porque assim contrapostas ou oponíveis ao exercício do próprio poder estatal. Ao Estado como pessoa de Direito mais concentracionária do poder político, porquanto destinado a representar juridicamente a pólis e vitalizá-la operacionalmente**;

II – ao lado de tais direitos e garantias fundamentais do indivíduo, perfilam-se direitos e garantias ainda mais caracteristicamente políticos, porquanto já referidos aos cidadãos (esses habitantes orgânicos da pólis). Como o direito de: a) propor ação popular; b) tomar a iniciativa (popular) de lei; c) participar de plebiscito e referendo; d) votar e ser votado em eleições populares para o provimento de cargo parlamentar ou então de chefia do Poder Executivo de qualquer das quatro unidades federadas do Brasil; e) filiar-se a partido político; f) denunciar irregularidades ou então ilegalidades perante o Tribunal de Contas da União. Matérias de que tratam o parágrafo único do art. 1º, o inciso LXXIII do art. 5º, o art. 14 (*caput* e incisos I, II e III), o art. 17), o § 2º do art. 74, entre outros dispositivos;

III – no art. 6º vem a nominata dos "direitos sociais": educação, saúde, alimentação, trabalho, moradia, transporte, lazer, segurança (econômico-patrimonial, notadamente), previdência social, proteção à maternidade e à infância, assistência aos desamparados (também econômica e patrimonialmente), "na forma desta Constituição". E na forma da Constituição, realce-se, **porque ela própria relança todos esses temas**. Fazendo-o, ora esparsamente, ora mediante blocos específicos ou de convergente normatividade. Caso do art. 7º, todo ele voltado para a proteção e promoção dos trabalhadores assalariados, assim urbanos como rurais e até mesmo domésticos. Caso de boa parte do TÍTULO VIII, de que servem de amostra os especializados temas da saúde, previdência e assistência social, educação, cultura e desporto. **Sucedendo que tal nominata dos direitos sociais como expressão da democracia igualmente social ainda avulta de dispositivos que fazem desse tipo de democracia: a) um dos "objetivos fundamentais" de toda a República federativa do Brasil ("erradicar a pobreza e a marginalização e reduzir as desigualdades sociais e regionais", conforme o inciso III do art. 3º); a base de toda a "ordem econômica" e um dos seus textuais "princípios" (art. 170, *caput*: A ordem econômica, fundada na valorização do trabalho humana e na livre iniciativa, tem por fim assegurar a todos existência digna, conforme os ditames da justiça sociai, observados os seguintes princípios: (...) VII – redução das desigualdades regionais e sociais**");

IV – **enquanto democracia especificamente laboral, ela é versada como a própria base de toda a "ordem social" ("A ordem social tem por base o primado do trabalho, e como fim o bem-estar e a justiça sociais", nos exatos dizeres do art. 193). Primado ou primazia do labor humano que é reforçado, instrumentalmente, pela criação de uma especializada "Justiça do Trabalho" (art. 111);**

V – quanto à democracia fraternal ou solidária, já ficou anotado que ela é mencionada assim no preâmbulo como nesse mesmo icônico inciso I do art. 3º da Constituição. Donde sua altaneira posição de objetivo fundamental da nossa República Federativa. Objetivo fundamental que significa transformar u'a mecânica ou burocrática sociedade numa orgânica ou afetiva **comunidade** (de comum unidade). Vida bem mais qualificada em termos humanísticos ou civilizados, por se traduzir na permanente percepção de que todos os seres humanos estão *em um mesmo barco* ou partilhando de um mesmo destino histórico. Telúrico. Daí a projeção desse tipo de constitucionalismo – fraternal ou solidário – para os mais espaçosos e límpidos horizontes: a) do princípio humanístico de que todo indivíduo é portador de uma dignidade inata ou intrínseca, pelo fato mesmo da sua existência em sentido biológico, psicofísico e anímico; b) do meio ambiente ecologicamente equilibrado; c) de uma permanente disposição individual e coletiva para a "solução pacífica das controvérsias" (preâmbulo da nossa Constituição, ainda uma vez). **Sucedendo, porém, que os dispositivos constitucionais veiculadores do que se poderia chamar de inclusão fraternal ou solidária não são constitutivos de um específico bloco. Eles se *derramam* pelo corpo normativo da nossa Lei Maior por um modo esparso ou disperso. Embora todos eles com a mesma vertente da inclusão de grupos sociais histórica ou culturalmente vítimas de preconceitos**. Por isso que factual e até juridicamente desfavorecidos, como é o caso das mulheres, dos pobres, dos negros, dos índios, dos idosos, das crianças, dos adolescentes, dos jovens, das pessoas em situação de deficiência física, sensorial e mental, além daquelas homoafetivas no seu modo sexual de ser e de se relacionar. Matéria de que, pela sua especificidade e relevância, prefiro falar no capítulo entrante de ideias.

9. O modo formalmente esparso de a Constituição versar o tema da democracia fraternal ou solidária

9.1. Ao contrário, pois, da democracia liberal-política e da social-laboral, a Constituição não reservou para o tema da democracia fraternal ou solidária um bloco específico de normas. Preferiu fazê-lo por modo formalmente esparso ou disperso ou fragmentado. Pelo que, assentamos, dele resolvemos falar assim em capítulo ou segmento apartado de ideias. Sem deixar, todavia, de focar o assunto por um modo tematicamente entrelaçado ou axiologicamente convergente.

9.2. Com esta justificativa e este propósito, começo por relembrar que a primeira referência a essa modalidade de constitucionalismo e de democracia está na parte final do inciso I do art. 3º ("construir uma sociedade (...) solidária"). Isso no rol dos "objetivos fundamentais da República Federativa do Brasil". Dispositivo que vai servir de base de inspiração para os seguintes:

I - inciso IV do mesmo art. 3º, *verbis*: "promover o bem de todos, sem preconceitos de origem, raça, sexo, cor, idade e quaisquer outras formas de discriminação". **Logo, a Constituição mesma a dizer que ninguém é portador de merecimento ou então padecente de desmerecimento pelo fato da sua origem social ou então geográfica; da cor da sua pele; da sua mais pronunciada etnia histórico-cultural-linguística; do seu modo sexual de ser e de relacionar; da sua idade... e demais condições que só têm a ver com o acaso ou então os desígnios da Natureza enquanto Vida que nos serve de entorno**;

II - inciso VIII do art. 4º, embutindo nos "princípios" condutores das relações internacionais do Brasil o "repúdio ao terrorismo e ao racismo". Racismo, esclareça-se, tanto na sua vertente discriminadora por questão de etnia cultural-histórico-linguística pronunciadamente diferenciada (caso dos judeus, dos bascos, dos catalães, dos irlandeses, dos ciganos...) quanto por motivo de cor da pele, notadamente a negra;

III - incisos XLII, LXXIV e LXXVI do art. 5º. O primeiro, enunciando que "a prática do racismo constitui crime inafiançável e imprescritível, sujeito à pena de reclusão, nos termos da lei". O segundo, destinado a conferir o direito à "assistência jurídica integral e gratuita para os que comprovarem insuficiência de recursos", enquanto o terceiro a ter por destinação assegurar "aos reconhecidamente pobres, na forma da lei", a gratuidade do "registro civil de nascimento" e da "certidão de óbito". Mescla de direito social e fraternal, por conseguinte, no que tange aos dois últimos dispositivos;

IV - cabeça, *in fine*, do art. 6º, para estender a gama dos direitos sociais fundamentais aos "desamparados". Economicamente desamparados, por evidente, numa nova passagem constitucional de mescla de direito da espécie social com direito da espécie fraternal;

V - art. 7º, pelos seguintes enunciados: a) o do inciso XX, visando à "proteção do mercado de trabalho da mulher, mediante incentivos específicos, nos termos da lei"; b) o do inciso XXX, proibitivo de "diferença de salários, de exercício de funções e de critérios de admissão por motivo de sexo, idade, cor ou estado civil", relato deôntico extensível à Administração Pública Direta e Indireta do Brasil, por efeito da remissão que a ele faz o §3º do art. 39; c) o do inciso

XXXI, também proibitivo de "qualquer discriminação no tocante a critérios de admissão do trabalhador portador de deficiência"; d) o do inciso XXXIII, ainda uma vez proibitivo de "trabalho noturno, perigoso ou insalubre a menores de dezoito anos e de qualquer trabalho a menores de dezesseis anos, salvo na condição de aprendiz, a partir de quatorze anos";

VI inciso VI do art. 170, que inscreve nos "princípios" regentes de toda a "ordem econômica" a "defesa do meio ambiente, inclusive mediante tratamento diferenciado conforme o impacto ambiental dos produtos e serviços e de seus processos de elaboração e prestação";

VII – Inciso V do art. 193, instituidor da "garantia de um salário mínimo de benefício mensal à pessoa portadora de deficiência e ao idoso que comprovem não possuir meios de prover à própria manutenção ou de tê-la provida por sua família, conforme dispuser a lei". Texto integrante da seção normativa atinente à "Assistência Social" e que se põe como ponto de interseção, justamente, do constitucionalismo social e do fraternal ou solidário. Ou da democracia social e ao mesmo tempo fraternal ou solidária, como temos realçado;

VIII – todo o capítulo VI do TÍTULO VIII, mormente pelo seu artigo 225 (*caput*), que faz do "meio ambiente ecologicamente equilibrado" um direito de todas as pessoas, indistintamente. Além do quê um "bem de uso comum do povo e essencial à sadia qualidade de vida, impondo-se ao Poder Público e à coletividade o dever de defendê-lo e preservá-lo para as presentes e futuras gerações". Meio ambiente assim "ecologicamente equilibrado" e tão referido ao presente quanto ao futuro que é tido, hoje, como valor verdadeiramente planetário. E que figurou como último capítulo do meu livro "TEORIA DA CONSTITUIÇÃO" (Editora FORENSE, 2003), sob a denominação de "O advento do Constitucionalismo Fraternal", exatamente;

IX – por igual, todo o capítulo constitucional de nº VII do mesmo TÍTULO VIII, devotado aos imbricados temas "Da família, da Criança, do Adolescente, do Jovem e do Idoso". Capítulo de que pinço os seguintes e emblemáticos dispositivos: a) "Art. 227. É dever da família, da sociedade e do Estado assegurar à criança, ao adolescente e ao jovem, com absoluta prioridade, o direito à vida, à saúde, à alimentação, à educação, ao lazer, à profissionalização, à cultura, à dignidade, ao respeito, à liberdade e à convivência familiar e comunitária, além de colocá-los a salvo de toda forma de negligência, discriminação, exploração, violência, crueldade e opressão"; b) "Art.

229. Os pais têm o dever de assistir, criar e educar os filhos menores, e os filhos maiores têm o dever de ajudar e amparar os pais na velhice, carência ou enfermidade"; c) "Art. 230. A família, a sociedade e o Estado têm o dever de amparar as pessoas idosas, assegurando sua participação na comunidade, defendendo sua dignidade e bem-estar e garantindo-lhes o direito à vida". Importando atentar para as seguintes distinções também matricialmente constitucionais: o conceito de criança corresponde à fase que vai do nascimento com vida aos 12 anos incompletos; adolescente, à fase dos 12 anos de idade até antes dos 18; jovem, dos 18 anos já feitos aos 21 ainda por fazer; adulto, dos 21 completados aos 65 anos por completar; idoso, dos 65 anos (completos) em diante;

X – enfim, o capítulo XVIII desse mesmíssimo TÍTULO VIII, já agora incidente sobre a população aborígene do Brasil. Capítulo que porta o apropriado nome "Dos Índios" e que tem por comando condutor dos outros o *caput* do art. 231, assim redigido: "São reconhecidos aos índios sua organização social, costumes, línguas, crenças e tradições, e os direitos originários sobre as terras que tradicionalmente ocupam, competindo à União demarca-las, proteger e fazer respeitar todos os seus bens". Com toda ênfase no fraseado "são reconhecidos", que está ali grafado para deixar nítida a distinção entre reconhecer e outorgar direitos. É que o reconhecimento obedece à lógica temporal do desde sempre, enquanto a outorga traduz a lógica também temporal do doravante. Também avultando desse capítulo de nº XVIII o instituto da demarcação de terras como direito das nossas etnias indígenas.

9.3. Avançando nestes escritos de Direito Constitucional brasileiro, entendo relevante dizer algo sobre os modos pelos quais o Estado se comporta frente a cada qual das modalidades de democracia: democracia liberal-política, social-laboral e fraternal ou solidária. Comportamento dominante ou típico, também é de se frisar. O que faço tão em apartado quanto em imediata sequência deste bloco temático de nº 9.

10. As posturas estatais dominantes ou típicas em face das três modalidades de democracia

10.1. Pois bem, em se tratando da democracia do tipo liberal-política, de que fala mais expressivamente a lista dos direitos e garantias fundamentais que se lê no art. 5º da Constituição brasileira, **a postura típica ou dominante do Estado é de inação. Inação ou abstenção ou não- intromissão, menos ainda postura de intervenção. Operando**

tal absenteísmo estatal como a própria condição factual de desfrute daqueles direitos e garantias fundamentais. Direitos e garantias que são, relembre-se, direitos de liberdades. De liberdades públicas, porquanto caracteristicamente oponíveis ao Poder Público mesmo. É a dimensão vertical de tais liberdades como situação jurídica ativa, ao lado daquela de caráter horizontal, esta última a se impor ante os particulares mesmos. Uma e outra tipologia de liberdade que assim perpassantes desse dispositivo (art. 5º) mais que tudo prenhe de historicidade vão se distribuir por nada menos que 78 incisos e 4 parágrafos. Incisos que de tão fundamentais vão ensejar sua retomada em TÍTULOS outros da Constituição, como é o caso:

I – do TÍTULO VII, que, pelo seu art. 170, estabelece o *link o*u liame lógico entre o princípio da "livre "iniciativa" e os direitos fundamentais "de livre exercício de qualquer trabalho, ofício ou profissão (...)", "de plena liberdade de associação para fins lícitos (...)" e de "propriedade" (incisos XIII, XVII e XXII). Esta última com sua necessária "função social" (inciso XXIII), especialmente quando constitutiva de bem-de-produção;

II – do TÍTULO VIII, que, pelo § 1º e *caput* do seu art. 220, associa: a) a liberdade "de pensamento", "de expressão da atividade "intelectual, artística, científica e de comunicação, independentemente de censura ou licença", assim como de "acesso à informação" (incisos IV, IX e XIV, respectivamente) à "plena liberdade de informação jornalística". Mesmos incisos do art. 5º que vão servir de *leitmotiv* para a arquitetura normativa da Seção alusiva à "**Cultura**" (arts. 215, 216 e 2116-A) e do Capítulo devotado aos conjugados temas "Da Ciência, Tecnologia e Inovação" (arts. 218m 219 e 219-A).

10.2. Não é essa – bem ao contrário – a proverbial postura do Estado em face da democracia do tipo social-laboral. **Aqui, o Estado se faz intervencionista e dirigente, visto que tal espécie de democracia se viabiliza é pelas chamadas ações distributivistas. Ações estatais distributivistas de patrimônio, renda e oportunidades de trabalho produtivo, em especial os de índole trabalhista.** Para o que têm exponencial serventia as medidas impostas por sete dos mencionados dispositivos constitucionais, todos eles também servientes do princípio da dignidade da pessoa humana (por um ângulo social-liberal mesmo) e da própria "função social da propriedade" (inciso XXIII do art. 5º, combinadamente com o inciso III do art. 170). Esta última a se conciliar com o bem fundamental da "propriedade privada" (inciso XXII do art. 5º e II do art. 170) para compor o enunciado de que ela **é um dar a si – correto –, mas sem deixar de dar aos outros. A propriedade privada como um**

dar a si – perfeito –, mas sem deixar de dar aos outros, ali onde se fizer presente a propriedade privada do tipo bem-de-produção, complemente-se o juízo. Eis, então, os sete mencionados dispositivos constitucionais:

I – o inciso IV do art. 1º, na parte em que fala dos "valores sociais do trabalho";

II – o inciso III do art. 3º, *litteris*: "erradicar a pobreza e a marginalização e reduzir as desigualdades sociais e regionais";

III – o inciso X do art. 23, que impõe a todas as pessoas estatais-federadas o dever de "combater as causas da pobreza e os fatores de marginalização, promovendo a integração social dos setores desfavorecidos";

IV – a cabeça do art. 170, na parte em que faz da "da valorização do trabalho humano" base de toda a "ordem econômica", ao lado da "livre iniciativa";

V – os incisos VI e VII do mesmo art. 170, assim redigidos, respectivamente: "redução das desigualdades regionais e sociais", "busca do pleno emprego";

VI – o art. 193, *caput,* ao fazer do "primado do trabalho" a "base" de toda "a ordem social", acrescentando que ela própria tem "como objetivo o bem-estar e a justiça sociais".

10.3. É a mesma dominante postura do Estado frente à democracia do tipo fraternal-solidário. O Estado a ter que intervir no curso da vida em sociedade para, primeiramente, impedir a perpetração de preconceitos contra os mencionados grupos sociais histórica e culturalmente *tratados por baixo*; ou seja, por modo sistêmica ou estrutural ou serialmente desfavorecido. Depois disso, o mesmo Estado a atuar nos quadrantes todos da sociedade civil para promover compensações; isto é, praticar ações de superior proteção e promoção que venham a compensar as desvantagens factualmente experimentadas por esses grupamentos. Daí se poder afirmar que, se a postura típica do Estado é de absenteísmo frente aos direitos de liberdade, assim como de intervencionismo distributivista em face dos direitos sociais-laborais, agora, cuidando-se dos direitos fraternais ou de solidariedade, passa a ser uma postura de intervencionismo ao mesmo tempo vedatório de preconceitos e propiciador de vantagens compensatórias. Aqui, para viabilizar um tipo de promoção jurídica promotora de superávits de existência; ali, um tipo de proteção igualmente jurídica, mas voltada para impedir déficits de existência. É o que se tem apropriadamente designado

por ações estatais afirmativas. Afirmativas de um duplo direito fundamental de todo ser humano: a) o de não ser discriminado; b) o de ser juridicamente compensado por desvantagens histórica e culturalmente sofridas. Donde o reconhecimento, pelo Supremo Tribunal Federal, da constitucionalidade de uma específica política pública de cotas raciais e sociais nas universidades oficiais do País (ADIN 3330, da minha própria relatoria, quando lá oficiei como um dos ministros da Corte). Política pública de Estado, mais do que de governo, porquanto instituída diretamente pela Constituição Federal.

10.4. Que o término deste segmento ou bloco temático sirva, especificamente, para revelar a procedência técnica da sinonímia entre a sociedade fraterna de que fala o preâmbulo da Constituição e a sociedade solidária a que se reporta a parte final do inciso I do art. 3º dela própria, Constituição de 1988. É que:

> I – por um lado, o adjetivo feminino "fraterna" traz para a sociedade humana a ideia de irmandade. De uma convivência de irmãos. **De pessoas que se fidelizam, se admiram e se querem bem por um mais próximo *parentesco histórico-cultural*. Pessoas em pé-de-igualdade ou que *vibram na mesma energia sinérgica* para assim entre irmãos ditar as leis sob que passarão a conviver. Não leis ditadas *de cima pra baixo e por um pai tão hierarquicamente superior quanto autoritário***;
>
> II – de outra banda, o adjetivo também feminino "solidária" carreia para essa mesma sociedade dos seres humanos a noção de direitos e interesses tão comuns ou recíprocos quanto demandantes de cuidados e responsabilidades também de todos. Indistintamente. Por inferência, o que se passa a ter é o salto de qualidade que vai da transformação de u'a mecânica ou indiferente ou anódina sociedade numa orgânica ou militante ou bem identificada comunidade (de comum unidade, diga-se à exaustão).

11. O conceito mais politicamente restrito e o mais cultural e historicamente ampliado de democracia

11.1. É assim a partir dos conteúdos diretamente constitucionais da democracia brasileira que se pode conceituá-la tanto por um ângulo mais restrito quanto por um ângulo mais ampliado. O ângulo mais restrito é propriamente político: **democracia é o governo republicano e federativo que provém do povo, pelo povo mesmo é exercido – direta ou então indiretamente – e ainda para o proveito dele é que se dá**

tal exercício. Conceito basicamente *lincolniano* ("Democracia é o governo do povo, pelo povo e para o povo", segundo a conhecidíssima definição de Abraham Lincoln), que Tobias Barreto virtuosamente radicalizou com estas definitivas palavras:: "Ali onde o povo não é tudo, o povo não é nada".

11.2. Neste passo, o de que se trata é de um visual etimológico da palavra "democracia". Um vocábulo que provém do idioma grego "democrokratía" e que é composto por "demos" e "arkia". "Demos" como significativo de "povo" e "arkia" a traduzir "poder" ou "forma de governo". Poder... estatal, governo... do Estado. Típica relação entre governantes e governados, então. **Dimensão estatal-governativa a que o tempo histórico foi agregando a social-genérica ou cultural-civilizatória para também fazer da democracia um regime jurídico-político de conformação das próprias relações internas à sociedade civil.** Ela, democracia, não só como regime constitucional da interação básica Estado-sociedade civil (o Estado enquanto realidade jurídico-política externa ao corpo social), porém como regime igualmente constitucional de conformação das próprias relações endógenas desse mesmo corpo social. A sociedade civil consigo mesma. Por conseguinte, democracia já no interior ou no próprio âmago da sociedade civil como contraponto àquela atinente às relações entre governantes e governados. Como se dá, também por ilustração, com esse princípio de democracia interna do próprio Capital:

> "tratamento favorecido para as empresas de pequeno porte constituídas sob as leis brasileiras e que tenham sede e administração no País" (inciso IX do art. 170). Princípio encartado naqueles regentes de toda a "ordem econômica brasileira e ampliado pelo artigo constitucional de nº 179, sob a seguinte estrutura de linguagem: "A União, os Estados, o Distrito Federal e os Municípios dispensarão às microempresas e às empresas de pequeno porte, assim definidas em lei, tratamento jurídico diferenciado, visando a incentivá-las pela simplificação de suas obrigações administrativas, tributárias, previdenciárias e creditícias, ou pela eliminação redução destas por meio de lei".

11.3. Por esse complementar prisma cultural-civilizatório, democracia é o regime constitucional do ideário revolucionário-francês da liberdade, da igualdade e da fraternidade, nessa ordem. A liberdade ou a dimensão restritamente política da democracia a corresponder ao ponto de partida; subsequentemente, a igualdade a valer por si mesma e também como condição material-objetiva do efetivo desfrute das próprias liberdades públicas ("sem um mínimo de bem-estar material não se pode sequer servir a Deus", sentenciava Santo Agostinho); a fraternidade como embocadura ou ponto de chegada. A primeira ou originária dimensão (estatal-governativa) a experimentar um tipo de expansionismo que mais e mais se tornou social-genérico ou cultural-civilizatório para também fazer da sociedade civil um protagonista. Não uma simples espectadora. Daí os dispositivos constitucionais-brasileiros deste jaez:

I – "Art. 194. A seguridade social compreende um conjunto integrado de ações de iniciativa dos Poderes Públicos e da sociedade, destinadas a assegurar os direitos relativos à saúde, a previdência e à assistência social";

II – "Art. 205. A educação, direito de todos e dever do Estado e da família, será promovida e incentivada com a colaboração da sociedade, visando ao pleno desenvolvimento da pessoa, seu preparo para o exercício da cidadania e sua qualificação para o trabalho";

III – Art. 219-B. O Sistema Nacional de Ciência, Tecnologia e Inovação será organizado em regime de colaboração entre entes, tanto públicos quanto privados, com vistas a promover o desenvolvimento científico e tecnológico e a inovação".

IV – os arts. 227 e 230, mais acima transcritos. Ambos estendendo à família e à sociedade os deveres estatais para com as crianças, os adolescentes, os jovens e os idosos.

11.4. Seja, porém, no sentido restritamente político, seja no ampliativamente cultural-civilizatório, a democracia é regime constitucional: a) a ser defendido por todos os agentes e instituições estatais, assim como por todas as instituições pessoas privadas; b) a ser ininterruptamente exercitado em proveito de toda a sociedade civil brasileira. Donde as passagens tantas em que a Constituição brasileira fala de bem-estar coletivo ou bem geral do povo brasileiro, mediante expressões como as que passo a reproduzir, ilustrativamente:

I – "promover o bem de todos" (parte inicial do inciso IV do art. 3º);

II – "Leis complementares fixarão normas para a cooperação entre a União e os Estados, o Distrito Federal e os Municípios, tendo em vista o equilíbrio do desenvolvimento e do bem-estar em âmbito nacional" (*Parágrafo único* do art. 23);

III – "O Presidente e o Vice-Presidente da República tomarão posse em sessão do Congresso Nacional, prestando o compromisso de manter, defender e cumprir a Constituição, observar as leis, promover o bem geral do povo brasileiro, sustentar a união, a integridade e a independência do Brasil";

IV – "A ordem econômica (...) tem por fim assegurar a todos existência digna (...)" (*caput* do art. 170). Existência materialmente digna, sobremodo, pois, aqui, o de que se cuida é de combinar os clássicos fatores materiais da produção: natureza, capital e trabalho, com os proverbiais acréscimos do conhecimento e da tecnologia;

V – "A política de desenvolvimento urbano, executada pelo Poder Público municipal, conforme diretrizes gerais fixadas em lei, tem por objetivo ordenar o pleno desenvolvimento das funções da cidade e garantir o bem-estar dos seus habitantes" i

VI – "Art. 192. O sistema financeiro nacional, estruturado de forma a promover o desenvolvimento equilibrado do País e a servir aos interesses da coletividade (...)" (art. 192);

VII – "A saúde é direito de todos (...)" (art. 196), tanto quanto direito de todos é a educação, já agora nos termos da parte introdutória do art. 105, cabeça ("A educação, direito de todos e dever do Estado (...)".

12. A postura interpretativamente correta de se associar o nome da democracia a cada qual dos conteúdos diretamente constitucionais dela mesma

12.1. Ainda por esse prisma da progressiva identidade dos numerosos princípios que se fazem de conteúdos diretamente constitucionais da democracia **é que se chega ao porquê da materialidade expandida dela mesma, Constituição de 1988; quer pela constatação de que um princípio maior puxa outro menor (o princípio da República a puxar os princípios da legalidade, da impessoalidade, da moralidade, da publicidade e da eficiência, p.ex.,), quer pela verificação de que todos eles se fazem demandantes de regras que os densifiquem. Que os densifiquem materialmente e os tonifiquem em força normativa**. Tudo a confirmar o seu caráter analítico (caráter analítico da Constituição, e não exatamente prolixo, como equivocadamente se tem afirmado). Mais: tudo a reforçar aquela propriedade da autopoiese que faz o Direito se dotar de modal deôntico ou resposta normativa para qualquer dos problemas da vida em sociedade.

12.2. Se é assim pela progressiva identificação dos seus conteúdos diretamente constitucionais que a democracia brasileira se faz plenamente conhecida, **revela-se cientifica ou interpretativamente correto associar o seu nome a tais conteúdos mesmos**. Pelo que bem se pode falar de coisas como estas: "República Federativa Democrática do Brasil"; "Princípio Democrático da Soberania Popular, da Cidadania e da Nacionalidade Brasileira"; "Princípio Democrático da Dignidade da Pessoa Humana"; "Princípio Democrático do Pluralismo Político e do Pluripartidarismo"; "Separação Democrática dos Poderes do Estado"; "Princípio Democrático da Valorização do Trabalho Humano"; "Princípio Democrático da Livre Iniciativa"; "Princípio Democrático da Proibição de Todo e Qualquer Preconceito"; "Princípio da Defesa do Estado e das Instituições Democráticas", ou, se se prefere dizer, "Princípio da Defesa do Estado Democrático e das Instituições Igualmente Democráticas" a que o TÍTULO V imediatamente se refere, como o Conselho da República, o Conselho de Defesa Nacional, As Forças Armadas e os órgãos de Segurança Pública; "Princípio Democrático da Educação, da Cultura e do Desporto"; "Princípio Democrático da Ciência, da Tecnologia e da Inovação"; "Princípio Democrático da Liberdade de Imprensa"; "Princípio Democrático do Meio Ambiente Ecologicamente Equilibrado"; "Princípio Democrático da Família, da Criança, do Adolescente, do Jovem e do Idoso"; "Princípio Democrático da Proteção e Promoção dos Indígenas e Afro-brasileiros"; "Princípio Democrático da Proteção e Promoção das Pessoas em Situação de Deficiência Física, Mental, ou Sensorial"...

12.3. É de se perguntar: que préstimo igualmente sistêmico ou científico ou interpretativo teria tal associação nominal ou vernacular da democracia aos seus conteúdos diretamente constitucionais? Ora, por tautológicor ou redundante que pareça, **o que se tem é o máximo de proveito assim conceitual como operacional: proveito para o princípio-continente, proveito para cada qual dos princípios-conteúdos. Quero dizer: ganho conceitual-operativo para o todo e para cada qual das suas partes, pois o certo é que o todo tanto se define pela precisa cognição de suas partes, assim como cada uma dessas partes se define é pela precisa cognição da outra. De tudo resultando u´a maior robustez na força normativa da Constituição também em sua totalidade**. Coisa que não se confunde com o simples nominalismo de denominações estatais comunistas como o da antiga Alemanha Oriental ("República Democrática Alemã"-RDA)", no período que foi de 1949 a 1990.

12.4. Sempre à guisa de exemplificação, veja-se o que sucede com o artigo constitucional de nº. 85. Artigo definidor dos "crimes de responsabilidade" do Presidente da República. E crimes de responsabilidade que têm como hipóteses de incidência condutas atentatórias dela, Constituição. Condutas significantes de um estilo de governo de inadaptação à "ordem" por ela instituída. À "ordem", *verbi gratia,* a que se referem tanto o inciso XLIV do art. 5º quanto a cabeça do art. 142. Aqui, a ser defendida pelas Forças Armadas, por iniciativa de qualquer dos "poderes institucionais" e em função daquela explícita "Defesa do Estado e das Instituições Democráticas"; ali, na condição de bem jurídico ou princípio constitucional protegido com a cláusula de "crime inafiançável e imprescritível", conjuntamente com que princípio? **O princípio do "Estado Democrático", precisamente. Por conseguinte, sempre o retorno à indissociável parelha temática da Constituição e do Estado Democrático.** O mesmo parâmetro de cognição e de exegese a se impor a todas as outras hipóteses do crime de responsabilidade (incisos de I a VII do artigo em causa), de sorte a também se poder falar de "Princípio Democrático da Existência da União": "Princípio Democrático do Livre Exercício do Poder Legislativo, do Poder Judiciário, do Ministério Público e dos Poderes constitucionais das unidades da Federação"; "Princípio Democrático do exercício dos direitos políticos, individuais e sociais"; "Princípio Democrático da segurança interna do País"; "Princípio Democrático da probidade na administração"; "Princípio Democrático da lei orçamentária"; "Princípio Democrático do cumprimento das leis e das decisões judiciais".

12.5. Nunca é demasiado reprisar: se a democracia é, substantiva ou materialmente, o princípio dos princípios da Constituição, associá-la textual ou vernaculamente aos seus conteúdos diretamente constitucionais para qualificar todos eles é torná-la tão mais conceitualmente conhecida quanto operacionalmente aplicada. É, em derradeira análise, usá-la como farol ou luzeiro para o mais nítido visual cognitivo-operacional de todas as genuínas figuras de Direito Constitucional brasileiro. Até para possibilitar a classificação de certas leis do Congresso Nacional como de caráter materialmente constitucional, e, assim, submetê-las à cláusula hermenêutica da **garantia do avanço**, que é mais do que uma simples proibição de retrocesso.

13. O vínculo operacional entre democracia e o direito à busca da felicidade

13.1. É por mérito exclusivo do regime democrático assim ampliativamente visto, assim postado como farol ou luzeiro da interpretação de cada dispositivo dela, Constituição, **que o Estado e a sociedade devem criar as melhores condições materiais-objetivas para unificar estes supremos bens da vida em sociedade mesma: centralidade individual e coesão social**. Que são também as melhores condições psicossociais para a busca da felicidade de cada pessoa natural e do conjunto da população. E se estou a falar de busca da felicidade, é por entender que nem o Estado nem a sociedade têm o dever de tornar as pessoas felizes. **O dever de ambas as instâncias é o de criar condições materiais objetivas que, em tese ou mais facilitadamente, ensejem o concreto desfrute de um estado-de-vida feliz**. Donde a expressão mesma "busca da felicidade" (*pursuit of happiness*) tanto figurar na célebre Declaração de Direitos de Virgínia (de 16.6.1776) quanto na própria Declaração de Independência dos Estados Unidos da América do Norte (de 4 de julho do mesmo ano). Ambas de inspiração reconhecidamente iluminista e contratualista.

13.2. Esse concomitante dever do Estado e da sociedade civil é o que mais diretamente se conecta com o princípio da "dignidade da pessoa humana" (inciso IIII do art. 1º da Constituição). **Dignidade, literalmente, como qualidade do que é digno; e digno, no caso, não como sinônimo de pessoa decente ou honesta (aqui, não), porém de pessoa credora ou merecedora da disponibilidade daquelas condições objetivas de busca da felicidade. Que já significa a pessoa humana, em razão mesma da sua humanidade, ter o direito elementar de se postar como sujeito de direitos. Em razão mesma da sua humanidade ou da sua existência psico-física. Bastando que ela detenha a condição de *nativiva* ou de quem sobreviveu ao fato do seu próprio partejamento. O partejamento de um novo ser humano, assim considerado:**

> **I – por se munir dos exclusivos atributos de um quociente emocional (QE) e de um quociente intelectual (QI) progressivamente aptos a se compor numa unidade que atende pelo nome de... consciência. Esse pináculo ou ponto mais alto do *homo sapiens sapiens* (ser humano que sabe, e sabe que sabe, como na classificação proposta por Yuval Harari);**
>
> **II – por esse conjunto de atributos psico-físicos independer daquelas condições factuais de que versa o inciso IV do art. 3º da Constituição: "origem, raça, sexo, cor, idade e quaisquer outras formas de discriminação"**. Discriminação como sinônimo de distinção ou diferenciação sem outra causa que não seja o preconceito; isto é, que não seja um *pré...conceito* ou ideia aprioristicamente concebida em face da realidade. Logo, uma ideia puramente cere-

brina ou inteiramente de costas para a realidade. À revelia dela, no rigor da análise.

13.3. Estou a falar de atributos propriedades tão inatas à pessoa humana que o seu reconhecimento pelo Direito Positivo opera como fator de legitimação dele mesmo, Direito Positivo. Ele, Direito Positivo, a se dar ao respeito pelo reconhecimento da intrínseca dignidade de um sujeito que de tão humano por definição não pode deixar de ser qualificado como pessoa... natural. **E é nesse contexto da democracia como farol ou luzeiro ou norte ou mesmo lupa dos demais princípios e regras da Constituição que o direito à vida de que trata o *caput* do art. 5º, por exemplo, é de ser interpretado por esta forma: "inviolabilidade do direito à vida", sim, mas em condições de "liberdade"; direito à vida, sim, mas em condições de "igualdade"; direito à vida, sim, mas em condições de "segurança"; direito à vida, sim, mas em condições de "propriedade""... Logo, direito que principia com a dimensão biológica dos "brasileiros" e dos "estrangeiros residentes no País", mas não para por aí. Donde, ainda como exemplo de um mais direto e até mais abrangente vínculo com a dignidade da pessoa humana, o art. 6º da nossa Lei Maior proclamar que "São direitos sociais a educação, a saúde, a alimentação, o trabalho, a moradia, o transporte, o lazer, a segurança, a previdência social, a proteção à maternidade e à infância, a assistência aos desamparados (...""). Em suma, os dois dispositivos constitucionais a atuar como ferramentas de viabilização das mais altivas e desembaraçadas condições materiais objetivas de busca da felicidade.**

14. Conclusão

14.1. Por todo o exposto, conclui-se que a Constituição de 1988 é detentora de muito boa qualidade. Muito boa qualidade democrática, é de se entender. Por extensão, muito boa qualidade em ternos tão humanísticos quanto civilizados. Melhor que todas as precedentes Constituições brasileiras e ombreada às mais qualificadas Constituições contemporâneas de todo o mundo assim democraticamente consolidado como economicamente desenvolvido. Por isso que tanto concorre para fortalecer a nossa autoestima de povo juridicamente civilizado quanto para projetar, externamente, a mais favorável imagem do Brasil.

14.2. Também conforme os capítulos precedentes, cuida-se de uma Constituição modelar no plano da eficácia ou teórica aptidão para deflagrar os seus efeitos no mundo fenomênico. No mundo das ocorrências fáticas, portanto. **Já no plano da sua efetividade ou concreta aplicabilidade, aí, deveras, é preciso reconhecer que seus 33 anos de vigência ainda estão a meio-caminho de u'a mais satisfatória compatibilidade entre essas duas categorias da eficácia e da efetividade. Ou entre vontade da Constituição e vontade de Constituição, para lembrar, neste último fraseado, conhecida metáfora de Peter Haberle**. Aquela primeira vontade, objetiva, porquanto da própria Constituição como diploma normativo-constituinte; a segunda vontade, subjetiva, por dizer respeito aos seus personalizados destinatários. À disposição desses destinatários para mais e mais aplicá-la como repositório primeiro-mundista de normas jurídicas.

14.3. Certo que o marco mesmo dos 33 anos de vigência também comporta uma fundamental distinção entre o tempo de cada pessoa humana e o tempo histórico propriamente dito. Diferenciação entre o tempo de cada um de nós e o tempo da coletividade, então. **Pelo que, se 33 anos são de extrema relevância para a definição da vida de um indivíduo, nem tanto assim para o destino de toda uma coletividade**. No caso da nossa Constituição, incomumente principiológica ("principial", na sedutora linguagem de Gomes Canotilho) e de materialidade também peculiarmente expandida, sua mais aprofundada apreensão cognitiva é mesmo demandante de estádios ou lapsos temporais mais dilargados. O teórico e o profissional de Direito Constitucional brasileiro tendo que atentar para a velha e sempre nova advertência que fez Eduardo Couture com a frase de que "O tempo se vinga das coisas feitas sem a colaboração dele".

14.4. Verdade que a própria noção de tempo tem experimentado expressiva mudança, por efeito das comunicações internetizadas em escala até mesmo planetária. Nunca foi tão rápido e facilitado o acesso a informações de toda ordem. Nunca o *animal político* de que falava Aristóteles (384/322 a.C.) se comunicou tanto e também tão aceleradamente. O que de alguma forma tem atenuado a ortodoxia daquela advertência do grande jusfilósofo uruguaio. **Daí já se poder falar, por modo democraticamente alentador, da progressiva independência política e autonomia técnica de instituições como o Congresso Nacional, o Poder Judiciário, o Ministério Público, as Defensorias Públicas e os Tribunais de Contas. Assim como as Forças Armadas e os órgãos de Segurança Pública (a Polícia Federal à frente) mais e mais têm-se conscientizados da sua compostura constitucional de instituições de Estado, e não propriamente de governo**.

14.5. Ainda por modo alentador, é de se fazer o registro de que o recorrente fenômeno planetário da "popularização da Constituição" já está a acontecer entre nós. Toda a população, toda a Imprensa, toda a Iniciativa Privada, todos os Conselhos Profissionais, organizações sindicais, entidades universitárias, Organizações Não Governamentais (ONG`S), enfim, *a sentar praça* do postulado de que segurança jurídica máxima é aplicar... a *Lex Maxima*. Ou de que é imperioso mais detidamente conhecer, para mais efetivamente aplicar, a Lei das Leis. É ter na Lei Fundamental do País o mínimo de segura previsibilidade do que se pode juridicamente fazer, ou não. **Pelo que o mais atualizado e necessário pacto social a celebrar é no sentido de reverenciá-la. Para torná-la permanente *mesa redonda* dos grandes debates nacionais. Para orquestrar as mais urgentes e vigorosas reações a quem ousar profaná-la**. Tudo a partir desta paradigmática parelha de comandos também diretamente constitucionais, o segundo tendo a sua própria razão-de-ser no primeiro:

> "Art. 78. O Presidente e o Vice-Presidente da República tomarão posse em sessão conjunta do Congresso Nacional, prestando o compromisso de manter, defender e cumprir a Constituição (...)";
>
> "Art. 85. São crimes de responsabilidade os atos do Presidente da República que E

14.6. São normas de autodefesa constitucional que se somam às cláusulas pétreas do § 4º do art. 60, entre outras, para estabelecer **a fundamental distinção ente legitimidade pela investidura e legitimidade pelo exercício, alusivamente ao cargo de Presidente da República do nosso País. A primeira legitimidade a se dar de uma só vez, porquanto decorrente de eleição popular. A segunda, a ser demonstrada e aferida a cada momento do respectivo mandato. Fundamental distinção que a nossa Lei Maior termina por impor a todos os exercentes de cargo público, mesmo nos casos em que a respectiva investidura não seja da espécie eletivo-popular**.

14.7. Como tudo desemboca mesmo é na fase do exercício de tais cargos públicos, dá para concluir que tal exercício tende a ser mais fidedigno sob um tipo de vigília coletiva que se qualifique pela vitalização daquele recorrente fenômeno da **popularização da Constituição**, Popularização cognitiva da Constituição, mais precisamente. Conclusão a que lapidarmente chegou Thomas Jefferson, quando, ainda na quadra histórica de afirmação da democracia liberal-política nos Estados Unidos da América, proclamou:

"O preço da liberdade é a eterna vigilância".

Brasília (DF), 11 de janeiro de 2022

Referências

ARISTÓTELES. A Política.

BOBBIO, Norberto. Teoria do ordenamento jurídico.

CANOTILHO, José Joaquim Gomes. Direito Constitucional e Teoria da Constituição. 6. ed. Coimbra: Almedina, 2002.

COUTURE, Eduardo. Os Mandamentos do Advogado.

HÄBERLE, Peter (1997). Hermenêutica Constitucional – A Sociedade Aberta dos Intérpretes da Constituição: Contribuição para a Interpretação Pluralista e "Procedimental" da Constituição.

HARARI, Yuval Noah. Sapiens: uma breve história da humanidade.

KELSEN, Hans. Teoria pura do direito.

RENAN, Ernest (s/d) - *"Qu' est-ce qu' une nation? (Conférence faite en Sorbonne, le 11 mars 1882)".*

SILVA, José Afonso da. Acesso à justiça e cidadania.

TELLES JR., Goffredo. A criação do direito.

SERVIÇO PÚBLICO E DIREITOS DOS USUÁRIOS NA LEI Nº 13.460/2017[1]

Dinorá Adelaide Musetti Grotti[2]

José Roberto Pimenta Oliveira[3]

Introdução

Várias são as razões a justificar a atenção dada ao tema proposto neste estudo, que envolve duas ideias- serviço público e usuários-, tendo em conta que os serviços públicos funcionam como um dos principais canais de relação entre o Estado (como titular dos serviços públicos) e a pessoa humana (como usuária dos serviços públicos). Ademais, a prestação de serviços gera externalidades positivas à sociedade, aumentando a coesão social e permitindo a observância de direitos fundamentais e de promoção da dignidade da pessoa humana.

Na França e nos países que sofreram sua influência, a concepção da ideia de serviço público aparece com duas notas entrelaçadas, que, por sinal, permanecem válidas na configuração atual do conceito, quais sejam: 1) trata-se de uma atividade estatal, não de uma atividade privada; 2) trata-se de uma atuação a serviço do público para satisfazer a uma necessidade sentida coletivamente pela sociedade.

Serviço público e *publicatio* (passagem à titularidade do Estado) aparecem, assim, indissoluvelmente ligados na cultura jurídica europeia de raiz francesa, diferentemente do que sucederá nos países anglo-saxões.[4]

---

1 Este trabalho é dedicado ao eminente Professor, Jurista e Acadêmico Sergio de Andréa Ferreira, pelo seu singular brilho intelectual, sua inteligência privilegiada e pelo seu incansável envolvimento na formação dos jovens, incentivando-os a lutar pelos ideais e valores democráticos, de cidadania e de justiça.

2 Doutora e Mestre pela PUC/SP. Professora de Direito Administrativo da PUC/SP. Ex-Procuradora do Município de São Paulo

3 Doutor e Mestre pela PUC/SP. Professor de Direito Administrativo da PUC/SP. Procurador Regional da República. PRR3/MPF.

4 Nos países anglo-saxões, a configuração dos serviços públicos – denominados *public services*, ou mais frequentemente *public utilities* – não se vincula à assunção dos correspondentes serviços de interesse geral pelo Estado, mas pela presença de

Daí a elaboração do conceito tradicional de serviço público que compreende um elemento subjetivo (atividade que incumbe ao Estado)), um elemento objetivo (atividade que atende a necessidades coletivas) e um elemento formal (atividade prestada em regime jurídico de direito público). Esse regime é o que engloba os princípios que gravitam em torno da concepção de serviço público, como o da igualdade de tratamento dos usuários, continuidade, obrigatoriedade, generalidade, modicidade das tarifas, com possibilidade de prestação de serviços gratuitos ou com cobrança de tarifas sociais, mutabilidade ou adaptação constante do serviço, de acordo com as necessidades cambiantes do público, seguindo as exigências de interesse geral

As alterações efetuadas na quadra final do século passado, por conta da chamada Reforma do Estado, levaram a um desmonte do Estado prestador, produtor, interventor e protecionista, bem como a um redimensionamento de sua atuação como agente regulador da atividade econômica.

Junto a esta alteração no modelo de Estado, o perfil do serviço público sofreu significativas inovações decorrentes de normas oriundas da Comunidade Europeia, que buscaram dar um tratamento econômico a atividades que sempre foram consideradas serviços públicos, em especial mediante a inserção da concorrência nestas atividades como fundamento da eficiência, com base na ideologia do mercado. Fala-se em serviços de interesse econômico geral, determinando-se, como regra, sua submissão ao regime jurídico das atividades econômicas privadas, mas se admitindo, em face de circunstâncias específicas, a adoção de regime jurídico diverso.[5]

---

prestadores privados submetidos a algum tipo de regulação e de controle público. Isto ocorre porque, ali, a interação entre liberdades sociais e poder público tem origem e evolução bem diferente aos da Europa continental, como bem distintos também resultam a base filosófica – predomínio do empirismo e do pragmatismo frente ao racionalismo continental – e o sistema jurídico – *common law* frente ao regime administrativo (MORENILLA, José María Souvirón. *La actividad de la administración y el servicio público.* Granada: Comares, 1998. p. 154).

5 JUSTEN FILHO, Marçal. *Curso de direito administrativo.* 13ª ed. rev. atual. e ampl. São Paulo: Thomson Reuters, Revista dos Tribunais, 2018. p. 638-639. A expressão serviço econômico de interesse geral foi utilizada no Tratado de Roma e ainda é mantida no Tratado de Amsterdã, de 1997. Os textos da União Europeia também deram espaço à noção de serviço universal, no sentido de um serviço básico, segundo uma qualidade definida e a um preço acessível. Tais documentos e expressões repercutiram nos países europeus e em vários outros. A exposição acerca da evolução do instituto do serviço público no cenário comunitário extrapola os limites deste trabalho.

Acentua Maria Sylvia Zanella Di Pietro que: "a Corte Europeia já retrocedeu um pouco e passou a admitir, em determinadas atividades econômicas consideradas essenciais (como telecomunicações, energia elétrica e outras), a imposição de obrigações de serviço público especialmente a universalidade e a continuidade.

Depois disso, retrocedeu mais um pouco, ao substituir a expressão serviço de interesse econômico geral por serviço de interesse geral. Isto ocorreu porque a União Europeia evoluiu de sua posição inicial, voltada exclusivamente para fins de interesse econômico, para uma posição que abarca também os objetivos sociais".[6] (grifos da autora).

Jacqueline Morand-Deviller, após registrar a aproximação havida entre as noções de "serviço público à francesa" e de "serviço de interesse econômico geral", adotada no âmbito da União Europeia, esclarece que "tendo alargado seus objetivos - estritamente econômicos na origem - acolhendo o objetivo de coesão social, o direito da União Europeia se aproximou pouco a pouco da concepção ética do serviço público".[7] Acrescenta, ainda que "habituado a situações de privilégios e monopólio, os serviços públicos franceses tiveram que rapidamente respeitar as regras novas de publicidade e concorrência. O conflito se apaziguou e aproximações foram procuradas de uma parte e outra. O 'serviço público à francesa' adaptou-se às exigências de Bruxelas mas ele também as influenciou".[8] Essa aproximação, porém, no entender da Autora não autoriza, a exemplo de Bruxelas, renomear o serviço público como ***serviço de interesse geral.***

Por sua vez, o desenvolvimento tecnológico produziu inovações no âmbito econômico, em especial no tocante à teoria do monopólio natural[9] , e antigos limites naturais à ampla concorrência foram sendo

---

6 DI PIETRO, Maria Sylvia Zanella. *Direito administrativo*. 35 ed. rev., atual. e ampl. Rio de Janeiro: Forense, 2022. p. 120.

7 *Droit administrative.* 13ª ed. Paris: LGDJ, 2013. p. 13.

8 *Droit administrative.* 13ª ed. Paris: LGDJ, 2013. p. 465.

9 "Monopólio natural é uma situação econômica em que a duplicação de operadores é incapaz de gerar a redução do custo da utilidade. O monopólio natural envolve, geralmente, as hipóteses de custos fixos (atinentes à infraestrutura necessária à produção da utilidade) muito elevados. A duplicação das infraestruturas conduziria a preços unitários mais elevados do que a exploração por um único agente econômico" (JUSTEN FILHO Marçal. *Curso de Direito Administrativo*. 13ª ed. rev., atual. e ampl. São Paulo: Thomson Reuters, Revista dos Tribunais, 2018. p.655) "Monopólio natural é como a teoria econômica denomina certas atividades que possuem características estruturais que dificultam ou inviabilizam o estabelecimento da concorrência. (CELLI JUNIOR, Umberto; SANTANA, Cláudia Silva de. Telecomunicações no Brasil: balanço e perspectivas, *Revista de Direito Mercantil*, São Paulo, v. 43, nº 134, p. 175-186, abr./jun. 2004. p. 180).

superados. Dia a dia surgem novas técnicas e tecnologias, de modo a potencializar a exploração de vários serviços, possibilitando a existência de competição para algumas modalidades por diversos mecanismos e suscitando a aplicação do "direito da concorrência" (ou antitruste, assim denominado o conjunto de normas destinadas a prevenir e a reprimir a deficiência na concorrência) e a interferência dos órgãos incumbidos de protegê-la.

Desse "novo" serviço público, imbricado de uma nítida conotação econômica deflui também um novo modelo de regulação para a competição, que supõe uma transformação dos modos de interpretação e de aplicação de muitos dos princípios de organização e regime jurídico que disciplinaram o funcionamento dos serviços públicos na tradição continental europeia e brasileira, oriundos de sua necessária adaptação às conjunturas e aos contextos particulares no fim do século XX e no início do século XXI.

A influência comunitária atenuou a distinção entre os regimes jurídicos de atividade econômica privada e serviço público, suscitando debates quanto à utilidade da permanência do conceito de serviço público ou, pelo menos, a sua utilidade da mesma forma que antes, por haverem se modificado substancialmente os pressupostos econômicos, sociais, políticos e culturais, sobre os quais este instituto surgiu e se desenvolveu.[10]

Carlos Ari Sundfeld sustenta, na atualidade, a mudança total de enfoque: deve-se deixar de lado a discussão sobre o caráter público ou privado de um determinado serviço para se buscar identificar como ele é regulado pelo Estado nos mais diversos aspectos.[11]

Por detrás desse entendimento, como anota Vera Monteiro, está a visão segundo a qual a concepção de serviço público engloba "[...] ativi-

---

10 Lembra Mônica Spezia Justen que, apesar desse cenário aparentemente avesso à preservação da ideia de serviço público, surge uma nova abordagem do tema que recupera um aspecto da relevância dos serviços públicos para construção de uma solidariedade social e de uma coesão social. Essa nova forma de compreender os serviços públicos implica a recondução desse instituto tipicamente de Direito Administrativo ao plano mais nobre em que um instituto jurídico pode existir: o plano do direito constitucional. Essa ponderação se faz em face da constatação de que os serviços públicos estão umbilicalmente unidos aos princípios emanados constitucionalmente (*A noção de serviço público no direito europeu*. São Paulo: Dialética, 2003. p. 231).

11 Serviços públicos e regulação estatal. Introdução às Agências Reguladoras. *In:* SUNDFELD, Carlos Ari (coord.). *Direito administrativo econômico*. São Paulo: Malheiros, 2000. p. 32 33.

dades relevantes e de interesse público, independentemente do regime por meio do qual ele é prestado". Com isso poderiam ser considerados 'serviços públicos' mesmo os serviços prestados em regime privado que não se sujeitassem às obrigações típicas do regime público.[12]

Essa possibilidade de adoção de soluções híbridas, de modulação de regimes aplicáveis acaba por colocar em xeque a validade de uma apartação estanque entre serviços públicos e atividades econômicas. Como pontua Maria Sylvia Zanella Di Pietro, no Brasil não existe a mesma justificativa do direito comunitário

> [...] para adotar-se a conclusão de que o conceito de serviço público entrou em crise, tendendo a desaparecer, já que o país não está vinculado a qualquer tratado que estipule medidas semelhantes às impostas à União Europeia, [...]. Sem alterar a Constituição é muito difícil adotar a mesma orientação imposta pelo Tratado de Roma, tal como interpretado pela Comissão Europeia e pelo Tribunal de Justiça das Comunidades Europeias. [...]
>
> O que tem ocorrido é uma parcial liberalização de serviços públicos no âmbito da legislação ordinária [...].
>
> Mas esses avanços não permitem falar ainda em crise na noção de serviço público no direito brasileiro [...].
>
> Por esse motivo, não há razão, por ora, para alterar o conceito de serviço público [...], nem os elementos da definição (subjetivo, material e formal) [...].[13]

Para o ordenamento pátrio a noção não é despicienda. O Brasil tem uma base constitucional do serviço público. Embora o Texto de 1988 não tenha erigido algum conceito constitucional de serviço público, forneceu alguns parâmetros conformadores da área definida como própria dos serviços públicos.

---

12 MONTEIRO, Vera. *Concessão.* São Paulo: Malheiros, 2010. p. 86. É a posição de CÂMARA, Jacintho Arruda. As autorizações da Lei Geral de Telecomunicações e a teoria geral do direito administrativo. *Revista de Direito de Informática e Telecomunicações*, Belo Horizonte, v. 3, p. 55-68, jul./dez. 2007. p. 58; MARQUES NETO, Floriano de Azevedo. Direito das telecomunicações e ANATEL. *In:* SUNDFELD, Carlos Ari (coord.). *Direito administrativo econômico.* São Paulo: Malheiros, 2000. p.315.

13 DI PIETRO, Maria Sylvia Zanella. *Direito administrativo.* 35 ed. Rio de Janeiro: Forense, 2022. p.124-125.

Vários dispositivos constitucionais demonstram o préstimo jurídico da noção. Assim: estatui a Carta da República que o serviço público é de incumbência do Poder Público (art. 175); existe um vínculo orgânico com o Estado, pois este é o titular do serviço, muito embora sua gestão possa ser transferida a particulares; a distinção constitucional entre modalidades operacionais da atividade humana: serviço público e atividade econômica; a impossibilidade de a iniciativa privada prestá-los por direito próprio, sendo admitida apenas como delegatária do poder público, com a exceção dos serviços públicos sociais, não exclusivos do Estado (especialmente nas áreas da saúde e educação) em razão de expressa referência constitucional; elenca determinados serviços como de sua alçada, deixando espaço – embora reduzido – para a definição de um serviço como público pelo legislador ordinário; traça-lhes princípios vetores relacionados com os fins do Estado e com os princípios constitucionais garantidores da dignidade da pessoa humana (art.1º, inc. III, CF/88), igualdade (art. 5º, caput), bem como, com os objetivos fundamentais da República Federativa do Brasil, arrolados no art. 3º, CF/88, bem como regras especiais, tais como: dever de os prestadores manterem serviço adequado (artigo 175, parágrafo único, IV); responsabilidade regida por norma pública (art. 37, § 6º); regulamentação da greve na Administração Pública por lei específica; fixação dos direitos e participação democrática dos usuários; sujeição ao regime de direito público dos bens afetados à realização do serviço público (proibição de execução forçada desses bens, considerando que a mudança de destino do bem pode paralisar a prestação do serviço); execução direta pelo Estado em caso de resgate ou encampação de serviços concedidos e reversão dos bens afetados à prestação dos serviços; dever de assunção direta da continuidade dos serviços pela Administração, no caso de falência ou extinção da empresa concessionária; sujeição à atividade regulatória do Estado escolha do modo de realização da atividade; destinação ao atendimento de necessidades da coletividade; o poder para cobrar taxas ou tarifas pela prestação do serviço; a proibição de execução forçada dos bens afetados a um serviço público pois a mudança de destino do bem pode paralisar a prestação do serviço; o poder de desapropriar; equiparação do pessoal que presta serviço público ao servidor público para fins criminais e para fins de improbidade administrativa; privilégios da gestão dos serviços púbicos; uso de verba pública para sua manutenção; uso de patrimônio público; imposição do dever de utilização do serviço; imunidade tributária reconhecida quando o serviço é explorado sob a forma de privilégio ou exclusividade (caso da ECT).

A amostra é bem expressiva de que a Constituição brasileira acolhe a categoria de serviço público, e de que inspira a atuação do Poder Público também na ideia de prestação de um sistema de serviços. Diante da diversificação e sofisticação dos serviços, a Constituição não trata, porém, todos os serviços de maneira uniforme e, cada um, pelas suas peculiaridades, é objeto de um universo jurídico com especialidades muito próprias. Os objetivos visados são diferentes; a competência para a prestação, bem como as formas de organização e de gestão são distintas; a natureza jurídica da remuneração paga pelos usuários de serviços públicos prestados *uti singuli* varia; a aplicação dos princípios de direito público reportados aos serviços ocorre com diferente intensidade; a submissão, em graus variáveis, a um regime de direito público e, em algumas situações, ao direito privado. Não há, enfim, um tratamento jurídico uniforme em relação a todos eles. Existem regras constitucionais específicas acerca de questões peculiares.

Seria, pois, inexato sustentar que a noção de serviço público não tem utilidade jurídica no direito administrativo pátrio. O fato de a ele referir-se a Constituição, para atribuir determinadas consequências jurídicas, prova por si mesmo o contrário.

Entretanto, ao nosso ver, especialmente na área de serviços públicos de natureza econômica (comerciais e industriais), como telecomunicações, energia elétrica e portos, tem havido uma parcial liberalização de serviços públicos no âmbito da legislação ordinária, que passaram a ser atividades privadas regulamentadas. Leis que privatizaram atividades previstas nos incisos XI e XII do art.21 da Constituição, revogando leis que as qualificavam como serviços públicos para transformá-las em atividades privadas regulamentadas, já foram chanceladas pelo STF, a exemplo do que ocorreu com a classificação dos serviços de telecomunicações através de variados índices de publicização (de serviços públicos a atividades privadas regulamentadas), realizada pela Lei Geral de Telecomunicações (arts. 18, I, c/c arts.62 a 64, Lei nº 9.472/97), considerada constitucional no julgamento da liminar requerida na ADIN nº 1.668 e julgamento final ocorrido em 01/03/2021.[14]

A noção de serviço público não é construção sistemática de caráter meramente acadêmico, mas tem repercussão no ordenamento jurídico positivo.

14 Nessa linha: ARAGÃO, Alexandre Santos. *Direito dos serviços públicos.* 4ª ed. rev. e atual. Belo Horizonte: Fórum, 2017. p. 180.

1. Princípios dos serviços públicos

Sempre se disse que os serviços públicos, quer sejam os prestados por pessoas públicas, quer sejam os executados por pessoas privadas, se submetem a um regime próprio, a um conjunto de normas que imponham deveres e atribuam direitos, distinguindo-os de outras atividades desempenhadas pelo Estado.

Nesse sentido é que aludia Louis Rolland, discípulo de Duguit, nos anos 30 do século passado, às leis, princípios, regras ou caracteres que se impõem a todo serviço público, a saber: a continuidade de funcionamento do serviço, a adaptação ou modificação em todo momento de sua organização e de seu funcionamento pela autoridade pública competente e a igualdade dos particulares perante todos os serviços públicos.[15]

Às chamadas "Leis de Rolland", vários princípios foram sendo adicionados, decorrentes de elaboração doutrinária, jurisprudencial, ou legislativa.

Os autores dissentem quanto ao nome, número, conteúdo ou valor jurídico dos princípios inerentes ao regime jurídico dos serviços públicos. Muitas vezes a divergência radica-se em que fundem ou desdobram os mesmos preceitos.

Verifica-se, porém, em face da diversificação de serviços públicos de alguma forma afetos ao Estado, em função da crescente complexidade da sociedade, que não existe uma totalidade normativa que se aplique a todos eles.[16] O que existe são pontos comuns entre os diferentes serviços públicos, princípios fundamentais que se aplicariam independentemente de seu modo de exercício, que lhes conferem prerrogativas especiais em relação aos particulares. Isto não impede que os serviços sejam regidos por outras normas específicas, de acordo com as peculiaridades da atividade exercida, de forma a possibilitar o atendimento dos seus objetivos.

Tais princípios estão consagrados no direito positivo de cada sociedade sob várias formulações normativas e visam assegurar a qualidade do serviço e oferecer garantias aos usuários. Relacionam-se estes

---

15 ROLLAND, Louis. *Droit administratif*, curso copiado de D.E.S., Les cours de droit, 1934 apud VALETTE, Jean-Paul. *Le service public à la française*. Paris: Ellipses, 2000. p. 85.

16 A doutrina por diversas vezes tem salientado que a prestação dos serviços públicos não se reveste, necessariamente, de um único regime jurídico. GORDILLO, Agustín. *Tratado de derecho administrativo*. 9ª ed. Buenos Aires: Fundación de Derecho Administrativo, 2009. v.2. p. VI-43-44; GUGLIELMI, Gilles J. *Introduction au droit des services publics*. Paris: L.G.D.J., 1994. p. 39.

princípios com os fins do Estado e com os princípios constitucionais garantidores da dignidade da pessoa humana (art. 1º, inc. III, CF/88), igualdade (art. 5º, "caput"), bem como com os objetivos fundamentais da República Federativa do Brasil, arrolados no artigo 3º CF/88.[17]

A Constituição Brasileira de 1988, desde sua redação originária, determina que a lei, ao dispor sobre a prestação dos serviços públicos, estabeleça os direitos dos usuários, imponha a seus prestadores a "obrigação", (o "dever", rigorosamente) de manter serviço adequado (artigo 175 parágrafo único, incisos II e IV, respectivamente) e que "as reclamações relativas à prestação de serviços públicos serão disciplinadas *em lei*" (art. 37, § 3º).

Por muito tempo, os direitos dos usuários e as diretrizes de prestação de um serviço adequado tiveram apenas vetores de caráter genérico e precário em determinados dispositivos da Lei nº 8.987/1995, que dispõe sobre o regime de concessão e permissão da prestação de serviços públicos e em alguns regulamentos setoriais.

O conceito de serviço adequado foi delineado na Lei Federal nº 8.987, de 13 de fevereiro de 1995, como sendo "o que satisfaz as condições de: regularidade, continuidade, eficiência, segurança, atualidade, generalidade, cortesia na sua prestação e modicidade das tarifas" (art. 6º, § 1º). Se esse diploma legal estabelece as qualificações para caracterizar o serviço público, a ele aplicáveis enquanto objeto de concessão ou permissão, tais índices de exigência também devem prevalecer na prestação de serviços efetuada diretamente pelo poder público.[18]-[19]

---

17 Celso Antônio Bandeira de Mello arrola os seguintes princípios do serviço público: (i) dever inescusável do Estado de promover-lhe a prestação; (ii) supremacia do interesse público; (iii) adaptabilidade; (iv) universalidade; (v) impessoalidade; (vi) continuidade; (vii) transparência, (viii) motivação; e (ix) modicidade da remuneração. (*Curso de Direito Administrativo*. 35ª ed. São Paulo; JusPodivm/Malheiros, 2021. p. 662-663).

18 MEDAUAR, Odete. *Direito administrativo moderno*. 21 ed. Belo Horizonte: Fórum: Revista dos Tribunais, 2018. p. 322.

19 Consoante a Lei paulista nº 7.835, de 08 de maio de 1992, que foi anterior à lei federal, "serviço adequado é o que atende ao interesse público e corresponde às exigências da qualidade, continuidade, regularidade, modicidade, cortesia e segurança (art. 17). A Lei Orgânica do Município de São Paulo afirma que "é função do Município prestar um serviço eficiente e eficaz, com servidores justamente remunerados e profissionalmente valorizados" (art. 89). Esta Lei ainda garante, ao usuário, "serviço público compatível com sua dignidade humana, prestado com eficiência, regularidade, pontualidade, uniformidade, conforto e segurança sem distinção de qualquer espécie"(parágrafo único do art. 123).

E o Código Brasileiro do Consumidor (Lei Federal nº 8.078/1990) incluiu as pessoas jurídicas públicas no conceito de fornecedor e dispôs sobre os princípios a serem observados na prestação dos serviços públicos.

Com a edição da Emenda Constitucional nº 19/1998, o art. 37, § 3º foi substancialmente ampliado ao preceituar: "A lei disciplinará as formas de participação do usuário na administração pública direta e indireta, regulando especialmente: I - as reclamações relativas à prestação dos serviços públicos em geral, asseguradas a manutenção de serviços de atendimento ao usuário e a avaliação periódica, externa e interna, da qualidade dos serviços; II - o acesso dos usuários a registros administrativos e a informações sobre atos de governo, observado o disposto no art. 5º, X e XXXIII; III - a disciplina da representação contra o exercício negligente ou abusivo de cargo, emprego ou função na administração pública."

Ao que se deduz do advérbio "especialmente", ao final do *caput* do § 3º do artigo 37, as previsões elencadas em seus incisos não são taxativas, mas exemplificativas de prioridades, embora devam ser necessariamente reguladas, e a lei integradora poderá acrescer outras formas de participação dos usuários. Expandiu-se a anterior previsão de lei para regular as reclamações relativas à prestação de serviços públicos, que não chegou a ser cumprida, "para englobar não apenas os serviços públicos, como antes se lia, mas todas as prestações administrativas, diretas ou indiretas e para abranger não apenas as reclamações mas quaisquer outras formas de participação dos usuários".[20]

A mesma Emenda reforçou os mandamentos constitucionais ao estabelecer no artigo 27 um prazo de *cento e vinte dias da sua promulgação para o* Congresso Nacional *elaborar a* lei de defesa do usuário de serviços públicos.

Diante da inércia do Congresso o Conselho Federal da Ordem dos Advogados do Brasil interpôs, em 2013, a ação direta de inconstitucionalidade por omissão (ADO) 24, solicitando cautelarmente que se determinasse aos Presidentes da Câmara e do Senado, bem assim à Presidência da República, a adoção das providências para que a análise do Projeto de Lei nº 6.953/2002 e sua conversão em lei ocorressem no prazo máximo de 120 dias. Requereu, ainda, que, enquanto não editada a referida lei

20 MOREIRA NETO, Diogo de Figueiredo. *Apontamentos sobre a reforma administrativa:* Emenda Constitucional nº 19 de 4 de junho de 1998. Rio de Janeiro: Renovar, 1999. p.64.

específica, o STF confirmasse a aplicabilidade do Código de Defesa do Consumidor (CDC) aos usuários de serviços públicos.

O Ministro Dias Toffoli, na qualidade de relator, reconheceu a mora legislativa e determinou em decisão monocrática a elaboração da lei em 120 dias e preferiu deixar o pedido de aplicação subsidiária e provisória do CDC às relações de usuários de serviços públicos para "análise mais aprofundada por parte do Tribunal – caso ainda subsista a mora -, e após colhidas as informações das autoridades requeridas e as manifestações do Advogado-Geral da União e do Procurador-Geral da República".

Com a publicação da Lei nº 13.460/2017 (DOU de 27.6.2017), que dispõe sobre participação, proteção e defesa dos direitos do usuário dos serviços públicos da administração pública, conhecida como Código de Defesa do Usuário de Serviço Público (CDUSP), a ADO foi extinta por perda de objeto.

A CF/88 em seu art. 37, § 3º, com a redação da EC n.19/1998, dispôs que a lei deveria regulamentar seus três incisos. O inc. II, fora satisfatoriamente atendido com a edição da Lei de Acesso à Informação (Lei 12.527, de 18 de novembro de 2011) – como reforçado no parágrafo único do artigo 2º do Código. A Lei nº 13.460/2017 regulamenta o inc. I, mas não disciplina o inc. III, que exigia "a disciplina da representação contra o exercício negligente ou abusivo de cargo, emprego ou função na administração pública". Sobre isso a lei não é específica, remanescendo à legislação que disciplina os crimes de abuso de autoridade cuidar (de maneira insuficiente) da matéria.[21]

Em seus 25 artigos e 7 capítulos, trata de: I) disposições preliminares, incluindo normas de aplicabilidade e conceitos; II) dos direitos básicos e deveres dos usuários; III) das manifestações dos usuários de serviços públicos; IV) das ouvidorias; V) dos conselhos de usuários; VI) da avaliação continuada dos serviços públicos e VII) das disposições finais e transitórias.

A lei entrou em vigor, a contar da sua publicação, em: I – trezentos e sessenta dias para a União, os Estados, o Distrito Federal e os Municípios com mais de quinhentos mil habitantes; II – quinhentos e quarenta dias para os Municípios entre cem mil e quinhentos mil habitantes; e

21 A Lei 4.898, de 09 de dezembro de1965, foi revogada pela Lei 13.869, de 5 de setembro de 2019, que dispõe sobre os crimes de abuso de autoridade; altera a Lei nº 7.960, de 21 de dezembro de 1989, a Lei nº 9.296, de 24 de julho de 1996, a Lei nº 8.069, de 13 de julho de 1990, e a Lei nº 8.906, de 4 de julho de 1994; e revoga a Lei nº 4.898, de 9 de dezembro de 1965, e dispositivos do Decreto-Lei nº 2.848, de 7 de dezembro de 1940 (Código Penal).

III – setecentos e vinte dias para os Municípios com menos de cem mil habitantes.

O novo Código, de alcance nacional, aplica-se à administração pública direta e indireta da União, dos Estados, do Distrito Federal e dos Municípios, sem prejuízo da incidência de normas específicas pertinentes a atividades sob regulação (art. 1º, § 2º, I) e da Lei nº 8.078/1990 (CDC-Código de Defesa do Consumidor) quando caracterizada relação de consumo (art. 1º, § 2º, II). assim como reconhece a qualidade de usuário a qualquer pessoa, física ou jurídica, que se utilize ou se beneficie de serviço público, seja efetiva ou apenas potencialmente (art. 2º, I).

O legislador deixou claro que às normas básicas de proteção do CDUSP se somam as normas setoriais de entes reguladores , que poderão complementá-las, ampliá-las ou detalhá-las-"nunca, porém, reduzir sua função ou seu papel."[22]

Tudo indica que o legislador afasta a tese de que todo e qualquer serviço público estaria submetido ao Código de Defesa do Consumidor.[23] Assim, por exemplo, a utilização dos meios adicionais de defesa do CDC não incidirá em serviços *uti universi* , como os serviços de varrição de ruas, de drenagem de águas pluviais, de segurança urbana, pois não existirá uma relação de consumo em sentido estrito. Mas o legislador não define, de forma expressa, qual seria a abrangência exata da legislação consumerista sobre os serviços públicos ou seja, se os serviços públicos estariam sob a incidência do Código de Defesa do Consumidor apenas no que está contido no art. 22 ou se esse diploma legal incidiria sobre esses serviços em todos os demais dispositivos, como os de responsabilidade, os de publicidade, os referentes ao dever de informação, à adequação, à inversão do ônus da prova, enfim, todas as demais situações trazidas pelo Código.

---

22 MARRARA, Thiago. O Código de Defesa do Usuário de Serviços Públicos (Lei nº 13.460/2017): seis parâmetros de aplicabilidade. *Revista Direito do Estado*, nº 383. Disponível em: http://www.direitodoestado.com.br/colunistas/thiago-marrara/o-codigo-de-defesa-do-usuario-de-servicos-publico-lei-n-13460 -2017-seis-parametros-de-aplicabilidade. Acesso em: 26 nov. 2018.

23 Diferentes posicionamentos despontaram na doutrina pátria sobre esse tema. Há os que assumem uma interpretação extensiva (todos os serviços públicos estão sujeitos ao CDC); os que advogam uma posição extensiva mitigada (a prestação do serviço deve ser remunerada – art. 3º, § 2º- seja por taxa ou tarifa) e os que defendem uma interpretação restritiva (somente os serviços remunerados por tarifa ou preço público estão sujeitos ao CDC: os serviços custeados por tributos não estão sob a incidência do CDC)

Destarte, como salienta Rafael Carvalho Rezende Oliveira, "as características e peculiaridades inerentes ao regime jurídico dos serviços públicos revelam a dificuldade de sua submissão completa do CDC. Em caso de conflito, deve ser reconhecida, em regra, a primazia do Direito Administrativo sobre o Direito do Coonsumidor, tendo em vista o critério da especialidade."[24]

Nada obsta, porém, que os entes estaduais e municipais, assim como as próprias entidades estatais em seu âmbito, complementem e até aumentem as previsões do CDUSP, para lhes dar mais efetividade. E isso fica claro em muitos dispositivos, como o art. 17, que atribui a cada Poder e esfera de governo a competência para editar atos normativos específicos acerca da organização e do funcionamento das suas ouvidorias.[25]

Alguma polêmica pode aparecer em relação à divisão dos poderes, tendo em conta que o Código se refere somente à Administração Direta e Indireta no art. 1º, § 1º e no art. 2º, III. No entanto, não há dúvida de que o CDUSP vincula órgãos especializados e com autonomia mais alargada dentro do próprio Executivo, incluindo Advocacias Públicas e Defensorias Públicas.

Dúvida também não pode surgir quanto à aplicabilidade do diploma e seus instrumentos a serviços do Judiciário e do Legislativo, pois, de longa data há uniformidade doutrinária que a administração pública não equivale a Poder Executivo. Thiago Marrara esclarece:

> Ela representa um complexo de funções que se concentra no Executivo, mas nele definitivamente não se esgota. Ao desempenharem serviços públicos ou exercerem outras funções administrativas, também o Judiciário e o Legislativo restarão subordinados a todos os seus preceitos, salvo na presença de norma especial. Ademais, embora o CDUSP tenha se referido à administração direta e indireta, sem fazer menção expressa aos Poderes Legislativo e Judiciário nos art. 1º, § 1º e no art. 2º, II, ele usa a expressão "cada Poder" em vários outros tre-

24 OLIVEIRA, Rafael Carvalho Rezende. *Curso de Direito Administrativo*. 10ª ed. rev. atual. e reform. Rio de Janeiro: Método, 2022. p.256.

25 MARRARA, Thiago. O Código de Defesa do Usuário de Serviços Públicos (Lei nº 13.460/2017): seis parâmetros de aplicabilidade. *Revista Direito do Estado*, nº 383. Disponível em: http://www.direitodoestado.com.br/colunistas/thiago-marrara/o-codigo-de-defesa-do-usuario-de-servicos-publicos-lei-n-13460-2017-seis-parametros-de-aplicabilidade. Acesso em: 26 nov. 2018.

> chos, dando a entender que seus mandamentos vinculam as três esferas sem exceção. Isso se vislumbra, por exemplo, nos art. 3º, 7º, § 5º e 17. Assim, sempre que esses poderes prestarem serviços públicos – como se vislumbra, por exemplo, nos vários cursos que escolas do legislativo e da magistratura, mesmo sem serem universidade, oferecem ou vendem à população –, esse Código se aplicará.[26]

A lei estipula a aplicação subsidiária a "serviços públicos prestados por particular", ou seja, quando não houver regramento específico para determinada situação (art. 1º, § 3º), como concessionários, permissionários, parceiros privados, entidades do terceiro setor, e toda a categoria de particulares que exercem atividades em colaboração com o Poder Público, como os tradutores e intérpretes públicos, os empregados de cartórios extrajudiciais, os jurados, os requisitados para trabalhar nas eleições, dentre outros.

Diante desse novo diploma legal de regência da matéria vários questionamentos jurídicos surgirão para interpretar seus dispositivos, haja vista a flexibilidade dos conceitos de "serviço público" e de "particular", dentre outros.

O artigo 2º, inciso II da Lei 13.460/2017 define serviço público como "atividade administrativa ou de prestação direta ou indireta de bens ou serviços à população, exercida por órgão ou entidade da administração pública". Trata-se de uma definição ampla adotada para fins assinalados no referido diploma legal. Via de consequência, suas regras são aplicáveis extensivamente às atividades da Administração Pública em face do cidadão, até mesmo hipóteses em que se caracteriza atividades de outra natureza, tal como o exercício do poder de polícia.

A amplitude do diploma extrapola os limites dos serviços públicos em sentido técnico-jurídico (aqueles do art. 175 da CF/88). De qualquer forma, há algumas disposições da Lei 13.460/2017 que têm pertinência com o serviço público na sua acepção técnico-jurídica.[27].

---

26 MARRARA, Thiago. O Código de Defesa do Usuário de Serviços Públicos (Lei nº 13.460/2017): seis parâmetros de aplicabilidade. *Revista Direito do Estado*, nº 383. Disponível em: http://www.direitodoestado.com.br/colunistas/thiago-marrara/o-codigo-de-defesa-do-usuario-de-servicos-publicos-lei-n-13460-2017-seis-parâmetros-de-aplicabilidade. A cesso em: 26 nov. 2018.

27 JUSTEN FILHO, Marçal. *Curso de direito administrativo*. 13ª ed. rev., atual. e ampl. São Paulo: Thomson Reuters, Revista dos Tribunais, 2018. p. 632.

A Lei 13.4602017 foi alterada pelas Leis 14.015/20 e 14.129/21e está regulamentada pelo Decreto n.9.094, de 17 de julho de 2017, modificado pelos Decretos ns. 9.723, de 2019, 10.178, de 2019, 10.279, de 2020, Decreto 10.332, de 2020 e pelo Decreto nº 9.492, de 2018, alterado pelos Decretos 9.681, de 2019, 9.723, de 2019, 10.153, de 2019, 10.228, de 2020 e 10.890, de 2021.

2. Direitos dos usuários

Como concreção dos princípios do serviço público, vários direitos são reconhecidos aos usuários como fundamento para a exigibilidade de sua prestação.

No Brasil, prescreveu o Texto Constitucional de 1988 que a disciplina legal dos serviços públicos disporá sobre a fixação dos direitos dos usuários (art. 175, parágrafo único, II).

E a Lei Federal n.8.987/1995, que dispõe sobre o regime de concessão e permissão da prestação de serviços públicos, ao enunciá-los, no artigo 7º, teve o cuidado de salientar que o elenco apontado não prejudica aquele constante no Código do Consumidor, com os indispensáveis meios processuais de defesa.

Os direitos mesclados atecnicamente com os deveres (ou obrigações, na dicção legal do art. 7º da Lei nº 8.987/95) dos usuários são, basicamente, os de receber serviço adequado (inc. I); de informar-se e ser informado das condições a ele relativas (inc. II); de participar de sua administração, tanto pela fiscalização quanto pelo opinamento sobre a sua prestação (incs. IV e V); de escolher o serviço dentre o de distintos prestadores, quando for o caso (inc. III com a redação dada pela Lei nº 9.648/98). Posteriormente foi contemplado o direito do usuário de escolher, dentro do mês de vencimento, os dias de vencimento de seus débitos, no mínimo entre seis datas opcionais ofertadas pelas concessionárias de serviços públicos, de direito público e privado, nos Estados e no Distrito Federal, nos termos do art. 7º A, da Lei nº 8.987/95, acrescentado pela Lei nº 9.791/1999.

O rol estipulado no art. 7º não é exaustivo, pois outros direitos-poderes decorrem de dispositivos esparsos ou também poderão ser reconhecidos, à luz dos princípios que disciplinam essa área, do regulamento específico do serviço público ou das particularidades do caso concreto. Assim o usuário tem direito à modicidade das tarifas, previsto nos arts. 6º, § 1º e 11, bem como à indenização pelos prejuízos sofridos, valendo o princípio consagrador da teoria do risco previsto na Lei Suprema, art.

37, § 6º e nas leis infraconstitucionais nº 8.987/95, art. 25 e 8.078/90, art. 22, parágrafo único.[28]

Existe ainda a legislação pontual para cada espécie de serviço público, que arrola vários direitos dos usuários.

Em que medida os direitos dos usuários foram expandidos com a aprovação do Código de Defesa do Usuário de Serviços Públicos?

Em disciplina similar à constante do artigo 6º, § 1º da Lei nº 8.897/1995, o CDUSP, em seu artigo. 4º, reza que os serviços públicos e o atendimento ao usuário deverão ser realizados adequadamente, com observação dos princípios da regularidade, continuidade, efetividade, segurança, atualidade, generalidade, transparência e cortesia.

Com este objetivo, o art. 5.° da Lei nº 13.460/2017, alterado pela Lei nº 14.015/2020, indica, em seus dezesseis incisos, diretrizes a serem examinadas para a execução do serviço, tais como urbanidade, respeito, acessibilidade e cortesia no atendimento aos usuários, a presunção de boa-fé do usuário, cumprimento de prazos e normas procedimentais, atendimento por ordem de chegada, ressalvadas as prioridades legais, casos de urgência e a possibilidade de agendamento; igualdade de tratamento, vedada qualquer forma de discriminação; definição, publicidade e observância de horários e normas compatíveis com o bom atendimento ao usuário; adoção de medidas visando a proteção à saúde e a segurança dos usuários; manutenção de instalações salubres, seguras, sinalizadas, acessíveis e adequadas ao serviço e ao atendimento; observância dos códigos de ética ou de conduta aplicáveis às várias categorias de agentes públicos; aplicação de soluções tecnológicas que visem a simplificar processos e procedimentos de atendimento ao usuário e a propiciar melhores condições para o compartilhamento das informações; comunica-

28 No Estado de São Paulo foi editada a Lei n° 10.294, de 20-04-99, alterada pelas Leis 12.806, de 01-02-08, 17.430, de 14/10/21, relativa à proteção e defesa do usuário do serviço público, aplicando-se aos serviços públicos prestados por particular, mediante concessão, autorização ou qualquer outra forma de delegação, e prestados pela Administração direta e indireta. Estabelece, em seu art. 3º, como direitos dos usuários a informação (inc. I); a qualidade na prestação do serviço (inc. II); e o controle adequado do serviço público (inc. III). Referido diploma legal não prevê qualquer aplicação do CDC, disciplinando de modo integral a relação entre os usuários e o titular ou o prestador do serviço público. No âmbito do Município de São Paulo foi editada a Lei n.14029, de 13 de julho de 2005,alterada pela Lei nº 16.838, de 8 de fevereiro de 2018 , que disciplina direitos e garantias dos usuários dos serviços públicos municipais. Em consonância a esse diploma legal, a Lei Municipal n.15.410, de 11 de julho de 2011 institui boas práticas e padrões de qualidade no atendimento ao usuário de serviços públicos na cidade de São Paulo o dá outras providências.

ção prévia ao consumidor de que o serviço será desligado em virtude de inadimplemento, bem como do dia a partir do qual será realizado o desligamento, necessariamente durante horário comercial.

Estas diretrizes legais oferecem linhas-mestras de organização e procedimentalização mínimas no tocante à operacionalização dos serviços públicos. Configuram variada e heterogênea expressão de diversos bens jurídicos próprios a serviços públicos, em um Estado de Direito, fundado nos princípios republicanos e democráticos, ao derredor da cidadania, plasmado na moralidade pública.[29] Constituem desdobramentos claros da expansão de novos padrões de governança pública, no âmbito da atividade estatal, em prol do cidadão e da comunidade, reafirmados em sede legislativa como norte para que referida atividade, por mais complexa e heterogênea que sua forma e conteúdo possam assumir, não se afasta dos valores constitucionais que predicam a razão de ser da própria atividade estatal, em seus diversos segmentos orgânicos e funcionais.

Algumas regras procedimentais básicas são bastante óbvias, mas vale avivá-las quase que só para observar lição de Oliver Holmes, tantas vezes repetida por Francisco Campos em seus pareceres, de que, "nos tempos em que estamos vivendo, a educação no óbvio é mais necessária do que a investigação do obscuro".[30] Apesar de feita há muitas décadas o registro do juiz da Suprema Corte americana é, ainda, atual, como mostra sua frequente inobservância na concreta atividade administrativa. Assim, ao determinar que os prazos e normas devem ser cumpridos, ela está apenas reconhecendo que a aplicação das normas e prazos fixados na legislação em vigor é negligenciada.

Mas há aspectos relevantes que encontram guarida no princípio da proporcionalidade, que enuncia a ideia de que as competências administrativas só podem ser validamente exercidas na extensão e intensidade proporcionais ao que seja realmente demandado para cumprimento da finalidade de interesse público a que estão atreladas[31]. Assim, é um direito do usuário "adequação entre meios e fins, vedada a imposição de exigências, obrigações, restrições e sanções não previstas na legislação"

29 Lúcia Valle Figueiredo lecionava que o princípio da boa-fé, citado no dispositivo mencionado, estava em verdadeira simbiose com o princípio da moralidade, consagrado no artigo 37, caput, da CF (*Curso de Direito Administrativo*. 9ª ed. São Paulo: Malheiros, 2008, p. 54.

30 Sellected Legal Papers, p. 292-293, apud CAMPOS, Francisco. *Direito Constitucional*. Rio de Janeiro: Freitas Bastos, 1956. v. II. p. 178.

31 Conferir: OLIVEIRA, José Roberto Pimenta. *Os princípios da razoabilidade e da proporcionalidade no Direito Administrativo Brasileiro*. São Paulo: Malheiros, 2006.

(inc. IV) e a "eliminação de formalidades e de exigências cujo custo econômico ou social seja superior ao risco envolvido" (inc. XI).

Tendo em conta as mudanças propiciadas pela evolução tecnológica e prestigiando a adoção de procedimentos eletrônicos pela Administração Pública, o CDUSP registra como diretriz a "aplicação de soluções tecnológicas que visem a simplificar processos e procedimentos de atendimento ao usuário e a propiciar melhores condições para o compartilhamento das informações" (inc. XIII).

A Lei renova a previsão[32] da "autenticação de documentos pelo próprio agente público, à vista dos originais apresentados pelo usuário, vedada a exigência de reconhecimento de firma, salvo em caso de dúvida de autenticidade" (inc. IX). e estatui a "vedação da exigência de nova prova sobre fato já comprovado em documentação válida apresentada" (inc. XV). São medidas concretizadoras de celeridade processual, desburocratizando o iter percorrido até lograr-se a fruição do serviço.[33]

Esta última regra deve ser interpretada não apenas restritivamente a cada repartição pública. Deve ser aplicada na acepção trazida pelo Dec. Federal nº 9.094/2017, que dispõe sobre a simplificação do atendimento prestado aos usuários dos serviços públicos, ratifica a dispensa do reconhecimento de firma e da autenticação em documentos produzidos no País e institui a Carta de Serviços ao Usuário.

No art. 2.° esse Decreto, com a redação dada pelo Decreto nº 10.279, de 2020, reza que "Exceto se houver disposição legal em contrário, os órgãos e as entidades do Poder Executivo federal que necessitarem de documentos comprobatórios de regularidade da situação de usuários dos serviços públicos, de atestados, de certidões ou de outros documentos comprobatórios que constem em base de dados oficial da administração pública federal deverão obtê-los diretamente do órgão ou da entidade responsável pela base de dados, nos termos do disposto no Decreto n. 10.046, de 9 de outubro de 2019, e não poderão exigi-los dos usuários dos serviços públicos.

32 O revogado Decreto nº 6.932/2009, que dispunha sobre a simplificação do atendimento público prestado ao cidadão, já previa a possibilidade da autenticação ser realizada pelo próprio servidor a quem o documento deveria ser apresentado, mediante cotejo da cópia com o original.

33 Em 08 de outubro de 2018 foi editada a Lei 13.726, que dispõe sobre a racionalização de atos e procedimentos administrativos dos Poderes da União, dos Estados, do Distrito Federal dos Municípios e institui o Selo de Desburocratização e Simplificação.

Salienta Marçal Justen Filho que "o Decreto Federal 9.094/2017 consagrou uma regra que deve ser reputada como inerente à proteção da dignidade do cidadão. Fixou que "as exigências necessárias para o requerimento serão feitas desde logo e de uma só vez ao interessado, justificando-se exigência posterior apenas em caso de dúvida superveniente" (art. 6°). A ausência formal dessa previsão na Lei 13.460/2017 é lamentável, eis que dá oportunidade a despropósitos frequentes. É evidente que a ausência de manifestação exaustiva da autoridade administrativa viola os princípios da República, da eficiência e do respeito ao cidadão. A ausência de sua inscrição formal em algum documento normativo é invocada como fundamento para práticas claramente reprováveis".[34]

Também são relacionados os direitos básicos dos usuários, entre eles a participação no acompanhamento da prestação e na avaliação dos serviços, liberdade de escolha, acesso a informações e proteção dos dados pessoais (art. 6º, incisos I a VII).[35]

Para dar cumprimento à diretriz traçada no inciso VII do art. 5º, cada órgão ou entidade administrativa deverá divulgar uma Carta de Serviços ao Usuário, contendo informações claras e precisas sobre os serviços prestados (artigo 7º).[36]

---

34 JUSTEN FILHO, Marçal. *Curso de direito administrativo*. 13ª ed. rev., atual. e ampl. São Paulo: Thomson Reuters Revista dos Tribunais, 2018. p.221.

35 Art. 6º São direitos básicos do usuário: I - participação no acompanhamento da prestação e na avaliação dos serviços; II - obtenção e utilização dos serviços com liberdade de escolha entre os meios oferecidos e sem discriminação; III - acesso e obtenção de informações relativas à sua pessoa constantes de registros ou bancos de dados, observado o disposto no inciso X do caput do art. 5º da Constituição Federal e na Lei nº 12.527, de 18 de novembro de 2011; IV - proteção de suas informações pessoais, nos termos da Lei nº 12.527, de 18 de novembro de 2011; V - atuação integrada e sistêmica na expedição de atestados, certidões e documentos comprobatórios de regularidade; e VI - obtenção de informações precisas e de fácil acesso nos locais de prestação do serviço, assim como sua disponibilização na internet, especialmente sobre: a) horário de funcionamento das unidades administrativas; b) serviços prestados pelo órgão ou entidade, sua localização exata e a indicação do setor responsável pelo atendimento ao público; c) acesso ao agente público ou ao órgão encarregado de receber manifestações; d) situação da tramitação dos processos administrativos em que figure como interessado; e e) valor das taxas e tarifas cobradas pela prestação dos serviços, contendo informações para a compreensão exata da extensão do serviço prestado. VII – comunicação prévia da suspensão da prestação de serviço. Parágrafo único. É vedada a suspensão da prestação de serviço em virtude de inadimplemento por parte do usuário que se inicie na sexta-feira, no sábado ou no domingo, bem como em feriado ou no dia anterior a feriado.

36 A determinação de elaboração de uma Carta de Serviços ao Usuário não é nova, pois já era imposta no âmbito federal pelo Decreto n.6.932/2009, que dispunha

Em muitos ordenamentos europeus já foram editadas as Cartas de Serviços (França, em 1992; Itália, em 1994; e Cartas dos Cidadãos na Inglaterra), mencionando-se inclusive indicadores de qualidade e avaliação da satisfação dos usuários de serviços públicos, prestados ou não por entes governamentais.

Segundo Pia Marconi,

> A política da Carta de Serviço é elemento inovador de uma ampla estratégia de racionalização e modernização da Administração, contendo três elementos de inovação: a) a prestação de serviços deve ocorrer em função dos usuários; b) prevê a fixação de padrões e o confronto entre objetivos e resultados; c) confere voz ao usuário; este vem dotado de instrumentos que lhes permitem participar da definição das características dos serviços oferecidos e controlar se os encargos do prestador são respeitados'. Segundo a mesma autora, a Carta de Serviço prevê os seguintes princípios: igualdade, eficácia e eficiência, direito de escolha entre diversos prestadores, participação do usuário.[37]

Para Nicinski "[...] as cartas de direitos dos usuários vêm reorientadas sob uma ótica consumerista, sem que se equipare o usuário ao consumidor".[38]

Como forma de garantir os direitos dos usuários dos serviços públicos, o artigo 9º do CDUSP possibilita a apresentação de manifestações diversas perante a Administração Pública, que não podem ser recusadas em nenhuma hipótese (art.11), compreendendo, de acordo com o art. 2º, inciso V, reclamações, denúncias, sugestões, elogios ou qualquer ou-

---

sobre a simplificação do atendimento público prestado ao cidadão. O Decreto n.9.094/2017, que revogou o mencionado Decreto, não só manteve o objetivo de simplificar o atendimento prestado aos usuários dos serviços públicos, como também reviu o conteúdo da Carta de Serviços.

---

37 MARCONI, Pia. La carta dei servizi e lacitizen charter. *Revista trimestrale di diritto pubblico*, 1998, 1, p. 197, apud MEDAUAR, Odete. Usuário, cliente ou consumidor. *In:* SALETTI, Achile. (org.). *Estudos em Homenagem à Professora Ada Pellegrini Grinover*. São Paulo: DPJ, 2005. p. 153.

38 NICINSKI, Sophie. *L'usager du service public industriel e comercial*, p. 82, *apud* MEDAUAR, Odete Usuário, cliente ou consumidor. *In:* SALETTI, Achile. (org.). *Estudos em Homenagem à Professora Ada Pellegrini Grinover*. São Paulo: DPJ, 2005. p. 153.

tro pronunciamento acerca da prestação de serviços públicos e da conduta dos agentes públicos na prestação e fiscalização desses serviços.[39]

Referidas manifestações poderão ser feitas por meio eletrônico, correspondência convencional ou verbalmente, hipótese em que deverá ser reduzida a termo e deverão ser dirigidas à ouvidoria do órgão ou da entidade responsável, e conterá a identificação do requerente. Caso inexista ouvidoria, deverão ser encaminhadas ao órgão ou entidade responsável pela execução do serviço e ao órgão ou à entidade a que se subordinem ou se vinculem (art.10 do CDUSP).

O legislador conferiu grande relevo ao papel das ouvidorias na relação com os usuários de serviços públicos, atribuindo-lhes competências próprias, sem prejuízo de outras fixadas em regulamento próprio (artigos 13 ao 17).

Como pontua Adílson Moreira de Medeiros, as ouvidorias ...

> [...] não mais podem ser concebidas como meros receptáculos de queixas e sugestões dos interessados, com atuação amplamente deficitária em termos de resolutividade, como sói acontecer na atual quadra.
>
> Em linha diametralmente oposta, a nova lei encarrega tais órgãos de atribuições voltadas diretamente à obtenção de resultados concretos, cumprindo-lhes, dentre outros misteres,

---

39 O Decreto nº 9.492/2018 vai além e, no artigo 3º define. "Art. 3º Para fins do disposto neste Decreto, considera-se: I - reclamação - demonstração de insatisfação relativa à prestação de serviço público e à conduta de agentes públicos na prestação e na fiscalização desse serviço; II - denúncia - ato que indica a prática de irregularidade ou de ilícito cuja solução dependa da atuação dos órgãos apuratórios competentes; III - elogio - demonstração de reconhecimento ou de satisfação sobre o serviço público oferecido ou o atendimento recebido; IV - sugestão - apresentação de ideia ou formulação de proposta de aprimoramento de serviços públicos prestados por órgãos e entidades da administração pública federal; V - solicitação de providências - pedido para adoção de providências por parte dos órgãos e das entidades administração pública federal; VI - certificação de identidade - procedimento de conferência de identidade do manifestante por meio de documento de identificação válido ou, na hipótese de manifestação por meio eletrônico, por meio de assentamento constante de cadastro público federal, respeitado o disposto na legislação sobre sigilo e proteção de dados e informações pessoais; VII - decisão administrativa final - ato administrativo por meio do qual o órgão ou a entidade da administração pública federal se posiciona sobre a manifestação, com apresentação de solução ou comunicação quanto à sua impossibilidade; e VIII - pseudonimização - tratamento por meio do qual um dado perde a possibilidade de associação, direta ou indireta, a um indivíduo, senão pelo uso de informação adicional mantida separadamente pelo controlador em ambiente controlado e seguro."

> previstos no rol do art. 13, garantir a efetividade e buscar o aperfeiçoamento dos serviços públicos, auxiliar na prevenção e correção de atos e procedimentos incompatíveis com os princípios estabelecidos na lei, além das funções de mediação e conciliação de interesses das partes.[40]

Vale apontar que a atuação das ouvidorias, por força do art. 12 da lei, percorre a análise das demandas apresentadas e a obtenção das informações necessárias, só restando cumprida a missão depois de obtida uma "decisão administrativa final" a ser comunicada ao interessado. Nos termos desse dispositivo, os procedimentos concernentes à análise das manifestações deverão ser eficientes e céleres, visando a sua efetiva resolução.

A lei fixou o prazo de trinta dias, prorrogável justificadamente, por única vez e igual período, para encaminhamento da decisão administrativa ao usuário (art. 16).

De igual modo, consignou o prazo de vinte dias, prorrogável nas mesmas condições antes mencionadas, para que os agentes públicos vinculados prestem as informações às respectivas ouvidorias (art. 16, parágrafo único).

Foi aventada, ainda, a instituição de conselho de usuários previsto nos arts. 18 a 22, órgãos consultivos com atribuições de acompanhamento, avaliação e proposição de melhorias dos serviços e contribuição na definição de diretrizes para o adequado atendimento ao usuário, bem como de acompanhamento e avaliação do ouvidor (art. 18, parágrafo único, I a V), podendo ser consultado quanto à indicação daquele (art. 20).

Sua composição será efetuada segundo critérios de representatividade e pluralidade dos interessados, com vistas ao equilíbrio em sua representação", sendo que a "escolha dos representantes será feita em processo aberto ao público e diferenciado por tipo de usuário a ser representado" (art. 19, *caput* e parágrafo único).

Também foi contemplada a exigência formal de avaliação continuada dos serviços quanto aos aspectos da satisfação dos usuários (no mínimo , a cada um ano, ou por qualquer outro meio que garanta significância estatística aos resultados), da qualidade do atendimento e

---

40 MEDEIROS, Adilson Moreira de. A Lei 13.460/2017 como instrumento do controle de qualidade e eficiência dos serviços públicos e de efetividade do direito fundamental à boa administração. Disponível em: http://www.cnpgc.org/?p=1835. Acesso em: 27 nov. 2018.

do atingimento dos objetivos predeterminados, facilitando a adoção de medidas para melhoria e aperfeiçoamento dos serviços (art. 23). É ainda prevista uma classificação das entidades conforme a incidência de reclamações dos usuários.

3. Deveres dos usuários

Alguns serviços públicos são prestados aos utentes sem necessidade do cumprimento de obrigações por parte destes, não lhes acarretando, dessa forma, qualquer ônus. No entanto, outros há que, para serem fruídos, exigem a observância de certas obrigações por parte dos administrados. Conforme Diógenes Gasparini, essas obrigações, em número de três, "são de natureza administrativa, técnica e pecuniária. [..] As primeiras são as que iniciam o procedimento de fruição e se consubstanciam no pedido. As segundas dizem respeito à própria prestação dos serviços solicitados [...]. As últimas relacionam-se com a remuneração do serviço".[41]

Resta claro, portanto, que aos usuários não correspondem apenas direitos, mas que, a par desses, lhes são exigidas obrigações para com a Administração Pública, contempladas no art. 8º da Lei nº 13.460/2017, quais sejam: :I- utilização adequada dos serviços, procedendo com urbanidade e boa-fé; II – prestação das informações pertinentes ao serviço prestado quando solicitadas III - colaboração para a adequada prestação do serviço; e IV – preservação das condições dos bens públicos necessários à prestação dos serviços

Nesse sentido, tendo em vista que os serviços públicos atendem a toda a coletividade, é de suma importância o usuário estar consciente da necessidade de preservação dos bens públicos, evitando qualquer tipo de depredação como forma de expressão de sua insatisfação com o serviço recebido, ou deixado de receber.[42]

De acordo com Marçal Justen Filho, o usuário pode ser considerado como parte interessada na prestação do serviço e elevado "à condição de titular de interesses na sua concepção e organização", passado da condição de mero beneficiário das benesses estatais a sujeito responsável pelo serviço, integrando "as relações jurídicas atinentes à organização do serviço e à própria delegação à iniciativa privada. Esse princípio significa o dever de o Estado e o prestador do serviço fornecerem ao usuário

41 GASPARINI, Diógenes. 17ª ed. *Direito Administrativo.* São Paulo: Saraiva, 2012. p. 363.

42 JUSTEN FILHO, Marçal. *Curso de direito administrativo.*13ª ed. rev., atual. e ampl. São Paulo: Thomson Reuters Revista dos Tribunais, 2018. P .221-222.

todos os esclarecimentos e admitirem a participação de representantes dos usuários na estrutura organizacional do serviço público."[43]

4. Observações finais

Os princípios dos serviços públicos constitucionais e infraconstitucionais, ao estabelecerem deveres à Administração Pública, delineiam os contornos dos direitos dos usuários dos serviços públicos.

A bem da verdade, o CDUSP avançou ao reconhecer o protagonismo do usuário e introduzir no ordenamento jurídico regras específicas no que diz respeito à participação, proteção e defesa dos seus direitos, e se constituir em mais um instrumento viabilizador do exercício da cidadania.

O Poder Público terá que observar uma série de critérios e vários mecanismos deverão ser implementados para garantir a prestação de um serviço de qualidade à sociedade. Para Marçal Justen Filho, a Lei n.13.460/2017 ...

> poderia ser qualificada como a Lei de Redenção da Cidadania. O diploma reconhece o protagonismo do cidadão como sujeito fundamental das relações de direito público. Torna ilícita a concepção herdada do autoritarismo de que o cidadão é um "administrado", um "subordinado", um "entrave" ao desenvolvimento das atividades estatais. Reconduz a administração pública ao conceito fundamental de "serviço público". Enfim, é um diploma que todos nós, cidadãos do Brasil, necessitamos conhecer e bem caberia que dele tivéssemos uma cópia no bolso permanentemente.[44]

É preciso tornar efetiva a ampla proteção contemplada no âmbito normativo para que o sistema de proteção dos usuários de serviços públicos não resulte em mais uma promessa não cumprida pelo Poder Público. Para tanto, é fundamental que os usuários estejam alertas e presentes no controle do desempenho dos serviços para exigir sua adequada prestação e denunciar irregularidades e abusos que ocorram.

---

43 JUSTEN FILHO, Marçal. *Curso de direito administrativo.*13ª ed. rev., atual. e ampl. São Paulo: Thomson Reuters Revista dos Tribunais, 2018. p. 648.

44 JUSTEN FILHO,Marçal. A lei da redenção da cidadania. *Migalhas.* 28 nov. 2018. Disponível em: <https://www.migalhas.com.br/dePeso/16,MI278830,-11049-A+Lei+da+Redencao+da+Cidadania> Acesso em: 28 nov. 2018.

Por fim, vale pontuar que a Lei n.13.460/2017 não estabelece as sanções aplicáveis em caso de violação de suas normas, distinguindo-se do Código de Defesa do Consumidor-CDC, que prevê as penalidades cabíveis.

Todavia, como acentua Maria Sylvia Zanella Di Pietro, pode-se sustentar que: 1) as sanções cabíveis são as estipuladas no regime estatutário do servidor público, se a violação for a ele atribuída, sem prejuízo de outras leis que definam infrações e sanções imputáveis a agentes públicos, como a lei de improbidade administrativa; 2). o mesmo ocorre com relação aos militares, sujeitos a legislação específica no que tange às infrações e penalidades cabíveis; 3) as sanções aos particulares são as fixadas na legislação em que se fundou a outorga ou a delegação do serviço público.[45]

Referências

ARAGÃO, Alexandre Santos. *Direito dos Serviços Públicos*. 4ª ed. Belo Horizonte: Fórum, 2017.

BANDEIRA DE MELLO, Celso Antônio. *Curso de Direito Administrativo*. 35ª ed. São Paulo: JusPodivm/Malheiros, 2021.

CÂMARA, Jacintho Arruda. As autorizações da Lei Geral de Telecomunicações e a teoria geral do direito administrativo. *Revista de Direito de Informática e Telecomunicações*, Belo Horizonte, v. 3, p. 55-68, jul./dez. 2007.

CAMPOS, Francisco. *Direito Constitucional*. Rio de Janeiro: Freitas Bastos, 1956 v. II.

CARVALHO FILHO, José dos Santos. *Manual de Direito Administrativo*. 36ª ed. rev. atual. e ampl. São Paulo: Atlas, 2022.

CELLI JUNIOR, Umberto; SANTANA, Cláudia Silva de. Telecomunicações no Brasil: balanço e perspectivas, *Revista de Direito Mercantil*, São Paulo, v. 43, nº 134, p. 175-186, abr./jun. 2004.

DI PIETRO, Maria Sylvia Zanella. *Direito administrativo*. 35 ed. rev., atual. e ampl. Rio de Janeiro: Forense, 2022.

DI PIETRO, Maria Sylvia Zanella. Os direitos dos usuários de serviço público no direito brasileiro. *In*: HIGA, Alberto Shinji; SOUZA JÚNIOR, Arthur Bezerra de (org.). *Temas atuais de Direito Público*: estudos em homenagem ao Professor Toshio Mukai. Londrina: Thoth, 2019. p.729-746.

45 DI PIETRO, Maria Sylvia Zanella.Os direitos dos usuários de serviço público no direito brasileiro.*In:*Temas atuais de Direito Público:estudos em homenagem ao Professor Toshio Mukai. Organizadores I Alberto Shinji Higa; IIArthur Bezerra DE Souza Júnior (Org.).Londrina:Thoth,2019,p.746.

FIGUEIREDO, Lúcia Valle. *Curso de Direito Administrativo*. 9. ed. São Paulo: Malheiros, 2008.

GABARDO, Emerson O Novo Código de Defesa do Usuário do Serviço Público: Lei 13.460/17. **Revista Colunistas de Direito do Estado**, ano 2017, nº 367, jun. 2017. Disponível em: <direitodoestado.com.br/colunistas/emerson-gabardo/o-novo-codigo-de-defesa-do-usuario-do-servico-publico-Lei-13-460-17>. Acesso em: 21 nov. 2019.

GASPARINI, Diógenes. *Direito Administrativo*. 17ª ed. São Paulo: Saraiva, 2012.

GORDILLO, Agustín. *Tratado de derecho administrativo*. 9ª ed. Buenos Aires: Fundación de Derecho Administrativo, 2009. v.2.

GUGLIELMI, Gilles J. *Introduction au droit des services publics*. Paris: L.G.D.J., 1994.

JUSTEN FILHO, Marçal. *Curso de direito administrativo*. 13ª ed. rev., atual. e ampl. São Paulo: Thomson Reuters, Revista dos Tribunais, 2018.

JUSTEN FILHO, Marçal. A lei da redenção da cidadania. *Migalhas*. 28 nov. 2018. Disponível em: https://www.migalhas.com.br/dePeso/16,MI278830,11049-A+Lei+de+Redencao+da+Cidadania Acesso em: 28 nov. 2018.

JUSTEN, Mônica Spezia. *A noção de serviço público no direito europeu*. São Paulo: Dialética, 2003.

LIMA, Letícia Duarte Falcão. *O serviço público como dever do Estado e direito do usuário*. Disponível em: https://conteudojuridico.com.br/consulta/artigos/56193/o-servio-pblico-como-dever-do-estado-e-direito-do-usurio. Acesso em: 31 mar. 2022

LIMA, Alex Rodrigues de; VASCONCELOS, Waleska Bezerra de Carvalho. *Direitos dos usuários dos serviços públicos à luz da Lei nº 13.460/2017*. Disponível em: https://bdtcc.unipe.edu.br/wp-content/uploads/2019/09/TCC-EM-PDF.pdf. Acesso em: 31 mar.2022.

MAIA, Luiz Guilherme Arruda. *Garantias jurídicas aos usuários do serviço público*. Disponível em: https://jus.com.br/artigos/85444/garantias-juridicas-aos-usuarios-do-servico-publico. Acesso em: 31 mar. 2022.

MARQUES NETO, Floriano de Azevedo. Direito das telecomunicações e ANATEL. In: SUNDFELD, Carlos Ari (coord.). Direito administrativo econômico. São Paulo: Malheiros, 2000. p.300-316.

MARRARA, Thiago. O Código de Defesa do Usuário de Serviços Públicos (Lei nº 13.460/2017): seis parâmetros de aplicabilidade. *Revista Direito do Estado*, nº 383. Disponível em: http://www.direitodoestado.com.br/colunistas/thiago-marrara/o-codigo-de-defesa-do-usuario-de-servicos-publicos-lei-n-13460-2017-seis-parâmetros-de-aplicabilidade. Acesso em: 26 nov. 2018.

MEDAUAR, Odete. *Direito administrativo moderno.* 21 ed. Belo Horizonte: Fórum: Revista dos Tribunais, 2018.

MEDAUAR, Odete. Usuário, cliente ou consumidor. *In:* SALETTI, Achile. (org.). *Estudos em Homenagem à Professora Ada Pellegrini Grinover*. São Paulo: DPJ, 2005.

MEDEIROS, Adilson Moreira de. A Lei 13.460/2017 como instrumento do con trole de qualidade e eficiência dos serviços públicos e de efetividade do direito fundamental à boa administração. Disponível em: <http://www.cnpgc.org/?p=1835. Acesso em: 27 nov. 2018.

MEIRELLES, Hely Lopes. *Direito Administrativo Brasileiro.* 14. ed. São Paulo: Revista dos Trivunais, 1989.

MONTEIRO, Vera. *Concessão.* São Paulo: Malheiros, 2010.

MOREIRA NETO, Diogo de Figueiredo. *Apontamentos sobre a reforma administrativa:* Emenda Constitucional nº 19 de 4 de junho de 1998. Rio de Janeiro: Renovar, 1999.

MORAND-DEVILLER, Jacqueline. *Droit administrative.* 13ª ed. Paris: LGDJ, 2013.

MORENILLA, José María Souvirón. *La actividad de la administración y el servicio público.* Granada: Comares, 1998.

OLIVEIRA, José Roberto Pimenta. *Os princípios da razoabilidade e da proporcionalidade no Direito Administrativo Brasileiro.* São Paulo: Malheiros, 2006.

OLIVEIRA, Rafael Carvalho Rezende. A Lei de Defesa do Usuário do Serviço Público: promessa ou realidade? *Revista Direito do Estado*, nº 404, 2018. Disponível em: http://www.direitodoestado.com.br/colunistas/rafael-carvalho-rezende-oliveira/a-lei-de-defesa-do-usuario-do-servico-publico-promessa-ou-realidade. Acesso em 31 mar. 2022

OLIVEIRA, Rafael Carvalho Rezende. *Curso de Direito Administrativo.* 10ª ed. rev. atual. e reform. Rio de Janeiro: Método, 2022.

PEREIRA, Márcio Vinícius Costa. A diferenciação entre o usuário de serviço público e consumidor. Migalhas. Disponível em: https://www.migalhas.com.br/depeso/361858/a-diferenciacao-entre-o-usuario-de-servico-publico-e-consumidor. Acesso em: 31 mar. 2022.

ROLLAND, Louis. *Droit administratif,* curso copiado de D.E.S., Les cours de droit, 1934 apud VALETTE, Jean-Paul. *Le service public à la française.* Paris: Ellipses, 2000.

SCHIER , Adriana Ricardo da Costa; BERTOTT , Bárbara Mendonça . OS direitos dos usuários de serviços públicos: uma análise da lei nº 13.460/17 e de seus preceitos. *Revista do Direito.* Disponível em: file:///C:/Users/cidin/Downloads/14468-Texto%20do%20Artigo-60703-1-10-20191205.pdf. Acesso em: 31 mar.2022

SUNDFELD, Carlos Ari. Serviços públicos e regulação estatal. Introdução às Agências Reguladoras. *In:* SUNDFELD, Carlos Ari (coord.). *Direito administrativo econômico*. São Paulo: Malheiros, 2000.

VALETTE, Jean-Paul. *Le service public à la française*. Paris: Ellipses, 2000.

EXERCÍCIO DE DIREITOS FUNDAMENTAIS: ABUSO DE DIREITO E PODER DE POLÍCIA

Fernando de Andréa[1]

Prefácio

Mostra-nos a reflexão filosófica sobre a linguagem que:

> *"Ao "aprendermos uma língua" não aprendemos apenas quais são os nomes das coisas; mas o que é um nome; não apenas a forma para expressar um desejo, mas o que é expressar um desejo;* ***não apenas qual é a palavra para "pai", mas o que é um pai****; não apenas a palavra para "amor", mas o que é amor. Ao aprendermos uma língua, não aprendemos somente a pronúncia dos sons ou sua ordem gramatical, mas as "formas de vida" que fazem desses sons as palavras que são, que fazem com que realizem os feitos que realizam"*[2].

Aprendi muito com nosso querido homenageado, Sergio de Andréa. Aprendi a ser filho em sua relação com o pai; a ser discípulo em sua relação com o mestre. E, acima de tudo, em nossa convivência diária, continuo aprendendo a viver.

Pai, como já disse certa feita o poeta Quintana: Você passarinho, outros passarão!

Obrigado meu Pai!

Introdução

1. No campo do direito público, o "***problema da colisão de direitos***", especialmente em sede de direitos fundamentais, vem encontrando diferentes soluções formuladas pelos teóricos.

Dada a sua relevância, interessa-me aqui a proposta de identificação, por parte da doutrina e da jurisprudência, dos ***direitos fundamen-***

---

1 Pos-doutoramento pela faculdade de direito da universidade de Coimbra. Doutorado pela Universidade de São Paulo – USP. Mestrado pela Universidade do Estado do Rio de Janeiro – UERJ. pos-graduação em psicologia pela PUC-RIO. licenciado em filosofia pela UERJ. professor de direito da PUC-RIO e da unisãojosé. membro do ministério público/RJ

2 CAVELL, S. *The Claim of Reason*. N. York: Oxford University Press, 1979

tais como ***direitos prima facie***, que será analisada a partir das noções de **exercício regular do direito** e de seus correlatos: **abuso de direito** e **poder de polícia**, entendidas como formas de seu controle e de sua disciplina.

Parto da constatação de que, em uma perspectiva histórica, verifica-se que a noção de ***ponderação*** ou de ***proporcionalidade***, núcleo central da **Teoria dos Princípios**, nos moldes propostos por Robert Alexy e acolhida em muitos julgados por nosso Supremo Tribunal Federal, tem sido utilizada, ao longo dos tempos, como espécie de critério capaz de permitir o controle do ***exercício regular de direitos*** ou ***poderes***, quer seja por parte do indivíduo, quer seja por parte do Estado, sendo, neste último caso, aplicada como correta medida para as limitações administrativas ou legislativas impostas ao exercício de direitos[3] , tanto em países como a Alemanha, quanto nos E.U.A., referindo-se aqui à questão do ***poder de polícia***, em seu sentido mais amplo[4].

Dentro deste contexto, procurarei demonstrar que a distinção adotada entre ***direitos prima facie*** e ***direitos definitivos*** padece de sério defeito, vez que está baseada na falsa concepção de que o problema "colisão" se refere à natureza ou estrutura da norma, que não definiria com exatidão os limites ou o conteúdo dos direitos, por elas estabelecidos, deixando, desse modo, intocável a questão central referente ao suposto caráter absoluto de alguns direitos, bem como a forma de seu exercício.

Análise histórica: algumas reflexões

1. Tratando do assunto, como sinalizei, em uma perspectiva histórica, podemos constatar, já no Direito Romano, o surgimento de algumas exceções à absolutização dos direitos, como, por exemplo, na vedação ao exercício que objetivasse, exclusivamente, prejudicar terceiro.[5] Neste sentido, Gaio, citado por Pontes de Miranda, proclamava: *"Male enim nostro iure uti non debemus"*[6].

3 Cf. CANOTILHO, J.J. Gomes. *Direito Constitucional*. Lisboa: Almedina, 1997, 386p.

4 O sentido aqui utilizado para a expressão **poder de polícia** é mais abrangente do que o do art. 78 do Código Tributário Nacional, apesar do amplo espectro deste último

5 PONTES DE MIRANDA, F. *Tratado de Direito Privado*. Rio de Janeiro: Revista dos Tribunais, 1984, tomo LIII, p. 66

6 "Não devemos exercer nosso direito para causar mal a outrem". Cf. PONTES DE MIRANDA, F. *Tratado de Direito Privado*. Rio de Janeiro: Revista dos Tribunais, 1984, tomo LIII, 69p.

Quem, contudo, acirrou o problema dos *direitos subjetivos absolutos*, como anota N.M.Korkounov, foram as teorias individualistas extremas, propostas nos séculos XVII e XVIII, que, ao negar qualquer ligação entre Direito e Moral, (*leitmotiv* dos movimentos revolucionários da época de luta pela liberdade de consciência e pela liberdade individual) procuravam, em verdade, impedir os abusos cometidos pelo Estado absolutista (*v.g. perseguições religiosas e intervenções do poder em manifestações mais íntimas*). Defendia-se a neutralidade e indiferença do Direito em relação às questões morais, cabendo a ele somente a delimitação da liberdade externa, sem se preocupar com o modo como seria a mesma utilizada, isto é, se este uso seria ou não conforme a Moral.

Ocorre que, como observa Pontes de Miranda[7], o problema da absolutização dos direitos se aguçou, no século XIX, com o fenômeno da codificação, fruto do período de renovação jurídica revolucionária, no qual a noção absolutista dos direitos subjetivos era fundamental para se opor ao Absolutismo, característico do Antigo Regime.

Ora, a Revolução Francesa, que assinalou a implantação do liberalismo, baseado no individualismo e na livre iniciativa econômica[8], vai impor, ao mundo, um modelo de sociedade, fundado no respeito aos direitos humanos e ao princípio da legalidade (*entendido como respeito à lei*[9] *aprovada pelo povo, no exercício da soberania*), como garantia da liberdade[10], de modo a proteger o indivíduo contra o absolutismo dos atos de Governo[11]-[12].

---

7 PONTES DE MIRANDA, F. *Tratado de Direito Privado*. Rio de Janeiro: Revista dos Tribunais, 1984, tomo LIII, p.70

8 TÁCITO, Caio. "O abuso do Poder Administrativo no Brasil": *In Temas de Direito Público*. Rio de Janeiro: Renovar, 1997, p. 40

9 A idéia de lei, como regra geral de conduta, tem raízes na ordem jurídica romana, porém seu conteúdo era determinado pela vontade absoluta do rei. "*Quod principi placuit legis vigorem habet*". Cf. TÁCITO, Caio. "O Princípio da Legalidade: Ponto e Contraponto" *In Temas de Direito Público*. Rio de Janeiro: Renovar, 1997, pp. 337 et seq.

10 A definição de liberdade se encontrava no art. 4º da Declaração de 1789, consistindo em poder fazer tudo que não prejudique o próximo"

11 Conforme assinala Zanobini, citado por Caio Tácito, o ato de nascimento do Direito Administrativo remonta a uma lei de 1800, TÁCITO, Caio. "O Desvio de Poder em matéria Administrativa": *in Temas de Direito Público*. Rio de Janeiro: Renovar, 1997, p. 71

12 Observe-se o exemplo sintético da Constituição norte-americana de 1787, a declaração solene do art. 16 da Declaração dos Direitos do Homem e do Cidadão de 1789 e as primeiras Cartas européias do século XIX consagraram um modelo de Constituição que girava em torno de dois conteúdos básicos: a separação e orga-

Acontece que, como já mencionado, logo se evidenciou o perigo iminente do surgimento de um novo modelo de absolutismo: o do ***irrestrito exercício dos direitos e liberdades individuais***[13].

Daí terem se desenvolvido, como forma de coibir os excessos do individualismo, duas pautas que procuravam, na busca pelo equilíbrio da ordem coletiva, traçar os contornos do exercício regular dos direitos, que são: de um lado a ***teoria do abuso do direito***, e de outro a doutrina do ***poder de polícia***, que, em sua origem clássica, exprime o dever geral de não perturbar (*caráter negativo*), atuando como limite ao exercício da liberdade individual[14], em benefício do interesse público, na busca pela manutenção da segurança, tranqüilidade e salubridade públicas.

Neste sentido, a lição de Themístocles Brandão Cavalcanti[15], segundo a qual, a ***teoria do poder de polícia*** se define como a disciplina do exercício dos direitos, necessária a limitação dos abusos.

Diante do risco de instituição de um novo absolutismo, agora por parte do Estado, no exercício daquele mister, e, como meio de conter possíveis excessos, pois, segundo a lição de Montesquieu, quem exerce o poder tende a dele abusar[16], mostrou-se necessário se opor ao *poder de polícia* a *polícia do poder*[17], por esta razão jurisprudência e doutrina terem aprimorado o controle da legalidade da atuação estatal[18], com a introdução, por exemplo, das noções de *finalidade* nos casos de ação

nização dos poderes e os direitos individuais da liberdade, limites á atuação do Poder Público.

13 TÁCITO, Caio. "O Princípio da Legalidade: Ponto e Contraponto" *In Temas de Direito Público*. Rio de Janeiro: Renovar, 1997, p. 340

14 MAYER, Otto. *Derecho Administrativo Alemán*. Buenos Aires: [s.e.], [s.d.], v. II. p. 35

15 CAVALCANTI, Themístocles Brandão. *Tratado de Direito Administrativo*. Rio de Janeiro: Fretias Bastos, 1956, v III, p.6 et seq.

16 MONTESQUIEU, Charles de Secondat, Baron de. *O Espírito das Leis*. São Paulo: Martins Fontes, 1993, cap 6º, Livro XI "Da Constituição da Inglaterra" – onde o autor defende a necessidade da tripartição dos poderes, como forma de limitação do poder.

17 TÁCITO, Caio. "O Princípio da Legalidade: Ponto e Contraponto" *In Temas de Direito Público*. Rio de Janeiro: Renovar, 1997, 339p.

18 Sobre o controle da Administração Pública. Cf. MEDAUAR, Odete. *Controle da Administração Pública*, São Paulo: RT, 1993

administrativa discricionária[19] [20] (*desvio de finalidade ou de poder*[21]), como condicionante da competência[22], e de *motivo* da referida ação, que deve ser ***razoável***[23], e cujo objeto deve ser ***proporcional*** à finalidade legal. Criava-se, então, a ***teoria do desvio de poder***, que, restrita no começo, ao controle dos atos administrativos foi aos poucos estendida aos atos legislativos e judiciais.

Observe-se que esta idéia, de controle dos atos do Poder Legislativo, deita suas raízes, na jurisprudência norte-americana, exatamente sobre o controle do *police power*, relacionado às limitações impostas pelos atos legislativos ao exercício de direitos individuais.

---

19 Se, por um lado, não há, conforme entendimento pacífico, rigorosamente nenhum ato totalmente vinculado, havendo sempre alguns aspectos do ato administrativo, como mostra Maurice Hauriou, citado por Caio Tácito, que serão discricionários. Há, por outro lado, elementos que são sempre vinculados, como por exemplo, a finalidade. Cf. TÁCITO, Caio. "O Desvio de Poder em Matéria Administrativa": *in Temas de Direito Público*. Rio de Janeiro: Renovar, 1997, 95p.

20 A atividade administrativa, mesmo quando dotada de certa margem de discricionariedade, deve ser realizada em benefício do interesse geral, encontrando seus limites na lei, pois, no dizer de Caio Tácito: "*Ao contrário das pessoas que, como regra, têm a liberdade de fazer aquilo que a lei não proíbe, o administrador público somente pode fazer aquilo que a lei autoriza, expressa ou implicitamente*". Cf. TÁCITO, Caio. "O Princípio da Legalidade: Ponto e Contraponto" *In Temas de Direito Público*. Rio de Janeiro: Renovar, 1997, 339p.

21 A noção de desvio de poder (*détournement de pouvoir*) é de criação do Conselho de Estado Francês, tendo sido adotada, pioneiramente, na solução do caso Lesbats, de 1864. Nos EUA, o primeiro caso, conforme anota Caio Tácito, data de 1868 (*Yick Wo v. Hopkins 118, U.S. 356*) e no Brasil, a decisão mais conhecida é de 1948, da lavra de Seabra Fagundes, que, à época, era Desembargador do Tribunal de Justiça do Rio Grande do Norte.

22 Como observa Caio Tácito "*a noção de legalidade abrange, primeiramente, a regra de competência, que atribui à autoridade um determinado poder ou capacidade de agir, em nome do Estado..."não é competente quem quer, mas quem pode, segundo a norma de direito. A competência é sempre um elemento vinculado, objetivamente fixado pelo legislador*". Cf. TÁCITO, Caio. "Teoria e Prática do Desvio de Poder": *In Temas de Direito Público*. Rio de Janeiro: Renovar, 1997, 161p. e seguintes

23 Segundo Humberto Ávila, a razoabilidade é um postulado normativo aplicativo, que, diferenciando-se da proporcionalidade, se traduz em exame concreto-individual dos bens jurídicos envolvidos, não em função de um fim, mas da particularidade do caso individual, considerando as condições pessoais dos envolvidos. Cf. ÁVILA, Humberto. Op. cit..p.173-174. No mesmo sentido, GRAU, Eros. *Ensaio e Discurso sobre a Interpretação/Aplicação do Direito*. São Paulo: Malheiros, 2003, p. 178-179. Já para Lúcia Figueiredo, a razoabilidade se traduz na relação de congruência lógica entre a situação posta (motivo) e a decisão concreta da Administração. Cf. FIGUEIREDO, Lúcia Valle. *Curso de Direito Administrativo*. São Paulo: Malheiros,1995, 46p.

Segundo Themístocles Cavalcanti[24], seguido por Caio Tácito[25], a expressão *police power*[26], que surgiu, pela primeira vez, em 1827, cunhada por Marshall, no caso *Brown v. Maryland*[27], passou a corresponder, no sentido mais amplo, à competência legislativa, por parte dos estados membros, para regular interesses privados em benefício dos interesses coletivos(*v.g. segurança, moralidade, salubridade, conveniência pública*).

A limitação de liberdades individuais, estabelecidas pelo legislador estadual, no exercício do poder de polícia, em benefício da coletividade, passou a ser balizada pelo *due process of law*, submetendo-se aos padrões de razoabilidade (*reasonableness standard*), que são critérios de aferição da legalidade contra restrições indevidas ao exercício de direitos e liberdades, aplicados, a princípio, na via legislativa e depois estendidos à via administrativa.[28]

Por isso, afirma Caio Tácito, que *due proces of law*, em sua concepção substantiva, e *police power* tornaram-se expressões antinômicas, como símbolos da oposição entre iniciativa privada e interesse público[29].

Acontece que, em razão dos conflitos e problemas gerados como a excessiva concentração capitalista, a que o Estado não poderia permanecer indiferente, mostrou-se necessária a extensão da noção de *poder de polícia*, até então restrito à ordem pública (*v.g.* questões de segurança), para abranger as ordens econômica e social.

Ora, em face do fortalecimento de seus poderes, principalmente nos períodos de crise, a atuação do Estado, mesmo que fundamentada em razões de ordem pública, pode transbordar de seus limites, con-

---

24 CAVALCANTI, Themístocles Brandão. *Tratado de Direito Administrativo.* Rio de Janeiro: Fretias Bastos, 1956, v III, p. 8

25 TÁCITO, Caio. "O Poder de Polícia e seus limites": *In* Temas *de Direito Público.* Rio de Janeiro: Renovar, 1997, 526p.

26 Sobre a noção de *police power* cf. *Black's Law Dictionary*, St. Paul: West Group, 2001, p. 534

27 A expressão *police power* voltou a ser utilizada pela Suprema Corte, dez anos depois, no caso *Mayor of New York v. Miln.*

28 Cf. TÁCITO, Caio. "O Princípio da Legalidade: Ponto e Contraponto" *In Temas de Direito Público.* Rio de Janeiro: Renovar, 1997, 343 p., que menciona aqui os casos Wednesbury (1948), nos EUA, e o caso Ville Nouvelle Est(1971), na França

29 TÁCITO, Caio. "O Poder de Polícia e seus limites": *In* Temas *de Direito Público.* Rio de Janeiro: Renovar, 1997, p. 528

vertendo-se em lesão a direitos dos indivíduos [30] [31] . Daí a necessidade imperiosa de se controlar a aplicação da competência administrativa e legislativa, coibindo seu uso para fins estranhos àqueles a que se dirige à norma legal, isto é, combatendo o ***desvio de poder***, através do ***exame de proporcionalidade***, que, surge, assim, como forma de controle do abuso do poder de polícia, instituído, por sua vez, como meio de limitação ao absolutismo do exercício dos direitos e liberdades fundamentais[32].

Ao proteger a liberdade, o ***princípio da proporcionalidade*** se refere, principalmente, ao problema da limitação do poder legítimo, fornecendo o critério para seu regular exercício.

2. Neste ponto, faz-se necessário frisarmos, mais uma vez, a contemporaneidade entre o desenvolvimento da ***doutrina do poder de polícia*** e de seus correlatos, de uma banda, e, de outra, a irrupção da ***teoria do abuso do direito***, como formas de controle e de disciplina do exercício dos direitos, que, erigidos ao grau máximo, foram absolutizados, por teorias individualistas extremadas dos séculos XVII e XVIII.

Com o triunfo da Revolução Francesa, como observa Pedro Martins[33], invocando a lição de Charmont[34], esta situação se agravou, quando a *liberdade*, a *propriedade* e a *vida*, proclamadas ***direitos fundamentais do homem***, inalienáveis e imprescritíveis, tornam-se fonte

30 Neste contexto, em que a estabilidade social passa a depender da eficiência administrativa do Estado, assevera Caio Tácito que o abuso do poder administrativo pode se dar de três formas distintas: pela violação de direitos individuais (obrigações negativas); violação de direitos econômicos ou sociais (obrigações positivas), e violação aos fins de interesse público (moralidade administrativa e eficiência do serviço).Cf.TÁCITO, Caio. "O Desvio de Poder em Matéria Administrativa": *in Temas de Direito Público*. Rio de Janeiro: Renovar, 1997, p. 71

31 TÁCITO, Caio. "O Desvio de Poder em Matéria Administrativa": *in Temas de Direito Público*. Rio de Janeiro: Renovar, 1997, p. 74

32 Sua noção remonta ainda ao Direito Penal, onde aparece em duas fases: seja na da fixação da pena pelo juiz (proporcionalidade no ato judicial), seja na da identificação do ato realizado em estado de necessidade, que ao lado do exercício regular do direito, é causa de exclusão da contrariedade a direito. Assim, os atos praticados, tanto no exercício irregular de direito, quanto os para salvar direito, cujo sacrifício era, nas circunstâncias, razoável exigir-se (caráter desproporcional), configuram ato ilícito.Cf. BARROS, Suzana de Toledo. *O Princípio da Proporcionalidade e o Controle de Constitucionalidade das Leis Restritivas de Direitos Fundamentais.* Brasília: Brasília Jurídica, 1996, p. 37 et seq..

33 MARTINS, Pedro Baptista. *O Abuso do Direito e o Ato Ilícito*. Rio de Janeiro: Forense, 2002, p. 2

34 CHARMONT, J. *Le Droit et l' Esprit Démocratique*, p. 67

de permanentes restrições ao poder de organização do Estado, fazendo com que o arbítrio do indivíduo só encontrasse limites no arbítrio igual de outro, segundo a concepção kantiana da liberdade.

É exatamente neste contexto histórico-social do liberalismo capitalista, da segunda metade do século XIX, ressalta Cunha de Sá[35], que surge e se afirma, efetivamente, a ***teoria do abuso do direito***, como obra, de início, da jurisprudência francesa, que dela fez importantes aplicações.

São sempre invocadas pela doutrina as pioneiras sentenças dos Tribunais de Colmar (1855) e de Lyon (1856), que coibiram os abusos cometidos por proprietários no uso de seus imóveis. Nesta mesma linha, ainda, em trabalho específico sobre o instituto do ***abuso do direito***, Sotelo[36] cita o interessante caso sobre a liberdade de imprensa, em que foi proferida decisão do Tribunal de Lyon, no início do século passado, condenando um jornalista, que exortou o público a não comprar em um estabelecimento comercial por não cumprir o descanso dominical[37], apesar de o fato ser verdadeiro e não haver prática de "difamação"[38].[39]

---

35 SÁ, Fernando A.Cunha. *Abuso do Direito*.Coimbra: Almedina, 1997, pp. 49 et seq.

36 SOTELO, José Calvo. La doctrina del Abuso del Derecho como Limitación del derecho Subjetivo. Madri: Victorio Suarez, 1917, 194p.

37 Chama a atenção a semelhança entre este caso e o célebre caso Lüth, julgado pelo Tribunal Constitucional Federal Alemão (BVerfGE 7, 198), mencionado por Alexy.

38 São ainda citados pela doutrina, como paradigmáticos, um julgamento importante, datado de 1913, de Compaña, no qual o proprietário rural, vizinho de um hangar, onde eram guardados dirigíveis, construiu imensas armaduras de madeira, altas como casas, e com hastes de ferro, para criar dificuldades para os dirigíveis. Tendo sido um dos aparelhos vitimados pelas hastes de ferro, o construtor pediu perdas e danos e a demolição de tais construções. O Tribunal, embora reconhecendo que a construção correspondia ao exercício do direito de propriedade sobre o imóvel, deu ganho de causa ao dono do dirigível.
Outra sentença, de 1912, que se tornou célebre como marco evolutivo da teoria do abuso do direito, foi a proferida, no famoso "Caso CLEMENT-BAYARD". Nessa decisão, o Poder Judiciário condenou o proprietário do imóvel vizinho ao hangar de dirigíveis de CLEMENT-BAYARD que levantou duas enormes construções de madeira, datadas, em seu tempo, de lanças de ferro. Essas edificações tinham por fim dificultar a manobra dos balões, compelindo o proprietário do hangar a adquirir o terreno do vizinho, por um preço superior ao real. Cf. BATISTA, Pedro. Op.cit., p. 36.

39 Paulo Nader, em sua obra de Introdução ao Direito, se refere ainda a um caso, ocorrido no início do século passado, na Alemanha, que bem caracteriza a figura do abuso do direito: "*O proprietário de uma fazenda, sob a alegação de que sempre que se encontrava com seu filho ocorria altercação, impediu-lhe que penetrasse em suas terras, a fim de visitar o túmulo de sua mãe, que lá se achava enterrada. Apesar de não encontrar amparo na legislação, o filho recorreu à Justiça e obteve ganho de*

O importante é que, a partir do século XIX, se deu o reconhecimento da noção de ***abuso de direito***, como forma de controle do exercício de direitos, que pode ser expressada, por exemplo, com fulcro na lição de Porcherot, citado por José de Abreu[40], da seguinte forma: "abusa-se do seu direito quando, permanecendo nos seus limites, se visa um fim diferente daquele que para ele teve em mente o legislador". Ou, como prefere Fernando Cunha de Sá, em obra dedicada ao assunto[41], onde afirma haver abuso do direito, "quando o comportamento preenche na sua materialidade, *in actu*, a forma do direito subjetivo, que se pretende exercer, mas, no mesmo passo, rebela-se contra o valor que lhe serve de fundamento jurídico".

Neste sentido, não se deve confundir o ***abuso*** com hipóteses, em que o agente atua sem direito, entendendo, como Cornil, citado por Cunha de Sá[42], que o problema do ***abuso*** surgiria, exatamente, quando o direito é imperfeitamente definido, razão pela qual seria possível se fazer deste direito, mal definido, um uso abusivo. Acreditava-se, desse modo, que o problema se resume na descoberta dos ***limites do conteúdo*** do direito, fixados pela lei positiva e não na ***limitação de seu exercício***. Subjacente a esta teoria está o pensamento de que a tutela concedida ao sujeito vai até onde for o direito subjetivo, ou seja, de que onde termina a extensão deste direito é que termina precisamente aquela tutela, sendo sempre lícita toda atuação que se dê, dentro daquela extensão.

Em suma, temos que a propósito do exercício dos direitos, houve, em um primeiro momento, o princípio-tese, no dizer de Pontes de Miranda[43], da absolutidade do exercício dos direitos, cristalizado no aforismo romano "*Nemo iniuria facit qui iure sua utitur*". Já o princípio-antítese foi o do ***summum ius summa iniuria***. E a síntese se deu com a introdução da categoria do abuso do direito na classe dos atos ilícitos, bem como com o desenvolvimento da doutrina do poder de polícia, conforme já salientado.

---

causa, sendo-lhe garantido o direito de visitar as terras nos dias de festa. Tal decisão, proferida em 1909, foi o grande marco para a plena caracterização do abuso do direito, no ordenamento jurídico alemão".Cf. NADER, Paulo. *Introdução ao Estudo do Direito*. Rio de Janeiro: Forense, 2001 – p. 337,

---

40 ABREU, José M.C. *Do Abuso do Direito*, Coimbra: Almedina, 1983, p. 17

41 SÁ, Fernando A. Cunha. *Abuso do Direito*. Coimbra: Almedina, 1997. p. 466

42 SÁ, Fernando A. Cunha de. *ABUSO DO DIREITO*. Coimbra: Almedina, 1997, p. 326

43 PONTES DE MIRANDA, F. *Tratado de Direito Privado*. Rio de Janeiro: Bookseller, 2001, tomo II, p.336

O exercício do direito, que é a efetiva realização, inclusive fática, de seu conteúdo[44], será irregular, quando ofender interesses (*materiais ou imateriais*). Ora, o *direito não cessa onde o abuso começa: o que dá ensejo à reparação é a existência do dano*[45]. Daí a rejeição, em nosso ordenamento jurídico, ao ***qui iure utitur neminem laedit***, eis que o exercício que lesa, só não será ilícito, se for regular, pois, se de um lado, não se pode permitir o ***abuso de direito***, de outro, não se poderia tirar do direito a possibilidade de ser exercido, simplesmente porque lesaria outro: seria preferir um direito a outro[46].

Por outro lado, é interessante observar que andou bem a melhor doutrina ao rejeitar, como mostra Cunha de Sá[47], teorias que procuraram reduzir a noção de ***abuso de direito*** a mero problema de interpretação da norma jurídica, na tentativa de tornar possível a adaptação do direito positivo à realidade social, sanando as iniqüidades, que a aplicação estrita das normas vigentes, de caráter geral e abstrato, produziria, em um certo número de hipóteses (*eqüidade*). Neste caso, a ***teoria do abuso do direito*** não faria mais do que significar que as normas, que prevêem direitos e definem seus conteúdos, devem se interpretadas, para a determinação de seu verdadeiro sentido, de acordo com a letra, que mata, e do espírito, que vivifica, estando o antídoto para o ***abuso do direito*** na correta interpretação da lei.

Esta aproximação entre ***teoria do abuso do direito*** e interpretação jurídica conduziria a que o problema, em última análise, fosse o da fixação do conteúdo e dos limites de cada direito positivamente estabelecido.

Ocorre que o problema do ***abuso do direito*** é um problema, no dizer de Castanheira Neves[48], metodológico-normativo de realização concreta do direito, e não problema dogmático de determinação do conteúdo jurídico *positum*, pois a qualificação de um ato como ilícito ou abusivo pressupõe um juízo de normatividade sobre o mesmo.

---

44 PONTES DE MIRANDA, F. *Tratado de Direito Privado*. Rio de Janeiro: Revista dos Tribunais, 1984, tomo LIII, p.74 "*tatsächliche Verwirklichung des Rechtsinhalts*". Cf. tomo II, p. 338

45 PONTES DE MIRANDA, F. *Tratado de Direito Privado*. Rio de Janeiro: Revista dos Tribunais, 1984, tomo LIII, p. 75

46 PONTES DE MIRANDA, F. *Tratado de Direito Privado*. Rio de Janeiro: Bookseller, 2001, tomo II, p. 339

47 SÁ, Fernando A. Cunha de. *ABUSO DO DIREITO*. Coimbra: Almedina, 1997, p. 338

48 Id., Ibidem, p. 343

Confrontando as diversas teorias formuladas em torno da noção do ***abuso do direito***, destaca ainda Pedro Martins[49], que Maurice Hauriou, depois de ligar as suas origens à teoria correlativa do desvio do poder, reitera a diferença entre o ato abusivo e o ato realizado sem direito, ao afirma que entre eles reina a mesma diferença que há, em direito administrativo, entre o desvio e o excesso de poder. Se esse último se caracteriza por prescrições ilegais, aquele pelo desvirtuamento do fim visado pelo agente[50].

Na mesma linha de Hauriou, conclui Orlando Gomes[51] que, sendo ínsito à noção de ***abuso de direito*** a idéia de desvio, tem ela na noção de desvio de poder do direito público um desdobramento seu. Desse modo, reconhece ele estar o exercício do direito sujeito ao princípio da normalidade, quem usa de seu direito de modo anormal comete abuso de direito, cuja teoria resulta da concepção relativista dos direitos, que não podem ser exercidos como aprouvesse ao seu titular.

Apesar deste acolhimento, quase uníssono, da ***teoria do abuso do direito***, adverte Pontes de Miranda que, no começo do século XX, era ainda possível se sentir a influência direta da mentalidade, que presidiu à feitura do Code Napoleón, no pensamento de juristas, contrários àquela[52], como, por exemplo, no de Marcel Planiol[53], cujo magistério é citado por Ripert:

> *"Esta nova doutrina assenta inteiramente, diz ele, numa linguagem insuficientemente estudada; a sua fórmula, uso abusivo dos direitos, é uma logomaquia, porque, se eu exerço o próprio direito, o meu ato é lícito, e quando é ilícito é porque excedo o meu direito e atuo sem direito. É preciso não nos deixarmos enganar pelas palavras; o direito cessa onde o abuso começa e não pode haver uso abusivo dum direito, pela razão irrefutável*

---

49 Id., Ibidem, p. 146

50 Esta identificação do desvio do poder com o abuso do direto, segundo Pedro Martins, é repelida, entre outros, por Demogue, uma vez que, se eles tendem a assimilar-se por um mesmo critério teleológico, diferem profundamente na execução. MARTINS, Pedro Baptista. *O Abuso do Direito e o Ato Ilícito*. Rio de Janeiro: Forense, 2002,. p. 147

51 GOMES, Orlando. *Introdução Direito Civil*: Rio de Janeiro: Forense, 1958, 124p.

52 Pedro Martins menciona ainda, como digna de nota, a objeção formulada por A. Esmein. Cf. Op. cit. 125 et seq.

53 PONTES DE MIRANDA, F. *Tratado de Direito Privado*. Rio de Janeiro: Revista dos Tribunais, 1984, tomo LIII, 70p.

> *que um só e mesmo ato não pode ser, ao mesmo tempo, conforme ao direito e contrário ao direito"*[54]

Esta objeção de Planiol, segundo Pedro Martins[55], foi primeiramente refutada por Josserand, que demonstrou, *ex professo*, resultar o argumento de Planiol de uma confusão entre as duas noções, bem conhecidas, da palavra direito(conjunto das regras sociais e uma prerrogativa determinada), que se desfaz quando essa dupla acepção se apresente ao espírito, reabilitando-se, assim, a ***teoria do abuso do direito***, uma vez que não há contradição em que um ato seja a um tempo conforme a tal direito determinado, e, entretanto, contrário ao Direito considerado em sua generalidade e em sua objetividade.

Refutando a teoria da *logomaquia* de Planiol, José de Abreu, citando Castanheira Neves, mostra que a fórmula aparentemente contraditória '*abuso do direito*' é exata expressão do fenômeno, que, justamente traduz a contradição entre o cumprimento da estrutura formalmente definidora de um direito e a violação concreta do fundamento que, material-axiologicamente, constitui esse mesmo direito.

Neste mesmo sentido, assevera Fernando Cunha de Sá, de forma lapidar:

> *"A contrariedade, apontada por Planiol, ao facto de o mesmo acto ser simultaneamente conforme ao direito e contrário ao direito, isto é, proibido e permitido, desfaz-se, pois quando se afaste previamente o dogma de que entre o 'permitido', como sinônimo de lícito, e o 'proibido', com sinônimo de ilícito, não pode haver juridicamente um terceiro termo. Só há contraditoriedade lógica numa asserção, quando se afirma e se nega, simultaneamente, a mesma coisa sob o mesmo aspecto (esse et non esse simul et eodem respectu, non postest esse). Ora a figura do* ***abuso do direito*** *apareceu, exactamente, como a noção reveladora da imperfeição da lógica tradicional, que não vê outra alternativa entre as categorias da licitude e da ilicitude, afirmando precisamente, a existência do acto abusivo entre os actos proibidos, no sentido técnico de actos lícitos, e os actos permitidos, no sentido técnico de actos lícitos, isto é, como um acto juridicamente proibido ao lado do acto ilícito"*[56]

---

54 RIPERT, Georges. Op. cit., p. 170

55 Op. cit., pp. 26 et seq.

56 CUNHA DE SÁ, Fernando A., op. cit., p. 332.

Ainda sobre o tema, observa Pedro Martins[57], que:

> *"quando Planiol se refere ao direito de prejudicar que se atribui aos indivíduos na concorrência social ou econômica, ele manifesta a concepção liberal que forma da concorrência. Para extrair a sua conclusão, toma aprioristicamente, como dado, o argumento de que a concorrência, a* ***competition*** *dos ingleses, é livre. Esqueceu-se, dessarte, de que a função do direito consiste precisamente em disciplinar essa concorrência, em reprimir--lhe os abusos e excessos, subordinando-a a certas condições de ordem econômica e social".*

Por outro lado, assevera ainda o mencionado autor[58] que, a despeito de sua aberta improcedência, conforme já assinalado, a crítica de Planiol exerceu larga influência, notadamente sobre a doutrina francesa. Desserteaux, por exemplo, ao acolhê-la, chegou a propor a substituição da expressão *abuso de direito* por *conflito de direitos*, que, por sua vez, como advertia Demogue, *"não fugiria também à reprovação de contraditória, porque a lei não pode admitir dois direitos inconciliáveis. Ela pode somente proteger interesses que, num momento dado, não podem coexistir, de modo que o sacrifício de um deles se torna necessário. Mas, por hipótese, ela não pode gerar um direito em oposição a outro direito".*

Dessertaux[59] constrói sua tese, diante da evidência de que os direitos se chocam, dominada pela preocupação de ressalvar o ***caráter absoluto dos direitos subjetivos***, nos termos de Planiol, conciliando-o com a reprovação do ato abusivo[60], pela adoção de solução sistemática de preferência de um direito a outro, nos casos, por ele classificados, como de conflitos positivos de direitos, com base, por exemplo, na superioridade natural de um dos direitos em conflito.

Para ele, segundo Cunha de Sá, somente nas hipóteses de conflito entre direitos, igualmente respeitáveis, seria admissível a reprovação do ato abusivo, que, desse modo, não entraria em conflito com o caráter absoluto dos direitos, traduzido na máxima *qui suo iure utitur, neminem*

---

57 MARTINS, Pedro Baptista. OP. cit., p. 175

58 MARTINS, Pedro Baptista. Op. cit., p. 27

59 SÁ, Fernando A. Cunha de. *ABUSO DO DIREITO*. Coimbra: Almedina, 1997, pp. 518 et seq.

60 Segundo Cunha de Sá, Dessertaux procurava , no caso de conflito entre direitos, proclamados absolutos, abrir uma brecha, fazendo um dobrar perante o outro. Cf SÁ, Fernando A. Cunha de. Op. cit., p. 519

laedit, que deve ficar restrita, portanto, aos casos em que o exercício lesar interesses alheios.

Neste sentido, não configurariam conflitos de direitos, hipóteses, como, por exemplo, o do proprietário que constrói chaminé exclusivamente para obstruir a luz do vizinho, vez que a claridade é uma simples vantagem ocasional. Daí concluir ele ser legítimo o ato do proprietário, visto como exercício do seu direito absoluto, que lesa simples interesses ocasionais.

Invocando lição de Rotondi, mostra Cunha de Sá[61] que, em verdade, a tese de Planiol[62], abraçada por Dessertaux, levaria, em termos lógicos, a impossibilidade de conflitos positivos entre direitos subjetivos, pois se o direito subjetivo, cuja função é delimitar a zona reservada de seu titular com exclusão de todos os outros, é absoluto, torna-se impossível a ocorrência de conflitos.

É interessante assinalarmos que a postura de hostilidade à noção de ***abuso de direito*** chegou ao Brasil, inspirada nesta lição de Planiol, como se percebe em interessantes acórdãos, citados por Pontes de Miranda, da Corte de Apelação do Distrito Federal, do ano de 1930, em que a expressão "*abuso de direito*" é classificada como logomaquia, repetindo-se o termo utilizado pelo jurista francês, eis que quem usa de seu direito, pratica ato lícito, e se comete abuso, age sem direito, praticando, assim, ato ilícito[63].

Contra esta postura, contudo, pondera Pontes de Miranda:

> *"Repugna à consciência moderna a ilimitabilidade no exercício do direito; não nos servem mais as fórmulas absolutas do direito romano. Ao **neminem laedit que suo iure utitur** consagrou a jurisprudência européia limitações importantes, que chegam ao conceito final do abuso do direito. Já a doutrina alemã, firmada em precisa concepção germânica, declarava que todos os*

61 SÁ, Fernando A. Cunha de. *ABUSO DO DIREITO*. Coimbra: Almedina, 1997, p. 527

62 Como demonstra Cunha de Sá, o argumento de Planiol sobre a contradição existente entre os termos abuso e direito, sendo o ato abusivo, um ato praticado sem direito, seus seguidores costumam negar a possibilidade de colisão de direitos, assim Rotondi, que vêem os direitos subjetivos como polígonos de fronteira a fronteira, sem qualquer zona cinzenta ou intermediária, onde há exclusão de todos os demais, como também de toda e qualquer consideração estranha à soberania da vontade. Cf. SÁ, Fernando A. Cunha de. *ABUSO DO DIREITO*. Coimbra: Almedina, 1997, p. 326

63 PONTES DE MIRANDA, F. *Tratado de Direito Privado*. Rio de Janeiro: Revista dos Tribunais, 1984, tomo LIII, p. 73.

direitos implicavam deveres e continham, pois, algo de indilatável; donde o limite moral inerente a todos (Otto von Gierke)"[64]

3. Com o intuito de enriquecer aquilo que já ficou assentado, cabe ainda observar que a questão do ***abuso do direito***, como forma de controle do exercício de direitos, tem, nos dias de hoje, interessantes desdobramentos, em vários ramos do Direito, como por exemplo, no Direito Tributário, onde impera o princípio da legalidade estrita[65]e da tipicidade, que merecem ser mencionados.

Neste sentido, percebe-se que as discussões travadas em torno do fenômeno da ***elisão tributária*** tem como pano de fundo a noção de ***abuso de direito***.

Especificamente, sobre este tema, observa, de forma percuciente, Hermes Marcelo Huck[66], bem como Ricardo Lobo Torres, que a ***elisão ilícita*** se caracteriza pela ação do contribuinte, que, embora nos limites da lei, apresenta como único objetivo a economia do imposto, através de formas jurídicas inadequadas, configurando ***abuso de direito*** no uso da forma jurídica, que pode ser corrigida pela consideração econômica da norma. Por isso, a ***teoria do abuso do direito*** é sugerida por ele, como obstáculo justificado à elisão, construída sem qualquer finalidade negocial, uma vez que o direito do indivíduo organizar livremente seus negócios, dentro da lei e de forma mais econômica , tem como limitação o seu exercício regular.

Considera-se, assim, ***elisão ilícita*** como uma forma de ***abuso de direito***, em que o agente se vale de formas jurídicas inadequadas, com o fito único de escapar ao tributo. Isto é equiparável, assinala Huck, aquilo que, no direito norte-americano, se tem chamado de *business purpose test*.

Se, por um lado, o indivíduo deve ser livre para escolher o caminho legal, que lhe implique menor carga tributária, não lhe sendo vedado planejar, dentro dos limites da lei, adequadamente seus negócios, de forma a pagar menos impostos[67], por outro, não é admissível que a fórmula liberal possa levar ao paroxismo de se coonestar o ***abuso de direito***,

64 Id., ibidem, p. 62

65 Cf. artigo 150, I, da Constituição Federal brasileira

66 HUCK, Hermes Macelo. Evasão e Elisão: Rotas Nacionais e Internacionais do Planejamento Tributário. SP: Saraiva, 1997, p.7

67 O direito de planejamento fiscal foi reconhecido, segundo Huck, pela Suprema Corte no caso Gregory vs Helvering, em 1935.Cf. HUCK, ibidem, p. 51

no manejo das formas jurídicas, ofendendo-se, com isso, os *princípios da isonomia e da capacidade contributiva*, ao permitir, ao contribuinte, tratamento fiscal privilegiado em detrimento de outro.

4. A esta altura, como corolário do que foi até aqui exposto, é fundamental que se fixe a diferença capital entre os ***limites*** de conteúdo de qualquer direito, cuja transposição configura a ilegalidade, e as ***limitações*** de seu exercício, em cujo horizonte exsurgem as noções de ***abuso do direito*** e de ***poder de polícia***, entendidas como formas de controle daquele.

Isto se faz necessário, gize-se mais uma vez, como meio de indicar os equívocos perpetrados pelos corifeus da ***Teoria dos Direitos Fundamentais***, aqui analisada, que acreditam que, sendo o problema da "colisão de direitos" decorrência do fato de que as normas que os instituíram, não terem definido com precisão seu conteúdo e seus limites, a solução está na adoção da ***Teoria dos Princípios***, vez que os ***princípios*** são mandamentos de otimização(ou a serem otimizados), dotados de uma dimensão de peso, cuja forma de aplicação é a ponderação[68], e não a subsunção. Em razão disso, o problema observado é ultrapassado, vez que a norma-princípio não será necessariamente aplicada, quando presente o suporte fático próprio para sua incidência.

Como conseqüência destas colocações, asseveram que ***princípios***, como, por exemplo, as normas que estabelecem direitos fundamentais[69], ao contrário das regras, contém apenas ordens ***prima facie*** (*prima facie Gebote*) e não definitivas, isto é, estabelecem direitos e deveres ***prima facie***[70], resolvendo-se assim o problema das mencionadas colisões.

Ora, os *direitos subjetivos*, como, por exemplo, o de propriedade[71], encerram, em seus conteúdos, poderes (*v.g. o de alienar*) e faculdades, que traduzem, faticamente (*fato e faculdade, na precisa observação de*

---

68 Correspondente ao princípio da proporcionalidade em sentido estrito

69 Id., Ibidem, p. 79,

70 Id., Ibidem, pp. 92 e 118

71 A expressão "direito de propriedade" admite um sentido lato e um sentido estrito. No primeiro, corresponde a qualquer direito, de conteúdo econômico, ou seja, qualquer direito que tenha por objeto bens econômicos, isto é, com valor pecuniário (art. 91 do Código Civil). Já em sentido estrito, o direito de propriedade é o domínio, mais amplo dos direitos reais (art. 1.228 do CC), e que engloba, em seu conteúdo, um feixe de direitos, poderes e faculdades, todos de índole patrimonial. Cf. FERREIRA, Sergio de Andréa. *O Direito de Propriedade e as Limitações e Ingerências Administrativas*. São Paulo: Revista dos Tribunais, 1980, pp. 4 et seq.

Sergio de Andréa Ferreira, são cognatos derivando ambos do mesmo étimo fac), a satisfação do interesse a que atende, juridicamente, o direito subjetivo.

Neste sentido, o exercício do direito consiste exatamente nos atos e fatos (*v.g. construção de edifício, pelo proprietário, no imóvel de sua propriedade*), praticados pelo titular do direito, em conformidade com o seu conteúdo, circunscrito pelo legislador[72] (*imposição de limites positivos e negativos – fazer, não fazer ou suportar*), traduzindo-se sua regularidade, como assinala Sergio de Andréa Ferreira, na legitimidade, e, sua face patológica, no abuso do direito.

O conteúdo positivo do direito, ao indicar seus elementos integrantes, define a extensão, dentro da qual o titular o exercerá. Já o conteúdo negativo, ao contrário, marca até onde pode ter lugar a ingerência alheia – pública ou privada – no direito de cada um, ou aonde não pode ir o titular do direito. (*v.g. art. 1.299 do CC*).

Deve-se observar que o poder competente para legislar sobre o direito é o competente para estabelecer os seus ***limites***, ao traçar os contornos de seu conteúdo. Já as ***limitações*** ao exercício de determinado direito subjetivo, decorrentes da necessidade de salvaguardar interesses públicos ou sociais (*v.g. higiene, saúde, tranqüilidade*), serão estabelecidas através do exercício do ***poder de polícia normativa***, pela pessoa política, encarregada de zelar por estes interesses (*limitações administrativas*).

Entretanto, como bem demonstra Sergio de Andréa Ferreira, apesar de os ***limites*** ao conteúdo do direito, estipulados pelo legislador, serem diferentes de as ***limitações*** ao seu exercício, ambos atendem ao princípio da relatividade dos direitos subjetivos, derivada da necessidade de coexistência harmônica com os demais[73].

Valendo-nos, a título de ilustração, do exemplo do direito de propriedade, temos que a fixação de seu conteúdo, com o estabelecimento dos respectivos contornos (*limites positivos e negativos*), compete à União Federal, nos termos do art. 22, I, da Constituição Federal, ao legislar privativamente sobre Direito Civil.

---

72 FERREIRA, Sergio de Andréa. *O Direito de Propriedade e as Limitações e Ingerências Administrativas*. São Paulo: Revista dos Tribunais, 1980, p. 5

73 FERREIRA, Sergio de Andréa. *O Direito de Propriedade e as Limitações e Ingerências Administrativas*. São Paulo: Revista dos Tribunais, 1980, 6p.

Ocorre que, como já ressaltado, ao lado dos ***limites*** de conteúdo do direito, estão as ***limitações***, que dizem respeito ao exercício dos elementos daquele conteúdo, que, neste caso, permanece intocado.

Nesta linha, além do balizamento do exercício comum a todos os direitos, correspondente a sua regularidade, pode o legislador, ao dispor sobre o respectivo conteúdo, estabelecer limitações, com o fim de viabilizar o co-exercício desses mesmos direitos. São as limitações institucionais do direito de propriedade, como, por exemplo, no tocante ao uso, as limitações previstas no § 2º do art. 1.228 e no art. 1277, ambos do Código Civil brasileiro.

Há ainda as *limitações administrativas*, ligadas ao ***poder de polícia administrativa***[74], mencionadas no art. 1299 do Código Civil pátrio, referentes ao exercício do poder de construir, que podem provir do Direito Federal ou do Local (Estadual, Distrital, Municipal), nos lindes das respectivas atribuições constitucionais, que podem ser privativas (CF, arts. 22 e 30), comuns (art. 23) ou mesmo concorrentes (art. 24).

Todavia, enquanto o direito de propriedade é plenamente institucionalizável, tendo todos os elementos de seu conteúdo estabelecido pelo legislador, que lhe dá contornos, fixando seus limites, o mesmo não se dá com a ***liberdade pessoal***, cujo conteúdo não pode ser limitado pelo legislador, o que aumenta consideravelmente a possibilidade de choques ou conflitos no seu exercício. A liberdade individual é um conceito absoluto, tal como é o direito à mesma. Com efeito, ou se é livre ou na se é: ninguém pode ser meio livre, por isso a liberdade não é institucionalizável, nem é passível de ter um conteúdo com os respectivo ***limites*** juridicamente fixados.

Em face do exposto, constata-se que o fenômeno da "colisão" é algo inerente ao exercício de direitos, fundamentais ou não (*plano das limitações, do abuso do direito e do poder de polícia*), derivados de qualquer tipo de norma jurídica.

Neste sentido, a inolvidável lição de Pontes de Miranda:

> *"se todos têm, de per si, direitos, se o espaço A pode ser preenchido pelo exercício de mais de um direito, é de mister que se*

74 Observa Sergio A. Ferreira, que o poder de polícia administrativa não se manifesta, apenas, por intermédio de atos normativos, mas também, necessariamente, por atos de realização, de concretização do Direito, quer permitindo a atividade privada (autorizações, permissões, licenças); quer determinando a conduta individual (ordens, exigências administrativas); quer vedando alguma atividade (proibições). Cf. FERREIRA. Sergio. op. cit. 10 et seq.

> *regule essa possibilidade de relações entre direitos. A doutrina do abuso do direito constitui, portanto, a teoria das relações entre direitos individuais"*[75].

Para a seguir concluir:

> *"O mundo jurídico não é assim. Nunca foi. Os direitos topam uns com os outros. Cruzam-se. Molestam-se. Têm crises de lutas e de hostilidades. Exercendo o meu direito, posso lesar a outro, ainda se não saio do meu direito, isto é, da linha imaginária que é o meu direito"*
>
> ....
>
> *"o estudo do abuso do direito é pesquisa dos encontros, dos ferimentos, que os direitos se fazem. . .A vida sempre obrigou a que os direitos se adaptassem entre si,* ***no plano do exercício****."*[76]*(o negrito é nosso)*

5. Levando agora a questão para o campo constitucional, onde se dá o choque entre exercícios de ***direitos fundamentais***, devemos examinar como a doutrina vem tentando resolver o problema, sob as lentes da distinção, acima fixada, entre ***limites*** ao conteúdo e ***limitações*** ao exercício.

Segundo lição de Canotilho[77], há duas possibilidades de situações de conflito, quando se pensa no exercício de direitos fundamentais: a primeira é a da concorrência entre direitos, que pode, por sua vez, se manifestar de duas formas, por ele denominadas de:1) cruzamento de direitos fundamentais, em que um único comportamento se subsume em vários suportes fáticos de distintas normas de direito fundamental (ex: direito de expressão, combinado com direito à liberdade de imprensa e direito de reunião); e 2) acumulação de direitos, em que um determinado bem jurídico leva à acumulação de vários direitos. Nas duas modalidades de concorrência mencionadas, o conflito não se dá entre o exercício de direitos por dois ou mais titulares, mas apenas por um titular, consistindo o problema nos casos de estes direitos possuírem limites divergentes.

A segunda possibilidade se dá quando o exercício de um direito fundamental entra em conflito com o exercício de outro direito funda-

75 Id., ibidem, p. 63

76 Id., ibidem, p. 69

77 Op. cit. pp. 1135-1136

mental, impedindo ou prejudicando-o (colisão em sentido estrito)[78] (direito fundamental de comunicação, art. 5º, IX, da Constituição Federal brasileira, e direitos de personalidade, art. 5º, X, da Constituição Federal brasileira), ou quando entra em contradição com um bem jurídico constitucional (colisão de direitos fundamentais em sentido amplo)[79].

Ora, para a corrente doutrinária ***sub examine***, as normas que estabelecem ***direitos fundamentais***[80], contém apenas ordens ***prima facie*** (*prima facie Gebote*)e não definitivas, isto é, estabelecem direitos e deveres ***prima facie***[81], resolvendo-se assim o problema das mencionadas colisões.

Nesta linha, Canotilho, calcado nos ensinamentos de Robert Alexy, afirma que os ***princípios*** contêm, apenas, exigências, que, em primeira linha (***prima facie***), devem ser realizadas, enquanto as ***regras*** contêm fixações normativas definitivas, prescrevendo imperativamente uma exigência[82] (exigem, proíbem ou permitem algo de modo definitivo).

E, prosseguindo, conclui que todo **direito fundamental** é direito ***prima facie***[83], cujo domínio normativo é potencial, podendo a conversão em **direito definitivo** ser feita previamente por uma lei restritiva, nos casos autorizados pela Constituição, ou no caso concreto por ponderação de direitos fundamentais, não sujeitos a normas restritivas. Por isso, segundo ele, é fundamental a determinação do âmbito de proteção da norma, ou seja, determinar o que está efetivamente protegido.[84].

Daí a importância, segundo Canotilho[85], da análise do desenvolvimento normativo dos **direitos fundamentais**, no plano infra-constitu-

---

78 RDA 217, p. 68

79 O maior problema na colisão de direitos, anota Vieira Andrade, que ocorre quando dois valores ou bens em contradição estão protegidos simultaneamente pela Constituição, está na resolução do conflito, eis que ambos estão protegidos. Cf. ANDRADE, J.C. Vieira. *Os Direitos Fundamentais na Constituição Portuguesa de 1976.* Coimbra: Almedina, 1983, p. 220

80 Id., Ibidem, p. 79

81 Id., Ibidem, pp. 92 e 118

82 CANOTILHO, JJ. Direito Constitucional e Teoria da Constituição. Coimbra: Almedina, 2002 p. 1247

83 Id., Ibidem, p. 1258

84 Canotilho utiliza como exemplo de atividades que segundo ele estariam evidentemente fora do âmbito de proteção da liberdade de e profissão: a atividade de traficante ou de prostituta. Cf. CANOTILHO, JJ. Direito Constitucional e Teoria da Constituição. Coimbra: Almedina, 2002, pp. 1260 et seq.

85 CANOTILHO, JJ Gomes. Direito Constitucional e Teoria da Constituição, p. 1131

cional, que se dá sob duas modalidades: a da restrição, através de leis restritivas, que limitam posições que, ***prima facie***, se incluem no domínio ou proteção daqueles direitos (âmbito material de proteção); e a configuração ou conformação, através de normas legais conformadoras, que completam e precisam o conteúdo vago dos preceitos constitucionais garantidores de **direitos fundamentais**.

A questão da restrição do âmbito de proteção da norma, isto é, da realidade que é objeto da garantia, estipulada pela Constituição, remete, por sua vez, à distinção entre ***limites*** interno e externo dos **direitos fundamentais**.

Limites internos são aqueles que servem para determinar o conteúdo do direito, traçando uma linha entre direito e não-direito[86] (*v.g.* a hipótese, prevista no art. 5º XVI, Constituição Federal, segundo a qual todos podem reunir-se pacificamente, sem armas, em que há uma descrição detalhada do suporte fático).

Alexy denomina estas hipóteses de restrições diretamente constitucionais, sob a forma de cláusulas restritivas expressas[87], que expressam uma ***regra***, que transforma direitos ***prima facie***, resultantes do princípio de liberdade de reunião em não-direitos definitivos[88]. Ao lado destas, há ainda, segundo ele, as cláusulas restritivas tácitas, diretamente constitucionais, como direitos fundamentais ou valores constitucionais, que podem limitar, em alguns aspectos, direitos fundamentais irrestringíveis[89].

Já os ***limites*** externos são os instituídos pelo legislador infraconstitucional, com prévia autorização da Constituição, através de cláusulas constitucionais explícitas de reserva de lei, classificados, por Alexy, como restrições indiretamente constitucionais (*verfassungsmittelbare Schranken*) [90].

86 Estas hipóteses não seriam, para pensadores, como Gavara de Cara, restrições, eis que identificam, em verdade, situações de não-direito, já que os casos em que se aplicam estes limites são situações nas quais a prática do ato não pertence ao âmbito jurídico específico do direito *apud* STEINMETZ, Antonio. *Colisão de Direitos Fundamentais e Princípio da Proporcionalidade*. Porto Alegre: Livraria do Advogado, 2001 - p. 29

87 Alexy utiliza como exemplo deste tipo de cláusula, a disposição "pacificamente e sem armas", prevista no art. 8º, parágrafo 1, da Lei Fundamental alemã. Cf. TDF p. 277

88 TDF p. 278

89 TDF p. 281

90 TDF pp. 282 e 159 TG 259

Na tentativa de fixar os contornos definitivos dos conteúdos das normas de direito fundamental, desenvolveu-se ainda a doutrina dos ***limites imanentes***, que tem por finalidade a justificação de restrição legislativa destes direitos, instituída sem reserva de lei, como forma de antecipação aos virtuais conflitos, por ocasião de seu exercício, não eliminados por aqueles ***limites*** (*limites que derivam da constituição e da conexão interna entre diferentes direitos fundamentais ou bens, e são implícitos ao sistema*).

Segundo Gavara de Cara[91], a teoria dos ***limites imanentes*** tem como origem decisão do Tribunal Federal Administrativo alemão, de 1953, na qual ficou assentado que um direito fundamental não deve ser protegido quando põe em perigo um bem jurídico necessário para a estabilidade da comunidade (*v.g.* saúde publica, segurança do tráfego etc.).

Rejeitando esta noção de ***limites imanentes***, Otto y Pardo[92], entende que a idéia de delimitação conceitual constitucional do conteúdo protegido tornaria desnecessária a noção de ***limites imanentes***, bem como a de ***abuso de direito***, eis que bastaria verificar se a conduta, em cujo apoio se invoca o direito fundamental, pertence realmente ao âmbito protegido por este. Aduz, como exemplo, que não pode invocar a liberdade de cátedra, quem, tendo sido nomeado Professor de Direito Constitucional, leciona Ciência Política. No mesmo sentido, menciona decisão do Tribunal Constitucional espanhol (STC 72/1982), segundo a qual a conduta abusiva não é parte do conteúdo do **direito fundamental**, sendo desnecessária a aplicação do *princípio da proporcionalidade* ou da garantia do conteúdo essencial. Nem tudo que cai sob o suposto de fato de uma norma de direito fundamental sem reserva está protegido definitivamente.

Como já observado, Alexy[93], apesar de repelir a concepção de ***limites imanentes***, vez que está associada à teoria interna do conteúdo dos **direitos fundamentais** (*Innentheorie*), para a qual as normas, que estabelecem aqueles direitos, são regras e não princípios, aceita a existência de cláusulas restritivas tácitas.

---

91 GAVARA DE CARA, Juan Carlos. Op. cit., p. 281 apud STEINMETZ, Antonio. *Colisão de Direitos Fundamentais e Princípio da Proporcionalidade*. Porto Alegre: Livraria do Advogado, 2001 – p. 44

92 OTTO Y PARDO, Ignácio. "La Regulacion del Ejercicio de los Derechos y Libertades. La Garantia de su Contenido Essencial en el artículo 53.1 de la Constituicion". In: MARTIN-RETORILLO, Lorenzo *et alii*. Derechos Fundamentales y Constituition. Madrid:Civitas, 1988, p. 93-172 *apud* STEINMETZ, Antonio. *Colisão de Direitos Fundamentais e Princípio da Proporcionalidade*. Porto Alegre: Livraria do Advogado, 2001 – p. 56

93 TG p. 259

À guisa de conclusão

1. Após esta análise, é possível perceber o equívoco em se acreditar que a concepção de que os **direitos fundamentais** são direitos ***prima facie***, cujo conteúdo só é determinável nas situações concretas, após a realização da ponderação, resolve o "problema da colisão" , pois, dizendo este respeito ao plano do exercício, deverá a solução recair, obrigatoriamente, sobre sua regularidade ou não (se, por exemplo, houve ou não abuso do direito, na prática de determinado ato, que realizou o seu conteúdo). Frise-se: a resposta não está na fixação do conteúdo dos direitos, isto é, no estabelecimento da diferença entre os comportamentos, que pertencem ao âmbito de proteção da norma e os demais, que, por se posicionarem fora daqueles contornos, entram no campo do não-direito e da ilegalidade.

Daí não se poder se afirmar, como faz, por exemplo, Canotilho, que todo **direito fundamental** é direito ***prima facie***[94], cujo domínio normativo é potencial, podendo a conversão em direito definitivo ser feita previamente por uma lei restritiva, nos casos autorizados pela Constituição, ou no caso concreto por ponderação de direitos fundamentais, não sujeitos a normas restritivas.

Isto ocorre, em razão de seu entendimento de que o problema das colisões se situa na fixação dos limites do conteúdo do direito, sendo, por isso, segundo ele, fundamental a determinação do âmbito de proteção da norma, ou seja, determinar o que está efetivamente protegido.

No mesmo equívoco parece ter incorrido Karl Larenz, que, na tentativa de explicar o fenômeno da colisão de **direitos fundamentais**, asseverou que os direitos, cujos ***limites*** não estão fixados de uma vez por todas, mas que em certa medida são "abertos", móveis", podem justamente por esse motivo, entrar facilmente em colisão entre si, eis que sua amplitude não está de antemão fixada[95]. Os direitos colidiriam, porque não estão dados de uma vez por todas.

Confunde, pois, a doutrina a questão dos ***limites*** do conteúdo com as ***limitações*** ao exercício. Situar corretamente o problema da "colisão de direitos", com precisão técnica, é essencial para que se possa obter sua solução.

---

94 Id., Ibidem, pp. 1258 et seq.

95 LARENZ, Larl. *Metodologia da Ciência do* Direito. Lisboa: Calouste Gulbenkian, 1997, p. 575.

Referência Bibliográfica

ALEXY, Robert. Derecho y Razón Practica. México: Fontamara, 1993

__________. El Concepto y la Validez del Derecho. Barcelona: Gedisa, 1994

__________. Recht, Vernunft, Diskurs – Studien zur Rechtsphilophie. Fankfurt am Main: Suhrkamp, 1995

__________. "On the structure of legal principles". Ratio Juris 13. Oxford, Blackwell, 2000

__________. "iRechtsregeln und Rechtsprinzipien". IArchives Rechts und Sozialphilosophie. Beiheft 25. Frankfurt am Main, 1985

__________. "Rechtssystem und praktische Vermunft". Recht, Venunft, Diskurs. Franktfurt am main, Suhrkamp, 1995

__________. Theorie der Grundrechte. 2ª ed. Frankfurt am main, Suhrkamp, 1994

__________. Theorie der juristischen Argumentation. 2ª ed. Frankfurt, Suhrkamp, 1991

__________. "Zum Begriff des Rechtsprinzips" .Argumentation und Hermeneutikin der Jurisprudenz, Rechtsheorie. Beiheft 1. Berlin, Dunckler und Humblot, 1979

__________. Teoria de los Derechos Fundamentales. Tradução de Ernesto Garzón Valdés. Madrid: Centro de Estudios Constitucionales, 1993

__________. Teoria de los Derechos Fundamentales. Madri: Centro de Estudios Constitucionales, 1993

__________. Teoria da la Argumentación Jurídica. Madri: Centro de Estudios Constitucionales, 1997

__________. "Colisão de Direitos Fundamentais e Realização de Direitos Fundamentais no Estado Democrático de Direito". Revista de Direito Administrativo 217: 67-79, 1999

__________. "Direitos Fundamentais no Estado Constitucional Democrático". Revista de Direito Administrativo 217: 80-95, 1999

AMERICANO, Jorge. "Do abuso do direito no exercício da demanda", 2ª edição, Saraiva, São Paulo, 1932.

ANDRADE, J. C. Vieira. Os Direitos Fundamentais na Constituição Portuguesa de 1976. Coimbra: Almedina, 1983.

ATIENZA, Manuel. As Razões do Direito: Teorias da Argumentação Jurídica. Madri: Landy, 2000

ÁVILA, Humberto Bergmann. "A distinção entre princípios e regras e a redefinição do dever de proporcionalidade". Revista de Direito administrativo (RDA) 215/151-179. Rio de Janeiro, Renovar, janeiro-março/ 1999

___________. "Argumentação jurídica e a imunidade do livro eletrônico". Revista de Direito Tributário (RDTributário) 79/163-183. São Paulo, Malheiros Editores, 2001

BANDEIRA DE MELLO, Celso Antonio Bandeira de. Elementos de Direito administrativo. São

Paulo: Ed. Revista dos Tribunais, 1991

___________. Curso de Direito Administrativo. 14ª ed. São Paulo, Malheiros Editores, 2002 (15ªed, 2003)

. O Conteúdo Jurídico do Princípio da Igualdade, 3ª ed, 10ª tir. São Paulo, Malheiros Editores, 2002

BARROS, Suzana de Toledo. O Princípio da proporcionalidade e o controle de Constitucionalidade das Leis Revistas de Direitos Fundamentais. Brasília: Brasília Jurídica, 1996

BARBOSA MOREIRA, José Carlos. "A Legislação para a Defesa dos Interesses Difusos no Direito Brasileiro", Revista Forense 276: 1-6, 1981.

BARROSO, Luís Roberto. Interpretação e Aplicação da Constituição. São Paulo: Saraiva, 1996

___________. O Direito Constitucional e a Efetividade de suas Normas, Limites e Possibilidades da Constituição Brasileira. Rio de Janeiro: Renovar, 1990

___________. Interpretação e aplicação da Constituição. 4ª ed. Rio de Janeiro, Renovar, 2001

BÖCKENFÖRDE, Ernst-Wolfgang. Escritos sobre Derechos Fundamentales. Baden: Nomos, 1993

BONADIVES, Paulo. Curso de Direito Constitucional. São Paulo: Malheiros Ed, 2012

___________. Política e Constituição: Os Caminhos da Democracia. Rio Janeiro: Ed. Forense, 1985

CARNELUTTI, Francesco. Teoria Geral do Direito. Coimbra: Armenio Amado, 1942

CARVALHO, Paulo de Barros. Curso de Direito Tributário. 14ª ed. São Paulo, Saraiva, 2002

CASTRO FILHO, José Olímpio de. "Do abuso de direito no exercício da demanda", 2ª edição, Saraiva, São Paulo, 1932

CASTRO, Carlos Roberto de Siqueira. A constituição Aberta e Atualidades dos Direitos Fundamentais do Homem. Tese aprovada em concurso público para Professor Titular de Direito Constitucional na faculdade de Direito da UERJ, ainda não publicada. Rio de Janeiro: 1995

CLÉRICO, laura. Die Struktur der Verhältnismässigkeit. Baden-Baden, Nomos, 2001

CUNHA, Rosa Maria Cardoso da. O Caráter Retórico do Princípio da Legalidade. Porto Alegre: Síntese, 1979

CANARIS, Claus-Wilhelm. Pensamento Sistemático e Conceição de Sistema na Ciência do Direito. Tradução de Antônio Menezes Cordeiro, Lisboa: Fundação Calouste Gulbenkian, 1989

CUNHA DE SÁ, Fernando Augusto. "Abuso do direito", Livraria Almedina, Coimbra, 1997.

CANOTILHO, José Joaquim Gomes. "Jurídico-Civil no Contexto do Direito Pós-Moderno". In: Grau, Eros Roberto et alii (orgs). Direito Constitucional. : Estudos em Homenagem a Paulo Bonavides. São Paulo: Malheiros, 2001, 108-115

CANOTILHO, J.J. GOMES. Constituição Dirigente e Vinculação do Legislador. Coimbra: Ed. Coimbra: 1982

___________. Direito Constitucional e Teoria da constituição. 3ª ed. Coimbra, Livraria Almedina, 1999

___________. "Rever ou Romper com a Constituição Dirigente? Defesa de um Constitucionalismo Moralmente Reflexo". Revista dos Tribunais. Cadernos de Direito Constitucional e Ciência política 15: 7-17, 1996

CAPPLLETTI, Mauro. O controle judicial de constitucionalidade das leis no direito comparado. Trad. de Aroldo Plinio Gonçalves. Porto Alegre: Fabris, 1984

___________. Juízes legisladores?. Tradução de Carlos Alberto Alvaro de Oliveira. Porto Alegre: Sergio Antonio Fabris Ed, 1993

CRETTON, Ricardo Aziz. Os Princípios da proporcionalidade e da Razoabilidade e sua Aplicação no Direito Tributário. Rio de janeiro: Lúmen Júris, 2001

DERZI, Misabel de abreu machado. "Notas". In: BALEEIRO, Aliomar, Limitações Constitucionais ao Poder de tributar. 7ª ed. Rio de Janeiro, Forense, 1997

FERRAZ Jr, Tercio Sampaio. Introdução ao Estudo do Direito-Técnica, Decisão e Dominação. São Paulo: Atlas, 1988

___________. A Ciência do Direito. São Paulo: Atlas, 1977

___________. Função Social da Dogmática jurídica: São Paulo: Max Limonad

FERREIRA, Sergio de Andréa. Direito Administrativo Didático. Rio de Janeiro, Forense,1985

__________. O Direito de Propriedade e as Limitações e Ingerências Administrativas. São Paulo: Revista dos Tribunais, 1980

FERREIRA FILHO, Manoel Gonçalves de. Os Direitos Fundamentais. Problemas jurídicos, Particularmente em Face da constituição brasileira de 1988. Revista de Direito administrativo 203, p. 1996

GENY, François. Methode d'Interpretation et Sources du Droit Privé Positif. Paris: LGDJ, 1954

GRAU, Eros Roberto. La Doble Desestructuración y la Interpretación del Derecho. Barcelona: M. J. Bosh, 1998

__________. Ensaio e Discurso sobre a Interpretação/Aplicação do Direito

GUASTINI, Ricardo. Dalle Fonti alle Norme. Torino, Giappichelli, 1992

JELLINEK, George. Teoria General del Estado. México. Continental, 1958

KORKOUNOV, N.M. Cours de Théorie Générale du Droit. Paris: V. Giard e E. Brière, 1904

LARENZ, Karl. Metodologia da Ciência do Direito. Lisboa: Fundação Calouste Gulbenkian, 1983

__________. Derecho Justo – Fundamentos de Ética Jurídica. Madri: Civitas, 1985

LEAL, VictorNunes. "Reconsideração do tema do abuso de poder", Revista de Direito Administrativo, nº 144, pp. 453 e ss

LEISNER, Walter. Der Abwägungsstaat. Verhältnismässigkeit als Gerechtigkeit?. Berlin: Duncker & Humblot, 1997

LOPES, Mônica Sette. A Eqüidade e os Poderes do Juiz. Belo Horizonte: Del Rey, 1993

LUNA, Everardo, da Cunha. "Abuso de direito", 2ª edição, Forense, Rio de Janeiro, 1998

MARTINS, Pedro Baptista. "O Abuso do direito e o ato ilícito", 3ª edição, Forense, Rio de Janeiro, 1997

MAURER, Hartmut. Allgemeines Verwaltungsrecht. München: Beck, 1999

__________. Staatsrecht. München, Beck, 1999

MENDES, Gilmar Ferreira. Jusrisdição Constitucional – O Controle Abstrato de Normas no Brasil e na Alemanha. São Paulo: Ed. Saraiva, 1996

MIRANDA, Pontes de. Tratado de Direito Privado. São Paulo: Revista dos Tribunais, 1884

MIRANDA, Jorge. Manual de Direito Constitucional, Introdução á Teoria da Constituição. Coimbra: Coimbra Ed, 1988, t. II

__________. O Tribunal Constitucional em 1998. Separata da Revista "Odireito". Ano 130, 1998, III_IV, pp. 377-378

MORESO, José Juan. La Indeterminación del Derecho y la Interpretación de la Constitución. Madrid: Centro de Estudios Políticos y Constitucionales, 1997

MOREIRA, José Carlos Barbosa. "Responsabilidade das partes por dano processual", Revista de Direito Público, nº 10, p.15

__________. "Abuso dos direitos processuais", Forense, Rio de janeiro, 2000

MOREIRA, Vital. "O Futuro da Constituição". In: Grau, Roberto Eros et alii (orgs.). Direito Constitucional: Estudos em Homenagem a Paulo Bonavides. São Paulo: Malheiros, 2001, 313-336

MOREIRA NETO, Diogo de Figueiredo. "Moralidade administrativa: do conceito à efetivação". RDA 190/13 e ss. Rio de Janeiro, Renovar, 1992

__________. "O abuso aos direitos na retomada de imóveis", Revista de Direito da procuradoria Geral, n] 15, p. 253

NEVES, Antonio Castanheira. Curso de Introdução ao Estudo do Direito. Coimbra: Ed. Coimbra: 1976

__________. In: O atual problema metodológico da interpretação jurídica. Coimbra: Coimbra Editora, 2001

NEVES, Marcelo. Teoria da Inconstitucionalidade das Leis, São Paulo: Saraiva, 1988

__________. Teoria do direito na modernidade tardia. In: Direito e democracia. Kátie Arguello (org.). Florianópolis: Letras Contemporâneas, 1996

RIPERT, Georges. A Regra Moral nas Obrigações Civis. Campinas: Bookseller, 2000

ROUBIER, Paul. "Droits subjectifs et situations juridiques", Paris, Dalloz, 1963

RÜTHERS, Bernd. Rechtstheorie – Begriff, Geltung und Anwendung des Rechts. München: Beck, 1999

SCHWABE, Jurgen. Entscheidungen des Bundesverfassungsgerichts. Hamburg: Beck, 994

SICHES, Luis Recasens. Nueva Filosofia de la Intepretacion del Derecho. Mexico: Fondo de Cultura Economica, 1970

SILVA, Luis Virgílio Afonso de. "O Proporcional e o Razoável". RT 798/27, São Paulo, 2002

STEINMETZ, Wilson Antônio. Colisão de direitos fundamentais e princípio da proporcionalidade. Porto Alegre: Livraria do Advogado, 2001

STERN, Klaus. "O Juiz e Aplicação do Direito". In. Grau, Roberto Eros et alii (orgs.). Direito Constitucional: Estudos em Homenagem a PAULO BONAVIDES. São Paulo: Malheiros, 2001, 505-515

STRECK, Lenio Luiz. Jurisdição Constitucional e Hermenêutica: Uma Nova Crítica do Direito. Porto Alegre: Livraria dos advogados, 2002

__________. Hermenêutica Jurídica e(m) Crise. 3ª ed. Porto Alegre: Livraria do Advogado, 2001

TÁCITO, Caio. "O abuso de poder administrativo no Brasil", Revista de Direito administrativo nº 56, pp. 1 e ss

TEXEIRA DE FREITAS, Augusto, "Esboço do Código Civil", Serviço de documentação do Ministério da Justiça e Negócios Interiores, 1952

TORRES, Ricardo Lobo. Normas de Interpretação e de Integração do Direito Tributário. Rio de Janeiro: Forense, 1994

__________. "A legitimação dos direitos humanos e os princípios da ponderação e da razoabilidade". In: TORRES, Ricardo Lobo (org.). Legitimação dos Direitos Humanos: Rio de Janeiro, Renovar, 2002

__________. "Legalidade tributária e Riscos Sociais." São Paulo: Revista Dialética de Direito Tributário nº 59: 95-112

__________. "O Mínimo Existencial e os Direitos Fundamentais". Revista de Direito Administrativo 177: 29-49, 1989

TUCCI, Rogério Lauria. Teoria do direito Processual Penal: Jurisdição, Ação e Processo Penal (Estudos Sistemático). São Paulo: Revistas dos Tribunais, 2002

VIEHWEG, Theodor. Topica y Filosofia del Derecho. Barcelona: Gedisa, 1991

__________. Theodor. Tópica e Jurisprudência. Tradução de Tércio Sampaio Ferraz Jr. Brasília: Departamento de Imprensa nacional, 1979

WARAT, Luis. O Direito e sua Linguagem. Porto Alegre: Sergio Antonio Fabris, 1995

WIEACKER, Franz. História do Direito Privativo Moderno. Lisboa: Fundação Calouste Gulbenkian, 1993

ZACANER, Weida. "Razoabilidade e moralidade: princípios concretizadores do perfil constitucional do Estado Social e Democrático de Direito". Revista Diálogo Jurídico 9/4 e ss. Ano I. Salvador, CAJ – Centro de Atualização Jurídica, dezembro/2001

ZIPPELIUS, Reinhold. Das Wesen des Rechts. Eine Einführung in die Rechtsphilosophie. Munique: Beck, 1997

RESPONSABILIDADE CIVIL DO ESTADO NO ÂMBITO DE MEDIDAS DE ENFRENTAMENTO DA PANDEMIA

Fernando Menezes de Almeida[1]
Aline Aparecida de Miranda[2]

Sumário: **1.** Apresentação; **2.** Noções gerais sobre obrigação e responsabilidade do estado; **3.** Responsabilidade por atos legislativos; **4.** Principal norma sobre polícia administrativa no contexto da pandemia no Brasil; **5.** Precedentes judiciais; **6.** Conclusão; **7.** Bibliografia.

1. Apresentação

A experiência vivida no Brasil para o enfrentamento da pandemia de COVID-19 deu-se na vigência regular do regime constitucional, com a preservação do estado de direito, sem a adoção dos regimes de estado de sítio ou estado de defesa (Constituição da República, arts. 136 a 139).

Esse cenário, no entanto, não blindou a sociedade de impactos negativos diretos e indiretos, que alcançaram relações jurídicas e sociais, marcadas por mortes de pessoas físicas e de pessoas jurídicas.

Sergio de Andréa Ferreira, no artigo "Crise pandêmica, direito excepcional e conflito intrafederativo", afirma que a situação emergencial experimentada, que evoluiu para a de calamidade pública, potencializou os problemas já existentes, "provocando crise poliédrica, de ordem humana, social, médico-hospitalar, econômico-financeira, fiscal e jurídica; esta, inclusive, de índole constitucional e político-administrativa"[3].

Nesse contexto, impôs-se o "direito da crise", caracterizado por limitações extremas e adoção de medidas extraordinárias que se revelassem necessárias para se combater o contágio e a disseminação do vírus, bem como para o tratamento das pessoas contaminadas. Isso não afastou, de todo modo, o respeito ao texto constitucional e aos "princípios informativos do Direito Administrativo, especialmente os da razoabilidade, da proporcionalidade; com imposição do menor número possível

1 Professor titular da Faculdade de Direito da Universidade de São Paulo (USP).

2 Aluna regularmente matriculada no Programa de Pós-Graduação da Faculdade de Direito da USP.

3 *In O direito administrativo do pós-crise* [recurso eletrônico] / coordenação de Maurício Zockun, Emerson Gabardo - Curitiba: Íthala, 2021.

de exceções, ônus e gravames, circunscritos ao absolutamente necessário à superação da crise"[4].

O esforço para a minimização dos prejuízos nesse contexto excepcional, entretanto, não foi suficiente para impedi-los em sua totalidade. É fato notório que, em menor ou em maior grau, as pessoas, as indústrias e os comércios foram impactados.

Levando-se em conta a preservação do estado de direito e admitindo-se o chamado "direito da crise", reflete-se, então, sobre a possibilidade de recair sobre o estado a obrigação de indenizar ou a responsabilidade pelos prejuízos experimentados pelas pessoas físicas e jurídicas a partir das medidas excepcionais impostas.

A presente abordagem, nesse desenvolvimento, ganha contornos de uma particularização da hipótese mais ampla de responsabilidade do estado por atos legislativos[5].

2. Noções gerais sobre obrigação e responsabilidade do estado

Contemporaneamente, a palavra "responsabilidade", em linguagem corrente e mesmo em linguagem jurídica, possui diversos significados.

Herbert HART[6] aponta quatro sentidos principais:

a) "*role-responsibility*" (responsabilidade-"papel"): em que "responsabilidade" significa a atividade que se espera de determinada pessoa no desempenho de função que especialmente lhe é atribuída; p. ex.: os pais são responsáveis por cuidar dos filhos; o capitão é responsável por zelar pela integridade do navio;

b) "*causal-responsibility*" (responsabilidade causal): situação em que ser responsável é ser causador, como na frase "a longa seca foi responsável pela fome na Índia";

c) "*capacity-responsibility*" (responsabilidade-capacidade): que expressa a aptidão de "compreensão, raciocínio e controle" de quem se diz responsável, quanto à sua conduta;

---

4 *In O direito administrativo do pós-crise* [recurso eletrônico] / coordenação de Maurício Zockun, Emerson Gabardo - Curitiba: Íthala, 2021.

5 As ideias tomam por base estudos previamente realizados e publicados pelo primeiro coautor: (i) *Responsabilidade do Estado, in Tratado de direito administrativo*; (ii) "Reflexões sobre a pandemia de COVID-19 no contexto do estado direito brasileiro"; e (iii) "Princípio da legalidade e ações administrativas no âmbito estadual durante a pandemia de COVID-19". (Vide referências completas na bibliografia ao final.)

6 *Punishment and responsibility*, pp. 211 e ss.

d) "*legal liability-responsibility*" (responsabilidade jurídica): aqui um sentido propriamente jurídico de responsabilidade, destacado dos demais, que carregam um aspecto lógico ou moral.

Exploremos este último sentido, pois é a ele que se refere este texto.

A ideia de responsabilidade, em termos jurídicos, importa a sujeição de alguém à sanção prevista em direito, como consequência do descumprimento de uma obrigação. No caso da responsabilidade civil, tipicamente a sanção indenizatória.

Sobre esse ponto, é precisa a lição de Hans KELSEN[7], que aqui se adota:

> Conceito essencialmente ligado com o conceito de dever jurídico, mas que dele deve ser distinguido, é o conceito de responsabilidade. Um indivíduo é juridicamente obrigado a uma determinada conduta quando uma oposta conduta sua é tornada pressuposto de um ato coercitivo (como sanção). Mas este ato coercitivo, isto é, a sanção como consequência do ilícito, não tem de ser necessariamente dirigida [...] contra o indivíduo obrigado, quer dizer, contra o indivíduo cuja conduta é o pressuposto do ato coercitivo, contra o delinquente, mas pode também ser dirigido contra um outro indivíduo que se encontre com aquele numa relação determinada pela ordem jurídica. O indivíduo contra quem é dirigida a consequência do ilícito *responde* pelo ilícito, é juridicamente *responsável* por ele.

Ou seja, obrigação não se confunde com responsabilidade. A obrigação relaciona-se com a conduta cuja não adoção é pressuposto da incidência da sanção.

Já a responsabilidade relaciona-se com a sujeição de alguém à incidência da sanção, independentemente de ter essa pessoa, com sua conduta, descumprido uma obrigação.

Basta pensar que nem sempre quem é o obrigado é o responsável; ou que nem sempre quem é o responsável é o obrigado. Por exemplo, respectivamente, citem-se os casos em que filhos menores descumpram obrigações civis a todos impostas, sendo responsáveis seus pais (Código Civil, art. 932, I); ou casos em que o fiador responde pelo descumprimento de obrigação imposta ao devedor (Código Civil, arts. 818 e ss.).

---

7 *Teoria Pura do Direito*, v. I, pp. 233/234.

Mas, voltando a KELSEN[8], seu pensamento vai além, precisando ainda a distinção entre duas situações que, na prática, revestem-se de traços exteriores de similaridade: a responsabilidade e a obrigação de indenizar.

Há, assim, casos em que o direito faculta, ou mesmo impõe, certa conduta. Nesses termos, por definição trata-se de conduta lícita, à qual não estará associada sanção – pelo contrário, sanção poderá estar associada à conduta oposta – e, portanto, da qual não decorrerá responsabilidade.

Todavia, ao mesmo tempo em que o direito faculta ou impõe tal conduta, admite que ela cause um gravame, um sacrifício, em relação ao direito (subjetivo) de outrem, o que implica – em nome de uma decisão de política legislativa visando a garantir a igualdade de todos perante os encargos públicos – a obrigação (complementar) de que o sujeito obrigado à conduta gravosa quanto a terceiro, indenize o terceiro. Ilustre-se com o caso da desapropriação.

No cenário da pandemia, levando-se em conta a relevância dos serviços médicos e hospitalares e os riscos constantes aos quais os profissionais de saúde estiveram expostos no enfrentamento à COVID-19, houve uma decisão política de indenizá-los na hipótese de incapacidade permanente, ou, em caso de óbito, indenizar cônjuge, dependentes e herdeiros necessários.

A positivação dessa obrigação de indenizar ocorreu na edição da Lei federal nº 14.128, de 26 de março de 2021, que prevê valores para compensação financeira com recursos do Tesouro Nacional[9], de reconhecida natureza indenizatória, sem prejudicar o direito a benefícios previdenciários e assistenciais.

---

8 *Teoria Pura do Direito*, v. I, pp. 240/243.

9 Após a definição sobre quem são os profissionais ou trabalhadores de saúde, previram-se valores para compensação financeira. O valor de R$ 50.000,00 (cinquenta mil reais) será devido ao profissional ou trabalhador de saúde incapacitado permanentemente para o trabalho. Em caso de óbito, esse valor é devido ao cônjuge ou companheiro, seus dependentes e seus herdeiros necessário, com rateio entre os beneficiários, com acréscimo do valor relativo às despesas de funeral. A indenização pode atingir valor ainda maior, pois, caso, na data do óbito, sejam dependentes menores de 21 anos ou de 24 anos se cursando curso superior, o valor da indenização é calculado mediante a multiplicação da quantia de R$ 10.000,00 pelo número de anos inteiros e incompletos que faltarem, para cada um deles, para atingir a idade de 21 anos ou 24 se cursando curso superior. Além disso, aos dependentes com deficiência, independentemente da idade, a indenização será pelo valor resultante da multiplicação da quantia de R$ 10.000,00 pelo número mínimo de 5 anos (vide arts. 1º a 3º).

A aplicação da Lei nº 14.128/2021, no entanto, pende de regulamentação e **é objeto de Ação Direta de Inconstitucionalidade** ainda não julgada pelo Supremo Tribunal Federal[10].

Superado esse exemplo concreto e suas particularidades, voltando-se à obrigação de indenizar de modo geral, tem-se que responsabilidade só haveria em um momento ulterior, caso a obrigação de indenizar – enquanto obrigação que também é – venha a ser descumprida e daí decorra uma sanção.

É, pois, da essência da relação de responsabilidade ser decorrência de um ilícito, como pressuposto de sanção.

Aceito esse conceito de responsabilidade, é preciso ter especial cautela com a ideia de "responsabilidade do estado por ato lícito" – ponto especialmente relevante para a discussão do caso dos atos legislativos (e também dos atos jurisdicionais).

Aqui importa ter consciência da distinção entre "conduta" e "resultado", como elementos integrantes de um conjunto que o direito trata como "ato".

A ilicitude do ato pode estar tanto na conduta, como no resultado – ou em ambos.

Mesmo no regime de "responsabilidade objetiva" (responsabilidade independente da demonstração de culpa do agente) há necessidade de um dano. E o dano, por sua própria definição (jurídica), é ilícito.

Se não há ilícito – se não há sanção de direito especificamente prevista para a situação – não há que se falar em dano. Quanto muito haverá uma contrariedade íntima, subjetiva, da vítima, irrelevante para o direito.

Enfim, para haver responsabilidade, seja ela objetiva ou subjetiva, deve existir um ilícito. E se o ilícito não se situar na conduta do agente, deve ao menos situar-se no resultado.

A perspectiva de haver um resultado ilícito torna desnecessária a discussão sobre responsabilidade do estado por "ato lícito": se o resultado é ilícito, o ato concreto que o causou é ilícito – é ilícito causar dano –, pouco importando se a descrição abstrata da conduta, antes que se concretize, não corresponda a uma tipificação normativa de ilicitude.

---

10 ADI 6970 ajuizada pelo Presidente da República perante o Supremo Tribunal, sob o argumento de "afronta ao devido processo legislativo (artigo 61, § 1º, inciso II, alíneas "c" e "e", da Constituição Federal, e artigo 113 do Ato das Disposições Constitucionais Transitórias) e às condicionantes constitucionais de responsabilidade fiscal para a aprovação de programas de expansão de ações governamentais, sobretudo as fixadas na Emenda Constitucional nº 109/2021".

De resto, se tanto a conduta, quanto o resultado, forem lícitos, não há que se falar em responsabilidade.

A lógica da responsabilidade na vida social é ligada à consideração de que o responsável – no caso, o estado – tenha (por direito e por justiça) que indenizar. E a técnica do direito vem evoluindo, na maioria dos ordenamentos jurídicos, para ampliar a ocorrência da indenização.

Todavia, há situações em que a vontade objetivada da sociedade – ou seja, o direito – legitimamente entende que aquilo que alguém subjetivamente perceba ser um suposto "dano", não o seja para efeito jurídico.

Via de regra, o direito não prestigia o individualismo exacerbado que justificaria qualquer insatisfação pessoal ter uma tutela jurisdicional ressarcitória.

No limite, trata-se da sensibilidade da sociedade, em face da disponibilidade de recursos coletivos, que definirá politicamente (em termos de política legislativa) quais situações jurídicas serão consideradas "danos" (ilícitos), ou seja, ensejarão a mobilização dos instrumentos de direito para que se produza a "indenização" (sanção).

3. Responsabilidade por atos legislativos

A definição de responsabilidade civil por referência a um *ilícito*, ainda que seja um resultado ilícito (dano) de uma conduta, em tese, lícita, suscita o problema teórico de como enquadrar a questão da responsabilidade do estado por atos materialmente legislativos.

Isso porque os atos materialmente legislativos, em princípio, expressam o sentido do lícito. Ao menos, "em princípio".

Antes de avançar sobre o ponto em foco, vale lembrar que órgãos do Poder Legislativo também praticam atos administrativos ou, em situação mais rara, atos jurisdicionais. Explique-se melhor o tema, introduzindo-se uma distinção pelos qualificativos "material" e "formal". A questão central de que ora se cogita é justamente aquela atinente aos atos praticados pelo Poder Legislativo que sejam materialmente legislativos.

Detalhando e sistematizando melhor, o Poder Legislativo pode praticar:

a) *ato formal e materialmente legislativo* (por exemplo: emendas à constituição e leis – com conteúdo material de leis, conforme será esclarecido a seguir);

b) *ato formalmente legislativo e materialmente administrativo* (por exemplo: leis com conteúdo material de atos administrativos, conforme também será esclarecido a seguir);

c) *ato formalmente legislativo e materialmente jurisdicional* (por exemplo: a resolução pela qual se julga o Presidente da República em crime de responsabilidade, nos termos do art. 35 da Lei nº 1.079/1950);

d) *ato formal e materialmente administrativo* (por exemplo: contrato administrativo).

Observe-se que é mais duvidoso identificarem-se, entre os atos praticados pelo Poder Legislativo, um ato *formalmente administrativo e materialmente legislativo* – ou seja, com conteúdo regulamentar, mas veiculado por ato que formalmente não é lei. Isso porque a Constituição (art. 59) considerou parte do "processo legislativo" atos como resoluções e decretos legislativos. Esses atos, de todo modo, poderiam bem ser ditos "nominalmente" *formalmente legislativos* e "verdadeiramente" *formalmente administrativos*.

Por outro lado, o Poder Executivo e o Poder Judiciário praticam atos *formalmente administrativos e materialmente legislativos*; é o caso, por exemplo, respectivamente, do decreto regulamentar expedido pelo Presidente da República e de uma resolução de um tribunal veiculando seu regimento interno.

Aprofunde-se, agora, a distinção entre atos formal e materialmente legislativos, o que remete à distinção entre legalidade formal e legalidade material.

Muitas vezes a menção à legalidade (*tout court*) induz espontaneamente à consideração da origem formal do ato legislativo: a lei como ato de vontade produzido pelo parlamento, independentemente de seu conteúdo.

Essa dimensão formal da legalidade, de fundamental importância para o estado de direito ocidental, ressalta o valor democrático, o valor da participação da vontade dos destinatários da norma em sua produção – para invocar aqui a definição kelseniana de democracia.

A noção formal de lei remete, no caso brasileiro, ao processo legislativo constitucionalmente traçado e aos tipos de "lei" arrolados no artigo 59 da Constituição da República.

Mas, ao lado da dimensão formal, igualmente relevante é a dimensão material, que toma a lei (para efeito da legalidade) como norma jurídica com conteúdo geral e abstrato[11].

11 Generalidade e abstração não são qualificativos que necessariamente coincidem em uma norma, ainda que seja usual essa coincidência. *Generalidade* diz respeito

Nas palavras de Léon DUGUIT:

> Do ponto de vista material o princípio de legalidade consiste nisto: em um estado de direito, nenhuma autoridade pode jamais tomar uma decisão individual, senão nos limites fixados por uma disposição de caráter geral, quer dizer, por uma lei no sentido material.[12]

Decorre, pois, do sentido (material) de lei como norma geral e abstrata um viés protetivo da igualdade, na medida em que a generalidade e a abstração tendem a impedir que determinada decisão jurídica (no caso, uma decisão legislativa) seja tomada especialmente para beneficiar ou para prejudicar alguém.

Não que isso seja uma garantia absoluta da isonomia. Sabe-se que mesmo normas gerais e abstratas podem ser elaboradas sob a inspiração velada (ou não) de favorecer ou lesar os interesses de algum ou alguns indivíduos. Ainda assim, é válido apontar a tendência de que essa consequência seja mais dificilmente atingida por uma norma geral e abstrata – que incidirá sobre situações reais futuras, ainda não conhecidas, e sobre sujeitos potencialmente variados – do que por uma norma individual e concreta que não se fundamente em uma norma anterior geral e abstrata.

Retomando o ponto da responsabilidade do estado, quando está em questão um dano causado por ato apenas formalmente legislativo, mas materialmente administrativo – ou seja, uma lei aprovada segundo o processo legislativo, mas com conteúdo de norma individual e/ou concreta –, aplica-se a mesma lógica das situações de responsabilidade do estado no exercício de função administrativa.

aos sujeitos aos quais se destina, sendo eles tomados de modo universal (por oposição à individualidade da norma, caso em que a norma se dirige a determinado ou determinados indivíduos); *abstração* refere-se ao objeto da hipótese de incidência da norma, vislumbrando-se uma situação hipotética que, no plano factual, pode vir a ocorrer ou não (por oposição à concretude da norma, que supõe aplicação da norma para determinado caso concreto factualmente existente e identificado). Para maiores desenvolvimentos a respeito do tema, até mesmo com o cruzamento desses binômios (generalidade-individualidade, abstração-concretude) com mais um: coletividade-pessoalidade (este referente aos sujeitos que elaboram a norma), ver: BOBBIO, Norberto. *Contribución a la teoría del derecho,* pp. 295-298.

12 *Leçons de droit public général,* p. 275.

Diversa, entretanto, é a hipótese de se conceber a responsabilidade por atos *materialmente* legislativos. Nessa hipótese, vislumbram-se certas dificuldades desde o plano conceitual, dado o caráter normativo *geral e abstrato* do ato supostamente "causador" do dano.

Ora, como cogitar de nexo de causalidade, em relação a um efeito danoso, em virtude de algo que é geral e abstrato? É a concretização do comando normativo – o que envolve ao menos outro ato, individual e concreto – que causará, eventualmente, o dano.

De todo modo, pode-se argumentar com a ideia de uma cadeia causal, considerando-se juridicamente a norma geral e abstrata como a causa relevante, ainda que mediata, do dano – este sendo imediatamente provocado por outro ato que tenha dado concretização à norma geral e abstrata.

Mesmo nesse ponto, duas hipóteses têm que ser distintas.

Em primeiro lugar, a hipótese em que o ato de concretização desvia-se do comando normativo geral e abstrato. Nessa hipótese, claramente o ilícito não tem sua origem causal na norma geral e abstrata e não se põe a questão sobre responsabilidade por ato materialmente legislativo.

Em segundo lugar, a hipótese em que o ato de concretização segue adequadamente o comando normativo geral e abstrato. Nessa hipótese, sim, é que faz sentido cogitar-se de responsabilidade por ato materialmente legislativo.

Todavia, nessa segunda hipótese, é preciso, para que haja *responsabilidade*, identificar-se um ilícito no resultado da aplicação da norma.

Então surge nova questão: como cogitar-se de ilicitude de algo que já se concebe como o *correto* resultado de aplicação de uma norma legal? A *correta* aplicação da lei pode resultar em *ilícito*?

A resposta a essa última questão não provoca maiores dificuldades em um sistema jurídico, como o brasileiro que desde há mais tempo afastou-se do princípio da supremacia normativa da lei ("lei", aqui, tomada em sentido estrito: lei formal especificamente identificada como ato infraconstitucional[13]), acolhendo a supremacia normativa da constituição.

Recordando a fórmula empregada por Rainer WAHL a respeito do direito alemão, mas perfeitamente aplicável ao caso brasileiro atual:

13 Cabe a ressalva na medida em que, no caso brasileiro, as emendas à constituição estão incluídas no rol de atos formalmente legislativos, elaborados via processo legislativo (Constituição, art. 59).

> Para a administração, a lei não está mais 'pronta para o uso', ponto de partida insuscetível de ser posto em dúvida na sua ação; as leis devem constantemente ser verificadas quanto à sua constitucionalidade, da mesma maneira que toda aplicação ao caso específico é submetida aos critérios e ao controle de constitucionalidade.[14]

Nesse contexto, a lei é francamente suscetível a um controle de constitucionalidade, podendo eventualmente ter os resultados de sua aplicação tidos por ilícitos.

A resposta bastante consensual[15] para a questão acima formulada é, pois, reconhecer-se a responsabilidade civil do estado por danos decorrentes da aplicação de atos materialmente legislativos que tenham sido julgados inconstitucionais.

No Brasil, qualquer juiz pode controlar a constitucionalidade das leis, via controle difuso, ainda que decisões das instâncias inferiores ao Supremo Tribunal Federal possam apenas produzir efeitos *in concreto* e *inter partes*.

Ou seja, não é necessário o julgamento principal e abstrato da inconstitucionalidade de um ato materialmente legislativo, pelo STF, para que se chegue ao reconhecimento de responsabilidade do estado em virtude desse mesmo ato. É certo que, se o STF o fizer, tanto mais provável a busca de indenização – salvo que o STF, ao fazê-lo, module efeitos da decisão para não afetar atos praticados anteriormente à decisão de inconstitucionalidade (Lei 9.868/1999, art. 27).

14 WAHL, Rainer. Aux origines du droit public allemand contemporain. *Revue du Droit Public et de la Science Politique en France et à l'Étranger*. nº 3. p. 820. Paris: LGDJ. maio-jun. 2007.

15 Além de monografias específicas sobre o tema de Maurício ZOCKUN (*Responsabilidade patrimonial do Estado: matriz constitucional, a responsabilidade do Estado por atos legislativos, a obrigatoriedade de prévia indenização e a responsabilidade pessoal do parlamentar*) e de Juliana Cristina LUVIZOTTO (*Responsabilidade civil do estado legislador*), ver em especial as obras de: BACELLAR FILHO, Romeu Felipe. *Direito administrativo e o novo Código Civil*; CAHALI, Yussef Said. *Responsabilidade civil do Estado*; CAVALIERI FILHO, Sergio. *Programa de responsabilidade civil*; CRETELLA JR., José. *O Estado e a obrigação de indenizar*; e ZANCANER, Weida. *Da responsabilidade extracontratual da administração pública*. Também a jurisprudência do Superior Tribunal de Justiça afirma-se nesse sentido: AgInt no REsp 1705508, Rel. Min. Herman Benjamin, 2ª T, j. 17/4/2018; REsp 201972, Rel. Min. Demócrito Reinaldo, 1ª T, j. 17/6/1999; REsp 202125, Rel. Min. Demócrito Reinaldo, 1ª T, j. 4/5/1999; REsp 170347, Rel. Min. Demócrito Reinaldo, 1ª T, j. 17/11/1998.

4. Principal norma sobre polícia administrativa no contexto da pandemia no Brasil

Com esses pressupostos, pode-se concluir com considerações sobre o modo que o Brasil tratou, legislativamente, das possíveis restrições à liberdade individual no contexto da pandemia.

A principal norma legal que fundamenta as referidas restrições à liberdade é a Lei federal nº 13.979, de 6 de fevereiro de 2020.

De plano, a Lei invoca elementos típicos da legitimação de medidas administrativas de restrição da liberdade individual (ou seja, medidas de polícia administrativa) em defesa da saúde coletiva – o que implica dizer, da própria vida dos indivíduos:

> Art. 1º Esta Lei dispõe sobre as medidas que poderão ser adotadas para enfrentamento da emergência de saúde pública de importância internacional decorrente do coronavírus responsável pelo surto de 2019.
>
> § 1º As medidas estabelecidas nesta Lei objetivam a proteção da coletividade.

A Lei arrola então as medidas que podem ser aplicadas para esse fim:

> Art. 3º Para enfrentamento da emergência de saúde pública de importância internacional decorrente do coronavírus, as autoridades poderão adotar, no âmbito de suas competências, dentre outras[16], as seguintes medidas:
>
> I - isolamento;
>
> II - quarentena;
>
> III - determinação de realização compulsória de:
>
> a) exames médicos;
>
> b) testes laboratoriais;
>
> c) coleta de amostras clínicas;
>
> d) vacinação e outras medidas profiláticas; ou

16 A abertura discricionária dada pelo "dentre outras" parece-me potencialmente um desrespeito ao princípio da legalidade. Ora, se é a lei que estabelece as possíveis medidas de restrição à liberdade dos indivíduos, essas "outras" medidas apenas poderiam ser adotadas por autoridades estatais se também vierem a ser previstas em lei. De todo modo, na prática, as medidas já previstas expressamente nesta Lei mostraram-se suficientes para as ações administrativas subsequentes.

> e) tratamentos médicos específicos;
>
> IV - estudo ou investigação epidemiológica;
>
> V - exumação, necropsia, cremação e manejo de cadáver;
>
> VI - restrição excepcional e temporária, conforme recomendação técnica e fundamentada da Agência Nacional de Vigilância Sanitária, por rodovias, portos ou aeroportos de:
>
> a) entrada e saída do País; e
>
> b) locomoção interestadual e intermunicipal;
>
> VII - requisição de bens e serviços de pessoas naturais e jurídicas, hipótese em que será garantido o pagamento posterior de indenização justa; e
>
> VIII - autorização excepcional e temporária para a importação de produtos sujeitos à vigilância sanitária sem registro na Anvisa, desde que:
>
> a) registrados por autoridade sanitária estrangeira; e
>
> b) previstos em ato do Ministério da Saúde.

Gostaria de destacar ainda um aspecto peculiar da Lei, trazido no § 1º do artigo 3º, acima transcrito:

> § 1º As medidas previstas neste artigo somente poderão ser determinadas com base em evidências científicas e em análises sobre as informações estratégicas em saúde e deverão ser limitadas no tempo e no espaço ao mínimo indispensável à promoção e à preservação da saúde pública.

Com efeito, por força desse dispositivo, as autoridades administrativas que aplicarão a Lei têm o dever de motivar suas decisões com base em argumentos científicos, o que legitima um controle judicial de legalidade com fundamento na ciência.

Essa Lei, por diversos de seus aspectos, foi questionada perante Supremo Tribunal Federal (STF), o qual, em suma, considerou-a constitucional. Pode-se mesmo detectar por parte do STF um movimento de autocontenção, tendente a prestigiar a validade das decisões legislativas e administrativas, e mesmo tendente a permitir que Estados e Municípios exerçam com mais margem sua autonomia.

E o parâmetro dessa autocontenção do STF – preservado o sempre necessário juízo de não contrariedade às normas constitucionais – foi justamente o fundamento técnico-científico das normas jurídicas submetidas ao controle de constitucionalidade[17].

---

17 Citem-se alguns exemplos, não necessariamente referentes à Lei nº 13.979/20, mas no mesmo contexto:
• Apreciando a medida cautelar em ação direta de inconstitucionalidade (ADI-MC nº 6.341, Rel. Min. Marco Aurélio, Plenário, julgamento em 15.4.2020), tendo por objeto diversos dispositivos da própria Lei nº 13.979/20, o Tribunal considerou-os constitucionais, validando a opção do legislador. Nesse julgamento, o Tribunal cuidou ainda de aspectos federativos, afirmando a competência legislativa concorrente dos entes federativos sobre a matéria de proteção à saúde e afirmando que a competência administrativa comum a todos eles permite que o Presidente da República defina por decreto os serviços públicos e atividades essenciais que devam continuar em funcionamento, resguardando-se, porém, a autonomia dos entes locais.
• Decidindo liminarmente, em medida cautelar em ação direta de inconstitucionalidade (ADI-MC nº 6.363, Rel. Min. Ricardo Lewandowski, decisão monocrática, julgamento em 6.4.2020) tendo por objeto a Medida Provisória nº 963/20, a qual alterara regras da legislação trabalhista, o Ministro Relator afirmou textualmente em suas razões de decidir que, sem abrir mão de sua função de exercer o controle de constitucionalidade, "o Poder Judiciário, como um todo, e Supremo Tribunal Federal, em particular, precisa agir com extrema cautela diante das graves proporções assumidas pela pandemia da Covid-19" e que "cumpre à Suprema Corte enfrentar a questão sob exame com a devida parcimônia, buscando preservar ao máximo o texto normativo sob ataque".
• Julgando uma arguição de descumprimento de preceito fundamental (ADPF nº 671, Rel. Min. Ricardo Lewandowski, decisão monocrática, julgamento em 3.4.2020), pela qual se pretendia que o Tribunal obrigasse a administração pública a tomar medidas visando à utilização dos leitos de unidades de tratamento intensivo de hospitais privados durante a pandemia de COVID-19, o Ministro Relator não conheceu a ação (ou seja, entendeu-a de plano processualmente incabível), afirmando que a ação em questão: "não constitui meio processual hábil para acolher a pretensão nela veiculada, pois não cabe ao Supremo Tribunal Federal substituir os administradores públicos dos distintos entes federados na tomada de medidas de competência privativa destes, até porque não dispõe de instrumentos hábeis para sopesar os distintos desafios que cada um deles enfrenta no combate à Covid-19".
• No julgamento, ainda liminar, de uma arguição de descumprimento de preceito fundamental (ADPF nº 672, Rel. Min. Alexandre de Moraes, decisão monocrática, julgamento em 8.4.2020), pela qual se pretendia que o Tribunal obrigasse o Presidente da República a tomar certas atitudes no âmbito de sua competência e se abstivesse de comportamentos em desacordo com orientações das autoridades sanitárias, o Ministro Relator considerou incabível, que o Poder Judiciário determinasse ao Presidente da República a tomada de medidas administrativas específicas – "Não compete ao Poder Judiciário substituir o juízo de conveniência e oportunidade realizado pelo Presidente da República no exercício de suas competências constitucionais" – resguardando, no entanto, a competência do Tribunal para a "verificação da exatidão do exercício dessa discricionariedade executiva perante a constitucionalidade das medidas tomadas". Ao mesmo tempo, o Ministro Relator

5. Precedentes judiciais

Partindo-se da premissa de que a Lei nº 13.979/20 foi considerada, em abstrato, constitucional, podem ser formuladas duas hipóteses:

(i) Por um lado, a hipótese em que o ato administrativo de concretização da lei segue adequadamente o comando normativo geral e abstrato. Nessa hipótese, sim, faz sentido cogitar-se de responsabilidade por ato materialmente legislativo.

Porém, tratando-se de ato legislativo já julgado em tese constitucional, sua adequada aplicação ao caso concreto, por definição, não causará "dano" a ensejar responsabilidade.

(ii) Por outro lado, a hipótese em que o ato administrativo de concretização da lei desvia-se do comando normativo geral e abstrato. Nessa hipótese, claramente o ilícito não tem sua origem causal na norma geral e abstrata e não se põe a questão sobre responsabilidade por ato materialmente legislativo.

Considerando, pois, o que disse logo acima, quanto à constitucionalidade da Lei nº 13.979/20, medidas restritivas de liberdade com finalidade sanitária, com potenciais impactos de lesão patrimonial (ou moral) sobre indivíduos (ou pessoas jurídicas) – p. ex.: restrição ao funcionamento de estabelecimentos comerciais, restrição da locomoção pessoal – devem receber o tratamento regular de análise caso a caso sobre abusos ou desvios no momento em que incide o ato administrativo individual e concreto.

Esse exame tem sido realizado pelos Tribunais de Justiça dos Estados a partir da judicialização de demandas visando à obtenção de

---

decidiu que: "não compete ao Poder Executivo federal afastar, unilateralmente, as decisões dos governos estaduais, distrital e municipais que, no exercício de suas competências constitucionais, adotaram ou venham a adotar, no âmbito de seus respectivos territórios, importantes medidas restritivas como a imposição de distanciamento/isolamento social, quarentena, suspensão de atividades de ensino, restrições de comércio, atividades culturais e à circulação de pessoas, entre outros mecanismos reconhecidamente eficazes para a redução do número de infectados e de óbitos, como demonstram a recomendação da OMS (Organização Mundial de Saúde) e vários estudos técnicos científicos, como por exemplo, os estudos realizados pelo *Imperial College of London*, a partir de modelos matemáticos (*The Global Impact of COVID-19 and Strategies for Mitigation and Suppression*, vários autores; *Impact of non-pharmaceutical interventions (NPIs) to reduce COVID 19 mortality and healthcare demand*, vários autores)".

indenização pelos prejuízos compreendidos como consequências das medidas restritivas impostas.

Nesse contexto, destacam-se as ações civis públicas ajuizadas pela Associação Brasileira de Bares e Restaurantes (ABRASEL)[18] perante todos os tribunais de justiça dos estados e do distrito federal[19], visando à condenação dos estados e municípios no pagamento de indenização por perdas sofridas a partir das restrições das atividades de bares e restaurantes impostas por atos administrativos no contexto pandêmico.

Nas petições iniciais, sustenta, em essência, que os atos administrativos que impuseram a paralisação e a restrição das atividades empresariais que não fossem consideradas essenciais significaram infração à ordem econômica. Afirma a existência de nexo de causalidade entre a conduta administrativa e os danos experimentados, pois estes foram provocados pelos atos de restrição. De forma subsidiária, aponta ausência de motivação dos atos administrativos, maculando-os de ilicitude.

As sentenças proferidas até o momento julgaram improcedente o pedido ou extinguiram o feito sem resolução do mérito[20].

O juízo da 16ª Vara da Fazenda Pública da Capital do Tribunal de Justiça de São Paulo, por exemplo, entendeu que todos os atos administrativos de restrição foram amparados em estudos científicos adotados na maior parte do mundo, com o escopo de proteger a saúde da população. Quanto aos danos experimentados, decidiu que "não foram provo-

18 <https://abrasel.com.br/noticias/noticias/bares-e-restaurantes-vao-a-justica-contra-estados-e-municipios-para-pedir-indenizacao-por-fechamentos/> acesso em 10/05/2022.

19 TJAC 0709050-70.2021.8.01.0001; TJAL 0714192-28.2021.8.02.0001; TJAM 0670253-41.2021.8.04.0001; TJAP 0020582-28.2021.8.03.0001; TJBA 8055710-16.2021.8.05.0001; TJCE 0236061-93.2021.8.06.0001; TJDFT 0703462-63.2021.8.07.0018; TJES 5000433-41.2021.8.08.0047; TJGO 5283726-80.2021.8.09.0051; TJMA 0821994-63.2021.8.10.0001; TJMG 5073642-74.2021.8.13.0024; TJMS 0818936-95.2021.8.12.0001; TJMT 1020516-83.2021.8.11.0041; TJPA 0830179-52.2021.8.14.0301; TJPB 0818921-59.2021.8.15.2001; TJPE 0039219-51.2021.8.17.2001; TJPI 0817760-84.2021.8.18.0140; TJRJ 0123946-69.2021.8.19.0001; TJRO 7029872-17.2021.8.22.0001; TJRS 5056724-42.2021.8.21.0001; TJSE 0031272-07.2021.8.25.0001; TJSP 1034448-85.2021.8.26.0053; Não foi possível localizar as ações distribuídas perante TJPR, TJRN, TJRR, TJSC e TJTO.

20 Pesquisa realizada em 10/05/2022, quando identificadas sentenças de extinção do processo sem resolução do mérito em razão do indeferimento da petição inicial (TJAC e TJCE), sentenças de improcedência do pedido (TJSP e TJDFT) e um acórdão de segundo grau, que manteve a improcedência do pedido decidida em primeiro grau (TJRJ). Os demais feitos não estavam sentenciados quando da pesquisa.

cados por ação ou omissão do Estado, mas em virtude de força-maior, que é a pandemia"[21].

Na mesma linha, a sentença prolatada pelo juízo da 6ª Vara da Fazenda Pública do Distrito Federal do Tribunal de Justiça do Distrito Federal e dos Territórios[22] entendeu que "a alegação de falta de evidências científicas para a fundamentação dos atos administrativos parte da idealização de uma teoria da negação, porque implica em cerrar os olhos ao fato notório". Salientou o descabimento de "indenização de todo e qualquer dano advindo do ato administrativo necessário nos casos extremos, menos ainda aqueles impulsionados à preservação da vida humana como no caso posto".

No enfrentamento do mérito, além das sentenças referidas, houve julgamento já em segunda instância pelo Tribunal de Justiça do Rio de Janeiro[23] que, em fase de recurso de apelação, manteve a sentença de improcedência e reafirmou a inexistência de ilicitude dos atos normativos editados pelos entes federativos, que aconteceram em conformidade à competência reconhecida pelo STF e refletiram as recomendações das autoridades científicas.

Tratando-se de pedidos semelhantes e decisões de tribunais distintos, pode-se admitir, ao menos a princípio, indícios de uma inclinação dos tribunais de justiça ao reconhecimento da validade dos atos administrativos instituídos pelas autoridades locais para enfrentamento da pandemia, sem reconhecer-se responsabilidade do estado.

Na linha da constitucionalidade da Lei nº 13.979, tem-se julgado, pelo que até agora se verifica, suficiente a motivação científica dos atos administrativos em concreto, em consonância ao comando normativo geral e abstrato.

6. Conclusão

O cenário da pandemia de COVID-19 foi marcado por inúmeras perdas, com alastramento da crise que se inicia na saúde e logo alcança a estrutura social em toda a sua complexidade, com prejuízo direto ao desenvolvimento econômico.

A adoção de medidas restritivas para o combate da pandemia revelou-se imperiosa, com principal suporte legal na Lei nº 13.979/20.

21 1034448-85.2021.8.26.0053, julgado em 26/01/2022.

22 0703462-63.2021.8.07.0018, julgado em 28/04/2022.

23 0123946-69.2021.8.19.0001, julgado em 22/03/2022.

Na hipótese de alegação de lesão a direitos, com imputação ao ente público da responsabilidade por prejuízos advindos dessas medidas restritivas, vale recordar, de início, que a responsabilidade jurídica não ostenta um aspecto lógico ou moral. Nasce do descumprimento de uma obrigação que conduz à sanção prevista em direito.

Ademais, o Supremo Tribunal Federal reputou constitucional o texto da Lei nº 13.979/20, de modo que somente o ato concreto que se distanciasse de seus termos, com desrespeito ao que se estabeleceu como comando normativo geral e abstrato, poderia, em tese, caracterizar ilícito a atrair a responsabilidade do estado.

De resto, caso o Estado brasileiro entenda cabível criar, por lei, indenizações ou subsídios em geral, com o sentido de compensar, de modo amplo, perdas econômicas sofridas por indivíduos ou por setores econômicos, como na referida Lei nº 14.128/21, não estaria caracterizada hipótese de "responsabilidade do estado", senão, pelas razões expostas ao longo desta apresentação, hipótese de lei criando para o estado a "obrigação de indenizar", sob regime jurídico diverso do da responsabilidade.

7. Bibliografia

BACELLAR FILHO, Romeu Felipe. *Direito administrativo e o novo Código Civil*. Belo Horizonte: Fórum, 2007.

BOBBIO, Norberto. *Contribución a la teoría del derecho* (trad. Alfonso Ruiz Miguel, a partir da edição italiana). Valencia: Fernando Torres Editor, 1980.

CAHALI, Yussef Said. *Responsabilidade civil do Estado*. 4ª ed. São Paulo: Ed. RT, 2012.

CAVALIERI FILHO, Sergio. *Programa de responsabilidade civil*. 10ª ed. São Paulo: Atlas, 2012.

CRETELLA JR., José. *O Estado e a obrigação de indenizar*. São Paulo: Saraiva, 1980.

DUGUIT, Léon. *Leçons de droit public général*. Paris: Éditions la Mémoire du Droit, 2000 (edição facsimilar de Paris: E. de Boccord, 1926).

FERREIRA, Sergio de Andréa. "Crise pandêmica, direito excepcional e conflito intrafederativo", *in O direito administrativo do pós-crise [recurso eletrônico]* / coordenação de Maurício Zockun, Emerson Gabardo - Curitiba: Íthala, 2021.

HART, Herbert. L. A.. *Punishment and responsibility:* essays in the philosophy of law (reimpressão da edição de 1968 da Oxford University Press). Oxford: Clarendon Press, 1998.

KELSEN, Hans. *Teoria Pura do Direito*, v. I (trad. João Baptista Machado, a partir da edição de 1960). Coimbra: Arméio Amado, 1962.

LUVIZOTTO, Juliana Cristina. *Responsabilidade civil do estado legislador*. São Paulo: Almedina, 2015.

MENEZES DE ALMEIDA, Fernando. "Reflexões sobre a pandemia de COVID-19 no contexto do estado direito brasileiro". Revista *Il diritto dell'economia*, v. 101 (ano 66). STEM Mucchi Editore: Modena, 2020.

____. "Princípio da legalidade e ações administrativas no âmbito estadual durante a pandemia de COVID-19", *in* Augusto Dal Pozzo, Márcio Cammarosano (org.), *As implicações da COVID-19 no direito administrativo*. São Paulo, RT, 2020.

____. *Responsabilidade do Estado, in Tratado de direito administrativo*, vol. VII (coord. Maria Sylvia Zanella Di Pietro). 2ª ed. São Paulo: Revista dos Tribunais/Thomson Reuters Brasil, 2019.

WAHL, Rainer. *"Aux origines du droit public allemand contemporain", in Revue du Droit Public et de la Science Politique en France et à l'Étranger*, nº 3, mai/jun. Paris: LGDJ, 2007.

ZANCANER, Weida. *Da responsabilidade extracontratual da administração pública*. São Paulo: Ed. RT, 1981.

ZOCKUN, Maurício. *Responsabilidade patrimonial do Estado: matriz constitucional, a responsabilidade do Estado por atos legislativos, a obrigatoriedade de prévia indenização e a responsabilidade pessoal do parlamentar*. São Paulo: Malheiros, 2010.

A DECISÃO COORDENADA: NOTAS E REFLEXÕES INICIAIS

Gustavo Binenbojm[1]
André Cyrino[2]

I. Introdução

Este breve artigo volta-se à análise inicial das alterações promovida pela Lei nº 14.210/2021 na Lei nº 9.784/1999 ("Lei de Processo Administrativo federal" – LPA). Especificamente, examina-se o que o legislador denominou *decisão coordenada* no âmbito da Administração Pública federal. Trata-se do instituto agora disposto nos artigos 49-A a 49-G da Lei nº 9.784/1999, e definido como: "*a instância de natureza interinstitucional ou intersetorial que atua de forma compartilhada com a finalidade de simplificar o processo administrativo mediante participação concomitante de todas as autoridades e agentes decisórios e dos responsáveis pela instrução técnico-jurídica, observada a natureza do objeto e a compatibilidade do procedimento e de sua formalização com a legislação pertinente*" (art. 49-A, § 1º, LPA).

A ideia subjacente a essa modalidade de ação administrativa é singela: se há mais de um envolvido para determinada decisão pública, seria possível simplificar e reunir, de antemão, todos os participantes para a formação de uma manifestação conjunta. Nada obstante a aparente simplicidade, há preocupações e dúvidas sobre como isso funcionará. Este artigo tenta iniciar algum tipo de debate.

De toda forma, como qualquer exame de legislação recente, este estudo registra mais dúvidas e inquietações do que propriamente convicções. Até mesmo porque, a Lei nº 14.210/2021 apenas fornece diretrizes gerais sobre a decisão coordenada, o que dá margem a um significativo espectro de possibilidades no que diz respeito à sua operacionalização nos mais variados órgãos governamentais e instâncias administrativas.

Este texto segue um roteiro de 4 tópicos. No primeiro, examinam-se as origens e primeiras experiências (estrangeiras e estaduais) do insti-

1 Professor titular de Direito Administrativo da Universidade do Estado do Rio de Janeiro (UERJ), doutor e mestre em Direito Público pela UERJ, *Master of Laws* (LL.M.) pela Yale Law School. Procurador do Estado do Rio de Janeiro e advogado.

2 Professor adjunto de Direito Administrativo da Universidade do Estado do Rio de Janeiro (UERJ), doutor e mestre em Direito Público pela UERJ, *Master of Laws* (LL.M.) pela Yale Law School. Procurador do Estado do Rio de Janeiro e advogado.

tuto. No segundo, fazem-se anotações sobre o processo legislativo que culminou na edição da Lei nº 14.210/2021. No terceiro item, registramos reflexões críticas iniciais sobre o tema. Ao final, são feitas considerações conclusivas.

II. Genealogia e primeiras experiências no Brasil

2.1. Influências italiana e portuguesa: a *conferenza di servizi* italiana e a conferência procedimental portuguesa

Inicie-se pela inspiração italiana da *decisão coordenada*: a *conferenza di servizi*[3]. Trata-se de instituto que surgiu nas normas italianas para, em princípio, disciplinar certas atividades administrativas relacionadas a ordenações específicas, como questões urbanísticas, energia elétrica e destinação de resíduos sólidos. Foi apenas após a edição da Lei de Procedimento Administrativo italiana de 1990 (Lei nº 241) que o instituto passou a ter eficácia para toda a Administração P*ública. Já nos anos 2000, a conferenza di servizi* tomou novos contornos – sem prejuízo de sua eficácia nacional –, especialmente com inovações em sua modalidade decisória, encampadas pela Lei de Simplificação Administrativa (Lei nº 340/2000) e pela Lei nº 15/2005.

O regramento do instituto na Itália teve por escopo a observância do princípio do bom andamento da Administração P*ública (cf. art. 97 da Constituição* italiana). Visava, para tanto, *à simplificação e à* consensualidade entre diferentes instâncias administrativas como formas de desburocratização dos trâmites governamentais. O instituto italiano tem como propósito a outorga de autorizações, atos, licenças e permissões, dentre outros, mediante convocação de um colegiado especial, cujos termos são, especificamente, definidos por lei[4].

Como se extrai da Lei de Procedimento Administrativo italiana, há três formas distintas de *conferenza di servizi. São elas: conferenza*

---

3 RAGAZZO, Massimo. *La conferenza di servizi: esiti della riforma ex lege* n. 15/2005 *e novità giurisprudenziali. In*: LexItalia.it – *Rivista Internet di diritto pubblico*, n. 3-2002. Disponível em: <http://www.lexitalia.it/articoli/radazzo_conferenza.htm>. Acesso em 19 mar. 2022; TRAVERSA, Emanuele. *La Conferenze dei servizi: Semplificazione amministrativa nella Pubblica Amministrazione. In*: *Overlex Portale Giuridico*. Disponível em: <http://www.overlex.com>. Acesso em 19 mar. 2022; TALANI, Mário. *La Conferenza di Servizi. Nuovi Orientamenti Giurisprudenziali*. Milano: Giuffrè, 2008; e CARINGELLA, Francesco. Corso di Diritto Amministrativo. Tomo II, Milano: Giuffrè, 2003.

4 RAGAZZO, Massimo. Ibid.

instruttoria (investigativa), *conferenza predecisoria* (preparatória) e *conferenza decisoria* (decisória). Embora todas tenham o mesmo objetivo preliminar de buscar celeridade e coordenação no âmbito da Administração P*ública, cada qual tem suas particularidades.* Em linhas gerais, a conferência investigativa possui função instrumental de coordenação e informação, mas não tem efeitos vinculantes. Já a conferência preliminar é restrita a situações específicas, em que haja alta complexidade, como é o caso de obras públicas, e suas conclusões podem gerar tanto recomendações como exigências. Por último, a conferência decisória – que mais parece se assemelhar à decisão coordenada instituída pela Lei nº 14.210/2021 – *é* uma manifestação plural final que substitui as decisões individuais dos órgãos governamentais participantes[5]. Esta última modalidade de *conferenza di servizi* é obrigatória para toda a Administração P*ública e, de acordo com a jurisprudência italiana, não constitui órgão autônomo, mas módulo procedimental pré-ordenado* capaz de facilitar a aprovação final por parte da Administração *Pública*[6].

Já a chamada "conferência procedimental", instituída como grande inovação do Código de Procedimento Administrativo português (cf. arts. 77º a 81º) e inspirada na *conferenza di servizi* italiana, assume duas modalidades: a conferência deliberativa[7] e a de coordenação[8]. Como no caso italiano, seus objetivos também são os de desburocratizar o processo decisório e aumentar tanto sua celeridade quanto sua coerência, em consonância com a ideia de boa administração[9].

---

5 TRAVERSA, Emanuele. Ibid.

6 RAGAZZO, Massimo. Ibid.

7 "Destinada ao exercício conjunto das competências decisórias dos órgãos participantes através de um único ato de conteúdo complexo, que substitui a prática, por cada um deles, de atos administrativos autónomos" (art. 77º, nº 3, "a")

8 "Destinada ao exercício individualizado, mas simultâneo, das competências dos órgãos participantes, através da prática, por cada um deles, de atos administrativos autónomos" (art. 77º, nº 3, "b")

9 QUADROS, Fausto de. A REVISÃO DO CÓDIGO DO PROCEDIMENTO ADMINISTRATIVO: PRINCIPAIS INOVAÇÕES. *In*: O Novo Código do Procedimento Administrativo, Conferências do CEJ 2014-2015 (org. CARVALHO, Ana Celeste). Centro de Estudos Judiciários, out. 2016, p. 20. Disponível em: <https://www.stimpostos.pt/wp-content/uploads/2017/10/20161010 -o-novo-codigo-do-procedimento-administrativo-conferencias-do-cej-2014-2015-outubro--2016-cej.pdf>. Acesso em 19 mar. 2022.

De acordo com o art. 77º, nºs 1 e 2, do CPA português, a conferência procedimental pode ser definida como "*um procedimento inserido em outro ou outros procedimentos a fim de propiciar o exercício em comum ou conjugado das competências de diversos órgãos da Administração Pública*". Para Sérvulo Correia[10], essa definição congrega três vertentes: (*i*) uma vertente estrutural, no sentido de que se trata de procedimento acessório, intercalado a outro(s) procedimento(s); (*ii*) uma vertente funcional, a qual denota um procedimento que constitui matriz do exercício conjugado de competências de titularidades distintas; e (*iii*) uma vertente finalística, a qual consubstancia a ideia de que conferência procedimental é a promoção da eficiência, da economicidade e da celeridade na atuação administrativa.

O atual CPA português prevê, inclusive, a possibilidade de realização de conferência procedimental por força de previsão específica em lei ou em regulamento administrativo, bem como em virtude de ter sido determinado "*em sede de contrato interadministrativo*"[11]. Sem prejuízo de sua ampla normatização e do grande entusiasmo pelo qual foi recebida no direito português, a conferência procedimental também ensejou dúvidas quanto à sua operacionalização.

Apenas para citar alguns questionamentos, registre-se que houve dúvidas sobre: *(i)* a participação de órgãos de competência consultiva; *(ii)* quem será competente para anular uma decisão tomada no ambiente complexo de múltiplas vontades, ou, ainda, *(iii)* o órgão hierarquicamente superior ao qual caberá recurso dessa decisão[12].

10 CORREIA, J. M. Sérvulo. DA CONFERÊNCIA PROCEDIMENTAL. *In*: O Novo Código do Procedimento Administrativo, Conferências do CEJ 2014-2015 (org. CARVALHO, Ana Celeste). Centro de Estudos Judiciários, out. 2016, pp. 111-112. Disponível em: <https://www.stimpostos.pt/wp-content/uploads/2017/10/20161010-o-novo-codigo-do-procedimento-administrativo-conferencias-do-cej-2014-2015-outubro-2016-cej.pdf>. Acesso em 19 mar. 2022.

11 SERRÃO, Tiago. A CONFERÊNCIA PROCEDIMENTAL NO NOVO CÓDIGO DO PROCEDIMENTO ADMINISTRATIVO: PRIMEIRA APROXIMAÇÃO. *In*: O Novo Código do Procedimento Administrativo, Conferências do CEJ 2014-2015 (org. CARVALHO, Ana Celeste). Centro de Estudos Judiciários, out. 2016, p. 136. Disponível em: <https://www.stimpostos.pt/wp-content/uploads/2017/10/20161010-o-novo-codigo-do-procedimento-administrativo-conferencias-do-cej-2014-2015-outubro-2016-cej.pdf>. Acesso em 19 mar. 2022.

12 Nesse sentido, cf. ibid, p. 131.

2.2. Influências brasileiras: as experiências baiana e mineira

A decisão coordenada, inspirada nos modelos estrangeiros citados, teve sua estreia no Brasil em 2011, no âmbito estadual[13]. A Lei de processo administrativo da Bahia (Lei estadual nº 12.209/2011) já contava com a "conferência de serviços" em seu art. 28 (ainda vigente), cujo teor é o seguinte:

> **Art. 28** - No exame de matéria que envolva diferentes interesses setoriais, o Chefe do Executivo poderá convocar conferência de serviço, reunindo os órgãos e entidades competentes, a fim de emitir decisão célere.
>
> **§ 1º** - Sempre que possível, a conferência será realizada em sessão única.
>
> **§ 2º** - Em casos de urgência, o Chefe do Executivo poderá estabelecer prazo máximo para a providência ou decisão de cada órgão ou entidade, sob pena de responsabilização funcional das autoridades que se omitirem.
>
> **§ 3º** - Ultrapassado o prazo, caso a demora possa causar prejuízos graves ao interesse público, o Chefe do Executivo poderá avocar a competência de órgão da Administração direta hierarquicamente vinculado.
>
> **§ 4º** - As providências ou decisões resultantes das sessões da conferência de serviço serão lavradas em ata.

Conforme Paulo Modesto[14], a conferência de serviços baiana é "*modalidade de* ***aceleração facultativa*** *do processo administrativo convocada exclusivamente pelo chefe do Poder Executivo em assuntos que*

13 Sem prejuízo, o Relatório Final da comissão de juristas convocados pelo Ministério do Planejamento para elaborar Anteprojeto de Normas Gerais de Organização Administrativa da União já havia, em 2008, proposto a introdução no direito brasileiro da conferência de serviços, segundo o modelo italiano. [COMISSÃO DE JURISTAS – Proposta de Organização da Administração Pública e das Relações com Entes de Colaboração (Resultado Final). Secretaria de Gestão, Ministério do Planejamento. Disponível em: <http://www.consultaesic.cgu.gov.br/busca/dados/ Lists/Pedido/Attachments/1289624/PEDIDO_Lei%20Or anica%20(Comissao%20 de% 20Juristas_a_01%20set%2009).pdf>. Acesso em: 19 mar. 2022.]

14 MODESTO, Paulo. Decisão coordenada: experimentação administrativa processual. Revista ConJur, 2 dez. 2021. Disponível em: < https://www.conjur.com.br/2021-dez-02/interesse-publico-decisao-coordenada-experimentacao-administrativa--processual#_ftnref>. Acesso em 19 mar. 2022.

envolvam interesses intersetoriais (sem número predeterminado), a ser realizada sempre que possível em sessão única, mas que pode demandar decisão prévia de autoridade, por prazo a ser fixado pelo chefe do Poder Executivo". Ainda, no modelo baiano, a ata final da decisão coordenada lavra as providências e decisões com sentido unitário e a legislação autoriza que, em situações de urgência em que haja omissão ou demora na manifestação de algum órgão, o Chefe do Poder Executivo avoque a competência do referido órgão, caso ele faça parte da Administração direta hierarquicamente vinculada.

Um pouco ao sul, a legislação mineira, editada em 2011 (Lei Delegada nº 180/2011), regulamentada pelo Decreto estadual nº 45.757/2011, revogada pela Lei estadual nº 22.257/2016 e alterada pela Lei estadual nº 23.304/2019, estabeleceu um "modelo de Administração Transversal de Desenvolvimento" que conta com a conferência de serviços como um de seus instrumentos (cf. art. 5º, §2º, da Lei Delegada nº 180/2011). Confiram-se os dispositivos da mencionada Lei Delegada e de seu respectivo decreto regulamentador que definem a conferência de serviços:

> **Art. 5º** - São instrumentos do modelo de Administração Transversal de Desenvolvimento, além dos tratados nos arts. 3º e 4º desta Lei Delegada: (...)
>
> **§ 2º** - A Conferência de Serviços, para os fins desta Lei Delegada, é a instância de decisão compartilhada de caráter interinstitucional ou intersetorial que simplifica a processualidade administrativa mediante participação concomitante de todos os agentes decisórios e dos responsáveis pela instrução técnico jurídica, observada a natureza do objeto e a compatibilidade do procedimento e de sua formalização com a legislação pertinente. (Lei Delegada nº 180/2011)
>
> * * *
>
> **Art. 1º** Este Decreto regulamenta, no âmbito do Poder Executivo, a Conferência de Serviços de que trata o § 1º do art. 5º da Lei Delegada nº 180, de 20 de janeiro de 2011.
>
> **Parágrafo único**. Para fins deste Decreto, entende-se como Conferência de Serviços o instrumento de gestão transversal de desenvolvimento voltado para a decisão compartilhada, de caráter interinstitucional ou intersetorial, que simplifica a processualidade administrativa mediante a participação concomitante de todos os agentes decisórios e responsáveis pela instrução técnico-jurídica, observadas a natureza do objeto

> e a compatibilidade do procedimento e de sua formalização com a legislação pertinente.
>
> **Art. 2º** As atividades de coordenação, integração, intersetorialidade ou transversalidade não excluem as responsabilidades originárias dos órgãos ou entidades envolvidos nos processos em rede ou no âmbito dos sistemas, ou, ainda, nos de caráter interinstitucional.
>
> **Art. 3º** A Conferência de Serviços, sem prejuízo da observância do disposto no Decreto nº 43.814, de 28 do maio de 2004, obedecerá, dentre outros, aos princípios de flexibilidade, coordenação, transparência administrativa, simplificação do procedimento, concentração das instâncias decisórias e responsabilidade compartilhada. (Decreto estadual nº 45.757/2011)

Como se vê, o modelo mineiro permite a construção individualizada, por parte dos envolvidos no processo decisório, de soluções que serão, posteriormente, conformadas pelo discurso construído de maneira conjunta – sem prejuízo das responsabilidades individuais de cada ente, nos limites de suas competências. A conferência de serviços será desdobrada em escolha vinculante, cujo procedimento e detalhes são esmiuçados em regulamento. Compreender a dinâmica nesse Estado pode trazer luzes para as dúvidas que já surgem no modelo federal.

III. A história legislativa em âmbito Federal: o projeto, seu intuito e seus vetos

3.1. *O PLS nº 615/2015, de autoria do Senador Antonio Anastasia*

Inspirado pelas experiências narradas acima, a ideia que culminou com a Lei nº 14.210/2021 foi inicialmente proposta no Senado Federal, em projeto de autoria do Senador mineiro Antonio Anastasia (PLS nº 615/2015). Em sua justificativa, o senador destacou a evolução na percepção sobre a Administração Pública contemporânea, que deveria basear-se não apenas na interpretação clássica dos princípios da legalidade e da eficiência, mas também sob uma perspectiva de maior transparência, celeridade e participação popular na tomada de decisões[15].

15 Conforme a exposição de motivos: "*A administração pública moderna deve ser baseada nos tradicionais princípios da legalidade e da eficiência, mas lidos, agora, a partir de novos pressupostos, como a transparência e a celeridade na tomada de*

Ademais, cita expressamente o modelo italiano da *conferenza di servizi* e o mineiro, da Lei Delegada nº 180/2011, como experiências bem-sucedidas e celebradas pelos estudiosos do tema. Como objetivos da lei, destaca o aperfeiçoamento e a melhora da qualidade da gestão pública.

Após sofrer alterações na Comissão de Constituição, Justiça e Cidadania do Senado Federal[16], a proposta foi encaminhada à Câmara dos Deputados, onde recebeu nova numeração (PL nº 9.431-B/2017), e contou com pareceres favoráveis. Em grande medida, os parlamentares pontuaram a relevância de fomentar o espírito de consensualidade na Administração Pública[17], de modo a não apenas produzir melhores e mais céleres decisões, mas também garantir maior segurança jurídica com relação a processos decisórios inovadores, como é o caso da decisão coordenada ou conferência de serviços. O texto foi, então, aprovado e enviado para sanção presidencial.

3.2. Os vetos presidenciais

Quatro dispositivos importantes da proposta aprovada foram vetados: (*i*) o §3º incluído ao art. 49-A da Lei nº 9.784/1999; (*ii*) o *caput* e o §1º acrescidos ao art. 49-C da Lei nº 9.784/1999; (*iii*) o §2º incluído ao art. 49-C da Lei nº 9.784/1999; e (*iv*) o §2º incluído tanto ao art. 49-A quanto ao art. 49-G da Lei nº 9.784/1999.

---

decisões e a participação democrática como elementos fundantes de qualquer ordem jurídica justa." (Exposição de Motivos do Projeto de Lei do Senado nº 615/2015) BRASIL. SENADO FEDERAL. Exposição de Motivos ao PLS n° 615/2015. Disponível em: <https://legis.senado.leg.br/sdleg-getter/documento? dm=3452819&-ts=1633114457205&disposition=inline>. Acesso em: 19 mar. 2022.

16 V. Parecer SF nº 170/2017, Rel. Senadora Simone Tebet, de 6 dez. 2017. Disponível em: <https://legis.senado.leg.br/sdleg-getter/documento? dm=7327678&-ts=1633114457869&disposition =inline>. Acesso em 19 mar. 2022.

17 OLIVEIRA, Gustavo Justino de; & SCHWANKA, Cristiane. A ADMINISTRAÇÃO CONSENSUAL COMO A NOVA FACE DA ADMINISTRAÇÃO PÚBLICA NO SÉC. XXI: FUNDAMENTOS DOGMÁTICOS, FORMAS DE EXPRESSÃO E INSTRUMENTOS DE AÇÃO. Trabalho apresentado no XVII Encontro Preparatório do CONPEDI – Conselho Nacional de Pesquisa e Pós-graduação em Direito. Tema: Cidadania e efetividade dos direitos, Salvador-BA, mai. 2008. Disponível em: <https://www.revistas.usp.br/rfdusp/article/download/67859/70467/0#:~:text= FORMAS%20DE%20EXPRESS%C3%83O%20E%20 INSTRUMENTOS%20DE%20A%C3%87%C3%83O*&-text= Resumo%3A%20inserida %20no%20contexto%20de,de%20autoridade%20 em%20uma%20rede>. Acesso em 19 mar. 2022.

Apenas para contextualizar:

(i) o §3º do art. 49-A previa que representantes dos órgãos de consultoria ou assessoramento jurídico participariam, no âmbito de cada Poder, da decisão coordenada;

(ii) (*ii*.1) o *caput* do art. 49-C dispunha que a decisão coordenada seria convocada pela autoridade máxima do órgão ou entidade com maior responsabilidade na condução da matéria ou, na impossibilidade de sua definição, pela autoridade de mais alto nível hierárquico entre os órgãos e entidades participantes; (*ii*.2) já o §1º do art. 49-C especificava que a autoridade referida no *caput* seria responsável pela verificação das condicionantes previstas no art. 49-A da Lei para aplicação do instituto (tal ponto será explicitado no capítulo seguinte);

(iii) o §2º do art. 49-C também tratava sobre as formas de convocação da decisão coordenada, notadamente, acerca da possibilidade de convocação de ofício ou por provocação de (*a*) qualquer órgão, entidade ou autoridade responsáveis pela edição ou aprovação do ato, (*b*) concessionário ou permissionário de serviço público que demonstrasse interesse legítimo na decisão a ser adotada ou (*c*) qualquer dos interessados previstos no art. 9º da Lei[18]; e

(iv) o §2º incluído tanto ao art. 49-A quanto ao art. 49-G – que tinham previsões muito similares – tratava do caráter vinculante da decisão coordenada, especificamente, de que (*iv*.1) os órgãos ou entidades participantes da decisão coordenada deveriam estar representados por autoridade com legitimidade para celebrar acordos e tomar decisões com caráter vinculante para o órgão ou entidade representada e (*iv*.2) a ata com a conclusão dos trabalhos da decisão coordenada teria efeito vinculante entre os órgãos e entidades participantes da decisão coordenada no que tange a matérias idênticas ou

---

18 Art. 9º São legitimados como interessados no processo administrativo:
I - pessoas físicas ou jurídicas que o iniciem como titulares de direitos ou interesses individuais ou no exercício do direito de representação;
II - aqueles que, sem terem iniciado o processo, têm direitos ou interesses que possam ser afetados pela decisão a ser adotada;
III - as organizações e associações representativas, no tocante a direitos e interesses coletivos;
IV - as pessoas ou as associações legalmente constituídas quanto a direitos ou interesses difusos.

repetitivas, observadas as peculiaridades de cada processo, e equivaleria a acordo formal.

Os vetos não foram irrelevantes. No texto promulgado inexiste previsão sobre as formas de convocação do instrumento de coordenação – nem de ofício, pela(s) autoridade(s) máxima(s) de entidades governamentais, nem por provocação dos interessados previstos no art. 9º da Lei nº 9.784/1999 –, de modo que permaneceu uma lacuna na legislação. Outro veto sensível foi o que retirou o caráter vinculante das decisões coordenadas, uma vez que, agora, a eficácia do que ficar decidido nesses contextos poderá sempre ser questionada. Mas há outras reflexões pertinentes. A elas.

IV. A inovação da Lei nº 14.210/2021: Exegeses, balizas e alguns riscos

Retome-se o texto da lei. Nos termos do art. 49-A, LPA, a decisão coordenada é: "*a instância de natureza interinstitucional ou intersetorial que atua de forma compartilhada com a finalidade de simplificar o processo administrativo mediante participação concomitante de todas as autoridades e agentes decisórios e dos responsáveis pela instrução técnico-jurídica, observada a natureza do objeto e a compatibilidade do procedimento e de sua formalização com a legislação pertinente*". É dizer, criou-se a possibilidade de utilização de um *locus* de decisão coletiva, *i.e.*, fomentou-se a consensualidade orgânica na Administração Pública federal.

A legislação tenta ser clara quanto às hipóteses em que tal instituto poderia ser aplicado. O art. 49-A da Lei nº 9.784/1999 determinou, em seu *caput* e incisos I e II, que a decisão coordenada *poderá* ser utilizada sempre que: (*i*) se tratar de decisão administrativa que exija a participação de três ou mais setores, órgãos ou entidades; (*ii*) for justificável pela relevância da matéria; e (*iii*) houver discordância que prejudique a celeridade do processo administrativo decisório. Embora a determinação de que haja a participação de pelo menos três "*setores, órgãos ou entidades*" se afigure como decorrência natural do instituto – *i.e.*, envolver múltiplos agentes em um único processo decisório –, os requisitos de relevância da matéria e discordância que prejudique a celeridade da decisão trazem pontos mais sensíveis.

A locução "*relevância da matéria*" incorpora conceito jurídico indeterminado[19] que exige ônus argumentativo por parte daqueles que

19 Para mais nesse sentido, cf. BINENBOJM, Gustavo. Uma teoria do direito administrativo: direitos fundamentais, democracia e constitucionalização. Rio de Janeiro:

pretendam utilizar a nova *instância decisória*. Em uma análise intuitiva, pode ocorrer que, na dúvida, não se utilize o instituto. O medo do administrador pode falar alto[20], o que pode levar a um esfriamento no uso da decisão coordenada. Talvez fosse interessante já antecipar, por regulamento, hipóteses em que já se presumiria a relevância. Tal medida, em linha com o art. 30 da LINDB[21], conferiria mais segurança jurídica e pode ser incentivo ao uso do novo instituto que pode, de fato, simplificar processos decisórios.

Já quanto à necessidade de haver discordância para que seja possível instaurar a instância coletiva, anotamos que não parece que a intenção do legislador tenha sido limitar a utilização da decisão coordenada a hipóteses em que, efetivamente, houvesse dissenso. Parece-nos fazer sentido com espírito da lei que se permita a utilização do instituto a casos em que houver o *risco* de discordância. Isto é, caso possa haver decisões conflitantes, a medida será cabível. Tal leitura (que incorpora a ideia de *discordância potencial*) é viável e poderia ser explicitada em regulamento. Realmente, o legislador não qualificou o tipo de discordância, abrindo espaço a uma exegese compatível com a teleologia da lei. Esperar a existência de conflito para que se busque a coordenação não parece ser a melhor abordagem para, efetivamente, buscar uma solução. Tal medida iria de encontro à racionalização almejada pela lei.

A Administração do Município do Rio de Janeiro tem um caso interessante que mostra que o dissenso potencial indica que haja coordenação antes que se aguarde a efetiva discordância. O caso envolvia a elaboração e aprovação de projeto de revitalização da Marina da Glória, bem público objeto de concessão de uso. O projeto deveria, necessariamente, ser aprovado por diversas esferas administrativas de diferentes

Renovar, 2006, pp. 213-242; GRAU, Eros Roberto. Direito, Conceito e Normas Jurídicas, Revista dos Tribunais, 1988, pp. 71 e ss.; e KRELL, Andreas J. Discricionariedade administrativa e proteção ambiental - O controle dos conceitos jurídicos indeterminados e a competência dos órgãos ambientais: um estudo comparativo, Porto Alegre: Livraria do Advogado, 2004, pp. 24 e ss.

20 V. SANTOS, Rodrigo Valgas dos. *Direito administrativo do medo: Risco e fuga da responsabilização dos agentes públicos*. São Paulo: Thomson Reuters - Revista dos Tribunais, 1ª ed., 2020.

21 "Art. 30. As autoridades públicas devem atuar para aumentar a segurança jurídica na aplicação das normas, inclusive por meio de regulamentos, súmulas administrativas e respostas a consultas.
Parágrafo único. Os instrumentos previstos no *caput* deste artigo terão caráter vinculante em relação ao órgão ou entidade a que se destinam, até ulterior revisão."

entes federativos. Como solução, foi criada, por meio do Decreto carioca nº 37.354/2013, a Comissão Especial da Marina da Glória, composta por representantes da Prefeitura do Rio de Janeiro, do Instituto do Patrimônio Histórico e Artístico Nacional (IPHAN) e do Institutos dos Arquitetos do Brasil (IAB). A referida comissão ficou responsável por definir parâmetros edilícios e paisagísticos, bem como parâmetros de uso e ocupação que viabilizassem a revitalização do Complexo da Marina da Glória. Foi, então, elaborado um detalhado relatório final conjunto, submetido ao crivo da Câmara Técnica de Arquitetura e Urbanismo (CTAU) do Conselho Consultivo do Patrimônio Cultural, o qual serviu de base para o projeto firmado entre a atual concessionária responsável pela administração do espaço e a Prefeitura (por meio da Secretaria Especial de Concessões e Parcerias Público-Privadas). Ora, caso a coordenação (*lato sensu*) fosse apenas vislumbrada quando já houvesse efetiva discordância, haveria desperdício de tempo e recursos públicos.

A Lei nº 14.210/2021 também enumerou as hipóteses em que a decisão coordenada será inaplicável. Conforme consta do §6º do art. 49-A da Lei de Processo Administrativo, não será lícita a decisão coordenada para: (*i*) as licitações; (*ii*) os processos administrativos relacionados ao poder sancionador; e (*iii*) as situações que envolvam autoridades de Poderes distintos. A *primeira*, processos licitatórios, trata de tema que atrai, de fato, inquietações. O legislador, aqui, optou pela cautela. A ideia parece ter sido a de não abrir espaço à coordenação entre "*setores, órgãos ou entidades*" distintos para fins de licitações, para além dos casos previstos na Lei nº 14.133/2021[22]. A preocupação com o procedimento – que, na prática, implica controle – foi vencedora. Nada obstante, podem-se imaginar casos de contratações especiais que venham a envolver algum tipo de coordenação. Considere-se, *e.g.*, que haja certa premência, mas não urgência, a justificar uma dispensa. A coordenação seria um eventual caminho para simplificação. Mas essa, porém, não foi a escolha legislativa. Outra vez, optou-se pela cautela.

A *segunda* hipótese de vedação refere-se, igualmente, a matéria delicada: os processos administrativos *relacionados* ao poder sancionador. Veja-se: ainda que se trate de processo que não se volte a punir, mas que se relacione ao poder sancionatório, não será possível a decisão coordenada. Celeridade e ambiente relacionado à punição não poderiam ser combinados. Preponderou a garantia pelo procedimento. E o direito

22 Nesse sentido, podemos citar a ata de registro de preços (art. 6º, inciso XLVI, e arts. 82 e seguintes, todos da nova Lei de Licitações) como exemplo, embora ainda bem distante da sistemática de coordenação instituída pela Lei nº 14.210/2021.

administrativo sancionador, que pressupõe devido processo legal, foi o norte da opção legislativa.

A *terceira* – e última hipótese de vedação ao uso do instituto – merece especial atenção. A vedação à adoção de decisão coordenada em processos administrativos em que estejam envolvidas autoridades de Poderes distintos veicula uma inquietação legítima, mas talvez exagerada. Evidentemente, a decisão coordenada não pode afetar a independência e harmonia entre os Poderes (art. 2º da Constituição). É dizer, há situações que claramente devem ser evitadas para que não haja uma clara assimetria de forças durante o processo decisório coordenado, como é o caso de órgãos de controle (*lato sensu*) poderem participar das instâncias decisórias da Administração Pública. Contudo, pode haver situações em que a coordenação entre Poderes possa ser benfazeja. Aliás, não é incomum que haja tal tipo de iniciativa por meio de convênios de cooperação, inclusive no âmbito do processo legislativo. Nesse sentido, um exemplo recente que pode ser citado é o ato conjunto dos Presidentes do Senado Federal e do Supremo Tribunal Federal que instituiu comissão de juristas responsável por apresentar proposições legislativas para "*dinamizar, unificar e modernizar o processo administrativo e tributário nacional*"[23]. A referida comissão conta com o apoio tanto do Senado Federal quanto do Supremo Tribunal Federal e do próprio Conselho Nacional de Justiça – verdadeira integração entre Poder Legislativo e Poder Judiciário.

Quanto à sistemática de funcionamento da nova *instância*, note-se que o legislador exigiu a expressão das manifestações de todos os participantes da coordenação no documento final, inclusive de eventuais dissensos acerca das soluções propostas. Tal orientação faz com que o modelo federal consubstancie antes a combinação de decisões de cada órgão do que a adoção de uma decisão unitária, resultado da comunhão das escolhas dos seus participantes.

Alguns dos dispositivos reforçam essa interpretação. São eles: (*i*) o §4º do art. 49-A, que mantém as responsabilidades originárias de cada órgão ou autoridade envolvida no processo de coordenação; (*ii*) o *caput* e parágrafo único do art. 49-E, os quais preveem a responsabilidade de cada órgão ou entidade participante de "*elaborar documento específico sobre o tema atinente à respectiva competência*"; (*iii*) o *caput* e parágrafo

23 Cf. Ato Conjunto dos Presidentes do Senado Federal e do Supremo Tribunal Federal nº 1, de 23 de fevereiro de 2022. Disponível em: https://legis.senado.leg.br/sdleg-getter/documento? dm=9087234&ts=1648670601583& disposition= inline. Acesso em: 08 abr. 2022.

único do art. 49-F, que trata da necessidade de manifestação de eventuais dissensos durante as reuniões e de forma fundamentada; e (*iv*) os incisos do art. 49-G, especialmente os incisos IV e VI, que versam sobre as informações que devem constar da ata final dos trabalhos da decisão coordenada, especificamente, (*iv*.1) registro das orientações, diretrizes, soluções ou propostas de atos governamentais acerca do objeto da convocação e (*iv*.2) a decisão de cada órgão ou entidade quanto à matéria sujeita à sua competência.

Como se vê, a decisão coordenada federal talvez possa se transformar mais num ambiente de debate e troca de ideias acerca de decisões relevantes de múltiplos órgãos, do que, propriamente, numa instância decisória coletiva. Nesse sentido, o ato produzido pela decisão coordenada é plurisubjetivo quanto à sua formulação (complexo na origem), embora fosse possível se cogitar de eventual desdobramento em ato unitário. O questionamento que fica, nesse ponto específico, é se haverá, de fato, uma decisão coletiva ou apenas uma justaposição de diversos atos simples.

A complexidade de um ato efetivamente coletivo vai além de qualquer questão operacional ou de competência de cada ente. Talvez tenha havido, aqui, uma preocupação com a responsabilização perante órgãos de controle. Daí a necessidade de identificação de cada uma das manifestações. De toda forma, pode haver dúvidas práticas. Pense-se, por exemplo, em um mandado de segurança impetrado em face de ato decorrente de decisão coordenada. Quem seria a autoridade coatora? Não tivesse sido vetada, a norma que tratava da autoridade responsável pela convocação da decisão coordenada talvez resolvesse o ponto.

Por fim, registram-se dois riscos que, em uma análise preliminar, devem ser considerados na operacionalização da decisão coordenada: (*i*) o risco de eventual atropelo processual (violação ao devido processo legal administrativo) e (*ii*) o risco relacionado ao papel dos órgãos de controle interno. O *primeiro*, remete ao caso de gestores mal-intencionados que podem se valer do instrumento apenas para subjugar instâncias de decisão. Nada obstante, este não é um problema decorrente da decisão coordenada, mas sim das más inspirações – que existem em qualquer cenário. Inclusive, os dispositivos da nova lei que preveem a participação popular (cf. art. 49-B, *caput* e parágrafo único) e estimulam a transparência nesse processo (cf. art. 49-A, §5º) podem desincentivar tal tipo de conduta.

Quanto aos órgãos de controle interno, a lei alude à possibilidade de participação "*dos responsáveis pela instrução técnico-jurídica*" (cf. art. 49-A, §1º, *in fine*). Embora tenha havido veto ao §3º do art. 49-A, que previa que representantes dos órgãos de consultoria ou assessoramento jurídico participariam, no âmbito de cada Poder, da decisão coordenada, manteve-se a regra que permite a participação dos órgãos jurídicos. O ponto enseja cuidados em face do papel da advocacia pública no controle interno da juridicidade administrativa.

Poderia, por exemplo, a Advocacia-Geral da União ("AGU") participar em decisão coordenada do Executivo federal e, posteriormente, exarar parecer sobre a matéria discutida? Talvez haja, aqui, ainda um limite formal, considerando a reserva de lei complementar para regular a atuação da AGU – o que justificaria o veto (embora o argumento não tenha sido usado). Ademais, o mesmo problema, *mutatis mutandis*, referente à eventual participação de órgãos de controle externo nas decisões coordenadas pode ser observado nesse ponto. Afinal, a participação de qualquer órgão de controle pode não gerar o distanciamento necessário à apreciação da matéria e, subsequentemente, à decisão final, haja vista o disposto no art. 2º da CRFB e a noção clássica de freios e contrapesos.

V. Encerramento

A Lei nº 14.210/2021 trouxe importante inovação ao direito administrativo em âmbito federal. Incrementaram-se as possibilidades do processo decisório da Administração Pública. É dizer, para fazer valer o princípio da boa administração – tão citado pela literatura italiana e portuguesa apresentadas neste artigo – é fundamental fomentar a consensualidade, a conferência ou a articulação administrativa, todos sinônimos da coordenação.

Nada obstante, há riscos relevantes. Num País que luta, há muito, contra os custos de transação e controles descoordenados, esses riscos são dignos de nota. Igualmente, pode-se questionar a própria necessidade de uma legislação prevendo a coordenação na Administração Pública federal quando já há normas que comportam interpretações que poderiam viabilizar a utilização de tal instrumento – como é o caso da própria LINDB (cf. arts. 29 e 30). Contudo, especialmente no cenário nacional acima descrito, às vezes o óbvio precisa ser escrito, mesmo que sem todas as palavras.

Referências

BORGES, Marcelo Monteiro Bonelli. Decisão coordenada é instrumento de simplificação do agir administrativo. Revista ConJur, 6 jan. 2022. Disponível em: < https://www.conjur.com.br/2022-jan-06/bonelli-decisao-coordenada-simplificacao-agir-administrativo>. Acesso em 20 mar. 2022.

CARINGELLA, Francesco. Corso di Diritto Amministrativo. Tomo II, Milano: Giuffrè, 2003.

CORREIA, J. M. Sérvulo. DA CONFERÊNCIA PROCEDIMENTAL. *In*: O Novo Código do Procedimento Administrativo, Conferências do CEJ 2014-2015 (org. CARVALHO, Ana Celeste). Centro de Estudos Judiciários, out. 2016, pp. 111-112. Disponível em: < https://www.stimpostos.pt/wp-content/uploads/2017/10/20161010-o-novo-codigo-do-procedimento--administrativo-conferencias-do-cej-2014-2015-outubro-2016-cej.pdf>. Acesso em 19 mar. 2022.

MACIEL, Caroline Stéphanie Francis dos Santos. Articulação administrativa: por uma reforma cultural da administração pública. Revista de Direito Administrativo, Rio de Janeiro, v. 280, n. 1, pp. 201-225, maio/ago. 2021. DOI: 10.12660/rda.v280.2021.84495.

MELLO, Rafael Munhoz de. *Princípios constitucionais de direito administrativo sancionador*: as sanções administrativas à luz da Constituição Federal de 1988, São Paulo: Malheiros, 2007.

MODESTO, Paulo. Decisão coordenada: experimentação administrativa processual. Revista ConJur, 2 dez. 2021. Disponível em: < https://www.conjur.com.br/2021-dez-02/interesse-publico-decisao-coordenada-experimentacao-administrativa-processual#_ftnref>. Acesso em 19 mar. 2022.

OLIVEIRA, Gustavo Justino de; & SCHWANKA, Cristiane. A ADMINISTRAÇÃO CONSENSUAL COMO A NOVA FACE DA ADMINISTRAÇÃO PÚBLICA NO SÉC. XXI: FUNDAMENTOS DOGMÁTICOS, FORMAS DE EXPRESSÃO E INSTRUMENTOS DE AÇÃO. Trabalho apresentado no XVII Encontro Preparatório do CONPEDI – Conselho Nacional de Pesquisa e Pós-graduação em Direito. Tema: Cidadania e efetividade dos direitos, Salvador-BA, mai. 2008. Disponível em: < https://www.revistas.usp.br/rfdusp/article/download/67859/70467/0#:~:text=FORMAS%20DE%20EXPRESS%C3%83O%20E%20INSTRUMENTOS%20DE%20A%C3%87%C3%83O*&text=Resumo%3A%20inserida%20no%20contexto%20de,de%20autoridade%20em%20uma%20rede.> Acesso em 19 mar. 2022.

PIRES, Maria Coeli Simões; DA COSTA, Mila Batista Leite Corrêa; CORDEIRO, Caio Barros; & CARDOSO, José Luiz Ferreira. CONFERÊNCIA DE SERVIÇOS: REFLEXÕES E PERSPECTIVAS PARA A CONSTRUÇÃO DE UM NOVO INSTRUMENTO DE GOVERNANÇA DEMOCRÁTICA. Artigo apresentado no V Congresso CONSAD de Gestão Pública, jun. 2012. Disponível em: < http://

www.mariacoeli.com.br/confer%C3%AAncia-de-servi%C3%A7os-reflex%C3%B5es-e-perspectivas-para-a-constru%C3%A7%C3%A3o-de-um-novo-instrumento-de-governan%C3%A7a-democratica1/>. Acesso em 19 mar. 2022.

QUADROS, Fausto de. A REVISÃO DO CÓDIGO DO PROCEDIMENTO ADMINISTRATIVO: PRINCIPAIS INOVAÇÕES. *In*: O Novo Código do Procedimento Administrativo, Conferências do CEJ 2014-2015 (org. CARVALHO, Ana Celeste). Centro de Estudos Judiciários, out. 2016, p. 20. Disponível em: < https://www.stimpostos.pt/wp-content/uploads/2017/10/20161010-o-novo-codigo-do-procedimento-administrativo-conferencias-do-cej-2014-2015-outubro-2016-cej.pdf>. Acesso em 19 mar. 2022.

RAGAZZO, Massimo. *La conferenza di servizi: esiti della riforma ex lege* n. 15/2005 *e novità giurisprudenziali*. *In*: LexItalia.it – *Rivista Internet di diritto pubblico*, n. 3-2002. Disponível em: <http://www.lexitalia.it/articoli/radazzo_conferenza.htm>. Acesso em 19 mar. 2022

SERRÃO, Tiago. A CONFERÊNCIA PROCEDIMENTAL NO NOVO CÓDIGO DO PROCEDIMENTO ADMINISTRATIVO: PRIMEIRA APROXIMAÇÃO. *In*: O Novo Código do Procedimento Administrativo, Conferências do CEJ 2014-2015 (org. CARVALHO, Ana Celeste). Centro de Estudos Judiciários, out. 2016, p. 136. Disponível em: < https://www.stimpostos.pt/wp-content/uploads/2017/10/20161010-o-novo-codigo-do-procedimento-administrativo-conferencias-do-cej-2014-2015-outubro-2016-cej.pdf>. Acesso em 19 mar. 2022.

TALANI, Mário. *La Conferenza di Servizi. Nuovi Orientamenti Giurisprudenziali.* Milano: Giuffrè, 2008.

TRAVERSA, Emanuele. *La Conferenze dei servizi: Semplificazione amministrativa nella Pubblica Amministrazione*. *In*: *Overlex Portale Giuridico*. Disponível em: <http://www.overlex.com>. Acesso em 19 mar. 2022.

PRINCÍPIOS CONSTITUCIONAIS E SEGURANÇA JURÍDICA

José dos Santos Carvalho Filho[1]

1. Introdução

Não é de agora que intérpretes e aplicadores da lei travam discussões e exibem dissonâncias a respeito dos princípios insculpidos no direito positivo e do processo mediante o qual devem ser aplicados diante de questões concretas. O tema - diga-se desde já - nem é meramente teórico, porquanto incide sobre conflitos efetivos na ordem jurídica, nem se revela dispensável, porque urge dar solução adequada aos conflitos relacionais, suscitados aos milhares no cotidiano social.

Embora reconhecidamente relevantes nos sistemas jurídicos, os princípios envolvem algumas dificuldades no que tange à sua aplicação e à sua efetividade, não sendo raras as controvérsias deduzidas nesse aspecto. Noutra vertente, retratam, sem dúvida, axiomas fundamentais aos quais cabe a missão de nortear comportamentos públicos e privados e a observância de certos valores impostergáveis da sociedade.

Na legislação pretérita, os princípios não eram positivados, e seu estudo envolvia a noção de que se revestem, principalmente a que indica serem eles postulados genéricos que devem guiar determinados comportamentos. Mais recentemente, todavia, leis e até mesmo a própria Constituição passaram a inserir em suas normas de direito positivo os

---

1 Mestre em Direito (UFRJ). Professor de Direito Administrativo. Professor Conferencista da EMERJ – Escola da Magistratura do Estado do Rio de Janeiro. Ex-Professor da FEMPERJ – Fundação Escola do Ministério Público do Rio de Janeiro. Membro do IBDA – Inst. Bras. de Direito Administrativo. Membro do IDARJ – Inst. Dir.Administrativo do Rio de Janeiro. Membro do IAB – Instituto dos Advogados Brasileiros. Procurador de Justiça do Estado do Rio de Janeiro (aposentado). Consultor Jurídico do Ministério Público do Estado do Rio de Janeiro (2009/2012). Advogado – Consultor Jurídico

princípios a serem observados no que toca a certas relações sociais. Com certeza, a positivação subtraiu, em grande parte, a abstração característica dos princípios, mas, ao mesmo tempo, ensejou algumas perplexidades quanto ao método de aplicá-los concretamente.

Tendo em vista o conteúdo fluido e inexato dos princípios, fato que permite sua adequação a múltiplas situações concretas dependendo da visão ou da ideologia do intérprete, a segurança jurídica, pela qual anseia todo cidadão, acabou, em certos casos, por ficar afetada pela ampla margem interpretativa a que estão sujeitos tais postulados.

Em virtude da intrínseca e complexa relação entre princípios e segurança jurídica, já reconhecida em vários estudos, pretende-se aqui revisitar brevemente o tema com o único propósito de contribuir para o debate e ampliar o leque de reflexões sobre o tema.

2. Princípios

Semanticamente, o termo "princípio" reflete a ideia de início, origem, fonte, o ponto a partir do qual algo é deflagrado. Em termos jurídicos, a essência do sentido permanece ao traduzir os postulados ou axiomas fundamentais que indicam o norte a ser percorrido por valores e normas de conduta.

Ao analisar o tema, Miguel Reale registrou "que toda forma de conhecimento filosófico ou científico implica a existência de *princípios*, isto é, de certos enunciados lógicos admitidos como condição ou base de validade das demais asserções que compõem dado campo do saber". [2] Na verdade, os princípios são, ao mesmo tempo, fundamentos e objetivos para valores e regras, de um lado porque não podem deixar de adequar-se a eles e, de outro, porque finalidades devem ser-lhes congruentes.

No campo jurídico, como derivação, consagraram-se os denominados "princípios gerais de direito", noção que expressa os axiomas lógicos que se sobrepõem às normas de direito positivo. Embora tenham mais de um sentido entre os autores, o núcleo é o mesmo. Para alguns, estampam os brocardos do direito romano, ao passo que para outros, da corrente naturalista, retratam os valores básicos do direito natural.

Para as presentes observações, descabe estudo mais aprofundado sobre a essência ideológica dos princípios. Por respeito à objetividade, mais pertinente é relembrar as anotações trazidas por Carlos Maximiliano, de que os princípios representam os pressupostos cien-

2 MIGUEL REALE, *Lições preliminares de direito,* Saraiva, 20ª ed., 1993, p. 299.

tíficos da ordem jurídica. [3] Em outra vertente, afirma-se que, uma vez incorporados ao sistema jurídico, os princípios gerais refletem a própria estrutura ideológica do Estado e abraçam os valores consagrados por toda a sociedade. [4]

Averbe-se, ainda, que, por mais diversas que sejam as conotações que se possam emprestar à ideia essencial dos princípios, é indiscutível que sua posição sobressai no sistema normativo, inferindo-se daí a conclusão de que a validade ou invalidade de normas dependem de sua compatibilidade com os princípios regedores do sistema. Não fora assim, para nada serviriam tais postulados.

3. Princípios constitucionais

As Constituições anteriores à de 1988 não positivaram princípios em seu texto. Obviamente, de seus mandamentos sempre se extraíram determinados postulados em consonância com o intento do Constituinte. Serve como exemplo o conjunto de normas que formam o capítulo dos direitos e garantias fundamentais. Entretanto, o reconhecimento dos princípios sempre se efetivou pelo método indutivo, partindo-se do conteúdo normativo concreto para o postulado de onde se originava.

A Constituição de 1988, porém, inovou ao mencionar, de forma expressa, alguns princípios dentro do próprio texto normativo, como ocorre, por exemplo, com o art. 37, *caput,* no qual ficaram abrigados os princípios da legalidade, da moralidade, da impessoalidade, da publicidade e da eficiência. Com tal expressividade, a adoção desses princípios não resulta do método indutivo, mas sim de sua interpretação direta relativamente à norma em que se alojam. Sem dúvida, tais situações diferem entre si.

Comentando esse aspecto, Celso Ribeiro Bastos registrou que os princípios desceram de alturas montanhosas e metafísicas de suas primeiras formulações filosóficas para a seara do Direito Civil, e daí se endereçaram para as Constituições, subindo ao degrau mais alto da hierarquia normativa. [5] Tais observações continuam atuais e refletem corretamente o fenômeno de transposição dos princípios aos

---

3 CARLOS MAXIMILIANO, *Hermenêutica e aplicação do direito,* Forense, 18ª ed., 1999, pp. 295.

4 IVO DANTAS, *Princípios constitucionais e interpretação constitucional,* Lumen Juris, 1995, p. 59.

5 CELSO RIBEIRO BASTOS, *Hermenêutica e interpretação constitucional,* Celso Bastos: Instituto Brasileiro de Direito Constitucional, 1997, pp. 139/149.

níveis normativos mais elevados, como são aqueles em que se traduzem as Constituições.

Noutro giro, não se devem confundir os princípios gerais de direito com os princípios constitucionais, como interpreta, com razão, Manoel Messias Peixinho.[6] Com efeito, os princípios gerais guardam maior conformidade com os postulados do direito natural e, por tal motivo, revestem-se de maior abstração e generalidade, ao passo que muitos dos princípios constitucionais são expressões de setores específicos preservados pelo Constituinte, como, para exemplificar, a legalidade, a eficiência, a moralidade etc. A eficiência, por exemplo, nada tem de princípio geral, mas, ao contrário, representa tão somente um dever dirigido à Administração Pública.

Em virtude da grande variedade, os autores costumam classificá-los segundo diversos critérios. Semelhantes classificações, no entanto, não raro expressam apenas a visão ideológica do especialista e, como é evidente, muitas delas padecem da consistência necessária à efetiva identificação das categorias. Este trabalho, contudo, não permite esse tipo de investigação, até porque se revela prescindível à essência do tema *sub examine*.

Mais pertinente, a nosso juízo, é definir, tanto quanto possível, quais as funções a que se destinam os princípios, expressos ou não, insculpidos no seio da Constituição. A primeira delas é a de expressar a axiologia normativa superior e unificadora do sistema jurídico e, assim, limitar e condicionar as funções atribuídas aos Poderes fundamentais da República. Na lição de Paulo Bonavides, os princípios, desde que constitucionalizados, representam a chave de todo o sistema normativo.[7]

Além disso, fundamentam a produção e a aplicação do direito positivo, bem como alinham o núcleo normativo do ordenamento. Em outra vertente, os princípios indicam o elo entre o direito natural e a legislação hodierna, sem contar, como sustentam alguns, com a possibilidade de aplicação direta e imediata a casos concretos. São, na verdade, premissas de um silogismo e, ao mesmo tempo, valores aos quais devem subjazer as normas de direito positivo.

6 MANOEL MESSIAS PEIXINHO, *A interpretação da Constituição e os princípios fundamentais*, Lumen Juris, 2ª ed., 2000, pp. 104/105.

7 PAULO BONAVIDES, *Curso de direito constitucional*, Malheiros, 9ª ed., 2000, p. 231.

4. Evolução dos princípios

Uma vez reafirmados e, constantemente, positivados os princípios jurídicos, seria importante analisar o papel que efetivamente desempenham no que tange à aplicação do direito, e isso porque tradicionalmente expressavam tão somente postulados genéricos dotados de aplicabilidade de baixa intensidade.

Conquanto este não seja o foro ideal para a discussão sobre a matéria, cumpre reavivar dois grandes fenômenos jusfilosóficos que ingressaram no direito com grande repercussão.

O primeiro deles foi o pós-positivismo, movimento de reação ao jusnaturalismo e ao positivismo histórico, este último alvo de muitas críticas em virtude das ideologias despóticas que endossou, como o nazismo e o fascismo, sobretudo durante a Segunda Guerra Mundial. O pós-positivismo substituiu a hermenêutica do direito positivo com profunda mudança de paradigmas, fazendo realçar a força normativa da Constituição e um novo método de interpretação jurídica, com o escopo de gerar um sistema mais eficaz de proteção aos direitos fundamentais.

O outro foi o neoconstitucionalismo, ou constitucionalismo contemporâneo, como preferem alguns, cuja doutrina situa a Constituição como o centro do ordenamento jurídico e sugere que a interpretação se origine a partir dos direitos fundamentais. A ideia central que o inspirou foi a revalorização do direito constitucional, em movimento filosófico-jurídico nascido na segunda metade do século XX. Pretende ampliar a densidade normativa da Constituição e transformar o Estado legal em Estado constitucional.

Nessa nova concepção, ALEXY e DWORKIN ofereceram valiosas contribuições, sempre, aliás, mencionadas nos estudos e obras sobre o pós-positivismo. Uma delas, em consonância com o postulado da maior efetividade constitucional, acabou difundida em praticamente todos os constitucionalistas que aderiram à teoria, qual seja, a de que os princípios se caracterizam como normas jurídicas, o que significa dizer que ostentam densidade normativa capaz de produção imediata de efeitos.

Desse modo, para fins de categorização jurídica, pode concluir-se que as normas jurídicas, que são o gênero, comportam duas categorias: os princípios e as regras. Admitida tal divisão, é imperioso distinguir tais categorias.

Conquanto vários estudos tenham verificado a existência de pontos distintivos, há, de plano, duas diferenças básicas entre princípios e regras: uma delas é a relativa à determinabilidade dos efeitos e a outra é a pluralidade de meios para alcançá-los. [8]

A primeira dessas distinções indica que os efeitos oriundos dos princípios contêm uma indeterminação relativa, e isso porque variados podem ser os fins a que se destinam. Ao contrário, as regras têm eficácia objetiva, visto que seus efeitos são previamente determinados. O princípio da isonomia, por exemplo, pode irradiar seus efeitos diante de diferentes circunstâncias, sem que se determinem quais são. Já a regra tem efeito objetivo. Por exemplo, quando a regra diz que é proibido estacionar em determinado local, o fim é simplesmente a proibição de estacionar nesse local. Por isso, ela padece do caráter de variabilidade da eficácia como os princípios. É o "tudo ou nada", a que se referiu Dworkin.

O segundo ponto distintivo reside na pluralidade de meios. Significa que, mesmo com a definição dos objetivos, os princípios podem ser efetivados de variadas maneiras. O princípio da isonomia, por exemplo, tem fim determinado, qual seja, a igualdade entre todos os cidadãos. Entretanto, os meios para alcançar tal finalidade podem variar de acordo com os valores que impelem o intérprete. Para alguns, os meios devem relacionar-se com a desigualdade social, ao passo que para outros será preciso buscar políticas sobre moradia.

5. Aplicabilidade dos princípios

Diante da configuração definida pelo neoconstitucionalismo para os princípios constitucionais, emergiu o importante aspecto a respeito de sua eficácia, vale dizer, sobre a intensidade dos efeitos a serem produzidos no mundo jurídico. Na antiga configuração, a eficácia dos princípios era relativa, obstando a que os aplicadores da lei os invocassem como ponto de sustentação de suas convicções e decisões. Com as novas teorias, e diante de sua qualificação como normas, os princípios tiveram aumentada a carga de sua eficácia.

Não se pode perder de vista que a eficácia jurídica da norma reside na possibilidade de o interessado promover demanda judicial buscando nela o seu fundamento. Sem eficácia jurídica, o mandamento é apenas um juízo de valor ou uma orientação de cunho moral. Significa que a falta de eficácia jurídica resulta, na prática, em algo claramente inútil, vez que nenhum interesse poderá ser reivindicado de forma consistente,

---

8 ANA PAULA DE BARCELLOS, *A eficácia jurídica dos princípios constitucionais*, Renovar, 2002, p. 52.

isto é, com o oferecimento de suporte jurídico capaz de atender à pretensão do interessado.

Seguindo a mesma trilha da doutrina especializada, é possível alinhar a eficácia jurídica dos princípios em três ângulos diversos.

No primeiro, sobressai o *ângulo interpretativo*, resultante da multiplicidade de ideias que podem originar-se de um princípio. Na verdade, pela amplitude de seu diâmetro interpretativo, um princípio pode amoldar-se a inúmeras situações concretas, dependendo muitas vezes da visão do intérprete.

Considerando-se, por exemplo, os princípios constitucionais, é possível admitir sua incidência em várias hipóteses, algumas delas traduzindo verdadeiros paradoxos, os quais, apesar disso, acabam sendo abrangidos por sua eficácia jurídica. Esse é o vetor, conforme veremos adiante, que mais preocupa intérpretes e operadores jurídicos, e a razão reside na circunstância de que a amplitude da eficácia afeta, em algumas situações, o princípio da segurança jurídica.

Em segundo lugar, vislumbra-se o *ângulo negativo*, pelo qual o princípio atua como elemento de blindagem contra eventuais soluções adotadas por outras normas, cujo escopo guarde linhas diversas daquelas que constituem o núcleo do princípio. O princípio da garantia de liberdade, por exemplo, espelha muro de contenção contra normas restritivas ou ofensivas a esse direito fundamental.

Por último, não se pode relegar a segundo plano o *ângulo progressista*, que combate soluções indicativas de retrocesso, na medida em que a sociedade almeja sempre o desenvolvimento de todos os seus segmentos e despreza soluções que invoquem situações pretéritas e já superadas pelas novas ideias e ações desenvolvimentistas. Importa, pois, o progresso, e não o retrocesso.

Como já anotou Ana Paula de Barcellos, esse aspecto reconhece que, frequentemente, são as novas normas infraconstitucionais que conduzem os direitos fundamentais a alcançar seu propósito, de modo que "o propósito da vedação é evitar que o legislador vá tirando as tábuas e destrua o caminho porventura já existente, sem criar qualquer alternativa que conduza a objetivo em questão". [9]

6. Conflitos normativos e ponderação de valores

Conflitos normativos são as situações de tensão decorrentes do confronto entre normas de conteúdo diverso. Não raro o sistema jurí-

9 ANA PAULA DE BARCELLOS, *A eficácia* cit., p. 81.

dico se depara com normas que têm destinação antagônica e visam regular, de modo contrário, os fatos que a elas se subsumem. Esse tipo de tensão normativa não deve perdurar no sistema por representar hipótese de insegurança e hesitação no quadro normativo. Urge, pois, buscar soluções para tais conflitos, tanto em relação a regras, como no que concerne a princípios.

No caso das regras, os fatores extintivos da tensão e definidores da eficácia escoram-se habitualmente nos critérios *cronológico*, *hierárquico* e de *especialidade*.

Quanto ao primeiro, se duas regras contêm conteúdo e soluções diversas para determinada situação fática, deve prevalecer a mais nova sobre a lei antiga: *lex posterior derogat priori* (art. 2º, § 1º, LINDB – Lei de Introdução às Normas do Direito Brasileiro). Com isso, fica alijada do sistema a lei antiga, sendo inviável, portanto, coexistência de ambas no sistema normativo.

No que tange ao critério hierárquico, o conflito se dá entre regras de nível hierárquico diverso. A solução adequada é a que confere prevalência à regra de maior hierarquia. Como exemplo, se há tensão normativa entre a lei e o decreto, é aquela que deve ter sua eficácia prevalente.

Já o critério da especialidade envolve o conflito entre regras gerais e especiais. Nesse tipo de conflito, devem prevalecer as regras especiais: *lex specialis derogat generali* (art. 2º, § 2º, LINDB). Como exemplo, as regras do processo de licitação, pelo seu caráter de especialidade, sobrelevam as regras gerais relativas ao processo administrativo. Tais regras coexistem, mas tão somente dentro de seus respectivos âmbitos de incidência.

Os princípios, a seu turno, revestem-se de perfil diverso e, por conseguinte, desafiam a incidência de soluções que lhes sejam adequadas. É preciso considerar que os princípios, como axiomas que são, resultam de uma pluralidade de ideias admitidas na sociedade, e dessa premissa resulta inevitável variedade de valores e interesses.

Por essa razão, não há como evitar a ocorrência de paradoxos dogmáticos entre os princípios, com a evidência de contradições quanto aos núcleos e valores a serem protegidos. Logicamente, urge compreender tais contradições, porque as ideias não são unívocas e não raro apresentam-se com roupagem inteiramente diversa.

O mais importante no caso é a necessidade inafastável de oferecer soluções em caso de colisão entre os postulados, até porque sem elas impossível será a sua aplicabilidade aos casos concretos. Se a premissa consiste em que princípios são normas e têm aplicabilidade normativa, é inconcebível desconhecer, em caso de colisão, qual o princípio prevalente.

O método adotado para a solução desses conflitos no âmbito constitucional reside na ponderação de valores (ou de interesses, como preferem alguns), pela qual, diante da hipótese concreta, cumpre analisar o peso e a dimensão dos conflitos em colisão, para a opção por aquele, que naquelas circunstâncias, deve ser o aplicável, mesmo em detrimento de outro do mesmo nível hierárquico.

Sempre que houver um conflito de princípios diante de hipótese concreta, é desejável que se busque a sua harmonização, porquanto a ideia primária é a da unidade da Constituição. As normas constitucionais são heterogêneas, mas se inserem no âmbito de um sistema, justamente o sistema de organização política que rege o Estado. Portanto, mais conveniente é que se persiga essa unidade sistêmica.

Todavia, alguns conflitos se apresentam de tal forma que fica difícil encontrar o princípio que deve prevalecer para aquele determinado caso concreto. São muitos valores e interesses que não guardam exatidão e, ao contrário, acabam sendo avaliados pelo intérprete com o socorro a seus juízos de valor, o que traduz situação de inegável subjetivismo. O certo é que, diante da colisão, não é possível vislumbrar, *a priori*, qual o princípio aplicável e qual aquele que ficará rejeitado por ter "peso" menor do que o primeiro.

Neste passo, convém observar um dos grandes pontos diferenciais entre regras e princípios, que repousa na questão da aplicabilidade. Segundo Dworkin, as regras incidem sob a forma do "tudo ou nada", ou seja, aplicando-se uma delas ao caso concreto, a outra estará alijada de aplicação. Diversamente ocorre com os princípios, que têm uma dimensão de peso. Assim, diante do caso concreto, podem incidir, em tese, dois ou mais princípios, e, embora somente um deles seja aplicável pela ponderação de valores, os demais continuam vivos e aplicáveis a outras situações.

Em suma, as regras, na hipótese de conflito, são excludentes, eis que uma delas prevalece e a outra é excluída. Os princípios, ao contrário, são conviventes, uma vez que coexistem em harmonia ainda que tenham conteúdo diverso e um deles sofra preterição para a aplicação ao caso concreto. [10]

10 DANIEL SARMENTO, *A ponderação de interesses na Constituição Federal*, Lumen Juris, 2000, pp. 44/45.

7. Segurança jurídica

A cada dia se desenvolvem mais os paradigmas relativos à necessidade de que a ordem jurídica transmita aos súditos do Estado a sensação de estabilidade e de segurança, evitando que sejam tomados por sobressaltos na aplicação e interpretação das leis e outras normas jurídicas ocasionados por mudanças repentinas que contraponham as ideias já consolidadas a novas visões, sem que haja qualquer fator de realce para tal processo.

Em obra de nossa autoria, realçamos os conflitos entre a legalidade e a estabilidade das relações jurídicas. Dissemos: "Se, de um lado, não se pode relegar o postulado de observância dos atos e condutas aos parâmetros estabelecidos na lei, de outro é preciso evitar que situações jurídicas permaneçam por todo o tempo em nível de instabilidade, o que, evidentemente, provoca incertezas e receios entre os indivíduos". [11]

Conforme já acentuou reconhecida doutrina, a segurança jurídica comporta dois vetores. De um lado, a *perspectiva de certeza*, que indica o conhecimento seguro das normas e atividades jurídicas e, de outro, a *perspectiva de estabilidade*, que permite que o indivíduo desfrute a consolidação das ações administrativas e oferece novas condições de defesa de direitos, como o direito adquirido, o ato jurídico perfeito, postulados frequentemente invocados na aplicação do direito. [12]

Não há dúvida de que estabilidade e segurança jurídica são axiomas que se completam e entrelaçam de forma indissolúvel. Nenhuma ordem jurídica pode funcionar a contento se tais valores não estiverem presentes para garantir aos cidadãos uma perspectiva de certeza quanto aos paradigmas jurídicos a serem adotados em situações futuras idênticas.

Em outras palavras, não é cabível que as pessoas possam crer num regime verdadeiramente democrático quando situações idênticas recebem tratamento diverso na aplicabilidade do sistema normativo. Quando esse fenômeno ocorre, desaparece inevitavelmente a sensação de segurança que deve proteger a sociedade.

Do princípio da segurança jurídica origina-se o princípio da proteção à confiança, cujos lineamentos vêm sendo estudados e aplicados pela doutrina mais moderna. A confiança a ser protegida é justamente a dos cidadãos submetidos às regras da ordem jurídica. Conforme já

---

11 JOSÉ DOS SANTOS CARVALHO FILHO, *Manual de direito administrativo*, Gen/Atlas, 35ª ed., 2021, p. 39.

12 RAFAEL VALIM, *O princípio da segurança jurídica no direito administrativo*, Malheiros, 2010, pp. 91/94.

mencionado, "para que possa ser empregado, o princípio da proteção da confiança exige um comportamento ou ato estatal capaz de criar uma expectativa legítima no seu destinatário". [13]

Diante desses novos paradigmas, é imperioso trazer à tona alguns aspectos que não raro agridem, direta ou indiretamente, os princípios da segurança jurídica e da proteção da confiança. Nessa toada é que parece cabível analisar a colisão, de certo modo frequente, entre a aplicabilidade de princípios e a segurança jurídica.

8. Segurança jurídica e aplicabilidade de princípios

Um desses pontos de colisão reside no caráter fluido e subjetivo empregado na interpretação dos princípios. Um exemplo é o princípio da dignidade da pessoa humana (art. 1º, III, CF). Embora seja incontestável dentro do regime democrático e do Estado de direito, é inegável que o postulado, por sua amplitude, comporta a absorção de uma infinidade de situações concretas, impossibilitando qualquer previsão, *a priori*, da solução resolutiva do conflito.

O problema é que o princípio, por sua própria natureza genérica, sempre irradia sua aplicabilidade de forma mediata, sem uma relação direta entre o fato e a norma, como ocorre com a aplicação das regras. Tal situação não raramente impede que o intérprete possa conferir se há exatidão quanto ao fenômeno de absorção do suporte fático à norma aplicável.

Significa que o aplicador da lei às colisões de interesses – no caso, mais frequentemente, o Poder Judiciário – invoca este ou aquele princípio para acolher a solução que represente a sua própria visão pré-estabelecida. É como se buscasse no universo dos princípios algum deles dentro do qual possa alojar a ideia preconcebida a respeito do conflito.

Tal solução, de indiscutível natureza subjetivista, deixa em perigo o princípio da segurança jurídica, afastando dos indivíduos a ideia de justiça e equidade e consolidando justificável descrença nas instituições decisórias. Não surpreende, assim, que significativa camada da população tenha passado a suspeitar da probidade ou competência desses órgãos julgadores.

O problema nesses casos é que acaba prevalecendo, na solução de conflitos, a visão pessoal do juiz, composta de simpatias e antipatias, de

13 VALTER SHUENQUENER DE ARAÚJO, *O princípio da proteção da confiança*, Impetus, 2009, p. 83.

posições ideológicas, políticas ou religiosas, e, enfim, de outros fatores que inevitavelmente podem influir na escolha do princípio pertinente. É nesse aspecto que o princípio, com seu largo espectro de abrangência de valores, coloca em xeque a segurança jurídica e a credibilidade na ordem jurídica estabelecida.

Outro aspecto que tem gerado algumas complexidades é o que resulta de decisões do STF na discussão sobre a aplicação de princípios em ações de inconstitucionalidade. Algumas vezes a decisão se deu por estreita maioria, demonstrando a dúvida do Tribunal sobre o melhor enfoque para a matéria.

Cite-se, à guisa de exemplo, a discussão sobre lei do Estado do Ceará que regulamentava a denominada "vaquejada", evento de tradição em algumas partes do país, na qual dois homens a cavalo perseguem um boi até determinado ponto previamente demarcado e, depois de emparelhá-lo entre os cavalos, um dos vaqueiros o derruba.

Estudos sobre os efeitos dessa competição constataram que a queda violenta do animal frequentemente redunda em sérias contusões em sua musculatura, além de causar lesões em seus órgãos internos – o que, para o cidadão com médio discernimento, representa crueldade inaceitável e injustificável para com os bovinos.

Submetida a lei estadual ao confronto com os parâmetros constitucionais, o STF decidiu, por estreita maioria, no sentido da inconstitucionalidade da lei, sobressaindo, contudo, a divisão de entendimentos entre os Ministros da Corte, com escora em linhas de argumentação inteiramente opostas, ambas fundadas em princípios. [14]

De um lado, a maioria invocou, como fundamento, o princípio da proteção aos animais, previsto no art. 225, VII, da Constituição, pelo qual incumbe ao Poder Público "proteger a fauna e a flora, vedadas, na forma da lei, as práticas que coloquem em risco sua função ecológica, provoquem a extinção de espécies ou *submetam os animais a crueldade*" (grifamos). Foi, portanto, prevalente para esse grupo o princípio da proteção ao meio ambiente.

De outro, a minoria fundou-se no princípio da livre manifestação das culturas populares, com base no art. 215, § 1º, da CF, segundo o qual "O Estado protegerá as manifestações das culturas populares, indígenas e afro-brasileiras, e das de outros grupos participantes do processo civilizatório nacional". O enfoque, para esse grupo, calcou-se no capítulo relativo à cultura.

---

14 ADI 1.983, j. 6.10.2016.

Não é difícil observar que cada grupo de Ministros se ateve à sua própria interpretação pessoal quanto à caracterização do mesmo fato, o que denota à evidência que nesses casos o fundamento tem inevitável natureza subjetiva. O mais problemático, porém, foi o fato de que a decisão foi por maioria de seis votos contra cinco. Significa que, se um Ministro da maioria for substituído por outro que adote a tese da minoria, lei idêntica poderá ser julgada constitucional, invertendo-se o número de votantes da maioria e da minoria.

O que se pode extrair desse exemplo é que os princípios, sobretudo os de índole constitucional, podem comportar, sob sua sombra, uma série de fatos, mesmo sendo eles contraditórios e de natureza inteiramente diversa. É forçoso reconhecer, pois, que essa fluidez acarreta alguns arranhões, quando não contusões mais sérias, no princípio da segurança jurídica.

Ainda uma distorção que se tem verificado mais recentemente e que, sem dúvida, afeta a segurança jurídica, é o excessivo ativismo judicial processado por órgãos do Judiciário, principalmente pelo STF, por meio do qual são proferidas decisões que interferem e invadem o círculo constitucional de atribuições dos demais Poderes, frequentemente ancoradas em princípios constitucionais.

Trata-se de flagrante ofensa ao princípio republicano da separação de Poderes, cuja característica é exatamente em sentido contrário, ou seja, a de que os Poderes sejam harmônicos e independentes, como está consagrado no art. 2º da Constituição. É imperioso anotar, neste passo, que invasões efetuadas por um Poder no círculo de atribuições cometidas a outro espelha condenável violação aos parâmetros constitucionais e põe em risco a própria credibilidade das instituições.

É evidente que esse tipo de ativismo judicial desloca para o Judiciário uma atuação arbitrária e perigosa, ao mesmo tempo em que assombra o Executivo e o Legislativo com a possibilidade de efeitos eventualmente gravosos para o regime democrático, e por essa razão também não se lhes admite uma posição omissiva diante desse cenário, reação que pode gerar indesejável crise institucional.

Têm sido proferidas decisões em que o Judiciário, atuando como Executivo, determina ou embarreira a execução de políticas públicas. De outro lado, interfere na nomeação de agentes políticos. Instaura inquéritos de apuração cumulando as funções de acusador e juiz. Fixa prazo para que órgãos federais, estaduais ou municipais executem determinada função administrativa típica do Executivo. Enfim, são muitos os exemplos.

Essas posições têm suscitado duras críticas entre os operadores jurídicos, que as consideram de caráter autoritário e invasivo e, ainda, produzidas fora do âmbito das competências constitucionais. Críticas e desconfianças têm surgido também dentro da própria sociedade, na qual, segundo pesquisas mais recentes, muitos indivíduos perderam a crença nos órgãos do Judiciário e outros, mais radicais, chegam a pregar a extinção de alguns deles.

Obviamente, a extinção é solução de todo inaceitável e inviável no Estado de direito, em que o Judiciário assume função muito relevante no controle das leis e da Constituição. Entretanto, tais avaliações emanam justamente da agressão aos princípios da segurança jurídica e da proteção à confiança, afastando pouco a pouco o grau de confiabilidade nas instituições.

Esse ativismo judicial, inclusive, tem gerado a busca de soluções externas como barreira de contenção contra eventuais inconstitucionalidades por invasão das atribuições dos Poderes. Na prática, o sistema não proporciona nenhum recurso eficaz e viável contra decisões finais do Judiciário, sobretudo do STF, algumas delas de caráter monocrático e liminar.

Uma dessas soluções consiste na constituição de órgão superior, de caráter juspolítico, formado por membros de todos os Poderes, com o perfil de um Conselho da República, dotado da atribuição de confrontar decisões anômalas do Judiciário em face da Constituição – sistema, aliás, adotado em alguns países.

É claro que nada disso é fácil de implementar. Como também não é fácil reordenar os órgãos judiciais para o exercício de suas reais competências. Mas uma coisa é certa: há uma insatisfação no ar somada a uma preocupação com os limites dessa atuação e com os efeitos deletérios que eventual ultrapassagem poderia causar.

Todos esses dados retratam a ideia de que nem sempre a aplicação de princípios serve a seu real sentido ou alcança seu almejado objetivo. Exatamente quando refoge ao sentido ou ao objetivo, a aplicação, em muitas ocasiões, finda por ofender as matrizes da segurança jurídica.

Não à toa, a LINDB – Lei de Introdução às Normas do Direito Brasileiro (Decreto-lei nº 4.657/1942), em virtude das alterações introduzidas pela Lei nº 13.655, de 25.4.2018, passou a estabelecer: "Art. 20. Nas esferas administrativa, controladora e judicial, não se decidirá com base em valores jurídicos abstratos sem que sejam consideradas as consequências práticas da decisão".

Esses "valores jurídicos abstratos", é fácil de entender, são exatamente os que constam de princípios genéricos e abstratos, em cujo âmbito cabe qualquer tipo de pretensão e, que por isso mesmo, não agregam nenhum conteúdo à segurança jurídica.

O legislador, ao menos, alertou para o fato de que aplicar normas abstratas sem considerar as consequências práticas da decisão pode provocar gravames irreparáveis, fato que nem de longe guarda congruência com o princípio da segurança jurídica.

9. Conclusão

O escopo do presente trabalho foi apenas o de revisitar o tema dos princípios à luz do princípio da segurança jurídica, para acentuar que, embora os princípios, como normas jurídicas, tenham função relevante na hermenêutica jurídica, são destituídos de conteúdo objetivo e, por via de consequência, sua aplicabilidade pode gerar (e gera) alguns paradoxos.

A aplicabilidade das regras não rende ensejo a complexidades significativas, e isso se deve ao fato de que para elas vale o "tudo ou nada", a que se referia Dworkin, quer dizer, a incidência de uma regra exclui a de outra, sendo impossível a sua convivência no campo da hermenêutica.

Já com os princípios não há exclusão de qualquer deles, ainda quando tenham contextos antagônicos no que toca à aplicabilidade a casos concretos. Desse modo, não há como proceder à aplicabilidade *a priori*, sendo necessário que o intérprete recorra a uma ponderação de valores a fim de identificar qual o princípio aplicável ao caso concreto.

A ponderação de valores (ou interesses) não comporta senão avaliações de certo modo subjetivas, variáveis conforme o perfil do intérprete, podendo citar-se sua visão pessoal, ideologias, alinhamentos políticos, sentimentos autocráticos e outras do gênero.

Obviamente esse tipo de aplicabilidade normativa pode ocasionar a criação de algumas arestas à segurança jurídica, afastando ou retirando legítimas expectativas dos indivíduos afetados pela incidência da norma. Por mais que se possam opor objeções, o que é de todo compreensível, o certo é que tal subjetivismo integra o sistema consagrado pelo pós-positivismo e pelo neoconstitucionalismo.

Nesta parte conclusiva do trabalho, socorro-me de algumas observações feitas por Irapuã Santana em coluna publicada em periódico de grande circulação, que, a meu ver, são irrespondíveis e com as quais concordo inteiramente. [15]

Diz o autor, valendo-se de algumas pesquisas, que, se o sistema é perfeito, tendo o cidadão a antevisão de que a Justiça adotará uma po-

15 IRAPUÃ SANTANA, Jornal "O Globo", 11.4.2022, p. 3.

sição tecnicamente aceitável, sempre haverá maior estímulo para o respeito à lei, ocasionando a redução de demandas judiciais.

Com fundamento em outros estudos, pontua o colunista que, quando confia na Justiça, o cidadão deixa de propor ações com base em falsas alegações, permitindo a redução dos gastos sociais com o próprio sistema judiciário. [16]

Explica o autor que, em sua tese de doutorado, demonstrou que "o brasileiro tem baixíssima confiança em nosso sistema de Justiça, sendo levado a evitar ao máximo acessá-lo". Recorrendo o cidadão ao Judiciário, aduz, "seu desejo é encerrar o processo tão logo quanto possível e, alternativamente, em caso de derrota, recorrer o máximo que puder, por ausência de definição sobre a tese jurídica a ser aplicada aos casos analisados pelos tribunais".

Por fim, apregoa a necessidade de a sociedade brigar por um "Judiciário mais consciente de suas funções de estabelecer o que é o Direito", buscando-se as metas de redução de custos com a máquina do Estado e de bem-estar social.

São realmente observações de todo condizentes com o cenário em que vivemos. Princípios são importantes, mas não podem relegar a segundo plano a imprescindibilidade de respeitar o princípio maior da segurança jurídica, representando pela credibilidade dos cidadãos no sistema judiciário.

Alguns caminhos atualmente adotados pelo Judiciário evidenciam claramente um ativismo judicial dotado de certa dose de autoritarismo, muitas vezes dissimulado por viés ideológico, dentro do qual se emitem obrigações de fazer aos demais Poderes, ou se permite interferência direta neles, isso tudo além de gerar instabilidade no sistema e, consequentemente, descrédito e insatisfação da sociedade.

Enfim, os princípios não devem servir para tais distorções, mas, ao contrário, devem ser os verdadeiros garantidores da proteção à confiança por parte dos cidadãos, até porque é essa proteção que espelha o princípio da segurança jurídica.

16 O autor toma por base estudo de Steven Shavell, professor da Universidade de Harvard.

Referências bibliográficas

ARAÚJO, Valter Shuenquener de, *O princípio da proteção da confiança*, Impetus, 2009.

BARCELLOS, Ana Paula de, *A eficácia jurídica dos princípios constitucionais,* Renovar, 2002.

BASTOS, Celso Ribeiro, *Hermenêutica e interpretação constitucional,* Celso Bastos: Instituto Brasileiro de Direito Constitucional, 1997.

BONAVIDES, Paulo, *Curso de direito constitucional*, Malheiros, 9ª ed., 2000.

CARVALHO FILHO, José dos Santos, *Manual de direito administrativo,* Gen/Atlas, 35ª ed., 2021.

DANTAS, Ivo, *Princípios constitucionais e interpretação constitucional,* Lumen Juris, 1995.

MAXIMILIANO, Carlos, *Hermenêutica e aplicação do direito,* Forense, 18ª ed., 1999.

PEIXINHO, Manoel Messias, *A interpretação da Constituição e os princípios fundamentais,* Lumen Juris, 2ª ed., 2000.

REALE, Miguel, *Lições preliminares de direito,* Saraiva, 20ª ed., 1993.

SANTANA, Irapuã, Jornal "O Globo", 11.4.2022.

SARMENTO, Daniel, *A ponderação de interesses na Constituição Federal,* Lumen Juris, 2000.

VALIM, Rafael, *O princípio da segurança jurídica no direito administrativo,* Malheiros, 2010.

SISTEMA BRASILEIRO DE PRECEDENTES: PRINCIPAIS CARACTERÍSTICAS E DESAFIOS

Luiz Fux[1]
Aluisio Gonçalves de Castro Mendes[2]
Rodrigo Fux[3]
Carolina Paes de Castro Mendes[4]

---

1 Presidente do Supremo Tribunal Federal (STF) e do Conselho Nacional de Justiça (CNJ). Ex-Presidente do Tribunal Superior Eleitoral (TSE). Professor Titular de Processo Civil da Faculdade de Direito da Universidade do Estado do Rio de Janeiro (UERJ). Doutor em Direito Processual Civil pela Universidade do Estado do Rio de Janeiro (UERJ). Membro da Academia Brasileira de Letras Jurídicas. Membro da Academia Brasileira de Filosofia. Palestrante internacional na *Harvard Law School*, no *Massachusetts Institute of Technology*, na Universidade de Oxford, na Universidade de Coimbra, no *Council of the Americas* e no *Cyrus Vance Center/NY*. Presidiu a Comissão de Juristas designada pelo Senado Federal para elaborar o anteprojeto do Código de Processo Civil de 2015.

2 Desembargador Federal. Vice-Presidente do Tribunal Regional Federal da 2ª Região (TRF-2). Professor Titular de Direito Processual Civil da Faculdade de Direito da Universidade do Estado do Rio de Janeiro (UERJ), do Programa de Pós-Graduação em Direito (PPGD) da Universidade Estácio de Sá (Unesa) e da Faculdade de Direito do Ibmec/RJ. Pós-Doutor pela Universidade de Regensburg, Alemanha. Mestre e Doutor em Direito pela Universidade Federal do Paraná (UFPR). Mestre em Direito pela *Johann Wolfgang Goethe Universität* (Frankfurt am Main, Alemanha). Especialista em Direito Processual Civil pela Universidade de Brasília (UnB). Graduado em Direito pela Universidade do Estado do Rio de Janeiro (UERJ) e em Comunicação Social pela Pontifícia Universidade Católica do Rio de Janeiro (PUC-RJ). Diretor da Academia Brasileira de Letras Jurídicas (ADLJ), do Instituto Ibero-Americano de Direito Processual (IIDP) e do Instituto Brasileiro de Direito Processual (IBDP). Membro da International Association of Procedural Law (IAPL). Membro da Comissão de Juristas responsável pelo acompanhamento da redação final do Projeto de novo Código de Processo Civil no Senado. Integrante do Projeto *Comparative Procedural Law and Justice* (CPLJ-P).

3 Doutor e Mestre em Direito Processual pela Universidade do Estado do Rio de Janeiro – UERJ. Advogado. Professor do IBMEC e da Escola da Magistratura do Estado do Rio de Janeiro – EMERJ. Coordenador do curso "Análise Econômica do Direito Processual" da Escola Nacional da Magistratura - ENM. Conferencista Nacional e Internacional. Vice-Diretor do Instituto Brasileiro de Processo Civil - IBDP.

4 Doutoranda e Mestre em Direito Processual pela Universidade do Estado do Rio de Janeiro – UERJ. Membro da Comissão de Estudos em Processo Civil da OAB/RJ e da Comissão de Processo Civil da OAB/Barra. Advogada.

Introdução

Este texto foi escrito por quatro processualistas de diferentes gerações, com laços acadêmicos, afetivos e teleológicos. Luiz Fux é Ministro e foi Presidente do Supremo Tribunal Federal (STF) e do Conselho Nacional de Justiça (CNJ), sendo o Professor Titular Decano do Departamento de Direito Processual da conceituada Faculdade de Direito da Universidade do Estado do Rio de Janeiro (UERJ). Foi o Presidente da Comissão de Juristas, que elaborou o Código de Processo Civil de 2015. Aluisio Mendes é Desembargador Federal, atualmente exercendo a Vice-Presidência do Tribunal Regional Federal da Segunda Região (TRF-2), colaborador do Conselho Nacional de Justiça, especialmente no Grupo de Trabalho constituído, pelo Ministro Fux, para o fortalecimento dos Precedentes, e também Professor Titular da Faculdade de Direito da UERJ, tendo participado da Comissão de Juristas que acompanhou a redação final do CPC no Senado Federal. Rodrigo Fux é Professor do Ibmec e da Escola da Magistratura do Estado do Rio de Janeiro – EMERJ, coordenador do curso "Análise Econômica do Direito Processual" da Escola Nacional da Magistratura - ENM, Mestre e Doutor em Direito Processual pela Faculdade de Direito da UERJ e advogado em litígios de alta complexidade, com artigos especialmente sobre Precedentes e Arbitragem. Representando a última e mais recente geração, também inserida no ambiente acadêmico, Carolina Mendes é Mestre e Doutoranda em Direito Processual pela Faculdade de Direito da UERJ e advogada.

Como se pode intuir, estas linhas refletem, de certo modo, diferentes ângulos e olhares sobre o tema do Sistema Brasileiro de Precedentes. Contudo, por outro, expressa uma perspectiva de pessoas que se interessam por uma análise sistêmica processual e conhecem minimamente o sistema jurídico e jurisdicional nacional, as suas qualidades e deficiências, o histórico da elaboração do Código de Processo Civil de 2015, com as suas razões e objetivos. Do mesmo modo, o tema da segurança jurídica, das consequências dos pronunciamentos judiciais, da análise econômica do Direito e, especialmente, dos precedentes constam da pauta de estudos e de investigações dos autores.

O presente trabalho procura indicar, de modo objetivo, algumas notas que devem ser ressaltadas sobre o "sistema brasileiro de precedentes" em uma comparação com o funcionamento do tradicional *stare decisis* de outros países oriundos da família de *common law*, como Inglaterra e Estados Unidos, e também da evolução da importância dos precedentes e da jurisprudência em outras nações com origem no sistema de *civil law*, ou romano-germânica, como Itália e Alemanha. Isso tudo, naturalmente, sem desconsiderar os questionamentos que se lançam, nos tempos atuais, sobre a divisão clássica destas famílias jurídicas, até porque o foco foi o funcionamento do instituto do precedente em cada país.

O artigo procurará acentuar as reflexões e possibilidades que foram, de certo modo, apontadas por ocasião da construção do novo *Codex*, de modo altivo e sem "complexo" de inferioridade em relação às experiências alienígenas, para se buscar uma adaptação, e não mera importação, à realidade brasileira. A inovação, com a quebra de certos modelos e paradigmas, pode talvez não ter sido devidamente compreendida por todos, especialmente aos que tentarem entender o sistema de precedentes estabelecido no Brasil a partir das tradições, normas e culturas do direito estrangeiro. Os resultados poderiam ensejar perplexidades e outras críticas, como a da inadaptabilidade do "órgão transplantado" para o corpo imbuído de traços, história, cultura e realidade diferenciados. Ao invés da perplexidade de alguns como se a opção fosse pela mera transposição de institutos como matéria bruta e/ou até mesmo daqueles que ousam fazer imputações míopes de certa imitação, decerto os olhos dos mais atentos conseguirão visualizar que a intenção do legislador foi procurar superar dificuldades, reais ou projetadas, do sistema jurisdicional pátrio[5].

Por fim, estas singelas linhas são resultado da crença comum dos autores na capacidade e criatividade dos juristas e da sociedade brasileira para construir normas e dias melhores na prestação jurisdicional e na solução dos conflitos. Transformando a realidade, superando os obstáculos e se tentando construir um sistema de precedentes com inovações e aprimoramentos, a partir da análise comparativa e crítica.

Com a edição do Código de Processo Civil de 2015, pode-se dizer que há um sistema de pronunciamentos qualificados, ou de jurisprudência e de precedentes definido legalmente, que não pode ser considerado como um regime típico de *stare decisis*, vigente nos países de direito costumeiro[6].

Porém, não existe apenas um mero efeito persuasivo nas hipóteses indicadas nos cinco incisos do art. 927[7]. Esta previsão se afigura em

5 Sobre o tema, permita-se remeter a FUX, Rodrigo. *O novo processo civil brasileiro*: ideologia, princípios e institutos. (Dissertação de Mestrado) apresentada ao Programa de Pós-Graduação em Direito Processual da Universidade do Estado do Rio de Janeiro – UERJ, 2015.

6 Sobre a evolução do sistema brasileiro de precedentes, ver FUX, Rodrigo. Algumas perspectivas sobre o sistema brasileiro de precedentes: de onde partimos e para onde podemos ir. SANTA CRUZ, Felipe; FUX, Luiz; e GODINHO, André (Coord.). *Avanços do Sistema de Justiça*: os 5 anos de vigência do Novo Código de Processo Civil. Brasília: OAB Editora, 2021, p. 739-753.

7 FUX, Rodrigo. Microssistema de Precedentes Vinculantes. MENDES, Aluisio Gonçalves de Castro; PORTO, José Roberto Mello (Coord.). *Incidente de Demandas Repetitivas*: panorama e perspectivas. Salvador: Editora JusPodivm, 2020, p. 299.

conformidade com a ordem constitucional, mas não deixa de representar uma ruptura com a cultura e os paradigmas estabelecidos na comunidade jurídica, de que se pode e se deve sempre ajuizar uma demanda, resistir a uma pretensão ou interpor um recurso, ainda que contra o entendimento dos tribunais, não se impondo limites à inconformidade.

Este pensamento encontra-se incrustado nos diversos profissionais do direito. No advogado, que não orienta o seu cliente quanto à posição dos tribunais. No juiz, que não segue a jurisprudência. Nos integrantes dos tribunais, que preferem divergir, ao invés de convergir e respeitar sua função perante o sistema jurisdicional, diante do entendimento firmado.

Por sua vez, os tribunais passam a ter uma responsabilidade maior, no sentido de observar as normas processuais, especialmente a de buscar a uniformização da sua jurisprudência, mantendo-a estável, íntegra e coerente, nos termos do art. 926. Mas também quanto ao contraditório e fundamentação, para que as suas decisões possam se impor mais pelo conteúdo dos seus argumentos, do que pela autoridade do comando legal.

E, por consequência, isso faz com que a sociedade, em geral, e os profissionais do direito, em particular, passem a exercer um controle ainda maior quanto à estruturação, funcionamento e composição dos tribunais, para que a sua organização e os seus quadros estejam sempre à altura dos novos tempos e das novas exigências[8].

1. Características do sistema brasileiro de precedentes

Com a edição do Código de Processo Civil de 2015, pode-se dizer que há um sistema de pronunciamentos qualificados, definido legalmente e que, nestes termos, passam a ter um caráter vinculativo no sentido vertical e horizontal[9].

---

8 Quanto ao controle, é oportuno destacar a máxima transcrita na Exposição de Motivos do CPC/2015, no sentido de que "os jurisdicionados não podem ser tratados 'como cães, que só descobrem que algo é proibido quando o bastão toca seus fucinhos' (...)" (In: NEVES, Daniel Amorim Assumpção (Org.); FUX, Luiz (Coord.). *Novo Código de Processo Civil comparado*: Lei 13.105/2015. Rio de Janeiro: Forense, 2015, p. 308).

9 SALOMÃO, Luis Felipe; FUX, Rodrigo. Arbitragem e Precedentes: possível vinculação do árbitro e mecanismos de controle. *Revista de Arbitragem e Mediação*. São Paulo: Revista dos Tribunais, v. 66, Jul.-Set. / 2020, p. 6-9.

As hipóteses elencadas no art. 927 se justificam plenamente[10]. Em primeiro lugar, as decisões do Supremo Tribunal Federal em controle concentrado de constitucionalidade possuem efeito *erga omnes* e caráter vinculativo para os órgãos judiciais e da Administração Pública, no âmbito federal, estadual e municipal, por determinação da própria Constituição da República, nos termos dos artigos 102, § 1º, e 103-A. Não poderia ser de outra maneira, ainda que não houvesse previsão expressa, porque o controle concentrado serve exatamente para isso, ou seja, se estabelecer uma decisão e segurança jurídica geral, e não apenas em relação às partes, quanto à constitucionalidade ou não da norma questionada. Do contrário, não haveria controle concentrado e abstrato nas ações diretas de constitucionalidade e de inconstitucionalidade.

Do mesmo modo, os enunciados da súmula vinculante do Supremo Tribunal Federal prescindiriam da previsão contida no artigo 927. A sua inserção, portanto, procurou apenas consolidar o sistema, permitindo-se, assim, uma imediata visualização das hipóteses vinculativas.

Mas, o Código pretendeu ir além. O inciso III trata, basicamente, de três institutos: a) recursos repetitivos; b) incidente de resolução de demandas repetitivas, *rectius*: de questões comuns, (IRDR); e incidente de assunção de competência (IAC). Nas duas primeiras, adotou-se uma técnica de concentração, a partir de casos ou questões comuns, respectivamente, com a possibilidade de suspensão dos múltiplos processos que dependam da questão prejudicial pendente de uniformização. Naturalmente, somente farão sentido os dois instrumentos (recursos repetitivos e IRDR), se a decisão proferida de modo concentrado for aplicada aos processos dependentes do pronunciamento estabelecido sobre a questão comum de direito.

Do mesmo modo, o incidente de assunção de competência, nos termos do artigo 947 do CPC, prevê o deslocamento para órgãos mais amplos, que devem ter a competência para a uniformização da jurisprudência, para decidir questão de direito com grande repercussão social ou prevenir, preventivamente, o julgamento divergente por órgãos judiciais de questão que possa se tornar controversa em outros processos no futuro.

No inciso IV, o legislador ampliou a abrangência para os enunciados das respectivas súmulas, desde que versando sobre matéria constitucional, as do Supremo Tribunal Federal, e de matéria infraconstitucional,

---

10 Sobre o tema, ver: MENDES, Aluisio Gonçalves de Castro. *Incidente de Resolução de Demandas Repetitivas:* sistematização, análise e interpretação do novo instituto processual. Rio de Janeiro: Gen/Forense, 2017, p. 97-99.

para as do Superior Tribunal de Justiça, em termos de direito federal. Preservaram-se, assim, as respectivas funções jurisdicionais, procurando-se evitar a possibilidade de dupla vinculação ou de sobreposição de comandos, ainda que, na prática, possa existir certa controvérsia sobre a natureza da matéria sumulada.

Na mesma direção, o inciso V contempla uma uniformidade no posicionamento do Tribunal. Em vários países, esta preocupação chega a se materializar, nos julgamentos colegiados, mediante a divulgação apenas do pronunciamento da corte, não se disponibilizando os votos vencidos. Além da coesão do tribunal, busca-se a adesão dos órgãos fracionários e vinculados, pois a manutenção do entendimento divergente somente iria protrair a duração dos processos, com a necessidade de interposição de recursos, para que se possa efetivar, no caso concreto, o posicionamento já dominante em órgão colegiado mais amplo e representativo do tribunal. O Incidente de Arguição de Inconstitucionalidade é um bom exemplo desta hipótese prevista no inciso V do art. 927 do CPC-2015. O efeito vinculativo, anteriormente, estava restrito ao caso em relação ao qual havia sido suscitado o incidente e, também, para casos que viessem a chegar posteriormente ao tribunal. Na nova sistemática, o caráter cogente do pronunciamento do Plenário passou a ter um alcance ainda maior para já estabelecer um seguimento obrigatório para todos os magistrados vinculados ao respectivo tribunal, evitando-se a proliferação de novos recursos e proporcionando maior tranquilidade para a sociedade.

Em relação aos precedentes, é preciso enfatizar algumas características do sistema nacional[11]. O modelo brasileiro de precedentes tem algumas peculiaridades, se comparado com o modelo clássico. Podem ser ressaltadas, em dez pontos, as principais características do sistema brasileiro de precedentes, em relação aos que funcionam nos países de *common law*, especialmente no direito norte-americano e inglês:

1) O sistema brasileiro foi legalmente estabelecido, em razão do primado da lei, fixado na Constituição nacional. Nos países do *common law*, o *stare decisis* não foi criado por lei, porque naturalmente concebido que deve ser mantido, nos casos futuros, o que já se encontra fixado em decisões judiciais anteriores. Como se sabe, em termos históricos, o direito possui como base o costume e não as normas escritas, embora, atualmente, também legisle com regularidade, em virtude da recíproca aproximação entre os sistemas. É certo que alguns países possuem

11 O tema foi tratado em: MENDES, Aluisio Gonçalves de Castro. Jurisprudência e Precedentes no Direito Brasileiro: panorama e perspectivas. *Revista Eletrônica de Direito Processual*, v. 22, 2021, p. 42-52.

normas escritas sobre os precedentes. Na Inglaterra, a *House of Lords* já editava *statements* e hoje a Suprema Corte também o faz. Porém, para o ordenamento pátrio foi importante a previsão legal, afastando ou enfraquecendo a possibilidade de alegação quanto a eventual inconstitucionalidade e, também, deixando o novel instituto dos precedentes mais claro e sistematizado.

As fontes formais do direito brasileiro estão previstas em lei, na Lei de Introdução às Normas do Direito Brasileiro, e o Código de Processo Civil construiu um sistema amadurecido e organizado, sem prejuízo da necessária mutação cultural e de medidas concretas que podem e estão sendo tomadas pelo Conselho Nacional de Justiça (CNJ), pelos Tribunais Superiores, pelos tribunais de segundo grau e pelas instituições de ensino, tanto nos cursos de graduação e de pós-graduação, como nas Escolas Judiciais e da Magistratura.

O sistema de precedentes foi pensado como um sistema de precedentes qualificados, vinculativos, sinalizando o que realmente precisa ser seguido, sem prejuízo do fortalecimento do sistema de precedentes como um todo, abrangendo também aqueles somente com efeitos persuasivos. Os juízes e a sociedade devem observar todos os precedentes, porque não se trata de opção subjetiva do magistrado, mas de aplicação e de interpretação das leis pelos tribunais, em cumprimento de uma função prevista na Constituição.

Embora em países de *common law* não haja a exigência de previsão legal, e de fato não há de modo expresso em países como os Estados Unidos da América, a Grã-Bretanha, Austrália *etc*, a aprovação legislativa existiu, por sua vez, na Alemanha, para as decisões proferidas pela Corte Constitucional alemã (*Bundesverfassungsgericht*), e na Itália, diante das *massimas* da Corte de Cassação.

Registre-se que o Código de Processo Civil fixou um sistema de precedentes conjugado com a gestão de julgamento de questões comuns ou repetitivas, o que contribui para o melhor funcionamento do sistema judicial. O incidente de resolução de demandas repetitivas (IRDR), por exemplo, pode ensejar a suspensão ou não de demandas que dependam da resolução da questão de direito comum controversa e prejudicial para os denominados "processos paralelos", mas a tese fixada no incidente formado para a uniformização deve ser necessariamente aplicada aos processos individuais em que se discute a questão objeto de anterior controvérsia.

2) A regulação dos precedentes, no Código de Processo Civil de 2015, veio, em boa parte, combinada com um sistema de gestão de processos a partir do julgamento de questões comuns e casos repetitivos.

Essa construção atendeu à realidade brasileira, diante dos números avassaladores de processos em tramitação, que oscila entre números elevados, na ordem de 70 (setenta) a 100 (cem) milhões. Portanto, havia de se estabelecer um sistema em que se julgasse menos, mas melhor, para que se obtivesse um resultado mais amplo e profundo, tanto em termos de qualidade no conteúdo dos julgamentos, como de economia processual, propiciando maior eficiência, ou seja, menos gastos e mais resultados para a prestação jurisdicional.

Esta conjugação, de normas processuais e de gestão, não encontra paralelo no direito estrangeiro, de modo geral e central, como estabelecido do Direito Processual brasileiro. A doutrina costuma apontar antecedentes, no máximo, tópicos, como no *Musterverfahren* (procedimento modelo) alemão. Contudo, em terras germânicas, foi utilizado e previsto, inicialmente, somente na Justiça Administrativa e, depois, na Justiça Social, que julga as causas previdenciárias, e nos litígios relacionados ao mercado de ações, ainda assim, neste último, em normas temporárias[12].

O novel instituto processual trabalha, especialmente, com precedentes qualificados, com efeito vinculativo. O legislador teve o cuidado de estabelecer alguns procedimentos e hipóteses que levam ao precedente de observância necessária, dentro do rol fixado no artigo 927 do Código de Processo Civil, ao contrário do que ocorre no *common law*. Nos países de direito consuetudinário, qualquer causa pode ensejar o surgimento de um precedente. No Brasil, há a necessidade de um determinado procedimento, para que a tese fixada seja fruto de uma divulgação e amadurecimento especial, de modo a ensejar o conhecimento e potencial acompanhamento pelos interessados, com o fortalecimento das possibilidades para o contraditório e o debate sobre as diversas perspectivas e fundamentos, propiciando, em tese, um pronunciamento amplo e profundo pelo respectivo órgão judicial.

3) O legislador indicou também a competência qualificada, para os órgãos colegiados que tenham função uniformizadora no tribunal. É uma diferença. Um precedente em um país de *common law* pode advir de um órgão que julgaria aquela causa, mas não tem uma função precípua para fixar precedentes, a função de uniformizar a matéria. No Brasil, houve essa preocupação, fixando-se, em regra, o plenário, órgão especial ou seções especializadas, como órgãos competentes para a uniformização e fixação da tese a ser seguida pelos demais órgãos.

12 Vide MENDES, Aluisio Gonçalves de Castro. Incidente de Resolução de Demandas Repetitivas: sistematização, análise e interpretação do novo instituto processual. p. 37-54.

4) Embora trouxesse um sistema de precedentes que é mais comum e conhecido nos países de *common* law, o Código de Processo Civil de 2015 incorporou instrumentos já existentes com efeito *erga omnes*, ou seja, conhecidos e utilizados no país, como as decisões em controle concentrado de constitucionalidade, realizado na Ação Direta de Inconstitucionalidade (ADIn) e na Ação Declaratória de Constitucionalidade (ADC), e nos enunciados da súmula vinculante, esta última trazida pela Emenda Constitucional n. 45, em 1994[13]. Criou, também, um novo instrumento, o incidente de resolução de demandas repetitivas (IRDR), que foi fundamental para estabelecer um canal com os recursos repetitivos, onde a formação do precedente pudesse se iniciar a partir de processos em tramitação no primeiro e segundo graus de jurisdição, com a possibilidade de se pavimentar um caminho mais direto ao Superior Tribunal de Justiça (STJ) e ao Supremo Tribunal Federal (STF), quando se tratasse de direito federal. E que os Tribunais de Justiça pudessem dar a última palavra, quando se tratasse de direito local, tanto estadual como municipal. Além disso, foram redimensionados o incidente de assunção de competência (IAC), os enunciados de Súmula do Supremo Tribunal Federal (STF) e do Superior Tribunal de Justiça (STJ), bem como aprimorados e sistematizados os recursos repetitivos no âmbito dos Tribunais Superiores.

Há algumas questões que precisam ser mais adequadamente compreendidas. Por exemplo, o próprio código previu o cabimento do recurso extraordinário ou especial diretamente em relação à tese fixada no incidente de resolução de demandas repetitivas, com efeito suspensivo, e, por interpretação sistemática, também aos incidentes de assunção de competência, o que é importante e isso também deve acontecer quando o Superior Tribunal de Justiça (STJ) fixa uma tese e a questão se encontra pendente no Supremo Tribunal Federal (STF), para que haja uma harmonia no sistema. Por exemplo, o Tribunal Regional Federal da Segunda Região (TRF-2) firmou um entendimento em incidente de assunção de competência sobre a aplicação restrita do artigo 942 e o Superior Tribunal de Justiça (STJ) depois firmou em julgamentos iso-

13 "Uma das mais marcantes reformas, verdadeiro teaser para o novo código, foi a Emenda Constitucional n.º 45/2004, que determinou não só a inclusão do inciso LXXVIII ao art. 5ª, positivando como garantia fundamental o princípio da duração razoável do processo, como também a consagração da chamada 'súmula vinculante', o que atribuiu um grande peso aos precedentes jurisprudenciais, característica típica dos ordenamentos da common law". (FUX, Luiz; FUX, Rodrigo. O Novo Código de Processo Civil à Luz das Lições de José Carlos Barbosa Moreira, um Gênio para Todos os Tempos. *Revista da EMERJ*, v. 20, janeiro/abril de 2018, p. 26.

lados um entendimento diverso. Embora haja um efeito vinculativo do incidente de assunção de competência no âmbito da região, ele deve ser superado pelos julgamentos realizados pelo Superior Tribunal de Justiça (STJ) ainda que não tenha ocorrido recurso especial contra decisão proferida no incidente de assunção de competência.

5) O procedimento concentrado para estabelecimento de precedentes, um procedimento em torno de questões comuns de direito controversas, objetivando a fixação de resposta, enunciados, teses contendo a interpretação estabelecida, que cria a previsibilidade. Em comparação com o cenário de *common law*, não se sabe quando e nem em qual processo se formará o precedente. No Brasil, com o estabelecimento dos procedimentos concentrados a partir de um rol legal, há uma previsibilidade. Quando temos um procedimento concentrado, sabemos que é voltado à formulação de precedentes, permitindo que toda a sociedade possa acompanhar e participar.

6) A definição mais precisa e clara em torno do conteúdo do precedente, consubstanciado na tese e, também, na *ratio decidendi*. No sistema brasileiro, a preocupação era a de não se seguir o modelo dos países de *common law*, porque lá só se sabe que há um precedente depois, quando um outro ou o mesmo órgão julgador vai decidir uma questão e verifica um outro caso anterior julgado de determinado modo, aplicando o precedente. Para se descobrir o precedente e a respectiva *ratio decidendi* nem sempre é fácil, porque eles não trazem à baila uma tese dizendo qual era a questão, qual foi a conclusão e quais são as circunstâncias, o sentido objetivo, e isso dificulta. Os profissionais do Direito têm de ler o acórdão e extrair a conclusão, sendo que nem sempre é fácil e há um consenso até na interpretação quanto às conclusões e aspectos essenciais do julgado, trazendo dúvida do alcance, do sentido e do conteúdo do precedente nos países de família consuetudinária.

No Brasil, preocupou-se com especificação, definição e clareza da questão de direito, desde o início, para que o tribunal a resolva, com a fixação de uma tese objetiva, elencando a conclusão e as circunstâncias em que aquele entendimento deve ser utilizado, porque isso facilita para o juiz, o tribunal, o advogado, a parte e para a sociedade. O objetivo do precedente é a segurança jurídica. É preciso compreender qual é a interpretação firmada, proporcionando isonomia e economia processual.

7) Houve um reforço dos princípios, especialmente no momento e no procedimento utilizado para a definição da interpretação jurídica, com a formulação do precedente. Primeiro, do princípio da publicidade, porque há a necessidade de comunicação, há um rito estabelecido no Código, no artigo 1.037, §8º. As partes dos processos já instaurados e a sociedade, como um todo, devem ser informados, mediante a intima-

ção das partes dos processos denominados como paralelos, ou seja, que dependem e aguardarão a resolução da questão de direito controversa. Mas, também a sociedade, pois muitas pessoas podem estar vivenciando conflitos semelhantes, mas ainda não judicializados. Reforçou-se o princípio da ampla defesa, porque deve haver um debate em torno da questão, com possibilidade de audiência pública, de *amici curiae*, de acompanhamento pelos interessados *etc*, em prol da melhor solução possível pelo Judiciário, com a análise dos aspectos jurídicos e econômicos envolvidos[14].

Os interessados que possuem causas pendentes, já ajuizadas ou que ainda não foram judicializadas, poderão tomar conhecimento e acompanhar. Eventualmente, o advogado poderá colaborar no incidente de resolução de demandas repetitivas (IRDR) ou no recurso repetitivo. Por isso, a preocupação no recurso repetitivo de que não houvesse uma única causa, no mínimo duas, até mesmo três, cinco ou mais, com boas petições para subsidiar os órgãos julgadores.

Do mesmo modo, no incidente de resolução de demandas repetitivas (IRDR), se estabeleceu essa ideia, porque há um sistema e há a necessidade de comunicação das partes nos processos que dependem da decisão. Essa comunicação, aparentemente, pela redação, poderia levar ao entendimento de que a intimação é em virtude de eventual suspensão. Na verdade, poderá ser em razão da suspensão, mas não apenas. Pelo contrário, principalmente para que as partes possam acompanhar o instrumento processual de uniformização, até mesmo colaborando, participando, no sentido de apontar e de suprir eventuais deficiências. Se a petição do procedimento repetitivo não é boa, é a oportunidade de a parte peticionar, para a juntada de outras petições, com o fortalecimento da ampla defesa, do contraditório e da participação no procedimento concentrado.

8) A possibilidade de suspensão dos processos para a preservação da isonomia, da segurança jurídica e da eficácia do futuro precedente também é uma medida inovadora. Deve se evitar a consolidação de situações de quebra da isonomia e, depois, haver a uniformização. Essa

---

14 Para compreender os conceitos fundamentais da Análise Econômica do Direito, seja consentido remeter a FUX, Luiz; BODART, Bruno. *Processo Civil e Análise Econômica*: uma introdução teórica. Rio de Janeiro: Forense, 2019, p. 1-26. Já para uma reflexão sobre as contribuições da Análise Econômica do Direito para o sistema de justiça brasileiro, permita-se a remissão a FUX, Rodrigo. Análise Econômica do Direito no Brasil: por que não beber dessa fonte? FUX; Luiz; FUX, Rodrigo; PEPE, Rafael Gaia (coord.). *Temas de Análise Econômica do Direito* Processual, 1ª ed. Rio de Janeiro: Mundo Jurídico, 2019, p. 501-521.

suspensão, que pode ser local ou nacional, pode assegurar que a interpretação fixada seja aplicada em todos os casos idênticos ou símiles. A interrupção temporária do trâmite dos processos deve se dar, naturalmente, somente no que diz respeito e dependa da questão a ser uniformizada. Por isso, a suspensão pode ser total ou parcial, se todo o processo depende da questão objeto de afetação para fixação da tese ou se apenas parte dos pedidos está relacionada com a controvérsia de direito a ser pacificada de modo concentrado, com a criação do precedente.

No âmbito do Supremo Tribunal Federal (STF), também em precedente vinculante, na Questão de Ordem no Recurso Extraordinário com Agravo 966.177, julgada por maioria, da relatoria do Ministro Luiz Fux consignou-se que a suspensão nos processos afetados em repercussão geral não é automática nem obrigatória. "*A suspensão não consiste em consequência automática e necessária do reconhecimento da repercussão geral realizada com fulcro no caput do mesmo dispositivo, sendo da discricionariedade do relator do recurso extraordinário paradigma determiná-la*". Então, o código não criou uma regra absoluta, para que seja adaptável às diversas situações contemporâneas.

9) Há uma fixação de prioridade e prazo para apreciação dos incidentes de resolução de questões comuns e dos recursos repetitivos, mas que pode ser aplicado também ao incidente de assunção de competência ou mesmo outros procedimentos a ensejar os precedentes, diante de interpretação sistêmica. O prazo de 1 (hum) ano pode parecer muito tempo, mas uma causa julgada em um ano é um tempo razoável. Se houver uma comparação com parâmetros internacionais, talvez seja um lapso muito positivo até em relação a outros países, que demoram até 4 (quatro) anos para julgar em segunda instância. Por que essa comparação? Porque resolvida a questão de direito controversa e fixada a tese muitas vezes se resolve facilmente a demanda em concreto. Se é fixada uma tese que enseja a improcedência de julgamento de pedidos, provavelmente os juízes estarão imediatamente julgando improcedente o que foi pleiteado e encerrando o processo, ainda que possam ser interpostos recursos. Pensando-se em um direito local, a palavra final caberá ao próprio Tribunal de Justiça (TJ). Se for um direito federal, poderá chegar ao Superior Tribunal de Justiça (STJ), ao Tribunal Superior do Trabalho (TST) ou a outro Tribunal Superior, com a interposição do respectivo recurso diretamente em relação à tese fixada, levando-se mais um ano, se cumprido o prazo legal, com um total de 2 (dois) anos, se houver a definição, por exemplo, no Superior Tribunal de Justiça, ou 3 (três) anos, se depender também da apreciação de recurso extraordinário repetitivo pelo Supremo Tribunal Federal (STF). Para isso, é de suma importância

a prioridade para a apreciação dos procedimentos previstos no art. 927 do CPC e o cumprimento dos prazos nestes incidentes concentrados.

Os tribunais podem e devem, dentro da razoabilidade, fortalecer esta prioridade e sentido de conjugação entre o tempo e a necessidade de uniformização. Em decisão monocrática inovadora, proferida pela Ministra Maria Isabel Gallotti, no Recurso Especial nº 1.869.959/RJ, o Superior Tribunal de Justiça (STJ), sensível à necessidade de efetivação do princípio da duração razoável do processo, deferiu uma tutela de provisória de urgência em recurso repetitivo, pertinente a uma questão de patente, diante do limite temporal dos direitos pertinentes. É um caso exemplar de utilização do instituto da tutela de urgência em conjugação com o sistema de precedentes.

Do mesmo modo, quando os tribunais já possuem uma jurisprudência e surge um procedimento de formação de precedente qualificado, plausível de ocorrer a antecipação desse efeito vinculativo, para que a posição consolidada possa atingir um alcance ainda mais relevante.

10) O Código de Processo Civil previu a regulamentação não só da formulação, mas também a da aplicação dos precedentes, o que é positivo e uma inovação do direito brasileiro, em comparação com outros países. Há uma série de hipóteses de estabelecimento de economia processual, com o julgamento a partir dos precedentes, após a fixação da tese. Por exemplo, a tutela da evidência, se houve o acolhimento de uma tese favorável, da qual decorra a procedência do pedido, com a antecipação de efeitos pretendidos, se houver prova documental dos fatos que servem de fundamento para o pedido. Há uma economia, uma solução rápida. Também a improcedência liminar e uma série de regras de economia processual pertinentes.

11) A previsão de regramento para a superação e distinção, ou seja, do *overruling* ou *distinguishing*, expressões que existem no *common law*, mas que se procurou regulamentar no Brasil, inclusive com o procedimento próprio de revisão, de superação das teses.

2. Desafios

Em um sistema em construção, a efetivação das normas talvez dependa de alguns aspectos a serem superados. O primeiro é o da cultura. Há, no Brasil, uma praxe decisionista, os juízes estão acostumados a julgar casos concretos, mas os tribunais possuem uma função uniformizadora, que precisa ser assumida e priorizada, em benefício de todos os valores da economia, da isonomia e da segurança jurídica.

Em segundo lugar, há a necessidade de clareza nos julgamentos. Há que se saber o que é a *ratio decidendi* e o *obiter dictum* no julgamento e no precedente, ou seja, as razões da decisão e o que foi somente mencionado de modo secundário, *a latere*, em paralelo ao pronunciamento central. Do mesmo modo, importante se destacar o que foi objeto de acolhimento pelo colegiado e o que fez parte apenas de afirmação individual por um ou alguns julgadores, mas não pela maioria ou integralidade do órgão julgador. A tese tem que estar clara, indicando todos os contornos, em quais hipóteses deve ser aplicada e às vezes podendo ser subdivida em subteses, para especificidades detectadas na complexa realidade.

O Supremo Tribunal Federal (STF) e o Superior Tribunal de Justiça (STJ) já subdividiram várias teses, para que a questão ficasse mais clara, abarcando diversas situações analisadas.

Quando há julgamentos colegiados, não se deve priorizar o posicionamento individual do juiz. Se há uma liminar, uma decisão monocrática, não precisa ser levada ao colegiado, mas deve ser prestigiado o entendimento do Tribunal e não o posicionamento pessoal do magistrado.

Por fim, deve ser fortalecida a cultura e a priorização do julgamento de questões de direito comuns e controversas, que estejam afetando a economia dos negócios em larga escala, de modo repetitivo, ensejando insegurança jurídica e paralisação da cadeia produtiva e de serviços[15].

O legislador optou por priorizar a resolução de questões repetitivas, comuns. No passado, havia as Ações Diretas de Inconstitucionalidade e de Constitucionalidade, os recursos repetitivos, instrumentos sem o efeito vinculativo e apenas no âmbito dos Tribunais Superiores. No Código de Processo Civil de 2015, estabeleceram-se os precedentes qualificados nos julgamentos concentrados e, com o incidente de resolução de demandas repetitivas (IRDR) e o incidente de assunção de competência (IAC), a possibilidade de afetação destes temas relevantes e que repercutem em centenas, milhares ou milhões de casos. Com isso, foi trazido para o âmbito do segundo e do primeiro grau, a possibilidade de se estabelecer uma certeza sobre as questões polêmicas, com uma prestação jurisdicional melhor, maior rapidez, com uma duração razoável e,

15 Isso porque o estoque de capital resultante do respeito aos precedentes influencia justamente no processo decisório de litigância – seja no âmbito do Poder Judiciário, seja na arbitragem –, uma vez que, a um só tempo, fornece prognóstico das chances dos potenciais litigantes em juízo, fomenta a adoção de métodos consensuais de resolução de conflitos e evita o ajuizamento de demandas frívolas e predatórias. A esse respeito, ver FUX, Rodrigo. Os Influxos da Análise Econômica do Direito no Código de Processo Civil de 2015. *Revista de Processo*. São Paulo: Revista dos Tribunais, v. 308, Out. /2020, p. 12.

também, um Judiciário mais coerente com a realidade contemporânea e uma sociedade mais confiante na solução dos conflitos.

Conclusão

Nesses pouco mais de 6 (seis) anos da vigência do Código de Processo Civil, a experiência prática nos leva a festejá-lo, mas é um trabalho em construção que precisa ser aprimorado e vem sendo aprimorado pela doutrina e pelos tribunais brasileiros.

O Supremo Tribunal Federal (STF), o Superior Tribunal de Justiça (STJ) e o Conselho Nacional de Justiça (CNJ) têm assumido papel importante de implementação dos precedentes. O Conselho Nacional de Justiça (CNJ) tem trabalhado para criar o Banco Nacional de Precedente, para permitir que a sociedade possa ter em um único site, um banco nacional, para acesso aos precedentes de todos os tribunais do país, com o dever de todas as cortes manterem o seu banco de precedentes e a referência ao banco nacional. É um trabalho conjunto com o Executivo e com o Legislativo para que o *site* de legislação possa estar conectado com os precedentes vinculativos dos tribunais superiores e dos tribunais locais.

É uma revolução em andamento em prol dos precedentes e da prestação jurisdicional. Por fim, o Grupo de Trabalho do Conselho Nacional de Justiça (CNJ) voltado para o fortalecimento dos precedentes vem caminhando para estabelecer uma resolução com normas contendo deveres e recomendações para todos os magistrados e órgãos do Poder Judiciário.

Como dizia José Carlos Barbosa Moreira, o importante não é que o Direito Processual seja bom acadêmica e teoricamente, ele tem de ser bom sob o ponto de vista prático e o sistema de precedentes poderá contribuir para uma prestação jurisdicional mais adequada.

Referências

FUX, Luiz; BODART, Bruno. *Processo Civil e Análise Econômica*: uma introdução teórica. Rio de Janeiro: Forense, 2019.

FUX, Luiz; FUX, Rodrigo. O Novo Código de Processo Civil à Luz das Lições de José Carlos Barbosa Moreira, um Gênio para Todos os Tempos. *Revista da EMERJ*, v. 20, janeiro/abril de 2018.

FUX, Rodrigo. Algumas perspectivas sobre o sistema brasileiro de precedentes: de onde partimos e para onde podemos ir. In: SANTA CRUZ, Felipe; FUX, Luiz; e GODINHO, André (Coord.). *Avanços do Sistema de Justiça*: os 5 anos de vigência do novo Código de Processo Civil. Brasília: OAB Editora, 2021.

_____. Análise Econômica do Direito no Brasil: por que não beber dessa fonte? In: FUX; Luiz; FUX, Rodrigo; PEPE, Rafael Gaia (coord.). *Temas de Análise Econômica do Direito Processual*, 1ª ed. Rio de Janeiro: Mundo Jurídico, 2019.

_____. Microssistema de Precedentes Vinculantes. In: MENDES, Aluisio Gonçalves de Castro; PORTO, José Roberto Mello (Coord.). *Incidente de Demandas Repetitivas*: panorama e perspectivas. Salvador: JusPodivm, 2020.

_____. Os Influxos da Análise Econômica do Direito no Código de Processo Civil de 2015. In: *Revista de Processo*. São Paulo: Revista dos Tribunais, v. 308, Out. /2020.

_____. *O novo processo civil brasileiro*: ideologia, princípios e institutos. (Dissertação de Mestrado) apresentada ao Programa de Pós-Graduação em Direito Processual da Universidade do Estado do Rio de Janeiro – UERJ, 2015.

MENDES, Aluisio Gonçalves de Castro. Breves considerações sobre o caráter vinculativo da jurisprudência e dos precedentes no artigo 927 do novo Código de Processo Civil. In: Dierle Nunes; Aluisio Mendes; Fernando Gonzaga Jayme. (Org.*). A nova Aplicação da Jurisprudência e Precedentes no CPC/2015. Estudos em Homenagem à Professora Teresa Arruda Alvim*. 1. ed.São Paulo: Revista dos Tribunais, 2017, p. 119-130.

_____. *Incidente de Resolução de Demandas Repetitivas*: Sistematização, análise e interpretação do novo instituto processual. 1. ed. Rio de Janeiro: Gen/ Forense, 2017.

_____. Incidente de Resolução de Demandas Repetitivas. In: MENDES, Aluisio Gonçalves de Castro (Org.). *O novo Código de Processo Civil*: Palestras no Programa de Estudos Avançados em homenagem ao Ministro Arnaldo Esteves Lima. Rio de Janeiro: EMARF, 2015.

_____. Inovações tecnológicas, Poder Judiciário, Advocacia e Direito. *Artigo pendente de publicação.*

_____. Jurisprudência e Precedentes no Direito Brasileiro: Panorama e Perspectivas. *Revista Eletrônica de Direito Processual.* Rio de Janeiro: UERJ, ano 15, vol. 22, n. 3, p. 42-52.

_____. Jurisprudência e Precedentes no Direito Brasileiro Contemporâneo: Estudos em Homenagem a José Carlos Barbosa Moreira e Ada Pellegrini Grinover. In: Adrian Simons; Aluisio Gonçalves de Castro Mendes; Alvaro Pérez Ragone; Paulo Henrique dos Santos Lucon. (Org.). Estudos em Homenagem a Ada Pellegrini Grinover e José Carlos Barbosa Moreira. 1ed. São Paulo: Tirant lo Blanch, 2020, v. 1, p. 85-103.

_____; MARINONI, Luiz Guilherme; WAMBIER, Teresa Arruda Alvim. *Direito jurisprudencial*. São Paulo: Ed. RT, 2014. vol. II.

_____; PORTO, J. R. M. *Incidente de Assunção de Competência*. 2. ed. Rio de Janeiro: GZ, 2021.

MOREIRA, José Carlos Barbosa. Comentários ao código de processo civil, vol. V: Arts. 476 a 565. 16. ed. Rio de Janeiro: Forense, 2012.

NEVES, Daniel Amorim Assumpção (Org.); FUX, Luiz (Coord.). *Novo Código de Processo Civil comparado*: Lei 13.105/2015. Rio de Janeiro: Forense, 2015.

_____. O futuro da Justiça: alguns mitos, In: *Temas de Direito Processual – Oitava Série*. São Paulo: Saraiva, 2004.

_____. *O novo processo civil brasileiro*. 21ª ed. Rio de Janeiro: Forense, 2000.

SALOMÃO, Luis Felipe; FUX, Rodrigo. Arbitragem e Precedentes: possível vinculação do árbitro e mecanismos de controle. In: *Revista de Arbitragem e Mediação*. São Paulo: Revista dos Tribunais, v. 66, Jul.-Set. / 2020.

SUSSKIND, Richard. *Online Courts and the Future of Justice*. Oxford: Oxford University Press, 2019.

REFLEXÕES SOBRE A ATUAÇÃO DO ESTADO NA PREVIDÊNCIA COMPLEMENTAR FECHADA E OS SEUS LIMITES. A ADOÇÃO DE INSTRUMENTOS CORRETIVOS DE IRREGULARIDADES COMO MEDIDA DE EFICÁCIA DO REGIME DISCIPLINAR NOS FUNDOS DE PENSÃO

Lygia Avena[1]

1. Introdução

Com muita satisfação e honra participo deste livro, em merecida homenagem ao Professor Sérgio de Andréa Ferreira que sempre nos inspirou com os seus artigos, livros, palestras e com uma brilhante trajetória profissional nas suas múltiplas atuações como advogado, desembargador, administrativista e professor.

Com as suas instigantes, precisas, espirituosas reflexões e saudáveis provocações acadêmicas, o Professor Sérgio de Andréa proporciona a muitos o generoso compartilhamento do seu amplo e profundo conhecimento, das suas experiências e inquietações jurídicas, de relevante cunho social.

Neste artigo trato de matéria que é muito cara ao Professor, reconhecido especialista na área, a Previdência Complementar Fechada, operada por entidades fechadas de previdência complementar ("EFPC"), também denominadas Fundos de Pensão.

Mais precisamente, este estudo apresenta aspectos centrais da atuação do Estado na Previdência Privada e os seus contornos, especialmente no âmbito da regulação, supervisão, e repressão, analisando

---

1 Advogada graduada pela PUC-RJ, com pós-graduação em Direito Empresaria pela UCAM-RJ e MBA em Administração pelo IBMEC. Consultora, Gestora Jurídica e Professora especializada em Previdência Complementar em cursos de especialização, pós-graduação e MBA de diversas instituições como IBMEC, FGV Conhecimento, UniAbrapp e ICDS – Instituto Connect de Direito Social. Conselheira do IPCOM – Instituto de Previdência Complementar e Saúde Suplementar e Sócia fundadora de Avena Advogados Associados. Árbitra na Cames e na PREVIC. Foi Coordenadora das Comissões Técnicas Nacional e Regional Sudeste de Assuntos Jurídicos da ABRAPP, Membro da Câmara de Recursos da Previdência Complementar - CRPC/MPS e Gestora Jurídica das Fundações Vale do Rio Doce de Seguridade Social-Valia e da Petros-Fundação Petrobras de Seguridade Social.

ainda a adoção de instrumentos de correção de irregularidades como medida de eficácia do regime disciplinar.

Nesse contexto, sem a pretensão de esgotar matéria tão extensa e multifacetada, são apresentadas algumas reflexões sobre o tema, com o objetivo de promover a análise e, principalmente, um saudável debate sobre a matéria.

2. Contextualização da Previdência Privada no Brasil.

A Previdência Privada, de caráter complementar, ganha cada vez maior relevo nos cenários social, político e econômico brasileiro.

Seja por propiciar cada vez maior cobertura da previdência supletiva a milhões de brasileiros, proporcionando um padrão de vida mais digno e proteção aos seus participantes e familiares, seja por gerar um grande acúmulo de poupança interna no País, propulsora da economia e de grande geração de empregos, a previdência privada, também denominada previdência complementar, vem tendo uma atuação cada vez mais significativa.

Para que tenhamos uma dimensão da importância dessa previdência, apenas as entidades fechadas de previdência complementar, entidades sem fins lucrativos, também denominadas Fundos de Pensão, detêm, considerando o ano de 2022 como referência, reservas da ordem de aproximadamente R$ 1,1 trilhões de reais.

Tais entidades pagam cerca de R$ 70 bilhões ao ano em benefícios aos seus participantes assistidos, concedendo um valor de benefício médio (programado e de prestação continuada) da ordem de R$ 6.800,00 (seis mil e oitocentos reais), o que é bastante significativo se considerarmos o contexto econômico e previdenciário global no Brasil.

Milhões de participantes são abrangidos por essa previdência privada que proporciona um padrão de vida mais digno para aqueles que passam para a inatividade laborativa, considerando os proventos sabidamente insuficientes concedidos pela previdência pública.

Em razão dos seus objetivos e características próprias, o regime de previdência privada vem previsto no título VIII da Constituição Federal, na Ordem Social, nos termos do caput do art. 202, a seguir transcrito:

> ***Art. 202. O regime de previdência privada, de caráter complementar e organizado de forma autônoma em relação ao regime geral de previdência social, será facultativo, baseado na constituição de reservas que***

garantam o benefício contratado, e regulado por lei complementar.

Com a recente Emenda Constitucional nº 103, de 12.11.2019 ("EC nº 103"), a denominada "Reforma da Previdência", os entes públicos passaram a ter a obrigação de oferecerem a previdência complementar aos seus servidores, quer por entidades fechadas ou abertas de previdência complementar, sendo nítido o cenário de novas perspectivas e crescimento desse regime previdenciário.

Nesse sentido, a previdência complementar passa também a ter um papel relevante na redução gradativa do grande déficit verificado na previdência pública, principalmente no RPPS (Regime Próprio de Previdência Social), uma vez que, nos termos da EC nº 103, os entes federados passaram a ter a obrigação de oferecerem a previdência complementar aos seus servidores.

Nesse sentido, os proventos de aposentadoria pagos pelos entes públicos passam a ter um teto equivalente ao valor do teto do Regime Geral da Previdência Social, sendo o excedente coberto pela Previdência Complementar.

Outra vertente de significativo crescimento da Previdência Complementar Fechada é a Previdência Associativa, na medida em que cada vez mais verificamos o crescimento dos planos instituídos.

Por esses planos de benefícios que não são patrocinados, as associações de classe ou mesmo as próprias entidades fechadas de previdência complementar passam a oferecer, na condição de instituidores, a previdência complementar aos seus associados e familiares (planos família), sendo previstos igualmente os planos setoriais.

Amplia-se, portanto, a abrangência dessa previdência supletiva, beneficiando milhões de brasileiros e seus dependentes.

Em breve retrospectiva, as entidades fechadas de previdência complementar (**"EFPC"**), também denominadas Fundos de Pensão, foram inicialmente criadas no âmbito das empresas patrocinadoras vinculadas à Administração Pública e, posteriormente, desenvolvidas no contexto das empresas patrocinadoras privadas, surgindo como importantes instrumentos da sua política de recursos humanos.

Com a finalidade de concederem e manterem benefícios de caráter previdenciário, tais entidades foram criadas com o objetivo de propiciar uma vida digna aos empregados das empresas patrocinadoras, inscritos nos seus planos de benefícios, quando da sua passagem para a inatividade laborativa. Incentivam, dessa forma, a aposentadoria dos empregados aposentáveis e a renovação dos quadros de pessoal dessas empresas.

Na qualidade de prestadoras de benefícios de natureza previdenciária - sob a forma de rendas e de benefícios suplementares ou assemelhados aos da Previdência Social - e assistindo os seus participantes e familiares nos eventos aleatórios, em caso de invalidez, morte ou doença, as EFPC passaram a ter também um relevante papel social.

Em razão desses objetivos, nos moldes da legislação aplicável, essas entidades foram constituídas sob a forma de fundação (forma predominante de sua constituição até os dias atuais) ou de sociedade civil (esta última forma adotada anteriormente ao atual Código Civil), sempre sem fins lucrativos, sendo enquadradas no âmbito da "Ordem Social", prevista no Título VIII da Constituição Federal.

Distinguem-se, dessa forma, as características das entidades fechadas das entidades abertas de previdência complementar ("**EAPC**"), sendo essas últimas constituídas como Sociedades Anônimas e vinculadas a conglomerados financeiros, bancos e seguradoras, tendo o lucro como a sua finalidade precípua.

Nesse contexto, atuando sob o regime de capitalização e constituindo reservas, provisões e fundos destinados ao cumprimento dos compromissos assumidos nos planos de benefícios, investindo e reinvestindo as suas reservas em prol da sua finalidade previdenciária, nas últimas décadas os Fundos de Pensão passaram a exercer um papel cada vez mais relevante no cenário político-econômico e social brasileiro.

Como já mencionado, os denominados Fundos de Pensão passaram a ser grandes investidores de longo prazo, fomentadores da poupança nacional, geradores de emprego e propulsores do desenvolvimento econômico e social, tendo papel de destaque no Brasil.

Alcançaram efetivo *status* constitucional notadamente com a Emenda Constitucional nº 20/98 que alçou este Regime a um novo patamar jurídico e institucional.

Como já destacado, atualmente, a Emenda Constitucional nº 103/2019 ampliou o alcance dessa previdência ao estabelecer que os entes públicos são obrigados a oferecer a previdência complementar aos seus servidores.

A partir da Emenda Constitucional nº 20/1998 e, posteriormente, com a promulgação das Leis Complementares 108 e 109, de 29/05/2001 ("**Leis Complementares 108 e 109**"), além de sucessivas resoluções editadas em decorrência da referida legislação até hoje, uma maior modernização e flexibilização dos planos de benefícios foi estruturada no Sistema de Previdência Complementar.

Com a promulgação das referidas leis complementares, novos institutos foram criados nessas entidades, tais como o benefício proporcional diferido, a portabilidade, o resgate e o autopatrocínio, e passou a ser assegurada a representação de participantes e assistidos nos conselhos deliberativo e fiscal das entidades como importante conquista daqueles que são os efetivos destinatários dessa previdência.

Além disso, novas modalidades de planos passaram a ser criadas bem como outros tipos de benefícios não vinculados à Previdência Social, com ênfase na poupança individual do participante, no aporte do patrocinador e na rentabilidade líquida dos investimentos.

Foram ainda estabelecidos, nos termos das atuais Leis complementares 108 e 109, diversos requisitos para o exercício do cargo pelos gestores; a previsão de entidades com multiplano e multipatrocínio; regras de independência patrimonial dos planos de benefícios; a previdência complementar do servidor público e a previdência associativa.

Também foi disposto um rígido regime disciplinar para aqueles que descumprirem a legislação da previdência complementar, com a adoção da "Supervisão Baseada em Risco" pelo órgão fiscalizador, a Superintendência Nacional de Previdência Complementar - PREVIC ("**PREVIC**") que passou a cobrar dos gestores melhores práticas de governança, de controles internos e de gestão de risco.

3. A atuação do Estado no âmbito da Previdência Complementar Fechada

Para a consecução do objetivo previdenciário das entidades fechadas de previdência complementar, a Lei Complementar 109 dispõe no seu art. 3º sobre qual deve ser o papel do Estado nesse regime de previdência privada:

> ***Art 3° - A ação do Estado será exercida com o objetivo de:***
>
> ***I - <u>formular</u> a política de previdência complementar;***
>
> ***II - disciplinar, coordenar e supervisionar as atividades reguladas por esta Lei Complementar, compatibilizando-as com as políticas previdenciária e de desenvolvimento social e econômico-financeiro;***
>
> ***III - determinar padrões mínimos de segurança econômico-financeira e atuarial, com fins específicos de <u>preservar a liquidez, a solvência e o equilíbrio dos planos de benefícios isoladamente, e de cada entidade de previdência complementar</u>, no conjunto de suas atividades;***
>
> ***V - fiscalizar as entidades de previdência complementar, suas operações e aplicar penalidades, e;***

VI - proteger os interesses dos participantes e assistidos dos planos de benefícios.

.... (grifou-se).

Portanto, a formulação das políticas públicas para a previdência complementar,

a supervisão das entidades, a determinação de padrões que assegurem a preservação do equilíbrio dos planos e das entidades, a fiscalização, a repressão e a proteção aos participantes e assistidos são atividades do Estado fundamentais, voltadas para essa previdência privada.

Pilar de sustentação desse regime previdenciário complementar, nos termos previstos no caput do art. 202 da Constituição Federal já transcrito, o equilíbrio econômico-financeiro e atuarial dos planos de benefícios visa garantir os benefícios contratados e tem foco permanente do Estado nas suas diversas ações previstas no art. 3º da Lei Complementar 109.

Tal princípio basilar é também de forma explícita ou implícita constante em boa parte da legislação específica aplicável a esse regime, sendo ainda norteador da atuação dos gestores na gestão e operacionalização dos planos de benefícios, como exemplifica o art. 7º da citada Lei Complementar, a seguir transcrito:

> ***Art. 7º Os planos de benefícios atenderão a padrões mínimos fixados pelo órgão regulador e fiscalizador, com o objetivo de assegurar transparência, solvência, liquidez e equilíbrio econômico-financeiro e atuarial.***
>
> .... (grifou-se).

No que tange ao regime disciplinar, como dispõe o transcrito art. 3º, incisos V e VI, da Lei Complementar 109, a fiscalização das entidades fechadas de previdência complementar e a repressão a condutas que violam as disposições da legislação própria, por meio de severas penalidades administrativas, são ações do Estado que visam manter a higidez, a perenidade e a segurança do Sistema.

Busca-se desse modo assegurar o cumprimento da concessão e manutenção dos benefícios contratados, em proteção aos participantes e assistidos dos planos de benefícios.

Nesse contexto, o Estado atua em três pilares:

(i) Regulação;
(ii) Fiscalização; e
(iii) Repressão.

3.1. Regulação

A regulação implica sobretudo em intervenção do Estado por direção ou por indução, mediante a edição de normas para um determinado segmento, sem que atue diretamente como agente econômico.

No campo da previdência fechada complementar, em atendimento ao comando do art. 5º da Lei Complementar 109, a normatização para o Setor é em grande parte embasada em resoluções de competência do órgão regulador.

O art. 74 definiu na mesma lei a competência para a regulação pelo então Conselho de Gestão da Previdência Complementar ("**CGPC**"), atualmente denominado Conselho Nacional de Previdência Complementar ("**CNPC**").

Esse órgão, atualmente vinculado ao Ministério do Trabalho e Previdência, é presidido pelo Ministro da pasta e é formado por membros indicados pela Administração Pública e membros representantes da sociedade civil, estes últimos compostos de representantes da Associação Brasileira das Entidades Fechadas de Previdência Complementar - ABRAPP; da Associação Nacional dos Participantes dos Fundos de Pensão - ANAPAR e dos Patrocinadores e Instituidores de Planos de Benefícios das Entidades Fechadas de Previdência Complementar.

A atribuição precípua do Conselho Nacional de Previdência Complementar, CNPC, é, portanto, a regulação do Setor da Previdência Complementar Fechada.

Além das resoluções do CNPC, a disciplinar as entidades fechadas de previdência complementar, a PREVIC, na qualidade de órgão de supervisão e fiscalização das entidades fechadas de previdência complementar emite orientações por meio de Instruções. Estas visam orientar o adequado cumprimento das resoluções e o seu detalhamento operacional, necessário para a adequada observância das normas editadas pelo órgão normativo.

Tal competência para emitir instruções pela PREVIC não deve, entretanto, ser confundida com a competência de regulação, esta privativa do CNPC nos termos previstos na Lei Complementar 109.

Nesse campo espera-se a segregação das atribuições de regulação daquelas fiscalizatórias ou de supervisão.

No seu âmbito de atuação, as Instruções da PREVIC visam esclarecer as regras gerais estabelecidas nas resoluções do CNPC, dentro dos contornos destas, para que os administrados possam entender melhor a legislação aplicável e, dessa forma, possam cumprir adequadamente as normas da previdência complementar e os seus necessários procedimentos.

Tais instruções e orientações da PREVIC têm por objetivo prevenir, tanto quanto possível, as condutas infracionais.

Em relação à distinção entre regulamentação e regulação, oportuna a reflexão de José dos Santos Carvalho Filho:

> ***"(...) as expressões regulamentar e regular não guardam sinonímia: aquela significa complementar, especificar, e pressupõe sempre que haja norma superior suscetível de complementação; esta, de sentido mais amplo, indica disciplinar, normatizar e não exige que seu objetivo seja o de complementar outra norma. Em consequência, pode haver função regulatória sem que seja regulamentadora."***
>
> *(Agências Reguladoras e Poder Normativo. In: O Poder Normativo das Agências Reguladoras. 2ª ed. Rio de Janeiro, Forense, 2011, p. 66).*

Verifica-se que a regulação exerce papel extremamente relevante ao pautar a atuação do órgão fiscalizador, tanto na autorização deste para a prática de determinados atos quanto na fiscalização das atividades desenvolvidas pelas entidades fechadas de previdência privada.

Recentemente foi prevista pelo Conselho Nacional de Previdência Complementar a atuação da PREVIC também por meio da edição de resoluções para dispor sobre a operacionalização das normas aplicáveis, no âmbito da previdência fechada complementar.

Pelas razões antes analisadas, entretanto, tais resoluções deverão ser limitadas às orientações e procedimentos operacionais aplicáveis para um adequado cumprimento das normas emanadas pelo órgão regulador próprio, o Conselho Nacional de Previdência Complementar, sem extrapolar os seus contornos.

Ainda por meio da regulação, especialmente por meio da Lei Complementar nº 109 e do Decreto nº 4.942, de 30.12.2003 ("**Decreto nº 4.942**") o Estado regula o Regime Disciplinar e o Processo Administrativo Sancionador, conduzindo e orientando os administrados sobre as condutas a serem observadas e as condutas tipificadas como infracionais com as suas respectivas sanções.

Portanto, a regulação pelo Estado, no âmbito do Processo Administrativo Sancionador, contribui para a prevenção da prática de atos ilícitos, estimulando as boas práticas de governança.

Verifica-se que a previdência complementar fechada, não obstante seja de natureza privada, é regime previdenciário amplamente regulado, tendo um ordenamento jurídico profundamente dinâmico e evolutivo.

A regulação objetiva estabelecer padrões mínimos de segurança, de equilíbrio econômico-financeiro e atuarial, liquidez e solvabilidade dos planos e das entidades de previdência complementar, de forma a que sejam cumpridos pelos gestores o dever fiduciário para com os participantes e assistidos.

3.2. Fiscalização

Cumprindo a previsão legal do supratranscrito art. 3º, V, da Lei Complementar nº 109, por meio da sua fiscalização, atualmente exercida pela Superintendência Nacional de Previdência Complementar-PREVIC (**"PREVIC"**), o Estado fiscaliza as entidades fechadas de previdência complementar de modo a verificar se estão sendo cumpridas as normas aplicáveis ao regime de previdência complementar, aos estatutos e regulamentos, se está sendo exercida adequadamente pelos gestores a chamada "Gestão baseada em Riscos" e o ato regular de gestão.

O art. 5º da Lei Complementar nº 109 destaca a competência de fiscalização a cargo do Estado e o art. 74 definiu, na mesma lei, a competência de fiscalização da então Secretaria de Previdência Complementar ("**SPC**").

A Lei nº 12.154, de 23.12.2009 criou a PREVIC, em substituição a então SPC, constituída como uma autarquia federal especial, dotada de autonomia administrativa e financeira e patrimônio próprio, com atuação em todo o território nacional.

Nos termos da legislação, a PREVIC tem a sua atuação com atribuições de fiscalização e de supervisão das entidades fechadas de previdência complementar e execução de políticas para o regime, observadas as normas de previdência complementar aplicáveis.

A fiscalização e supervisão do Estado e o seu exercício do poder punitivo tem limitações constitucionalmente previstas e devem ter embasamento em norma expressa, sendo esta diretriz dirigida ao Estado maior que a limitação à liberdade de iniciativa dos particulares pelas normas aplicáveis.

Na acepção de Sérgio de Andréa Ferreira:

> ***"(...) é de lembrar que a principiologia normatizada como garantia constitucional veda qualquer interferência estatal no funcionamento das pessoas jurídicas de direito privado, que não sejam aquelas constitucionalmente admissíveis (art. 5º, XVIII da CF)."***
>
> *(Ferreira, Sérgio de Andréa, Previdência Complementar. Os limites de fiscalização e regulação. In: Reis, Adacir (Org.). Fundos de Pensão em debate. Brasília. Brasília Jurídica, 2002, p.100).*

Nesse contexto, cabe à PREVIC, no exercício das suas atribuições legais: **(i)** apurar e julgar infrações e aplicar penalidades; **(ii)** expedir instruções; **(iii)** autorizar a constituição e o funcionamento de entidades fechadas, os seus estatutos e regulamentos, assim como as suas alterações; **(iv)** autorizar as operações de fusão, cisão, incorporação, ou de qualquer forma de reestruturação nas entidades fechadas e nos planos de benefícios; **(v)** autorizar convênios de adesão por patrocinadores e instituidores e retiradas de patrocínio; **(vi)** autorizar a transferência de patrocínio e reservas entre entidades fechadas de previdência complementar; **(vii)** harmonizar as atividades das entidades fechadas com as normas e políticas para o segmento; **(viii)** decretar a intervenção e fiscalização nas entidades e planos; **(ix)** nomear administrador especial; **(x)** promover a mediação e conciliação entre entidades fechadas; **(xi)** elaborar e enviar relatório anual de atividades e outras providências correlatas.

Com essa multiplicidade de atribuições, a PREVIC é constituída por uma Diretoria Colegiada; pela Procuradoria Federal; Coordenadores; Ouvidoria e Corregedoria.

Da fiscalização das entidades fechadas exercidas pela PREVIC surgem também orientações para o saneamento das irregularidades verificadas, apontadas muitas vezes nos Relatórios de Fiscalização que são emitidos pela referida autarquia.

Desse modo, em muitos casos é possível oportunizar aos administrados a correção dos atos irregulares, o que propicia maior eficácia do regime disciplinar, uma vez que o que se visa é a correção das irregularidades e não apenas a sua punibilidade em si mesma.

Na sua supervisão das entidades fechadas de previdência complementar, a PREVIC adota a denominada "Supervisão Baseada em Riscos", cobrando especialmente dos administrados gestores nas entidades fechadas de previdência complementar uma "Gestão Baseada em Riscos".

Sobre a Supervisão Baseada em Riscos trataremos de forma mais detalhada em tópico posterior.

3.3. Repressão

O Poder de polícia do Estado se justifica no interesse da coletividade, tendo limitações constitucionais e legais.

Na previdência fechada complementar, visando a proteção dos participantes e assistidos o Estado, por meio do órgão fiscalizador, a PREVIC, de forma reativa e em observância ao disposto no art. 3º, V, da Lei Complementar nº 109, exerce o seu poder de polícia.

Com essa atribuição, a PREVIC aplica as penalidades aos infratores conforme previsto no art. 5º, combinado com o art. 74, da citada lei.

Como já mencionado, nos termos da Lei nº 12.154, de 23.12.2009, a PREVIC foi criada sucedendo a antiga Secretaria de Previdência Complementar, sendo constituída como uma autarquia federal, dotada de autonomia administrativa, financeira e com patrimônio próprio.

O art. 65 da Lei Complementar nº 109 dispõe sobre as penalidades aplicáveis pelo órgão fiscalizador nas hipóteses de descumprimento da legislação específica aplicável à previdência complementar e estabelece sanções conforme a gravidade do ato infracional, nos seguintes termos:

> ***Art. 65. A infração de qualquer disposição desta Lei Complementar ou de seu regulamento, para a qual não haja penalidade expressamente cominada, sujeita a pessoa física ou jurídica responsável, conforme o caso e a gravidade da infração, às seguintes penalidades administrativas, observado o disposto em regulamento:***
>
> ***I - advertência;***
>
> ***II - suspensão do exercício de atividades em entidades de previdência complementar pelo prazo de até cento e oitenta dias;***
>
> ***III - inabilitação, pelo prazo de dois a dez anos, para o exercício de cargo ou função em entidades de previdência complementar, sociedades seguradoras, instituições financeiras e no serviço público; e***
>
> ***IV - multa de dois mil reais a um milhão de reais, devendo esses valores, a partir da publicação desta Lei Complementar, ser reajustados de forma a preservar, em caráter permanente, seus valores reais.***
>
> ***(...).***

Nesse contexto, as penalidades administrativas são aplicadas, observadas a tipificação da conduta infracional e as respectivas sanções previstas no Decreto nº 4.942, que regulamenta o Regime Disciplinar constante na Lei Complementar 109.

Busca-se assim, de forma exemplar e também com fins didáticos, a repressão, a punição daqueles que violaram as normas da Previdência Complementar.

As severas sanções administrativas previstas na legislação da previdência complementar, em caso do seu descumprimento, têm como objetivo maior coibir, desestimular a prática de atos ilícitos.

Princípios fundamentais regem o processo administrativo sancionador sendo cogentes para o órgão fiscalizador, tais como os princípios da legalidade, da oficialidade, da proporcionalidade da pena, do contraditório e ampla defesa, da verdade real e material, da responsabilidade subjetiva com a demonstração da culpabilidade dos autuados, dentre outras diretrizes na aplicação da pena.

O poder de polícia é limitado, portanto, aos limites previstos na Constituição Federal e na legislação.

Nessa linha de raciocínio, Maria Sylvia Zanella Di Pietro, ao abordar as limitações do poder de polícia, afirma:

> ***"Como todo o ato administrativo, a medida de polícia, ainda que seja discricionária, sempre esbarra em algumas limitações impostas por lei, quanto à competência e a forma, aos fins e mesmo com relação aos motivos ou ao objeto; quanto aos dois últimos, ainda que a Administração disponha de certa dose de discricionariedade, esta deve ser exercida nos limites traçados por lei."***
>
> *(Di Pietro, Maria Sylvia, Direito Administrativo, São Paulo, Ed. Atlas, 2001, p.116).*

Com a observância dos contornos constitucionais e legais o exercício do poder de polícia pelo órgão de fiscalização tem papel relevante para a higidez do regime de previdência complementar, contribuindo para a proteção de participantes e assistidos dos planos previdenciários privados.

4. A Supervisão Baseada em Risco como metodologia de fiscalização pela PREVIC

Aspecto relevante é a atuação da PREVIC na denominada "Supervisão Baseada em Risco" ("**SBR**"), a seguir analisada, pela qual o órgão de fiscalização cobra dos administrados, especialmente dos gestores das entidades fechadas de previdência complementar, uma adequada "Gestão Baseada em Risco", considerando os parâmetros legais e regras prudenciais e de governança estabelecidas.

A denominada Supervisão Baseada em Risco consiste em metodologia fiscalizatória adotada pela PREVIC que, na sua atividade, verifica se os gestores das entidades fechadas de previdência complementar estão adotando uma adequada gestão de riscos.

Nesse sentido, é averiguado pelo órgão fiscalizador se as entidades estão utilizando mecanismos e processos eficazes para uma adequada identificação, análises e monitoramento dos riscos envolvidos nas suas diversas operações.

Por essa metodologia apura o órgão fiscalizador se, de forma diligente e prudencial, é exercida a proatividade necessária para prevenir ou minimizar os impactos negativos decorrentes dos riscos envolvidos que podem comprometer os planos de benefícios, a organização e os seus objetivos institucionais.

A eficiência na aplicação dos recursos, a adoção de controles internos adequados e os processos de aprimoramento contínuo da governança das entidades são cobrados dos gestores. Estes possuem o dever fiduciário de bem gerir os recursos que lhes são confiados.

Busca-se com essa metodologia preservar a segurança, o equilíbrio econômico-financeiro e atuarial, a liquidez e solvência dos planos de benefícios em prol da proteção dos participantes e assistidos e do cumprimento dos benefícios contratados.

Portanto, na supervisão baseada em risco é cobrada uma adequada gestão baseada em riscos dos gestores, pelo órgão fiscalizador.

A gestão baseada em risco tem como base legal primeira a Resolução do então Conselho de Gestão da Previdência Complementar de nº 13, de 01.10.2004 ("**Resolução CGPC 13**").

A referida resolução determina princípios e regras fundamentais de conduta e governança, controles internos e gestão de riscos, conforme o porte e a complexidade da entidade e dos seus planos de benefícios.

Nos termos do art. 12 da referida resolução devem ser identificados, avaliados, controlados e monitorados os diversos riscos pelos gestores, sejam eles de crédito, legal, operacional, sistêmico, de mercado, atuarial, dentre outros, nos seguintes termos:

> ***Art. 12. Todos os riscos que possam comprometer a realização dos objetivos da EFPC devem ser continuamente identificados, avaliados, controlados e monitorados.***

> ***§ 1º Os riscos serão identificados por tipo de exposição e avaliados quanto à sua probabilidade de incidência e quanto ao seu impacto nos objetivos e metas traçados.***
>
> ***§ 2º Os riscos identificados devem ser avaliados com observância dos princípios de conservadorismo e prudência, sendo recomendável que as prováveis perdas sejam provisionadas, antes de efetivamente configuradas.***

Para tal fim, além dos estudos técnicos internos e externos e constante monitoramento das operações, ferramentas como as matrizes de risco, que podem identificar se o risco é alto, médio ou baixo e as probabilidades de ocorrência de eventos adversos auxiliam as entidades nesse processo.

Na mesma linha da Resolução CGPC 13, a Resolução do Conselho Monetário Nacional nº 4.661, de 25.05.2018 ("**Resolução CMN 4.661**") até então vigente, revogada recentemente pela Resolução CMN nº 4.994, de 2022 ("**Resolução CMN 4.994**"), que prevê idêntica regra, ao tratar das regras prudenciais de investimentos, dispõe:

> ***Art. 10. A EFPC, na administração da carteira própria, deve identificar, analisar, avaliar, controlar e monitorar os riscos de crédito, de mercado, de liquidez, operacional, legal, sistêmico e outros inerentes a cada operação.***

As ações de fiscalização da PREVIC serão exercidas com esse enfoque, verificando se as cinco atividades de gestão de riscos acima referenciadas foram exercidas de forma diligente nos processos de investimento ou outros, em aderência à legislação, ao estatuto, aos regulamentos e deliberações dos órgãos colegiados.

Conforme indicado no Guia de Melhores Práticas da PREVIC:

> ***"A SBR verifica a exposição a riscos e os controles sobre eles exercido, atua de forma prudencial sobre as origens dos riscos e induz uma gestão proativa das entidades. A análise e avaliação das adversidades e das oportunidades, observadas em cenários futuros, contribuem para a formação de uma visão ampla do sistema de previdência complementar fechado e do ambiente em que este se insere, visando assim a estabilidade e solidez do sistema."***

Constata-se, pois, que a supervisão baseada em risco constitui eficaz metodologia de fiscalização das entidades fechadas de previdência complementar, contribuindo para o aprimoramento contínuo da governança, segurança, solvabilidade e higidez do sistema.

5. Ato Regular de Gestão e limitação da punibilidade pelo órgão fiscalizador

Aspecto sempre revisitado quando se trata da atuação do Estado na fiscalização e no exercício do poder de polícia, no contexto especialmente exercido pela PREVIC nas entidades fechadas de previdência privada, é o ato regular de gestão.

A configuração ou não do ato do administrado como ato regular de gestão, conforme a contextualização, implicará no cabimento ou descabimento da punibilidade pelo órgão fiscalizador, e, no caso de recurso de auto de infração ou de inquérito, na absolvição ou na manutenção da condenação do agente responsável pelo ato analisado.

O conceito doutrinário clássico de ato regular de gestão é o ato praticado nos limites das atribuições dos administradores e sem a violação de lei ou do estatuto.

Verifica-se, portanto, dois pressupostos concomitantes para um ato ser considerado como ato regular de gestão: **(i)** aderência legal e estatutária e **(ii)** ato praticado nos limites dos poderes e atribuições do agente, em compatibilidade com os poderes estatutários e dentro da política de alçadas prevista na entidade.

O conceito de ato regular de gestão tem inspiração na reconhecida e consagrada norma inserta na Lei das S.A.:

> ***Art. 153. O administrador da companhia deve empregar, no exercício de suas funções, o cuidado e diligência que todo homem ativo e probo costuma empregar na administração dos seus próprios negócios.***

No âmbito dos investimentos dos Fundos de Pensão, no qual é concentrada boa parte da fiscalização e a maioria dos autos de infração lavrados, se demonstrado pelo gestor que praticou um ato regular de gestão, eventual prejuízo no investimento não pode ser creditado ao gestor, mas sim aos riscos de mercado.

Será preciso que o gestor demonstre, portanto, que cumpriu a legislação própria, adotou com diligência uma adequada gestão de riscos e observou a política de investimentos e normas internas da entidade.

Nessa hipótese, incabível o exercício da punibilidade pelo órgão fiscalizador uma vez tendo sido caracterizado o ato regular de gestão.

Sob esse prisma, oportuno destacar que as operações de investimento na previdência complementar fechada são obrigações de meio e não de resultado.

Os gestores não estão vinculados a um resultado específico da sua ação mas sim ao cumprimento das normas e princípios legais, ao dever de diligência e de adequada gestão de risco na aplicação de recursos das entidades de previdência privada.

Dessa forma, a gestão e atuação nos investimentos não consiste em garantir um resultado certo, mas sim a utilização dos meios, diligências e uma gestão de riscos adequada, nos termos da legislação, para conseguir ao máximo os melhores resultados, com segurança e equilíbrio econômico-financeiro.

Não há garantia de inexistir eventual prejuízo nesse ambiente de riscos, mas o que se busca verificar pela fiscalização é o processo de investimento como um todo e não apenas o seu resultado, seguindo a devida gestão baseada em riscos, já analisada.

Nesse campo, a responsabilidade dos gestores é subjetiva, sendo necessária a demonstração de culpa, stricto ou lato sensu, para penalizar o gestor. A culpa ou dolo, o ato ilícito, o dano e o nexo de causalidade entre a ação ou omissão do agente e o dano ocorrido são pressupostos essenciais para a sua responsabilização.

6. A importância do incentivo pelo Estado da adoção de mecanismos corretivos de irregularidades pelos administrados. Eficácia do Regime Disciplinar.

Com a atuação no regime disciplinar aplicável às entidades fechadas de previdência complementar, o Estado tem por finalidade maior a proteção aos participantes e assistidos dos planos de benefícios, sendo esta uma das suas precípuas ações, prevista no art. 3º, VI, da Lei Complementar 109, mantendo-se, por meio da sua supervisão, a higidez, a segurança e a credibilidade dessa previdência privada.

Ressalte-se, entretanto, que a maior efetividade do regime disciplinar consiste no atingimento dos seus objetivos de coibir, prevenir ilícitos, e, se não for possível alcançar os objetivos anteriores, de buscar a correção pelos administrados das suas irregularidades nesse Setor. Isso porque a aplicação da penalidade, embora tenha a importância necessária de sanção exemplar, não é, isoladamente, uma finalidade em si mesma.

A Lei Complementar nº 109 prevê em seu Capítulo VII, nos artigos 63 a 67, um rígido regime disciplinar e repressivo. No referido capítulo são previstas severas sanções para aqueles que descumprirem a legislação, o estatuto e o regulamento dos planos de benefícios e causarem danos ou prejuízos às entidades de previdência privada, aos planos previdenciários ou aos seus participantes e assistidos, por ação ou por omissão.

Nos termos do artigo 65, incisos I a IV, da Lei Complementar 109, penalidades que variam de advertência, multa, suspensão ou até inabilitação, cumuladas com multas de significativo valor, são previstas aos agentes responsáveis, na pessoa física, prevista a responsabilidade solidária das entidades de previdência para as multas aplicadas.

O Decreto nº 4.942, ao regulamentar o regime disciplinar previsto na LC 109/2001, detalha o Processo Administrativo Sancionador no âmbito das entidades fechadas de previdência complementar, dispondo sobre as condutas infracionais e as suas respectivas penalidades, além do rito processual que deverá ser seguido no referido processo administrativo.

Aspecto a ser destacado para a eficácia do regime disciplinar é a norma prevista no art. 22, § 2º, do Decreto nº 4.942.

Com o objetivo de proporcionar a ação corretiva da irregularidade pelo agente, de forma tão breve quanto possível, o mencionado decreto estabeleceu que a fiscalização deveria, previamente à eventual lavratura do Auto de Infração, oportunizar a mencionada correção ao administrado, nos seguintes termos:

> ***Art 22. (...).***
>
> ***(...).***
>
> ***§ 2º Desde que não tenha havido prejuízo à entidade, ao plano de benefícios por ela administrado ou ao participante e não se verifique circunstância agravante prevista no inciso II do art. 23, se o infrator corrigir a irregularidade cometida no prazo fixado pela Secretaria de Previdência Complementar, não será lavrado o auto de infração.***

Portanto, o texto do decreto é claro ao dispor sobre os requisitos concomitantes para a fiscalização propiciar, de forma obrigatória, a oportunidade corretiva pelo infrator da sua irregularidade, sem a lavratura direta do Auto de Infração: **(i)** inexistência de prejuízo à entidade, ao plano ou aos participantes; e **(ii)** inexistência de circunstâncias agravantes (quais sejam: reincidência, obtenção de vantagem indevida para si ou para terceiro e não adoção de providências no sentido de evitar ou reparar os atos lesivos).

Uma vez configurados esses requisitos, o órgão fiscalizador, antes de lavrar o Auto de Infração, deve fixar um prazo para a correção da irregularidade pelo agente que o cometeu. Se houver a correção, não deverá ser lavrado o Auto de Infração e será alcançada a efetividade do Regime Disciplinar, uma vez que foi sanada a irregularidade.

Nas hipóteses em que não seja observado o dispositivo do § 2º do art. 22 do Decreto 4.942 pela Fiscalização, têm sido verificadas arguições de nulidade do Auto de Infração pelos administrados que não tiveram oportunizada a correção das suas irregularidades.

Entretanto, se não for corrigida a irregularidade no prazo concedido pela Fiscalização, a PREVIC poderá exercer o seu poder de polícia aplicando as devidas penalidades ao infrator, sendo esta uma das atribuições relevantes da autarquia no âmbito do Regime Disciplinar.

Oportunizar a correção da irregularidade, portanto, é tão importante para a efetividade do Regime Disciplinar que, posteriormente ao Decreto 4.942, seguindo o seu princípio norteador constante no § 2º do art. 22, a PREVIC editou a Instrução de nº 03, de 29.06.2010.

A referida Instrução consagrou o Termo de Ajustamento de Conduta **("TAC")**, instrumento jurídico contratual a ser firmado pelos infratores ou agentes da suposta irregularidade com a PREVIC, com vistas à adequação das condutas à legislação, às diretrizes da fiscalização e correção das irregularidades.

Na linha de correção das infrações, o TAC poderá ser assinado pela entidade (como parte ou interveniente), pelos patrocinadores ou por quaisquer pessoas relacionadas no art. 63 da Lei Complementar 109.

Nos termos do referido dispositivo legal, poderão assinar o TAC: dirigentes, conselheiros, procuradores com poderes de gestão, o interventor, o liquidante, administradores de patrocinadores ou instituidores, avaliadores de gestão, auditores independentes, atuários ou outros profissionais que prestem serviços técnicos à entidade, quer diretamente, quer por meio de pessoas jurídicas contratadas.

O TAC deve conter: **(i)** a descrição dos fatos, a motivação da proposta pelo interessado e a previsão do ressarcimento financeiro, se houver prejuízo; **(ii)** as metas, etapas e o cronograma para a sua execução até a correção total do ato irregular; **(iii)** a penalidade prevista na hipótese de descumprimento total ou parcial do TAC; **(iv)** o prazo de vigência; **(v)** o foro competente e **(vi)** a qualificação e assinatura das partes.

A assinatura do TAC implica na suspensão dos procedimentos de fiscalização em curso sobre o suposto ato infracional cometido pelos signatários, destacando-se que a sua assinatura não importa em confissão ou reconhecimento de ilicitude pelo compromissário.

Atualmente o Termo de Ajustamento de Conduta é um instrumento jurídico que muito contribui para a efetividade do regime disciplinar, sendo amplamente utilizado não só no Sistema de Previdência Complementar mas também, há muito, pelos órgãos fiscalizadores de outros setores, para fins da correção das irregularidades.

Portanto, o TAC previsto na Instrução PREVIC de nº 03, de 29.06.2010, e a regra contida no § 2º do ar. 22 do Decreto 4.942, são poderosos instrumentos para a eficácia do regime disciplinar, uma vez que proporcionam o saneamento das condutas irregulares ou infracionais.

Cumpre destacar, entretanto, que nas irregularidades verificadas nos investimentos das entidades fechadas de previdência complementar, em razão de afronta à Resolução do Conselho Monetário Nacional (atualmente a Resolução CMN 4.994, de 2022), tem sido invocada a Teoria do Risco ou Perigo "Abstrato", com o decorrente afastamento da oportunidade corretiva prevista no § 2º do artigo 22 do Decreto nº 4.942.

Embora o entendimento não seja pacífico, temos verificado no Processo Administrativo Sancionador entendimento majoritário pelo acolhimento da referida tese, no julgamento dos recursos em autos de infração em primeira instância administrativa (Diretoria colegiada da PREVIC) e na segunda e última instância administrativa (Câmara de Recursos da Previdência Complementar -CRPC).

Com base na referida tese, ainda que não tenha havido qualquer prejuízo financeiro concreto e mensurável decorrente do investimento, a simples violação de qualquer dispositivo da Resolução que define as diretrizes dos investimentos dos recursos garantidores dos planos administrados pelas EFPC, seria suficiente para afastar a possibilidade de aplicação da previsão contida no § 2º do art. 22, do Decreto n. 4.942/2003.

Isso porque, nos termos dessa tese, em virtude da afronta da resolução que disciplina os investimentos, estaria em risco a própria segurança jurídica do patrimônio, o que já configuraria, por si, um risco, um perigo ou mesmo um prejuízo abstrato, acarretando no afastamento da oportunidade corretiva do administrado disposta na referida norma, antes transcrita.

Não há dúvida de que a segurança nos investimentos dos recursos garantidores das reservas técnicas das EFPC é pilar de sustentação do regime de previdência complementar e deve ser sempre preservada. Entretanto, quer parecer que a rejeição da aplicação da oportunidade corretiva prevista no § 2º do art. 22 aos investimentos, mesmo que cumpridos os seus requisitos para essa oportunização, não favoreceria a eficácia do regime disciplinar pretendida pelo legislador.

A tese do risco, perigo ou prejuízo abstrato tem inspiração no direito penal, nos chamados crimes de perigo abstrato, que não exigem a lesão efetiva do bem jurídico. Pela referida teoria, a simples periculosidade de conduta, independentemente do resultado, seria capaz de configurá-la como delito.

Em que pese o respeito aqueles que defendem a teoria no âmbito das sanções administrativas do Regime de Previdência Complementar, é de se reconhecer que nesse contexto a tese em referência é controvertida mesmo entre os doutrinadores, seja sob o aspecto constitucional, seja sob o aspecto legal.

No âmbito da Previdência Complementar, nos parece que a Teoria do Perigo ou Risco Abstrato não seria adequada para afastar, por si, a aplicação do § 2º do art. 22, no caso de infração à Resolução CMN de investimentos, se configurada a ausência de prejuízo decorrente da conduta infracional e circunstância agravante (pressupostos da aplicação do referido dispositivo legal).

Seja em virtude do mencionado dispositivo do Decreto nº 4.942 ser cogente para a fiscalização, de forma universal e abrangente a todos os casos de infração, desde que cumpram os pressupostos e requisitos acima descritos; seja ainda em razão do próprio objetivo do comando legal de oportunizar a correção da irregularidade ao infrator e com isso trazer maior efetividade ao regime disciplinar; não nos parece adequada ou embasada legalmente a não observância da aplicação da norma em tais casos de investimentos.

Não havendo prejuízo ao plano, aos participantes ou à entidade, não sendo verificada circunstância agravante, e, sendo passível de correção a irregularidade no investimento, não nos parece haver justificativa para não oportunizar a referida correção pelo administrado, antes de ser lavrado o auto de infração.

A prevalecer tal entendimento, teríamos a observância da citada norma para questões administrativas ou de seguridade e a não observância da mesma norma do § 2º do art. 22 do Decreto 4.942 (que é de aplicação geral), para questões de investimento. Tal fato, prejudicaria a eficácia corretiva do regime disciplinar, podendo ainda ensejar questionamentos sob o aspecto da sua aplicação isonômica.

Conclui-se que atividade estatal no exercício da sua atribuição fiscalizatória deve considerar as possibilidades legais de correção prévia das irregularidades pelos administrados, antes da aplicação das penalidades, sendo tais medidas convergentes com o objetivo do Estado de eficácia do regime disciplinar.

7. Considerações finais

Considerando as reflexões anteriores e, visando a saudável dialética e debate do tema, em síntese, concluímos:

A Previdência Complementar Fechada exerce papel cada vez mais relevante no cenário brasileiro, seja na cobertura previdenciária supletiva cada vez maior a milhões de brasileiros, seja na acumulação de reservas e significativa poupança interna, seja na atuação dos Fundos de Pensão como investidores institucionais e agentes propulsores da economia.

No âmbito dos Regimes Próprios de Previdência Social (RPPS), essa previdência complementar também tem papel de destaque na medida em que, com a Emenda Constitucional nº 103, de 2019, os entes federados passaram a ter a obrigação de oferecerem a previdência complementar aos seus servidores. Estes passam a ter como limite dos seus proventos o valor teto do regime geral de previdência social (RGPS) e o excedente pago pela previdência complementar com base na sua adesão, o que contribuirá para a redução gradativa do déficit público previdenciário.

Nesse cenário, o Estado exerce importante papel na regulação, supervisão, fiscalização e, quando necessário, na repressão dos Fundos de Pensão.

Tais atividades do Estado, exercidas notadamente pelo Conselho Nacional de Previdência Complementar e pela Superintendência Nacional de Previdência Complementar-PREVIC, devem ter os seus contornos observados, nos limites constitucionais e legais previstos.

A atividade do órgão fiscalizador, a PREVIC, na Supervisão Baseada em Risco, cobrando dos gestores dos Fundos de Pensão uma adequada Gestão Baseada em Risco, é instrumento fundamental para o aprimoramento contínuo dos controles internos, da segurança dos processos e para as melhores práticas de governança.

A adoção de procedimentos e instrumentos corretivos de irregularidades pelos administrados e o seu incentivo pelo Estado, mediante o efetivo cumprimento dos pressupostos legalmente previstos, é medida que contribui para a maior eficácia do regime disciplinar nos Fundos de Pensão.

Referências bibliográficas

CARVALHO FILHO, José dos Santos. *Agências Reguladoras e Poder Normativo.* In: O Poder Normativo das Agências Reguladoras. 2ª ed. Rio de Janeiro, Forense, 2011.

DI PIETRO, Maria Sylvia Zanella. *Direito Administrativo*. São Paulo, Ed. Atlas, 2001.

FERREIRA, Sérgio de Andréa. *Previdência Complementar*. Os limites de fiscalização e regulação. In: Reis, Adacir (Org.). *Fundos de Pensão em debate*. Brasília. Brasília Jurídica, 2002.

MINISTÉRIO DA PREVIDÊNCIA SOCIAL. PREVIC. *Guia de Melhores Práticas em Fundos de Pensão*. Ed. Superintendência Nacional de Previdência Complementar - PREVIC. Brasília.DF.2010.

MARTINS, Danilo Ribeiro Miranda. *Previdência Privada: Limites e Diretrizes para a intervenção do Estado*. 1ª ed. Paraná. Ed. Juruá. 2018.

O NOVO MARCO LEGAL DO SANEAMENTO E OS CONTRATOS DE PROGRAMA VIGENTES

Marçal Justen Filho[1]

1. Introdução

A Lei nº 14.026/2020, referida usualmente como "Novo Marco Legal do Saneamento", contemplou uma pluralidade de alterações legislativas relativas ao setor.[2]

Uma das inovações previstas foi a preservação dos contratos de programa pactuados anteriormente, em caso de desestatização da companhia de saneamento estadual. A disciplina anterior previa a extinção do contrato de programa, na hipótese de o contratado deixar de integrar a Administração Pública indireta.

2. A Constituição de 1988 e as implicações para o saneamento básico

O exame da questão dos contratos anteriores e da própria privatização das sociedades de saneamento estaduais deve ser colocado em um contexto de atingimento de metas relacionadas à universalização dos serviços públicos de saneamento básico.

2.1. O direito fundamental ao serviço público adequado

A Constituição de 1988 reconheceu que a dignidade humana está vinculada de modo indissociável à existência de serviços de saneamento básico adequados. Isso envolve, por exemplo, assegurar a saúde, a higiene, as condições de trabalho dos indivíduos e do conjunto de sociedade. Mais ainda, trata-se de promover a defesa do meio ambiente, a proteção da água, a garantia da existência das futuras gerações.

---

1 Mestre e Doutor em Direito Público pela PUC/SP

2 Rigorosamente, o Novo Marco Legal apenas tratou de aperfeiçoar e impor novos mecanismos que viabilizem a efetiva universalização dos serviços públicos de saneamento básico. A dita universalização já era exigência imposta pelo Plano Nacional de Saneamento – PLANASA, consolidado na década de 1960. Esse plano determinava a transferência de recursos financeiros por parte da União e a organização de companhias estaduais de saneamento para promover a universalização dos serviços públicos em questão.

Serviços adequados de saneamento são essenciais para o combate à pobreza e para reduzir a marginalização. Constituem-se em providência indispensável para a integração social das populações e das áreas desfavorecidas.

2.2. A competência federativa comum

O art. 23 da Constituição atribui a todas as esferas da Federação o poder-dever de promover a elevação da qualidade do saneamento básico.

A redação do dispositivo é a seguinte:

> *"Art. 23. É competência comum da União, dos Estados, do Distrito Federal e dos Municípios:*
>
> *(...) IX - promover programas de construção de moradias e a melhoria das condições habitacionais e de* ***saneamento básico****" (original sem negrito).*

A Constituição reconhece, portanto, um dever comum das diversas ordens federativas no aperfeiçoamento das condições de saneamento básico.[3]

2.3. A situação concreta e as competências privativas da União

Ocorre que a universalização dos serviços de saneamento básico não foi alcançada ao longo dos anos, não obstante muitas iniciativas no âmbito dos Estados e dos Municípios.

As alterações promovidas pelo Novo Marco Legal do Saneamento refletem a assunção pela União de um protagonismo no setor, valendo-se de competências constitucionalmente a ela asseguradas.

---

3 A propósito da repartição de competências dos entes federativos, consulte-se: FERREIRA, Sergio de Andréa. Revisitando a noção de poder público a partir da teoria geral do Direito. In: MARQUES NETO, Floriano de Azevedo; ALMEIDA, Fernando Dias Menezes de; NOHARA, Irene Patrícia; MARRARA, Thiago. *Direito e Administração Pública*. São Paulo: Atlas, 2013, pp. 96 e ss.

3. A competência da União para editar diretrizes

O art. 21, XX, do texto constitucional reservou à União a competência para consagrar as diretrizes para o saneamento básico, tal como adiante reproduzido:

> *"Art. 21. Compete à União:*
>
> *(...) XX - instituir diretrizes para o desenvolvimento urbano, inclusive habitação, saneamento básico e transportes urbanos".*

3.1. A sujeição dos demais entes federais às diretrizes federais

A competência para veicular diretrizes implica a fixação de normas genéricas sobre um certo tema, mas também a consagração das políticas a serem adotadas.[4] Todos os entes federais estão subordinados às diretrizes veiculadas pela União.

3.2. A dupla eficácia das diretrizes federais

Como toda regra discriminatória de competência privativa, o art. 21, XX, da Constituição apresenta dupla eficácia.

Há uma eficácia positiva, consistente em atribuir à União o poder jurídico para veicular as diretrizes sobre o saneamento básico.

E existe uma eficácia negativa, que se traduz na supressão do poder jurídico de outros entes federados para dispor sobre o mesmo tema. Isso significa que nenhum outro ente federado poderá editar, inovar ou suprimir as diretrizes estabelecidas pela União. Não é facultado aos demais entes federais adotar políticas incompatíveis com as diretrizes adotadas pela União.

---

4 Para um aprofundamento sobre o conceito constitucional de diretriz, consulte-se DWORKING, Ronald. *Taking rights seriously*. Cambridge: Harvard University Press, 1978, pp. 22 e ss. Em entendimento assentado em momento anterior pelo STF, "*'norma geral', tal como posta na Constituição, tem o sentido de diretriz, de princípio geral. A norma geral federal, melhor será dizer nacional, seria a moldura do quadro a ser pintado pelos Estados e Municípios no âmbito de suas competências*" (MC na ADI 927/RS, Pleno, trecho do voto do rel. Min. Carlos Velloso, j. 3.11.1993, *DJ* 11.11.1994).

4. A competência da União para editar normas gerais

Sob outro enfoque, a União é titular de competência legislativa privativa para editar normas gerais relativas às contratações públicas – o que envolve inclusive aqueles contratos relacionados com os serviços de saneamento básico.

4.1. A regra do art. 22, XXVII, da Constituição

O art. 22, XXVII, da Constituição determina que:

> *"Art. 22. Compete privativamente à União legislar sobre:*
> *(...) XXVII – normas gerais de licitação e contratação, em todas as modalidades, para as administrações públicas diretas, autárquicas e fundacionais da União, Estados, Distrito Federal e Municípios, obedecido o disposto no art. 37, XXI, e para as empresas públicas e sociedades de economia mista, nos termos do art. 173, § 1°, III;".*

O dispositivo atribui à União a competência legislativa para dispor sobre todas as modalidades de ajustes envolvendo a Administração Pública. A fórmula "todas as modalidades de contratação" abarca todas as manifestações jurídicas de natureza consensual de que participe a Administração.

4.2. A questão das normas gerais

A competência legislativa da União é restrita ao âmbito de normas gerais. Essa previsão constitucional propicia controvérsias intensas, que não foram ainda solucionadas nem pela jurisprudência, nem pela doutrina.[5]

No cenário da realidade, tem prevalecido o entendimento de que inexiste um limite preciso, apto a delimitar o âmbito de abrangência do conceito de norma geral. Cabe à União uma margem de autonomia para exercitar a sua competência legislativa. Em princípio, o posicionamento adotado pela União é reputado como válido, desde que ine-

5 Sobre o entendimento do STF a respeito da repartição de competências legislativas, veja-se MELLO, Cristiana de Santis Mendes de Faria. Federação: é hora de inverter o ônus argumentativo. *Revista Brasileira de Direito Público* – RBDP, ano 9, nº 33, pp. 161-198, abr./jun. 2011.

xista infringência à autonomia local ou à disciplina de questões locais muito específicas.

4.3. Ainda o efeito vinculante para todas as esferas federativas

As normas gerais contempladas na lei federal sobre contratações administrativas de qualquer modalidade têm eficácia vinculante para a generalidade dos entes federais. São inválidos atos legislativos e administrativos editados por Estados, Distrito Federal e Municípios que violem as normas gerais instituídas pela União.

5. O exercício da competência legislativa

Como dito, o Novo Marco Legal do Saneamento traduz o exercício pela União de suas competências normativas relativamente aos serviços públicos de saneamento básico.

5.1. A constatação da insuficiência do modelo anterior

A reforma ampla promovida pela Lei n° 14.026 decorreu da constatação da insuficiência e da inadequação do modelo anteriormente adotado para o atingimento de metas de universalização dos serviços públicos de saneamento básico.

5.2. O poder-dever de atuação da União

É inquestionável que as carências do saneamento envolvem temas essenciais à Nação brasileira – tal como a saúde, o trabalho, o desenvolvimento econômico sustentável e a proteção ao meio ambiente.

O atraso na universalização dos serviços de saneamento básico conduziu a União a alterar o modelo regulatório setorial até então vigente.

A União exercitou uma avaliação política específica e deliberou exercitar as suas competências para reformular o modelo de prestação de serviços públicos de saneamento básico.

5.3. A redução significativa da atuação municipal

As soluções consagradas no Novo Marco Legal do Saneamento produziram significativa redução da atuação municipal.

Deve-se destacar que as inovações trazidas pela Lei n° 14.026 não comportam reprovações fundadas em infração à autonomia municipal. O ponto central reside em que, durante décadas, os municípios brasileiros exercitaram a sua autonomia para promover a implantação de serviços de saneamento básico. O resultado não foi satisfatório e não existiam perspectivas concretas de que a situação seria modificada em prazos razoáveis.

6. A fixação de metas de universalização

A Lei n° 14.026 definiu metas de universalização dos serviços públicos de saneamento básico.

6.1. A eficácia vinculante em face dos entes federativos

Nenhum ente federativo dispõe de autonomia para deixar de promover a universalização dos serviços de saneamento básico, nos termos previstos na legislação adotada pela União.

6.2. Os prazos estabelecidos

O tema foi disciplinado no art. 11-B da Lei n° 11.445/2007,[6] que consagrou os prazos reputados como necessários para a reforma e ampliação dos sistemas existentes.

6.3. A dimensão dos recursos necessários

Por outro lado, a diretriz política adotada no Novo Marco Legal refletiu a constatação de que a universalização dos serviços de saneamento demandará investimentos muito elevados, que superam largamente as disponibilidades do Estado brasileiro.

---

6 Art. 11-B *"Os contratos de prestação dos serviços públicos de saneamento básico deverão definir metas de universalização que garantam o atendimento de 99% (noventa e nove por cento) da população com água potável e de 90% (noventa por cento) da população com coleta e tratamento de esgotos até 31 de dezembro de 2033, assim como metas quantitativas de não intermitência do abastecimento, de redução de perdas e de melhoria dos processos de tratamento".*

6.4. Os investimentos privados

A sistemática adotada fundou-se no pressuposto de que, se inexistir viabilidade de atingimento das metas de universalização por meio da atuação do setor público (inclusive sociedades estatais), caberá recorrer aos investimentos privados. Isso compreende inclusive a outorga de concessões dos serviços de saneamento básico à iniciativa privada e a privatização das sociedades estatais atualmente existentes.

7. As contratações vigentes à época da edição do Novo Marco

De modo geral, os serviços públicos de saneamento básico existentes eram objeto de contratações administrativas de diversa natureza.

7.1. A questão dos contratos de programa

Uma solução difundida era a pactuação de contratos de programa entre o Município (reconhecido como titular dos serviços públicos de saneamento básico) e uma companhia estadual de saneamento básico.

7.2. A figura dos contratos de programa

O contrato de programa não consistia em um contrato propriamente dito.[7] Tratava-se de uma avença realizada entre sujeitos estatais,[8] que

7 Essa afirmativa deve ser interpretada no sentido de que, quando instituída legislativamente a figura do contrato de programa, não se tratava em de um contrato em sentido próprio. No entanto e com a edição do Novo Marco Legal do Saneamento, pode ocorrer a alteração do conteúdo jurídico da avença. A adaptação dos antigos contratos de programa ao novo regime poderá envolver o surgimento de um contrato em sentido próprio, configurado como uma concessão de serviço público. A questão se relaciona com o tema central do presente estudo.

8 Sobre o tema, assim me manifestei no passado: *"O contrato de programa foi previsto no art. 13 da Lei 11.107/2005 e regulado no Dec. 6.017/2007 (arts. 30 a 35). Trata-se de um acordo de vontades pactuado por entes da federação entre si (diretamente ou mediante entidade da Administração indireta) ou com consórcio público, visando a regular a gestão associada de serviços públicos. Os contratos de programa são um instrumento específico para disciplinar a cooperação entre os entes da federação no tocante à gestão associada de serviços públicos. Esse é um tema especialmente agravado pelo crescimento das cidades. A questão foi referida a propósito dos consórcios públicos. O contrato de programa disciplina o relacionamento entre os entes federativos titulares dos serviços públicos, inclusive para disciplinar eventuais transferências de encargos, bens, recursos ou pessoal"* (*Curso de Direito Administrativo*, 13. ed., São Paulo: Thomson Reuters Brasil, 2019, p. 390).

se constituía em instrumento para formalizar relações entre diversos entes estatais, envolvendo obrigações pertinentes à gestão associada de serviços públicos.[9]

7.3. A disciplina original e os dispositivos legais inalterados

O *caput* do art. 13 da Lei n° 11.107/2005, que disciplinou o contrato de programa, contemplava a seguinte regra geral:

> *"Art. 13. Deverão ser constituídas e reguladas por contrato de programa, como condição de sua validade, as obrigações que um ente da Federação constituir para com outro ente da Federação ou para com consórcio público no âmbito de gestão associada em que haja a prestação de serviços públicos ou a transferência total ou parcial de encargos, serviços, pessoal ou de bens necessários à continuidade dos serviços transferidos".*

Por outro lado, o § 5° do dito art. 13 da Lei n° 11.107 estabeleceu que:

> *"§ 5º Mediante previsão do contrato de consórcio público, ou de convênio de cooperação, o contrato de programa poderá ser celebrado por entidades de direito público ou privado que integrem a administração indireta de qualquer dos entes da Federação consorciados ou conveniados".*

Esses dispositivos não foram alterados pelo Novo Marco Legal do Saneamento.

7.4. A previsão da privatização das companhias estatais

O modelo consagrado pela Lei n° 14.026 fundou-se em que deveriam ser privatizadas as companhias estatais de saneamento destituídas de condições para realizar os investimentos indispensáveis ao cumprimento das metas de universalização dos serviços de saneamento básico.

9 A esse respeito, consulte-se FERREIRA, Sergio de Andrea. Consórcios públicos. In: NASCIMENTO, Carlos Valder; DI Pietro, Maria Sylvia Zanella; MENDES, Gilmar Ferreira (coords). *Tratado de Direito Municipal.* Belo Horizonte: Editora Fórum, 2018, pp. 765 e ss.

Essa orientação constou expressamente do inc. VI do art. 13 da Lei n° 4.026, nos termos a seguir transcritos:

> *"Decreto disporá sobre o apoio técnico e financeiro da União à adaptação dos serviços públicos de saneamento básico às disposições desta Lei, observadas as seguintes etapas:*
>
> *(...) VI - licitação para concessão dos serviços ou para alienação do controle acionário da estatal prestadora, com a substituição de todos os contratos vigentes".*

8. A preservação dos contratos de programa em vigor

A Lei n° 14.026 determinou que os contratos de programa pactuados anteriormente mantenham a sua vigência, sofrendo as adaptações que sejam necessárias. Portanto, não foi imposta a imutabilidade das condições previstas nos contratos pretéritos.

8.1. A regra do art. 17 da Lei n° 14.026

O art. 17 da Lei n° 14.026 estabeleceu o seguinte:

> *"Art. 17. Os contratos de concessão e os contratos de programa para prestação dos serviços públicos de saneamento básico existentes na data de publicação desta Lei permanecerão em vigor até o advento do seu termo contratual".*

A redação do art. 17 exige interpretação adequada, para evitar equívocos relevantes.

8.2. A distinção concessão e contrato de programa

O tratamento das duas figuras (contratos de concessão e contratos de programa) em um mesmo dispositivo desperta a atenção.

A concessão de serviço público consiste num contrato administrativo propriamente dito, que tem por objeto a delegação da prestação de serviço público a um agente da iniciativa privada, mediante prévia licitação. As normas constitucionais e infraconstitucionais reconhecem que os contratos de concessão produzem direitos para ambas as partes. Não se autoriza a supressão de alguns desses direitos, nem mesmo por via de alteração legislativa.

Já o contrato de programa apresentava configuração jurídica distinta. Tal como exposto, essa figura não apresentava natureza de um contrato administrativo em sentido próprio. Tal como disciplinado em sua origem, ass partes do contrato de programa integravam a esfera estatal e o contrato de programa era o veículo jurídico para a disciplina de seu relacionamento posterior.

A preservação dos contratos de concessão avençados em momento anterior à edição do Novo Marco Legal do Saneamento não desperta maiores controvérsias – ainda que possa envolver problemas práticos relevantes, em vista da necessidade de sua adequação às novas exigências.

No entanto, a manutenção dos contratos de programa propicia sérias disputas nos casos em que ocorrer a privatização de uma das partes – aquela investida da posição jurídica de prestação dos serviços de saneamento básico. Em tal hipótese, deixará de configurar-se uma relação jurídica intraestatal. A relação jurídica pactuada anteriormente deverá ser adaptada às determinações do Novo Marco Legal. As inovações introduzidas tornarão esse vínculo muito similar a uma concessão de serviço público. Ainda que seja mantida a denominação de "contrato de programa", as condições contratuais sofrerão alterações relevantes.

8.3. A exigência de adequação das concessões à nova Lei

A preservação dos contratos de concessão, em curso de execução quando da vigência da Lei n° 14.026, não significa a manutenção de suas condições, sem qualquer alteração.

A submissão das condições da avença a imposições supervenientes, editadas para melhor adequação da prestação do serviço público, é inerente ao contrato de concessão de serviço público.

A tutela a certos direitos do concessionário não implica a vedação à alteração da disciplina regulatória. Admite-se a instituição de novos encargos, a modificação das condições originalmente previstas e a alteração das vantagens previstas por ocasião da licitação.

A Lei n° 8.987/1995 apenas determina que a equação econômico-financeira do contrato deverá ser preservada, de modo concomitante às inovações promovidas.[10]

10 Art. 9º, § 4º *"Em havendo alteração unilateral do contrato que afete o seu inicial equilíbrio econômico-financeiro, o poder concedente deverá restabelecê-lo, concomitantemente à alteração".*

Portanto, todos os contratos de concessão deverão ser adaptados às condições da Lei n° 14.026, inclusive para assegurar o atingimento tempestivo das metas de universalização adotadas.

8.4. A exigência de adequação dos contratos de programa

Também é obrigatória a adequação dos contratos de programa. Essa interpretação se impõe por fundamentos ainda mais consistentes do que aqueles relativos aos contratos de concessão, acima referidos.

Afinal, o contrato de programa é uma manifestação de atuação concertada entre sujeitos estatais, visando conjugação de competências e recursos para melhor prestação de serviços públicos.

O reconhecimento da inadequação e da insuficiência das soluções contempladas na legislação vigente em um determinado momento impõe a aplicação imediata e integral, não condicionada e sem quaisquer restrições, do novo regime jurídico adotado.

A esse respeito, destaca Aloísio Zimmer:

> *"os incisos do art. 10-A da Lei n° 11.445/2007 indicam um rol de cláusulas essenciais aos contratos de prestação de serviços públicos de saneamento básico. Por conseguinte, são pontos que obrigatoriamente precisam estar contemplados no termo aditivo, caso o contrato de programa original já não os preveja. (...) o termo aditivo será reflexo da necessidade de atualizar o modelo e de introduzir uma nova metodologia regulatória na prestação dos serviços, em uma espécie de 'regime de transição', sem, contudo, descaracterizar o contrato de programa vigente".*[11]

8.5. As restrições à utilização de contrato de programa

A adequada interpretação do regime aplicável aos contratos de programa pactuados anteriormente envolve observar que, a partir da vigência do Novo Marco Legal, tornou-se vedada a pactuação de novos

---

11 *Direito Administrativo do Saneamento: um estudo a partir do Novo Marco Legal (Lei 14.026/2020).* Porto Alegre: Editora Jardim & Rene Bueno, 2021, pp. 516 e 543. Na mesma linha, confira-se ARAGÃO, Alexandre dos Santos; D'OLIVEIRA, Rafael Daudt. Considerações iniciais sobre a Lei 14.026/2020. In: DAL POZZO, Augusto Neves. *O Novo Marco Regulatório do Saneamento Básico*. São Paulo: Thomson Reuters Brasil, 2020, p. 38.

contratos de programa – ao menos, de contratações modeladas segundo as condições jurídicas previstas na legislação anterior.

9. A vedação à prestação de serviços por meio de contrato de programa

O Novo Marco Legal estabeleceu alterações significativas à modelagem da prestação de serviços públicos de saneamento por meio de contrato de programa. As diversas inovações se integram de modo harmônico, traduzindo uma mesma orientação política.

9.1. As vedações legais à manutenção do modelo anterior

Houve várias alterações legislativas, destinadas a impedir a continuidade do modelo anterior.

Assim, o art. 8º, II, da Lei n° 11.445/2007 passou a dispor nos seguintes termos, a propósito da gestão associada de serviços:

> *"II - os consórcios intermunicipais de saneamento básico terão como objetivo, exclusivamente, o financiamento das iniciativas de implantação de medidas estruturais de abastecimento de água potável, esgotamento sanitário, limpeza urbana, manejo de resíduos sólidos, drenagem e manejo de águas pluviais,* ***vedada a formalização de contrato de programa com sociedade de economia mista ou empresa pública, ou a subdelegação do serviço prestado pela autarquia intermunicipal sem prévio procedimento licitatório****" (original sem negrito).*

O art. 10 da dita Lei n° 11.145/2005 reiterou a vedação, estabelecendo expressamente que:

> *"Art. 10. A prestação dos serviços públicos de saneamento básico por entidade que não integre a administração do titular depende da celebração de contrato de concessão, mediante prévia licitação, nos termos do art. 175 da Constituição Federal,* ***vedada a sua disciplina mediante contrato de programa, convênio, termo de parceria ou outros instrumentos de natureza precária****" (original sem negrito).*

10. A alteração do modelo das companhias estaduais de saneamento

As alterações acima referidas exteriorizam a extinção do modelo até então adotado, envolvendo as companhias estaduais de saneamento.

Antes da edição da Lei n° 14.026, praticava-se muito usualmente a gestão associada dos serviços de saneamento, em que a exploração dos serviços era atribuída, sem licitação, a uma companhia estadual de saneamento.

Essa solução foi proscrita pela Lei n° 14.026, que vedou a delegação dos serviços, sem prévia licitação, a um terceiro não integrante da administração pública municipal. Foi determinada a obrigatoriedade da observância da disciplina do art. 175 da Constituição, com a implementação de um contrato formal de concessão de serviço público.

Portanto, nada impede que uma companhia estadual de saneamento adquira a titularidade de uma concessão de saneamento básico. Mas tal dependerá de sagrar-se vencedora em licitação, competindo em igualdade de condições com outros agentes privados.

11. A desestatização da companhia de saneamento básico

A Lei n° 14.026 previu a desestatização de todas as companhias estatais de saneamento que não detenham condições para cumprimento das metas de universalização previstas. Esse processo de desestatização destina-se a propiciar investimentos da iniciativa privada, em volume compatível com as necessidades existentes.[12]

11.1. A desestatização da companhia e os contratos de programa

Segundo o Novo Marco Legal, consumada a desestatização da companhia estadual de saneamento, os contratos de programa pactuados anteriormente – se forem mantidos – passarão a se sujeitar a regime jurídico muito similar ao de um contrato de concessão.

11.2. A previsão do art. 14 da Lei n° 14.026

O tema foi objeto de previsão específica do art. 14, tal como reproduzido:

12 Como explica Adilson Abreu Dallari: *"A privatização dos serviços de saneamento básico tem sido cada vez mais utilizada, graças às boas experiências havidas nos setores de abastecimento de água, afastamento e tratamento de esgotos (...)"* (Considerações sobre a privatização de serviços de saneamento básico. In: LUNA, Guilherme Ferreira Gomes; GRAZIANO, Luiz Felipe Pinto Lima; BERTOCCELLI, Rodrigo de Pinho (coords.). *Saneamento Básico*: temas fundamentais, propostas e desafios. Rio de Janeiro: Lumen Juris, 2017, p. 29).

"Art. 14. Em caso de alienação de controle acionário de empresa pública ou sociedade de economia mista prestadora de serviços públicos de saneamento básico, os contratos de programa ou de concessão em execução ***poderão ser substituídos*** *por novos contratos de concessão, observando-se, quando aplicável, o Programa Estadual de Desestatização.*

§ 1º Caso o controlador da empresa pública ou da sociedade de economia mista não manifeste a necessidade de alteração de prazo, de objeto ou de demais cláusulas do contrato no momento da alienação, ressalvado o disposto no § 1º do art. 11-B da Lei nº 11.445, de 5 de janeiro de 2007, fica dispensada anuência prévia da alienação pelos entes públicos que formalizaram o contrato de programa.

§ 2º Caso o controlador da empresa pública ou da sociedade de economia mista proponha alteração de prazo, de objeto ou de demais cláusulas do contrato de que trata este artigo antes de sua alienação, deverá ser apresentada proposta de substituição dos contratos existentes aos entes públicos que formalizaram o contrato de programa.

§ 3º Os entes públicos que formalizaram o contrato de programa dos serviços terão o prazo de 180 (cento e oitenta) dias, contado do recebimento da comunicação da proposta de que trata o § 2º deste artigo, para manifestarem sua decisão.

§ 4º A decisão referida no § 3º deste artigo deverá ser tomada pelo ente público que formalizou o contrato de programa com as empresas públicas e sociedades de economia mista.

§ 5º A ausência de manifestação dos entes públicos que formalizaram o contrato de programa no prazo estabelecido no § 3º deste artigo configurará anuência à proposta de que trata o § 2º deste artigo".

11.3. A extinção do vínculo associativo intraestatal

Com a cessão do controle da companhia de saneamento e a sua transferência para a iniciativa privada, o regime jurídico aplicável ao contrato de programa será reconduzido ao de uma concessão propriamente dita. Assim se passará porque a companhia sujeitar-se-á à disciplina regulatória adotada de modo uniforme para todos os prestadores de serviços de saneamento.

Mais ainda, todos os poderes e todas as competências asseguradas ao Poder Concedente serão exercitáveis em face da companhia privatizada.

12. A submissão do "contrato de programa" às normas gerais

Assim, o "contrato de programa", embora pactuado em momento anterior à privatização da companhia, passará a subordinar-se ao regime jurídico próprio dos contratos administrativos. Incidirão as normas gerais sobre contratação administrativa editadas pela União.

12.1. A fórmula "poderão ser substituídos"

O dispositivo contempla a autorização legislativa para a substituição dos vínculos anteriormente existentes por novos contratos de concessão.

A redação não envolve a atribuição de competência discricionária, na acepção de que a solução a ser adotada seria juridicamente indiferente. Não se tratou de disciplinar a autonomia privada, facultando a um sujeito optar por solução que lhe parecesse, segundo critérios puramente subjetivos e arbitrários, a mais vantajosa.

O art. 14 da Lei n° 14.026 deve ser interpretado no contexto do Novo Marco Legal do Saneamento: a solução a ser adotada é aquela que se revele como adequada e necessária para o melhor atingimento dos objetivos e das metas consagradas.

12.2. A questão da legalidade

O verbo "poder" foi utilizado no contexto do princípio da legalidade que disciplina a atividade administrativa do Estado. A autorização específica relaciona-se com a previsão de que as ações e omissões da autoridade pública dependem de autorização legislativa. Como é usual afirmar-se, o agente público somente está legitimado a fazer ou deixar de fazer aquilo que estiver previsto em lei.[13]

De modo genérico, a disciplina legislativa não contempla autorização para a substituição dos contratos em vigor por outros, contemplando novas e distintas condições. Nesse contexto, a ausência de explícita previsão legislativa poderia induzir ao entendimento de que seria ilícito adotar tal solução.

Logo, o art. 14 da Lei n° 14.026 previu autorização legislativa para legitimar inovações significativas no tocante a contratações públicas.

---

13 Acerca do princípio da legalidade, consulte-se a obra do signatário, *Curso de Direito Administrativo*, op. cit., pp. 111 e ss.

12.3. *A ausência de autonomia discricionária*

Portanto e estando presentes determinados requisitos no caso concreto, deve-se interpretar que os contratos anteriores **deverão** ser substituídos por novos, que contemplem as soluções apropriadas. Não se trata de prever que a substituição ocorreria na medida da conveniência das partes (nem, muito menos, da exclusiva conveniência do Município).

12.4. *A confirmação da interpretação: as demais regras do art. 14*

A interpretação anterior é confirmada pelas regras consagradas nos parágrafos do art. 14. Tais regras traduzem um modelo regulatório determinado, que vincula os diversos entes partícipes do contrato de programa.

12.5. *A referência a "necessidade" (§ 1º)*

O § 1º do art. 14 referiu-se à ausência de necessidade de modificações significativas no tocante aos contratos em vigor. A utilização do vocábulo é suficiente para esclarecer a regra do caput do dispositivo.

A conjugação dos dois dispositivos evidencia que a adoção de um novo contrato de concessão será admitida apenas quando for necessária. Essa necessidade é avaliada em vista das metas de universalização previstas na própria Lei.

Ou seja, a autorização prevista no *caput* do art. 14 é prevista para as hipóteses em que as condições constantes do contrato de programa vigente forem inadequadas para assegurar o atingimento das metas estabelecidas no Novo Marco Legal.

12.6. *A dispensa da manifestação (§ 1º)*

Quando as condições do contrato de programa vigente foram suficientes e adequadas para o atingimento dos fins determinados na Lei nº 14.026, não será exigida a manifestação de concordância dos entes signatários do contrato de programa. Nem mesmo será necessária aprovação pelo Município quanto à cessão do poder de controle da estatal.

Assim se passará porque, mantidas inalteradas as condições do contrato de programa, não teria cabimento facultar alguma manifestação de vontade quanto ao tema pelos partícipes no contrato de programa.

Por outro lado, a alienação do controle da companhia estadual não implicará a alteração da identidade do prestador do serviço. Mais ainda, todas as condições originalmente previstas continuarão a ser executadas nos termos pactuados.

Logo, inexiste motivo para que o signatário do contrato de programa se oponha à alienação ou que invoque alguma lesão a interesse próprio. A ausência de alteração no tocante à identidade do prestador e do conteúdo da avença implica a ausência de competência para formulação de exigências inovadoras quanto a qualquer um dos dois temas. Por isso, a Lei n° 14.026 excluiu, em tais circunstâncias, o cabimento de manifestação de vontade dos entes partícipes do contrato de programa.

12.7. A alteração e a exigência de manifestação (§ 2º)

Nos casos em que se verificar a necessidade de alteração das condições pactuadas, o titular do controle da companhia prestadora dos serviços formulará a proposta aos signatários do contrato de programa quanto às condições de uma concessão de serviço público. Essa proposta se destina à substituição do contrato de programa por uma concessão de serviço público.

Em tais hipóteses, surge o interesse do ente federal partícipe do contrato de programa em manifestar-se. Assim se passa porque as condições anteriormente previstas serão modificadas.

Um novo contrato de concessão (substitutivo do contrato de programa até então vigente) contemplará objeto, prazo e condições distintos daqueles constantes do vínculo anterior.

Mas daí não se segue a atribuição de competência discricionária para o Município concordar, discordar ou manter-se omisso relativamente à substituição do contrato de programa pelo novo contrato de concessão.

12.8. O ônus de manifestação em prazo determinado (§§ 3º e 5º)

A Lei fixou o prazo de cento e oitenta dias para os entes partícipes do contrato de programa se manifestarem sobre a proposta de substituição por um contrato de concessão. O prazo será computado a partir da comunicação quanto à substituição do contrato.

Trata-se de um ônus, na acepção jurídica de que a omissão de discordância implicará presunção de aquiescência. A Lei n° 14.026 determina que o silêncio equivale à concordância com a proposta de substituição do contrato de programa por uma concessão. Em tal hipótese, haverá a formalização do contrato de concessão, nas condições constantes da proposta encaminhada (§ 2º do art. 14).

12.9. A deliberação conjunta (§ 4º)

Por outro lado, a avaliação sobre as condições contempladas na proposta encaminhada nos termos do § 2º não envolve a atribuição ao ente estatal de autonomia para escolhas imotivadas e arbitrárias.

O § 4º do art. 14 estabelece que a competência para a decisão quanto às novas condições da concessão é de titularidade conjunta do ente partícipe do programa e da companhia de saneamento. Ou seja, inexiste inclusive atribuição ao ente federal para manifestar discordância de modo isolado.

Daí se segue a exigência de atuação concertada entre a sociedade estatal e o ente federal, no tocante à discussão relativa às novas condições da delegação do serviço. Exigências unilaterais e injustificadas do ente federal não serão admitidas, eis que a manifestação de vontade atinente às alterações depende da atuação conjugada com a sociedade estatal.

13. A desestatização e a cláusula contratual de resolução

Uma questão jurídica relevante envolve a previsão, contemplada na legislação anterior, de que a desestatização da companhia estadual de saneamento acarretaria a resolução do contrato de programa.

13.1. A cessação da vigência do regime anterior

Evidentemente, o regime anterior perdeu a sua eficácia. O regime jurídico consagrado pela Lei n° 14.026 é dotado de eficácia imediata. Isso significa que todos os modelos normativos de organização, regulação e prestação dos serviços de saneamento básico passaram a se subordinar à disciplina superveniente. As normas legais e infralegais anteriormente vigentes deixaram automaticamente de ser aplicáveis.

13.2. A revogação da lei antiga

A Lei n° 14.026 produziu a revogação de uma pluralidade de normas legais editadas anteriormente. Incide ao caso a previsão do art. 2º, § 1º, do Decreto-Lei n° 4.657/1942 (LINDB), que estabelece que:

> *"§1º A lei posterior revoga a anterior quando expressamente o declare, quando seja com ela incompatível ou quando regule inteiramente a matéria de que tratava a lei anterior."*

Essa solução se aplica ao relacionamento normativo horizontal – ou seja, pertinente a normas de idêntica hierarquia.

13.3. A regra do art. 13, § 6°, da Lei n° 11.107

Ocorre que o § 6° do art. 13 da Lei n° 11.107 previa o seguinte:

> *"§ 6º O contrato celebrado na forma prevista no § 5º deste artigo será automaticamente extinto no caso de o contratado não mais integrar a administração indireta do ente da Federação que autorizou a gestão associada de serviços públicos por meio de consórcio público ou de convênio de cooperação".*

Esse dispositivo foi revogado pelo Novo Marco Legal do Saneamento, em linha com a nova sistemática adotada para a prestação dos serviços de saneamento básico.

13.4. A privatização da estatal e os contratos de programa vigentes

Portanto, uma questão fundamental envolve os efeitos da privatização das sociedades estatais que mantinham contratos de programa com Municípios. Em grande parte dos casos, o instrumento contratual reproduzia a previsão contida no § 6° do art. 13 da Lei n° 11.107. Cabe avaliar se a alteração legislativa superveniente é aplicável aos contratos de programa vigentes.

13.5. A inaplicabilidade do § 6° do art. 13 da Lei n° 11.107 para o futuro

O § 6° do art. 13 da Lei n° 11.107 foi expressamente revogado pela Lei n° 14.026. Por decorrência, não é cabível a sua aplicação para eventos futuros, que venham a se consumar em momento posterior.

Ou seja, não é cabível invocar o referido dispositivo para promover a extinção de contrato de programa mantido entre Município e sociedade estatal cujo controle societário seja transferido, em momento posterior à vigência da Lei n° 14,.026, para a iniciativa privada.

A extinção do contrato de programa sujeitar-se-á à disciplina prevista nas normas gerais editadas pela União relativamente ao tema. Essas normas foram veiculadas pela Lei n° 8.987 e pela Lei n° 14.026.

13.6. A hipótese de previsão contratual de rescisão

No entanto, a questão apresenta grau mais elevado de complexidade relativamente a situações concretas em que o instrumento do contrato de programa tenha reproduzido, de modo literal ou não, a previsão do art. 13, § 6°, da Lei n° 11.107.

Afigura-se que tais cláusulas não foram recepcionadas pela Lei posterior, consumando-se a sua revogação. Ditas cláusulas não comportam aplicação, em vista da alteração do modelo jurídico da prestação de serviços públicos de saneamento básico.

14. A ausência de recepção de atos infralegais

A superveniência do novo regime implicou a perda da vigência de todas as normas e atos infralegais, editados anteriormente e que com ele se configurem como incompatíveis.

14.1. A não recepção de normas e atos hierarquicamente inferiores

A lei nova revoga a lei antiga e afeta de modo reflexo os atos hierarquicamente inferiores.

Ou seja, a lei nova passa a se constituir em fundamento de validade de todos os atos infralegislativos que se vinculavam à lei antiga. Quando esses atos se configurarem como incompatíveis com a lei nova, ocorre a automática extinção de sua eficácia. Tais atos não são recepcionados pela lei nova.

14.2. O entendimento pacífico em nível constitucional

Observe-se que esse entendimento foi pacificado relativamente à inovação no plano constitucional. A matéria foi objeto de avaliações reiteradas a propósito da Constituição de 1988.

Foi reconhecido que a nova Constituição não produziu a anulação (em sentido técnico-jurídico) das leis e outros atos infralegais que, editados anteriormente, tinham por fundamento de validade a Emenda Constitucional 1/1969.

Reputou-se, em tais casos, que as normas legais e infralegais incompatíveis com a Constituição de 1988 não foram por ela recepcionadas. A vigência de tais atos extinguiu-se de maneira automática, sem a necessidade de qualquer formalidade específica ou diferenciada.[14]

---

14 Nesse sentido, confiram-se as decisões do STF na ADI 2, Pleno, rel. Min. Paulo Brossard, j. 6.2.1992, *DJ* 21.11.1997; MC na ADI 74, Pleno, rel. Min. Celso de Mello, j.

14.3. A orientação doutrinária

O tema já fora tratado por Vitor Nunes Leal, tal como adiante reproduzido:

> *"Nessas condições, como é possível considerar que uma lei seja válida até o momento da promulgação do novo texto constitucional e daí por diante se considere nula ou inexistente? Se nulidade houvesse, essa nulidade atingiria a lei desde o seu nascimento, e consequentemente deveriam ser desfeitas todas as relações jurídicas constituídas sob a sua égide. Mas tal não acontece. As relações jurídicas que se constituíram ao amparo da norma em questão até o momento de ser promulgado o novo texto constitucional com ela incompatível, são plenamente válidas e subsistentes.* ***Desse momento em diante é que a lei deixa de operar, mas não por motivo de nulidade.*** *E sempre que uma lei opere validamente até determinado momento e daí por diante deixe de operar em virtude da expedição de uma norma nova,* ***o fenômeno jurídico que temos é o da revogação,*** *pouco importando que a norma nova seja de categoria igual ou superior à da norma anterior revogada. O mesmo fenômeno se passa quando uma lei nova é incompatível com uma norma regulamentar anterior, expedida legitimamente nos limites do poder regulamentar. A norma do regulamento, no caso, não se tornou ilegal em virtude da norma legal nova,* ***mas simplesmente foi revogada.****" (original sem negrito).*[15]

14.4. Aplicação do entendimento em nível infraconstitucional

O entendimento acima exposto é aplicável também em nível infraconstitucional. A solução da não recepção da norma hierarquicamente inferior não decorre de alguma característica jurídica peculiar

7.2.1992, *DJ* 25.9.1992; ADI 75, Pleno, rel. Min. para acórdão Min. Moreira Alves, j. 1.4.1992, *DJ* 4.9.1992.

15 LEAL, Victor Nunes. Leis complementares da Constituição. *Revista de Direito Administrativo* – RDA, v. 7, pp. 379-394, jan. 1947.pp. 390-391. Disponível em: https://bibliotecadigital.fgv.br/ojs/index.php/rda/article/view/9765. Acesso em: 27.1.2022 e SILVA, José Afonso da. *Aplicabilidade das normas constitucionais,* 6. ed. São Paulo: Malheiros, 2002, pp. 218-219.

à Constituição, mas é uma implicação da estruturação do ordenamento jurídico em níveis de validade diferenciados.

14.5. O caso concreto: a incompatibilidade e a ausência de recepção

No caso concreto, a edição da Lei n° 14.026/2020 implicou a alteração do fundamento de validade de todas as normas e de todos os atos infralegislativos pertinentes aos temas por ela disciplinados.

As normas e atos infralegislativos compatíveis com a Lei n° 14.026/2020 foram por ela recepcionados e tiveram alterado o seu fundamento de validade. Perderam a sua vigência de modo automático.

15. A questão da irretroatividade da lei nova

A orientação anterior não é afastada em vista da vedação constitucional à aplicação retroativa da lei nova. Dita proibição não se aplica no âmbito do relacionamento entre sujeitos estatais.

15.1. A vedação constitucional

A Constituição limita a eficácia retroativa da lei nova (art. 5°, "XXXVI - a lei não prejudicará o direito adquirido, o ato jurídico perfeito e a coisa julgada").

A regra constitucional impede que situações jurídicas consolidadas sob a vigência de determinado regime jurídico, cujos efeitos sejam destinados a vigorar para o futuro, sejam afetadas por alterações supervenientes.

15.2. A previsão formal como garantia individual

O art. 5° da Constituição contempla uma relação de direitos e garantias de cunho individual. As vedações ali previstas se relacionam com a posição jurídica das pessoas privadas. Em princípio, os direitos e garantias do art. 5° não se aplicam a relações jurídicas internas à órbita estatal.

15.3. A inaplicabilidade da regra no relacionamento intraestatal

A vedação à irretroatividade da lei nova não se aplica no relacionamento entre sujeitos estatais, quando estejam em jogo interesses de natureza pública.

As teorias sobre a irretroatividade da lei nova ressalvam as hipóteses em que a disciplina versar sobre matérias de interesse público.[16]

15.4. Ainda a questão da segurança jurídica

No caso específico, a vedação à aplicação retroativa da lei nova é orientada à tutela da segurança jurídica, que exige a preservação de situações jurídicas concretas que possam ter gerado efeitos no relacionamento entre sujeitos – especificamente quando isso envolver interesses privados.

Quando a disciplina legislativa envolve interesses e direitos exclusivamente públicos, a alteração legislativa comporta a eliminação de efeitos de atos concretos pretéritos. Não incide a vedação constitucional à aplicação retroativa da lei posterior.

Assim se passa porque o envolvimento exclusivo de interesses públicos não propicia risco à segurança jurídica. Inexistem interesses privados ou direitos subjetivos integrantes da esfera privada.

Em tais casos, a aplicação imediata da lei nova não compromete as estimativas adotadas por sujeitos alheios à esfera estatal. Inexiste o risco de violação a projetos individuais e privados de vida. Não se cogita de violação a soluções dispositivas atinentes à liberdade ou à propriedade privada.

15.5. Ainda a configuração de regimes "estatutários"

Essas considerações costumam ser desenvolvidas a propósito dos regimes estatutários de direito público – usualmente, a propósito do relacionamento entre Administração Pública e seus servidores.

A expressão regime "estatutário" decorre da configuração de um relacionamento contínuo, destinado a durar por períodos longos e que

---

16 Nesse sentido, pode ser referida a lição de J. M. de Carvalho Santos: *"Onde quer que haja necessidade, por interesse de ordem superior, de sacrificar os direitos de outrem, não se pode negar a possibilidade da lei ter efeito retroativo, ainda que vá ferir direitos adquiridos, ato jurídico perfeito ou coisa julgada. Porque, em última análise, não há direitos contra os interesses superiores da ordem pública. Ao atingir fatos passados, a lei nova tem essa virtude, não porque represente um progresso sobre a legislação anterior, mas sim porque o legislador, tendo de acudir a graves casos anormais ou a situações excepcionais duradouras, tendo de optar entre o mal do efeito retroativo da lei nova e o da manutenção da lei velha, pode escolher aquele por menos nocivo aos interesses sociais do momento"* (*Código civil brasileiro interpretado*, vol. I. Rio de Janeiro: Freitas Bastos, 1980, p. 50).

comportam, de modo inafastável, inovações ao longo do tempo. Pode-se aludir ao "status" das partes, na acepção da configuração de um conjunto organizado de normas jurídicas, que dispõem amplamente sobre uma pluralidade de direitos, deveres e poderes, vinculados à realização de finalidades determinadas relacionadas a interesses indisponíveis.

Em tais hipóteses, inexiste uma prestação determinada, cuja execução implique a extinção do vínculo entre as partes. A relação jurídica versa sobre a execução de prestações reiteradas, cujo conteúdo não necessariamente se encontra predeterminado de modo preciso.

15.6. A natureza estatutária do relacionamento intraestatal

Usualmente, o relacionamento entre diversos entes federativos apresenta natureza estatutária. De modo geral, as relações entre os diversos sujeitos estatais não são orientadas à obtenção de uma prestação específica e delimitada.

Na generalidade dos casos, os diversos sujeitos estatais estabelecem relacionamento de cunho cooperativo, visando a conjugação de seus recursos e esforços para a satisfação de necessidades de interesse coletivo. O conteúdo das prestações a serem executadas poderá depender das circunstâncias e comportará variações em vista da evolução dos fatos.

15.7. A imposição de inovações legislativas

Nesse contexto, a modificação legislativa deve ser aplicada de modo imediato, sem limitações relacionadas com a preservação da eficácia de soluções concebidas anteriormente. O câmbio legislativo reflete o reconhecimento da inadequação e da insuficiência das soluções anteriores.

Em outras palavras, a ausência de aplicação imediata do novo regime jurídico ao caso concreto implicaria o comprometimento da satisfação de interesses de cunho indisponível. Essa solução não poderia ser justificada sob o argumento da existência de direitos subjetivos ou patrimoniais, de natureza privada, nos casos em que tal situação não está presente.

Encontrando-se todos os sujeitos públicos vinculados à realização das mesmas finalidades de natureza transcendente e indisponível, não é admissível preservar soluções pactuadas sob a égide da lei revogada. Entendimento diverso conduziria à inviabilidade da concretização de providências reputadas como indispensáveis por via da manifestação do Parlamento.

16. A extinção do contrato e as indenizações devidas

Se as soluções cogitadas forem inviáveis e se afigure necessário promover a extinção do contrato de programa, caberá a indenização do antigo prestador dos serviços.

16.1. A exigência de pagamento de indenização

A extinção antecipada do contrato de programa impõe ao ente federal o dever de pagar a compensação correspondente aos investimentos não amortizados, aos custos decorrentes da extinção do contrato e de outros valores.

Essa regra já era prevista no § 2º do art. 11 da Lei nº 11.107, na sua redação original, assim prevista:

> *"§ 2º A retirada ou a extinção do consórcio público não prejudicará as obrigações já constituídas, inclusive os contratos de programa, cuja extinção dependerá do prévio pagamento das indenizações eventualmente devidas."*

A disciplina não foi alterada com a nova redação adotada pela Lei nº 14.026 para o dispositivo (que sofreu alteração irrelevante quanto à disciplina do tema).

16.2. A exigência de pagamento prévio da indenização

Cabe ressaltar que o valor da indenização deve ser pago **previamente** à extinção do contrato (de programa, se for o caso). Evidentemente, o pagamento prévio deve ser realizado em moeda.

Portanto, não é cabível determinar de modo unilateral a extinção do contrato de programa, sem promover o pagamento prévio e em dinheiro da indenização cabível.

17. Conclusão

A Lei nº 14.026 revogou a previsão legal da extinção dos contratos de programa em virtude da desestatização da entidade administrativa investida da condição de prestadora do serviço. Essa alteração normativa se relaciona a um conjunto amplo de soluções consagradas para assegurar a universalização dos serviços públicos de saneamento básico.

A universalização do saneamento básico se constitui em exigência necessária, relacionada aos compromissos mais fundamentais do Estado e da Nação brasileira. O Estado e a sociedade brasileira têm deveres jurídicos relacionados com a realização desses fins fundamentais para a satisfação da dignidade de todos os cidadãos, para proteção do meio ambiente e para realizar o desenvolvimento nacional sustentável.

As previsões constantes de um contrato de programa, usualmente, sujeitam-se à modificação da disciplina consagrada em lei superveniente. Ainda que isso represente a eliminação das previsões contempladas anteriormente, tal não representa infração à segurança jurídica nem configura retroação indevida da lei posterior.

No entanto, é imprescindível que se avalie se as condições estabelecidas no contrato de programa são compatíveis com o atingimento das metas de universalização. Se tais contratos não puderem ser mantidos, caberá extingui-los e realizar licitação. Se houver viabilidade de preservação dos contratos de programa pactuados anteriormente, estes devem ser objeto de adequação em caso de desestatização da companhia que presta serviços de saneamento.

Os referidos contratos de programa passarão a se subordinar ao regime jurídico próprio dos contratos de concessão de serviço público. Isso significará que a companhia de saneamento, depois de privatizada, subordinar-se-á ao mesmo regime jurídico previsto para a exploração de serviços públicos concedidos.

A Lei n° 14.026 buscou consagrar uma concepção de solidariedade no âmbito privado e na dimensão pública, tendo em vista que a responsabilidade pelo saneamento básico abarca todos os entes federativos. Afinal, toda a sociedade brasileira está subordinada a arcar com uma parcela dos encargos indispensáveis ao atingimento desse resultado, que propiciará benefícios para cada brasileiro, das gerações presentes e das futuras.

18. Referências bibliográficas

ARAGÃO, Alexandre dos Santos; D'OLIVEIRA, Rafael Daudt. Considerações iniciais sobre a Lei n° 14.026/2020. In: DAL POZZO, Augusto Neves. *O Novo Marco Regulatório do Saneamento Básico*. São Paulo: Thomson Reuters Brasil, 2020.

DALLARI, Adilson Abreu. Considerações sobre a privatização de serviços de saneamento básico. In*:* LUNA, Guilherme Ferreira Gomes; GRAZIANO, Luiz Felipe Pinto Lima; BERTOCCELLI, Rodrigo de Pinho (coords.). *Saneamento*

Básico: temas fundamentais, propostas e desafios. Rio de Janeiro: Lumen Juris, 2017).

DWORKING, Ronald. *Taking rights seriously*. Cambridge: Harvard University Press, 1978.

FERREIRA, Sergio de Andréa. Consórcios públicos. In: NASCIMENTO, Carlos Valder; DI Pietro, Maria Sylvia Zanella; MENDES, Gilmar Ferreira (coords). *Tratado de Direito Municipal*. Belo Horizonte: Editora Fórum, 2018, pp. 743-770.

______. Revisitando a noção de poder público a partir da teoria geral do Direito. In: MARQUES NETO, Floriano de Azevedo; ALMEIDA, Fernando Dias Menezes de; NOHARA, Irene Patrícia; MARRARA, Thiago. *Direito e Administração Pública*. São Paulo: Atlas, 2013, pp. 72-104.

JUSTEN FILHO, Marçal. *Curso de Direito Administrativo*, 13. ed., São Paulo: Thomson Reuters Brasil, 2019.

LEAL, Victor Nunes Leal. Leis complementares da Constituição. *Revista de Direito Administrativo* – RDA, v. 7, pp. 379-394, jan. 1947. Disponível em: https://bibliotecadigital.fgv.br/ojs/index.php/rda/article/view/9765. Acesso em: 27.1.2022.

MELLO, Cristiana de Santis Mendes de Faria. Federação: é hora de inverter o ônus argumentativo. *Revista Brasileira de Direito Público – RBDP*, ano 9, n° 33, pp. 161-198, abr./jun. 2011.

SANTOS, João Manuel de Carvalho. *Código civil brasileiro interpretado*, v. I. Rio de Janeiro. Freitas Bastos, 1980.SILVA, José Afonso da Silva. *Aplicabilidade das normas constitucionais*, 6. ed. São Paulo: Malheiros, 2002.

ZIMMER, Aloísio. *Direito Administrativo do Saneamento*: um estudo a partir do Novo Marco Legal (Lei n° 14.026/2020). Porto Alegre: Editora Jardim & Rene Bueno, 2021, pp. 516 e 543.

A RESPONSABILIDADE CIVIL DO ESTADO

Maria Lucia Sales Gyrão[1]

Sumário: 1. Conceito de Responsabilidade Civil. **2.** Responsabilidade Civil do Estado – Histórico. **3.** Discussões a respeito da admissibilidade ou não da denunciaçao da lide promovida pelo Estado ao funcionário público no atual CPC e análise da respectiva fundamentação (artigo 125, II e §1º do CPC e artigo 37, §6º da CF). **3.1.** A não admissibilidade dessa intervenção de terceiros pelos administrativistas e constitucionalistas – prevalência do direito público sobre o direito privado e sobre o direito processual. **3.2.** A admissibilidade promovida pelo Estado dessa denunciação da lide – entendimento majoritário entre os processualistas. **4.** Conclusão. Referências.

1. Conceito de Responsabilidade Civil

Decorre da responsabilidade civil a obrigação de reparar dano ou prejuízo de natureza patrimonial e, por vezes, moral e estética que uma pessoa venha a causar a outra. O fundamento dessa responsabilidade, em breves palavras, pode repousar no critério subjetivo ou no critério objetivo. O primeiro está consubstanciado na teoria da responsabilidade subjetiva, a teoria clássica e tradicional da culpa, pressupondo a culpa (*lato sensu)*, abrangendo o dolo (conhecimento do mal e intenção de o praticar) ou o dolo eventual (quando se assume o risco de que venha ocorrer ou não o prejuízo) e a culpa (*stricto sensu*), correspondente à violação de um dever que o agente podia conhecer e devia acatar (negligência, imperícia ou imprudência). Na hipótese de ocorrência de dano ao direito de outrem, este deverá ser indenizado por aquele que o prejudicou. O Código Civil Brasileiro[2] consagra a teoria subjetiva em seu artigo 186, *in verbis:*

> Art. 186. Aquele que, por ação ou omissão voluntária, negligência ou imprudência, violar direito e causar dano a outrem, ainda que exclusivamente moral, comete ato ilícito.

---

1 Pós-doutorado em Direito pela PUC-Pontifícia Universidade Católica do Rio de Janeiro, Doutora em Filosofia pela UFRJ. Mestre em Ciências Jurídicas e em Filosofia pela UFRJ-Universidade Federal do Rio de Janeiro, Graduada em Direito pela UEG--Universidade do Estado da Guanabara. Advogada, Professora universitária.

2 BRASIL. Código Civil. In: SARAIVA. **Vade Mecum**. São Paulo: Saraiva, 2021.

O critério objetivo, por sua vez, manifesta-se na teoria da responsabilidade objetiva, expressada na teoria do risco e na teoria do dano objetivo. Para Washington de Barros Monteiro[3], a teoria do risco pode ser exemplificada diante de um acidente de trabalho sofrido por um operário que sempre terá direito a ser indenizado, tenha ocorrido ou não culpa do patrão, ou mesmo, do próprio operário. O ressarcimento se dará independentemente da ideia de culpa. E continua o citado civilista, já a teoria do dano objetivo exige que exista um dano para haver o ressarcimento. A ideia de responsabilidade é substituída pela ideia de reparação, independentemente de culpa.

O Código Civil Brasileiro adota a teoria subjetiva, como regra geral e, somente em alguns casos excepciona acolhendo a responsabilidade objetiva. Nesse sentido, ensina Francisco Amaral[4]:

> A responsabilidade objetiva decorre de um princípio geral, previsto no parágrafo único do artigo 927, supramencionado, assim como a subjetiva, prevista no artigo 927. É também imposta em lei, para os seguintes casos,
>
> a) responsabilidade dos representantes legais de direito de família, dos empregadores, dos hoteleiros e dos donos de educandários, pelos atos praticados pelos respectivos representados, prepostos e hóspedes (CC., artigo 933);
>
> b) danos resultantes de fato de animal (CC., artigo 936);
>
> c) dano resultante da ruína de edifício ou construção (CC., artigo 937);
>
> d) queda ou lançamento de coisa em lugar indevido (CC., artigo 938);
>
> e) acidentes de trabalho (lei 8213, de 24/07/1991, e decreto nº 61784, de 28/11/1967);
>
> f) acidentes em estrada de ferro (decreto n 2681, de 01/12/2012) e, por analogia, os acidentes de transportes coletivos; ...

Após essas breves noções acerca da responsabilidade civil, passa-se à análise de responsabilidade civil do Estado, que ocorre quando os pre-

---

3 MONTEIRO, Washington de Barros. **Direito das obrigações**, 2ª parte, 5º vol., 26ª ed., atualizada. São Paulo: Editora Saraiva, 1993, p. 395-396.

4 AMARAL, Francisco. **Direito Civil Introdução**, 9ª ed. rev. modif. e ampl. São Paulo: Saraiva, 2017, p. 676.

juízos são causados a terceiros por um agente público, gerando, assim, o dever de indenizar por parte do Estado.

2. Responsabilidade Civil do Estado – Histórico

Observa Sergio de Andréa Ferreira[5] que:

> A expressão responsabilidade civil do Estado é mais abrangente do que, à primeira vista, pode parecer, eis que corresponde à responsabilidade jurídica, não só do Estado, mas das pessoas jurídico-administrativas de direito público em geral.
>
> Outrossim, responsabilidade civil está aqui no sentido de responsabilidade não penal e não, no de responsabilidade regida pelo Direito Civil. Com efeito, a responsabilidade civil das pessoas jurídicas de direito público está disciplinada pelo Direito Público, Constitucional e Administrativo, sendo de se lembrar que o Direito Internacional Público contém capítulo sobre a responsabilidade civil internacional do Estado. Estamos no D. Público das Obrigações.
>
> Por outro lado, a responsabilidade que ora abordaremos é a responsabilidade dita extracontratual, aquela pela prática de atos ilícitos absolutos, que atinge os já estudados direitos absolutos (como os direitos reais, os personalíssimos, como a liberdade individual) e interesses juridicamente protegidos. A contratual está no capítulo dos contratos administrativos.

No que se refere ao histórico dessa responsabilidade, cumpre, inicialmente, dizer que o Estado não tinha responsabilidade, com fundamento na teoria negativista. O Estado não responderia por qualquer dano (ação ou omissão) que seus funcionários causassem a terceiros. Tratava-se da concepção absolutista: o Estado seria sempre o garantidor da norma, jamais a violaria. Era o Estado de Polícia. Com o tempo, passou-se ao Estado de Direito, surgindo, assim, as teorias subjetivas calcadas na culpa do funcionário para que o Estado fosse responsabilizado. Teorizava-se, dessa forma, a culpa civilística, a culpa administrativa, a culpa anônima, a culpa presumida e a falta administrativa. Com base nos

5 FERREIRA, Sergio de Andréa. **Direito Administrativo Didático**, 3a ed. rev. e atual. Rio de Janeiro: Forense, 1985, p. 276.

ensinamentos de Ana Cecília Rosário Ribeiro[6], demonstrar-se-á o fundamento de cada uma dessas teorias.

Quanto à culpa civilística, para responsabilizar o Estado pelos atos de seus agentes, é necessário demonstrar a culpa destes. Era a época do liberalismo, quando então, tanto o Estado como o indivíduo submetiam-se às regras de Direito Privado. A culpa do Estado manifestava-se pela culpa *in vigilando* ou *in eligendo*, a fim de que o Estado viesse a reparar o dano pela falta de vigilância ou pela má escolha que fizera de seus representantes. Era muito difícil para a vítima provar tais culpas do Estado e, diante disso, passou-se a adotar a teoria da culpa administrativa.

Segundo a teoria da culpa administrativa existe um novo fundamento para a responsabilidade estatal: a culpa *in commitendo* e a culpa *in omittendo.* Portanto, o agente, causando um dano, o teria praticado em nome do Poder Público. O importante era a demonstração pelo particular do nexo de causalidade entre a atitude do agente e o dano, tendo em vista que quem o praticou é instrumento do Estado. Nessa hipótese, há influência da teoria organicista segundo a qual o ato do funcionário é um ato da administração. Contudo, visando ao aprimoramento na apuração e à consequente reparação do dano pelo Estado, foram elaboradas outras teorias visando a evitar as injustiças que ocorriam.

A teoria da culpa anônima surgiu diante de atos de seus agentes que causavam prejuízos a terceiros, consagrando-se, então, a reparação desses danos pelo Poder Público, mesmo diante da impossível identificação do responsável pelos mesmos. A culpa anônima tinha como pressuposto a responsabilização do Estado que emergia de sua atividade pública tão somente.

Outra teoria que apareceu no cenário da responsabilidade civil do Estado para melhor explicá-la é a chamada teoria da culpa presumida, segundo a qual, haveria uma presunção de culpa do Estado, com a consequente inversão do ônus da prova. Como característica da mesma tornavam-se necessários elementos consubstanciados na responsabilidade subjetiva de forma distinta da teoria objetiva.

Entretanto, procurando-se cada vez mais o aperfeiçoamento referente à responsabilidade civil do Estado, concebeu-se a teoria da falta administrativa fundamentada na falta de serviço e na culpa da Administração, respectivamente, ligadas à inexistência do serviço público ou ao seu mau funcionamento. Apenas o caso fortuito excluiria essa responsabilidade do Poder Público diante da inevitabilidade do evento.

---

6 RIBEIRO, Ana Cecília Rosário. **Responsabilidade Civil do Estado por Atos Jurisdicionais**. São Paulo: LTr Editora, 2003, p. 23-28.

Ana Cecília Rosário Ribeiro[7] também expõe, com muita clareza, as teorias objetivistas. Segundo ela, a responsabilidade objetiva congrega em si as teorias do risco administrativo, do risco integral e do risco social. Estas têm em comum o ressarcimento pelo Estado à vítima somente pela demonstração da relação de causalidade entre o comportamento do funcionário público e o dano, não sendo necessário apurar a culpa do funcionário nem a inversão do ônus da prova. O fundamento reside ou no risco ou no dano da atividade estatal.

Ainda segundo a autora, de acordo com a teoria do risco administrativo, apenas possibilita-se que o Estado venha a demonstrar a culpa exclusiva da vítima, excludente de responsabilidade do Poder Público, e a culpa parcial ou concorrente do Estado, em que se atenuaria a sua responsabilidade. Já com amparo na teoria do risco integral não há a excludente baseada na culpa da vítima, pois a Administração deverá sempre indenizar o particular pelo prejuízo decorrente de sua atividade e, consequentemente, assumir todo risco dela proveniente.

Por sua vez, a teoria do risco social, também chamada "responsabilidade sem risco", baseia-se no fato de que o Estado é o garantidor da paz social e atenderá às necessidades coletivas e individuais de seus cidadãos, chegando até mesmo, a responsabilizar o Poder Público pela atitude de qualquer pessoa, mesmo sem ser agente público, mas que cause prejuízo a um cidadão. O ressaltado por essa teoria é não permitir que a vítima fique sem reparação, em virtude de já se encontrar fragilizada pelo dano que sofreu, impondo-se receber a indenização respectiva, mesmo que provenha de recursos públicos que atinjam toda a sociedade. A teoria do risco social tem recebido inúmeras críticas, entretanto, é a mais avançada em termos de responsabilidade civil do Estado, posto que sempre a vítima será indenizada.

No que tange às Constituições, valendo-se dos ensinamentos de Sérgio de Andréa Ferreira[8], assinale-se que a Constituição Imperial de 1824, em seu art. 179, item 29 estabelecia a responsabilidade dos agentes públicos por ações e omissões, quando estavam exercendo a função pública. Por outro lado, seu artigo 99 previa a irresponsabilidade do Imperador, tendo em vista o regime em vigor.

A Constituição de 1891 disciplinava a matéria de forma semelhante à Constituição Imperial, exceto que estendia, também, essa responsabilidade dos agentes públicos por não atentarem para os atos de

---

7 Ibidem, p. 28-32. 8

8 FERREIRA, Sergio de Andréa. **Direito Administrativo Didático**, 3a ed. rev. e atual. Rio de Janeiro: Forense, 1985, p. 276.

seus subalternos causadores de prejuízos a terceiros. Sob a égide dessa Constituição, entrou em vigor o Código Civil, que em seu artigo 15 dispunha sobre a responsabilidade civil das pessoas jurídicas de Direito Público, preceito de Direito Público, pelos atos de seus agentes contrários ao direito ou ao dever legal que causassem danos a terceiros. Todavia, previa, desde então, o direito de regresso contra o agente que praticou o dano no exercício da função pública (falta funcional).

Por outro lado, observe-se que o Código Civil acolheu a teoria da culpa, que deverá ser provada pelo autor da demanda. Tal fato, em uma primeira fase, dificultava em muito a indenização pelo Estado, diante de se ter que provar a culpa do funcionário que perpetrou o dano. Em face dessa circunstância, aderiu-se à culpa administrativa, que possibilitava a reparação pelo Estado, desde que o autor da ação provasse a relação de causalidade entre o dano e a atividade administrativa.

A Constituição de 1934, em seu artigo 171, estatuiu a responsabilidade solidária do Estado e do funcionário culpado, existindo um litisconsórcio entre eles. A Constituição de 1937 traçou igual disciplina que a anterior em seu artigo 158. Por outro lado, a Constituição de 1946, em seu artigo 194 e seu parágrafo único alterou essa disciplina. De igual modo, a Constituição de 1967, em seu artigo 105 e seu parágrafo único e também, pela Emenda Constitucional de 1969, em seu artigo 107 e seu parágrafo único modificaram no sentido de que a Administração Pública responde pelos prejuízos causados por seus funcionários a terceiros, estatuindo a ação regressiva na hipótese de o agente ter agido com dolo ou culpa.

A vigente Constituição de 1988[9] estabelece no parágrafo 6º do artigo 37 o seguinte:

> Art. 37. A administração pública direta e indireta de qualquer dos Poderes da União, dos Estados, do Distrito Federal e dos Municípios obedecerá aos princípios de legalidade, impessoalidade, moralidade, publicidade e eficiência e, também, ao seguinte:
>
> §6º As pessoas jurídicas de direito público e as de direito privado, prestadoras de serviços públicos responderão pelos danos que seus agentes, nessa qualidade, causarem a terceiros, assegurado o direito de regresso contra o responsável nos casos de dolo ou culpa.

9 BRASIL. **Constituição Federal** (1988), In: SARAIVA. Vade Mecum. São Paulo: Saraiva, 2021BRASIL.

Com isso, consagrou-se a teoria do risco, da responsabilidade pela causalidade. Verifica-se, assim, a adoção da responsabilidade civil do Estado norteada pelo critério objetivo, enquanto que o agente público só responderá perante a Administração Pública se tiver agido com culpa ou dolo. É claríssimo que a vítima deverá acionar o Poder Público, o responsável pela indenização, e não o agente que provocou o dano. É importante assinalar a abrangência da compreensão da Administração Pública, posto que envolve também as pessoas de direito privado prestadoras de serviços públicos.

3. Discussões a respeito da admissibilidade ou não da denunciação da lide promovida pelo Estado ao funcionário público, no atual CPC[10] com a análise da respectiva fundamentação (artigo 125, II e §1º do CPC e artigo 37, §6º da CF).

Primeiramente, é importante compreender que a denunciação da lide é uma modalidade de intervenção de terceiros prevista no atual CPC. Se deferida, serão encontradas duas relações jurídicas distintas: a primeira, originária entre o autor e o réu, e a segunda, entre qualquer dos litigantes primitivos (o denunciante, que tanto pode ser o autor, como o réu) e o terceiro/denunciado (que passa, então, a integrar a segunda relação jurídica).

O objetivo dessa denunciação é fazer com que esse terceiro venha a ressarcir logo de imediato a parte originária vencida na demanda. Haverá um ressarcimento pela parte condenada, sem necessidade de promover-se outra ação, a chamada ação regressiva. Talvez seja essa a principal razão pela qual não se deve admitir que o Estado venha denunciar da lide o funcionário, haja vista que o Poder Público, de acordo com a Magna Carta no parágrafo 6º do artigo 37, apenas após responder pelos danos que seus agentes venham a causar a terceiro, tem assegurada a ação regressiva.

Vale notar pela leitura do artigo 70 do Código de Processo Civil de 1973[11] a denunciação da lide era obrigatória, sob pena de perda do direito de regresso. Hoje, essa obrigatoriedade foi revogada pelo atual Código de Processo Civil. Seria um absurdo pensar que o Estado, sob a égide do CPC de 1973, perdesse a ação regressiva em face do funcionário diante do que estabelece a norma fundamental que a consagra (artigo 37, parágrafo 6º da CF).

---

10 Código de Processo Civil (2015). In: SARAIVA. **Vade Mecum**. São Paulo: Saraiva, 2021.

11 BRASIL. **Código de Processo Civil** (1973). São Paulo: Saraiva, 1974.

3.1. A não admissibilidade dessa intervenção de terceiros pelos administrativistas e constitucionalistas – prevalência do direito público sobre o direito privado e também processual.

Na verdade, é o Estado que tem o dever de garantir a segurança jurídica, a legalidade, a pacificação social e o restabelecimento do equilíbrio abalado pelo dano provocado por um de seus agentes a um cidadão comum. Com a denunciação da lide, quer trazer o garantidor (agente público) do Estado, a própria finalidade dessa modalidade de intervenção de terceiros, levando a uma quebra na igualdade entre as partes, já que o Estado e a vítima se distinguem pela situação privilegiada do Poder Público.

Ademais, conforme já assinalado, há dois critérios que norteiam a responsabilidade civil no caso de a vítima promover uma ação em face do Estado, que a indenizará pela teoria objetiva. Para tal, basta que a autora comprove a relação de causalidade entre o dano e o evento causado pelo agente público, o qual, por sua vez, apenas responderá pela teoria subjetiva. Por essa teoria, o funcionário só ressarcirá o Estado do que veio a pagar a vítima, caso tenha agido com dolo ou culpa. No entanto, vale notar que há a possibilidade de ser provada a culpa da vítima, que será uma excludente da responsabilidade civil do Estado.

Também ressalte-se que permitir a denunciação da lide do agente público pelo Estado retardaria a efetivação do resultado da condenação a ser recebida pela vítima, prejudicando-a. O procedimento dessa intervenção de terceiros permitiria a apresentação pelo agente público de contestação, de instrução probatória, entre outros atos processuais, por exemplo, o funcionário/denunciado pode negar a existência do direito de regresso. Tais objeções devem ser apresentadas e julgadas em outra ação, cuja causa de pedir (fundamento de fato e de direito) são totalmente distintas. Isso porque a responsabilidade civil do Estado é regida pelo critério objetivo para indenizar o particular. Já a responsabilidade civil do agente público perante o Estado é norteada pela existência de dolo ou culpa, fundamentando-se no critério subjetivo.

A denunciação da lide visa a economia, celeridade processual e duração razoável do processo. Essas finalidades não seriam alcançadas com duas ações a serem julgadas simultaneamente (vítima em face do Estado e Estado em face do agente público). Por essa razão, parece que o legislador do atual CPC retirou a oposição da intervenção de terceiros exatamente porque não lograva a finalidade desse instituto. A atual disciplina da oposição encontra-se no procedimento especial, porque são duas ações a serem julgadas pelo magistrado. A primeira ação é entre os litigantes primitivos e a segunda será proposta pelo terceiro (opoente) ao promovê-la em face desses litigantes (opostos). Nessa hipótese, será, então, formado um litisconsórcio passivo necessário entre os opostos. A oposição é uma nova ação distinta da primeira, tal como se pode visualizar no caso do Estado que indenizará pela responsabilidade objetiva e na outra ação ter-se-á o funcionário respondendo pela responsabilidade subjetiva, sendo as causas de pedir inteiramente diversas.

Segundo Hely Lopes Meirelles[12] não é cabível a possibilidade de o Estado denunciar da lide o funcionário causador do dano. Para o doutrinador, mesmo que tal afirmação tenha sido feita sob a égide do Código de Processo Civil de 1973 tornando obrigatória a denunciação para que houvesse o direito regressivo, no caso do Estado, a norma processual não poderia contrariar a Constituição que dispõe a responsabilidade exclusiva e objetiva do Poder Público perante a vítima. E, ainda, afirma que a própria Magna Carta exclui o servidor dessa demanda indenizatória, logo, não lhe impõe discutir se agiu com culpa ou dolo no evento danoso nessa primeira ação.

José Afonso da Silva[13] aduz que incide sobre a matéria de responsabilidade civil do Estado o princípio da impessoalidade, por isso, a vítima propõe a ação de indenização em face do Poder Público ou em face da pessoa jurídica privada prestadora de serviço público e não em face do servidor causador do dano.

De acordo com Yussef Said Cahali[14],

> Cumpre ao Estado simplesmente adimplir a obrigação ressarcitória, mostrando-se imoral e despropositado pretender servir-se do mesmo processo instaurado pelo ofendido para, inovando a fundamentação da ação, recuperar de terceiro aquilo que já deveria ter pago, na composição do dano sofrido pela vítima; e desde que só este pagamento efetivamente realizado legitima a pretensão fazendária regressiva contra o funcionário culpado resta-lhe a apenas a ação direta de regresso para o reembolso.

12 MEIRELLES, Hely Lopes. **Direito Administrativo Brasileiro**, 14ª ed. atualizada, São Paulo: Editora Revista dos Tribunais, 1989, p. 558.

13 SILVA, José Afonso da. **Curso de Direito Constitucional Positivo**, 11ª ed. rev. São Paulo: Malheiros Editores, 1996, p. 620.

14 CAHALI, Yussef Said. **Responsabilidade Civil do Estado**. São Paulo: Editora Revista dos Tribunais, 1982, p. 94-95.

E continua o referido jurista:

> A denunciação da lide inova substancialmente os termos do libelo, e se busca através dela, simplesmente, a instauração de uma lide paralela entre o Estado e o funcionário, que pode e deve ser feita pela via própria da ação de regresso, ante o pressuposto comum do reconhecimento da responsabilidade objetiva do Estado e do ressarcimento dos danos sofridos pelo administrativo, e sem prejuízo assim para o normal prosseguimento da ação indenizatória, agora exaurida a lide principal com o reconhecimento implícito da responsabilidade, mas apenas lhe retardando a execução com a instauração de um incidente que em nada favorece a defesa, pois não lhe cria um direito novo de ordem material, mas que prejudica sensivelmente a rápida recomposição do patrimônio do ofendido.

O grande administrativista Sergio de Andréa Ferreira[15], também nesse mesmo sentido, afirma que a "Constituição adota a orientação da ação regressiva da pessoa pública contra o funcionário que, eventualmente, tenha agido com culpa ou dolo". Todavia, o douto professor sinaliza para o entendimento da jurisprudência.

A questão é bastante controvertida como demonstra também Fredie Didier Jr[16] em seu Curso de Direito Processual Civil.

> Existe um bom número de acórdãos que adotam a concepção restritiva, sendo notórios os posicionamentos dos Ministros Sálvio de Figueiredo Teixeira e Eliana Calmon, todos considerando que a admissão da denunciação da lide, quando importar acréscimo de atividade instrutória, comprometeria a razoável duração do processo e a economia processual. Ei-los: REsp 697566/PR, 3ª T. rel. Min. Carlos Alberto Menezes Direito, publicado no DJ de 14.11.2005 p. 319; REsp 661696/PR, 2ª T. rel. Min. Eliana Calmon, publicado no DJ de 10.10.2005 p. 311; REsp 480231/SP, 3ª T., rel. Min. Castro Filho. Publicado no DJ de 11.04.2005 p. 228 ...

---

15 FERREIRA, Sergio de Andréa. **Direito Administrativo Didático**, 3a ed. rev. e atual. Rio de Janeiro: Forense, 1985, p. 281.

16 DIDIER JR, Fredie. **Curso de Direito Processual Civil, Introdução ao Direito Processual Civil e Processo de Conhecimento**, V. 1, 14ª ed. Salvador: Juspodivm, 2012, p. 396.

> Mas também se prestigia a posição contrária: admite-se a denunciação da lide, mesmo que sirva de veículo de demanda de pretensão regressiva fundada em garantia imprópria. Ei-los: REsp 439788/SP, 4ª T., Min. Aldir Passarinho Júnior publicado no DJ de 29.09.2003, p. 256; REsp 163096/SP, 1ª T., rel. Min. Milton Luiz Pereira, publicado no DJ de 18/02/2002, p. 239; REsp 16024/DF, 1ª T., rel. Min. Garcia Vieira, publicado no DJ de 28/06/1993, p. 12858...

E continua Fredie Didier Jr[17], em uma síntese conclusiva afirmando que,

> Mas não se pode negar que, de fato, a denunciação da lide implica um incremento da carga cognitiva do magistrado, seja pelo acréscimo de pedido novo, seja pela ampliação do ***thema probandum:*** fatos novos são deduzidos, os quais, muitas vezes, dependerão de um meio de prova distinto daquele que seria inicialmente utilizado (como uma perícia ou inspeção judicial, por exemplo). Essa situação dificulta, indiscutivelmente, a prestação da tutela jurisdicional para o adversário do denunciante – e a situação do particular envolvido em demanda contra o Poder Público, que pretende exercer sua pretensão regressiva contra o servidor pela denunciação da lide, serve bem como exemplo. Esse "prejuízo" é percebido e é significativo. A simples constatação da jurisprudência do Superior Tribunal de Justiça já nos revela como este tribunal o tem levado em consideração, para não permitir a denunciação da lide nestas situações...

Por sua vez, nessa linha de pensamento, assevera Marcus Vinicius Rios Gonçalves[18]:

> Também grande controvérsia existe sobre a possibilidade de a Fazenda Pública, nas ações contra ela ajuizadas, requerer a denunciação da lide do seu funcionário.
>
> ...

---

17 Ibidem, p. 397.

18 GONÇALVES, Marcus Vinicius Rios. **Novo Curso de Direito Processual Civil – Teoria Geral e Processo de Conhecimento (Primeira parte)**, 15ª ed. São Paulo: Saraiva Jur, 2018, p. 209.

> Há, pois, direito de regresso decorrente de lei. Mas a denunciação da Fazenda ao funcionário pode introduzir no processo uma questão que não era objeto de discussão, a culpa ou dolo do funcionário, pois a responsabilidade na lide principal é objetiva, e na secundária, subjetiva.

Retomando os ensinamentos de Fredie Didier Jr[19], na verdade, só se admite a denunciação da lide quando o magistrado verifica, aplicando o princípio da proporcionalidade ao caso concreto, que não há comprometimento da rápida solução do litígio, diante de não existir vedação legal expressa.

3.2. A admissibilidade promovida pelo Estado dessa denunciação da lide – entendimento majoritário entre os processualistas

Cândido Rangel Dinamarco[20], a respeito da admissibilidade promovida pelo Estado dessa denunciação da lide, assevera que "não causará mal ao autor (e muito menos aos objetivos sociais e políticos do processo) o acréscimo que a litis-denunciação possa acarretar ao objeto do conhecimento do juiz e a necessidade de instrução em torno de fatos antes não inseridos na controvérsia".

Igualmente, Athos Gusmão de Carneiro[21] ensina que é possível a denunciação da lide pela pessoa jurídica de direito público, resultando no cabimento da denunciação ao servidor responsável pelo dano. Diante do Código de Processo Civil de 1973, "autores de nomeada incluem, entre os casos do artigo 70, III, do Código de Processo Civil, os decorrentes da responsabilidade civil do Estado, nos termos do artigo 37, §6º, da vigente Constituição Federal". E continua esse processualista, chamando a atenção para o fato de que:

> Assim à União, ré na ação indenizatória, será possível, mediante a denunciação da lide, exercer de logo a ação regressiva contra o funcionário cuja ação ou omissão tenha dado causa ao dano.

---

19 DIDIER JR, Fredie, **Curso de Direito Processual Civil, Introdução ao Direito Processual Civil e Processo de Conhecimento**, V. 1, 14ª ed. Salvador: Juspodivm, 2012, p. 396.

20 DINAMARCO RANGEL, Cândido. **Intervenção de Terceiros**. São Paulo: Malheiros Editores, 1997, p. 191.

21 CARNEIRO DE GUSMÃO, Athos. **Intervenção de Terceiros**, 10ª ed. São Paulo: Saraiva, 1998, p. 85-86.

> O funcionário, citado, será réu na ação regressiva, e litisconsorte da União na ação principal; na denunciação poderá defender-se negando, v. g., dolo ou culpa de sua parte; na ação principal, v. g., invocará a inexistência de dano, ou discutirá seu valor.

Também Humberto Theodoro Jr[22] afirma que é possível o direito de denunciar da lide o funcionário público e, para tanto, aduz que:

> ... sendo duas ações, em todos os casos de direito regressivo discutíveis em denunciação da lide, haverá fatalmente fundamentos diferentes para a pretensão do autor e a do denunciante.
>
> Exigir que o Estado proponha outra ação, contra o funcionário, importa contrariar o espírito da lei, que é de valorizar o princípio de economia processual e evitar litígios e procedimentos ociosos.

Tais assertivas foram proferidas em voto do citado processualista em um acórdão cuja ementa é a seguinte:

> RESPONSABILIDADE CIVIL DO ESTADO – Ato ilícito – Denunciação da lide ao funcionário responsável pelo dano – Cabimento.
>
> ...
>
> – Se a Constituição assegura ao Estado, nas reparações civis, a ação regressiva contra o funcionário culpado pelo ato ilícito praticado no exercício da função pública, em detrimento de particular, não há como recusar o cabimento, em tais casos, da denunciação da lide. 17

Da mesma forma, Humberto Dalla Bernardina de Pinho[23] observa que:

> Nesse passo, há julgados que admitem a denunciação da lide na hipótese do art. 37 da Carta de 1988, na medida em que o CPC (e também o novo CPC) contém uma autorização genéri-

---

22 THEODORO JUNIOR, Humberto, **Responsabilidade Civil à Luz da Jurisprudência**. São Paulo: Livraria e Editora Universitária de Direito, 1986, p. 446, 448 e 449.

23 PINHO, Humberto Dalla Bernardina de. **Direito Processual Civil Contemporâneo, Teoria Geral do Processo**, vol. 1, 7ª ed. São Paulo: Saraiva, 2017, p. 274.

> ca. Assim, o fato de a possibilidade de denunciação da lide não se encontrar expressa no texto da Constituição Federal não significa que ela é vedada.

E prossegue, ponderando que o interesse público é no sentido de admitir essa denunciação, por ser mais eficaz para a defesa do Erário. Contudo, tal posicionamento recebe críticas, entre elas, menciona-se:

a) O intérprete não pode presumir o que não foi dito pela Magna Carta;

b) É incompatível a norma infraconstitucional com a norma constitucional.

Por sua vez, Daniel Amorim Assumpção Neves[24] entende que a denunciação da lide trará para a relação jurídica processual questão estranha ao objeto da demanda originária. Afirma, ainda, que há decisões do STJ no sentido de permitir o ingresso de terceiro na demanda originária, desde que o juiz entenda que, naquele caso, não haverá prejuízo à celeridade e à economia processual. Chama atenção o referido processualista, também, para o fato de que não haverá, ainda, qualquer ampliação objetiva indevida, se o juiz entender que na ação originária houver culpa exclusiva da vítima, ou mesmo concorrente, alegação feita pelo Estado em sua defesa, como excludente de sua responsabilidade, caso em que poderá ser admitida a denunciação da lide do servidor pelo Poder Público.

4. Conclusão

Foi examinado o tema do presente artigo, o seu histórico desde quando o Poder Público não tinha, de início, responsabilidade civil, até o surgimento do Estado de Direito que alterou tal situação. Isto, exatamente, por terem as Constituições brasileiras, a partir de 1946, previsto que o Estado torna-se responsável civilmente, passando a compor sozinho os danos sofridos por terceiros em decorrência de sua atividade administrativa. Recapitulando, os processualistas, ao admitirem a denunciação da lide pelo Estado do agente público estão voltados para sobrepor os princípios que norteiam o processo civil como o da celeridade e o da economia processual. Com tal posicionamento, deixam de lado a finalidade do Estado e o dever jurídico que lhe é atribuído pela Magna Carta.

---

24 NEVES, Daniel Amorim Assumpção. **Manual de Direito Processual Civil**. Vol. único, 5ª ed. Porto Alegre: Editora Método, 2013, p. 249-250.

Todavia, é de se notar que a responsabilidade civil do Estado é extracontratual, surgindo pela prática de ato ilícito dos agentes do Estado, sendo regulamentada pelo Direito Público Constitucional e Administrativo.

O Estado tem o dever jurídico de garantir à sociedade a pacificação, a diminuição das desigualdades sociais dos danos sofridos pelos seus cidadãos em relação à Fazenda Pública. Essa situação decorre da prática da função administrativa de seus agentes que, ora integram as pessoas jurídicas de Direito Público, ora as pessoas jurídicas de Direito Privado que venham a causar danos a terceiros. O aludido dever está estabelecido, atualmente, no parágrafo 6º do artigo 37 da Magna Carta de 1988, sendo claríssima tal redação. Assim, não seria possível admitir-se um procedimento de intervenção de terceiros (denunciação da lide) que iria procrastinar o recebimento da indenização pela vítima de um prejuízo que sofreu em decorrência da atividade do Poder Público.

A Constituição vigente seria contrariada em sua finalidade, ao se permitir a denunciação da lide do agente causador do dano nas ações de indenização propostas pela vítima em face do Estado. A *mens legis* constitucional não é de trazer o garantidor do Estado para reembolsá-lo de imediato do que pagou a autora da ação, mas sim, ser o Poder Público garantidor do recebimento pelo cidadão do dano sofrido por ato do Estado. Esse entendimento encontra respaldo nos administrativistas e nos constitucionalistas que acentuam o dever jurídico do Estado em face do direito subjetivo da população. Dessa forma, e pelas razões que foram expostas neste artigo, não se deve admitir a denunciação da lide do servidor pelo Estado nas ações que este responde perante a vítima.

Referências

AMARAL, Francisco. **Direito Civil Introdução**, 9ª ed. rev. modif. e ampl. São Paulo: Saraiva, 2017.

BRASIL. Código Civil. In: SARAIVA. **Vade Mecum**. São Paulo: Saraiva, 2021.

BRASIL. Código de Processo Civil (2015). In: SARAIVA. **Vade Mecum**. São Paulo: Saraiva, 2021.

BRASIL. **Código de Processo Civil** (1973). São Paulo: Saraiva, 1974.

BRASIL. Constituição Federal (1988), In: SARAIVA. **Vade Mecum**. São Paulo: Saraiva, 2021.

CAHALI, Yussef Said. **Responsabilidade Civil do Estado**. São Paulo: Editora Revista dos Tribunais, 1982.

CARNEIRO DE GUSMÃO, Athos. **Intervenção de Terceiros**, 10ª ed. São Paulo: Saraiva, 1998.

PINHO, Humberto Dalla Bernardina de. **Direito Processual Civil Contemporâneo, Teoria Geral do Processo**, vol. 1, 7ª ed. São Paulo: Saraiva, 2017.

De BONE, Leonardo Castro; DELFINO, Marcos Vinicius Messner. A Responsabilidade Civil do Estado e a Denunciação da Lide em Face do Agente Público Sob a Ótica no Novo Código de Processo Civil. **Âmbito Jurídico, Direito Administrativo, Revista 175**, 17 de jul. de 2019. Disponível em: < https://ambitojuridico.com.br/cadernos/direito-administrativo/a-responsabilidade-civil-do-estado-e-a-denunciacao-da-lide-em-face-do-agente-publico-sob-a-otica-do-novo-codigo-de-processo-civil/>. Acesso em: 04 de mar. de 2022.

DIDIER JR, Fredie. **Curso de Direito Processual Civil, Introdução ao Direito Processual Civil e Processo de Conhecimento**, V. 1, 14ª ed. Salvador: Juspodivm, 2012.

DINAMARCO RANGEL, Cândido. **Intervenção de Terceiros**. São Paulo: Malheiros Editores, 1997.

FERREIRA, Sergio de Andréa. **Direito Administrativo Didático**, 3a ed. rev. e atual. Rio de Janeiro: Forense, 1985.

GONÇALVES, Marcus Vinicius Rios. **Novo Curso de Direito Processual Civil – Teoria Geral e Processo de Conhecimento (Primeira parte)**, 15ª ed. São Paulo: Saraiva Jur, 2018.

MEIRELLES, Hely Lopes. **Direito Administrativo Brasileiro**, 14ª ed. atualizada, São Paulo: Editora Revista dos Tribunais, 1989.

MONTEIRO, Washington de Barros. **Direito das obrigações**, 2ª parte, 5º vol., 26ª ed., atualizada. São Paulo: Editora Saraiva, 1993. 20

NEVES, Daniel Amorim Assumpção. **Manual de Direito Processual Civil**. Vol. único, 5ª ed. Porto Alegre: Editora Método, 2013.

RIBEIRO, Ana Cecília Rosário. **Responsabilidade Civil do Estado por Atos Jurisdicionais**. São Paulo: LTr Editora, 2003.

SILVA, José Afonso da. **Curso de Direito Constitucional Positivo**, 11ª ed. rev. São Paulo: Malheiros Editores, 1996.

THEODORO JUNIOR, Humberto, **Responsabilidade Civil à Luz da Jurisprudência**. São Paulo: Livraria e Editora Universitária de Direito, 1986.

REFLEXOS DA ATUAÇÃO ADMINISTRATIVA NA EFETIVAÇÃO DE DIREITOS FUNDAMENTAIS

Maria Sylvia Zanella Di Pietro[1]

1. Da função administrativa do Estado

Falar em *função administrativa* significa referir-se a uma das três funções do Estado, ao lado da *legislação* e da *jurisdição*. Seguindo a lição de Renato Alessi,[2] as três funções assim se distinguem: a) a *legislação* é ato de *produção jurídica primário*, porque fundado única e diretamente no poder soberano, do qual constitui exercício direto e primário; mediante a lei, o Estado regula relações, permanecendo acima e à margem das mesmas; b) a *jurisdição* é emanação de atos de *produção jurídica subsidiários* dos atos primários, que só se produzem por provocação da parte interessada e que se exerce apenas quando os interessados não os cumpram espontaneamente; c) a *administração* é a emanação de atos de *produção jurídica complementares*, em aplicação concreta do ato de produção jurídica primário e abstrato contido na lei; ela atua independentemente de provocação da parte interessada e tem por fim dar cumprimento à vontade contida no comando legal, de modo a propiciar a consecução dos fins estatais.

O mesmo autor demonstra que a função de emanar atos de produção jurídica complementares não fica absorvida apenas pela *função administrativa* de realização concreta dos interesses coletivos, mas compreende também a *função política* ou de *governo*, "*que implica uma atividade de ordem superior referida à direção suprema e geral do Estado em seu conjunto e em sua unidade, dirigida a determinar os fins da ação do Estado, a assinalar as diretrizes para as outras funções, buscando a unidade da soberania estatal*".

A função política compreende as atividades colegislativas e de direção; a função administrativa corresponde a uma atividade de execução, compreendendo o serviço público, a intervenção, o fomento, a polícia e a regulação. A primeira rege-se fundamentalmente pelo direito constitucional.

---

1 Mestre, doutora e livre-docente pela Faculdade de Direito da USP. Professora Titular aposentada pela mesma Faculdade

2 In: Instituciones de derecho administrativo. Buenos Aires: Bosch, Casa Editorial, 1970, t. 1, p. 7-8.

Na realidade, falar em função administrativa do Estado é o mesmo que falar em Administração Pública, em sentido objetivo, material ou funcional, que se distingue da Administração Pública em sentido subjetivo, formal ou orgânico. Esta última compreende pessoas jurídicas, órgãos e agentes públicos incumbidos de exercer a função administrativa do Estado. No sentido objetivo, a Administração Pública designa a atividade exercida pelos referidos entes, correspondendo à própria função administrativa, que incumbe predominantemente ao Poder Executivo.

Considerada em sentido amplo, a Administração Pública compreende tanto os *órgãos de Governo*, supremos, constitucionais, aos quais incumbe exercer a chamada função política (traçar os planos de ação, dirigir, comandar), como também os *órgãos administrativos*, subordinados, dependentes, aos quais incumbe a *função administrativa* de executar os planos governamentais.

Charles Debbasch,[3] falando sobre o lugar que a administração ocupa na máquina estatal, ensina que "*a administração constitui o instrumento de realização das escolhas políticas. Sua função é comparável àquela de um intermediário: ela assegura, paralelamente ao processo representativo, o contato entre os governantes e os cidadãos. Para esse fim, ela informa, ela prepara, ela prevê, ela decide, ela executa e ela controla*". No que diz respeito à função de execução, o autor[4] realça o seu papel de intermediário entre a decisão política e a ação. Ela deve não somente permitir a realização dos fins supremos fixados pelo poder político, mas igualmente adaptá-los aos casos concretos que deve resolver. O autor ainda observa, com base em doutrina, que, para bem executar, é necessário escolher os meios, adaptá-los às dificuldades encontradas, ou às circunstâncias. Em outro ponto,[5] Charles Debbasch, falando sobre a autonomia da administração diante do poder político, observa que, quando se trata de "*competência vinculada, a ação da administração deve se inserir estritamente no modelo previsto pelo poder político. Ao contrário, o poder discricionário – mas não há jamais poder totalmente discricionário – supõe que a administração possui um completo poder de apreciação em função das circunstâncias*".

No que diz respeito à efetivação dos direitos fundamentais, pode-se dizer que depende, em grande parte, da definição de políticas públicas, que incumbe ao Poder Legislativo e ao Poder Executivo, no exercício da *função política*, acima referida, ficando com a Administração Pública, no

---

3 *Science administrative*. 5. ed.; Paris: Dalloz, 1989, p. 39.

4 DEBBASCH, Charles. Ob. cit., p. 43.

5 Ob. cit., p. 51.

exercício da *função administrativa* propriamente dita apenas a execução das políticas públicas definidas na lei ou nas decisões governamentais.

2. Os dois lados do direito administrativo e os dois lados da Administração Pública

A Administração Pública, considerada em sentido subjetivo (entes que exercem a atividade administrativa do Estado) ou em sentido objetivo (a própria função administrativa do Estado) rege-se fundamentalmente pelo direito administrativo. Trata-se de ramo do direito público que, de forma simplista, pode ser definido como o direito da Administração Pública, ainda que esta se submeta também a normas de outros ramos do direito, como o constitucional, o tributário, o previdenciário, o direito do trabalho, o direito financeiro e, em certas hipóteses, o direito privado (ainda que parcialmente derrogado por normas de direito público).

O Direito Administrativo, desde as origens, caracterizou-se pelo binômio *prerrogativas* (que protegem a autoridade) e *sujeições* (que protegem os direitos individuais perante os excessos do poder); e esse é um dos grandes paradoxos do Direito Administrativo como ramo do direito caracterizado fundamentalmente pelo referido binômio. Não há justificativa para que esse binômio seja visto de um lado só. Por isso mesmo, é possível falar nos *dois lados do direito administrativo* e nos *dois lados da Administração Pública*.

Entre as funções administrativas, algumas aumentam as vantagens, os benefícios, os direitos dos cidadãos. É o caso das atividades de fomento e serviço público. Outras regulam, restringem, reprimem o exercício dos direitos individuais; é o caso da polícia administrativa, da intervenção e da regulação.

Como nasceu junto com o direito constitucional, o direito administrativo apresenta, como uma de suas características, o fato de dar efetividade às normas e princípios constitucionais, a ponto de, muitas vezes, ser difícil definir quando termina um e começa o outro.

Pode ter havido períodos da evolução do Direito Administrativo em que a balança pendeu para o lado das prerrogativas e, portanto, do autoritarismo.

No entanto, talvez nunca se tenha vivido outro período da evolução do Direito Administrativo, como o atual, em que se defende de forma tão efetiva a proteção dos direitos individuais. O Direito Administrativo se constitucionalizou, se humanizou, se democratizou. Este, desde as origens, encontrou fundamento no Estado de Direito e acompanhou a sua evolução nas várias fases (Liberal, Social e Democrática). Mais recentemente, a ligação com os princípios do Estado de Direito ainda mais se acentuou com a constitucionalização do Direito Administrativo, levando à ideia de *centralidade da pessoa humana*, porque prestigia o princípio da dignidade da pessoa humana, com tudo o que isto significa de exigência de cumprimento aos direitos fundamentais, especialmente aos de ordem social. E essa nova feição vincula os três Poderes do Estado.

3. O grande paradoxo do direito administrativo: autoridade versus liberdade

Em texto intitulado "*Existe um novo direito administrativo*?"[6] realçamos os grandes paradoxos do direito administrativo ligados ao paradoxo maior, que é o binômio autoridade/liberdade, interesse público/direito individual: o direito administrativo sempre abrigou e vai continuar abrigando institutos, teorias e princípios que protegem o interesse público e que exigem a outorga de poderes, prerrogativas e privilégios à Administração Pública, pelo simples fato de que ela atua em nome do Estado; ao mesmo tempo em que sempre abrigou e vai continuar abrigando institutos, teorias e princípios que protegem os direitos do cidadão frente ao poder público, especialmente o princípio da legalidade, hoje ampliado pela incorporação de inúmeros outros princípios e valores que integram a legalidade em sentido amplo, como a moralidade administrativa, a segurança jurídica, nos aspectos objetivo (estabilidade das relações jurídicas) e subjetivo (proteção à confiança), a reserva do possível, a razoabilidade, dentre tantos outros.

No mesmo artigo, demonstramos os dois tipos de institutos criados e desenvolvidos no âmbito do direito administrativo: uns a garantir a *autoridade* e outros para proteger os *direitos individuais*.

No sentido de garantir prerrogativas públicas às autoridades administrativas, o direito administrativo idealizou os atos administrativos com atributos de presunção de legalidade e veracidade, imperatividade e autoexecutoriedade; elaborou a teoria dos contratos administrativos, com suas cláusulas exorbitantes; as funções de polícia administrativa e de intervenção, com tudo o que isso envolve de imposição de restrições ao exercício de direitos individuais, de fiscalização, de repressão,

6 In: DI PIETRO, Maria Sylvia Zanella; e RIBEIRO, Carlos Vinicius Alves (coord.). *Supremacia do interesse público e outros temas relevantes do direito administrativo*. São Paulo: Atlas, 2010, Introdução.

de punição. Isto tudo sem falar nas prerrogativas de que usufruem as entidades públicas quando assumem a posição de *partes* em processos judiciais, tais como a garantia do duplo grau de jurisdição, os prazos maiores para recorrer e contestar, o processo especial de execução, o juízo privativo.

Mas o direito administrativo também formulou toda uma teoria do equilíbrio econômico-financeiro do contrato, de que constituem aplicação as teorias da imprevisão, do fato do príncipe, do fato da Administração, cujo objetivo é proteger os direitos do particular que contrata com a Administração Pública e equilibrar a posição de desigualdade entre as partes nos contratos administrativos; criou o conceito de serviço público de titularidade do Estado, a partir da ideia de que determinadas atividades, por atenderem a necessidades essenciais da coletividade, não serão prestadas com o caráter de universalidade, continuidade, isonomia, independentemente do intuito especulativo, se deixadas à livre iniciativa; elaborou as teorias do desvio de poder e dos motivos determinantes, que ampliaram os requisitos de validade dos atos administrativos, possibilitando ao Judiciário ampliar o controle sobre os mesmos, pelo exame dos fins e dos motivos (pressupostos de fato e de direito); criou e desenvolveu a teoria da responsabilidade civil do Estado, até chegar à teoria da responsabilidade objetiva, em benefício do cidadão; incorporou uma série de princípios como os da publicidade, razoabilidade, proporcionalidade, impessoalidade, continuidade, motivação, segurança jurídica, proteção à confiança, ampla defesa, todos eles com o objetivo de proteger os direitos individuais perante as prerrogativas da Administração Pública; incorporou os princípios e valores ao conceito de legalidade (em sentido amplo), possibilitando a ampliação do controle judicial sobre os atos da Administração Pública; trouxe para o âmbito do direito administrativo toda uma teoria dos conceitos jurídicos indeterminados, com vistas também a ampliar a possibilidade de reduzir a discricionariedade administrativa e ampliar o controle judicial sobre os atos da Administração Pública; desenvolveu novas formas de parcerias com o setor privado, seja na área social, seja na área econômica, para estimular as atividades privadas de interesse público; trouxe para o âmbito de atuação da Administração Pública princípios, institutos e procedimentos inspirados no direito processual, com o intuito de garantir o devido processo legal, com tudo o que o mesmo representa de garantia do direito de defesa e do contraditório; mais recentemente, vem adotando técnicas de consensualismo, com o objetivo de abrandar os poderes da Administração Pública e prestigiar a participação do cidadão na tomada de decisões.

4. O direito administrativo no papel de concretizador da Constituição

Uma das características do direito administrativo é a de ser um dos ramos do direito que dá aplicação a preceitos constitucionais, por meio da legislação infraconstitucional, da doutrina e da jurisprudência.

Com efeito, grande parte dos direitos individuais e coletivos e das respectivas garantias, previstos nos artigos 5º e 6º da Constituição são disciplinados por leis complementares e ordinárias que se inserem no âmbito do direito administrativo, já que regulam relações entre a Administração Pública e o cidadão. São ilustrativas dessa afirmação, dentre outros diplomas, a Lei nº 12.527, de 18-11-11, que regula o direito de acesso a informações, previsto no artigo 5º, inciso XXXIII; a Lei nº 9.051, de 18-5-95, que estabelece normas sobre o direito à expedição de certidão de que trata o inciso XXXIV, "b", do artigo 5º; a Lei nº 9.784, de 29-1-99 (Lei do Processo Administrativo Federal) bem como as leis estaduais que dispõem sobre o mesmo tema, que deram concretude ao princípio do devido processo legal, previsto no inciso LV do artigo 5º;mais recente, a Lei nº 13.655, de 25-4-18, veio introduzir alterações na Lei de Introdução às Normas do Direito Brasileiro, para garantir a segurança jurídica, a motivação, a proporcionalidade, a transparência nas decisões da Administração Pública. Tudo isto sem falar nas inúmeras leis que disciplinam a prestação de serviços públicos essenciais para garantia dos direitos fundamentais.

O direito administrativo brasileiro, em seu desenvolvimento, nunca se afastou do direito constitucional. É na Constituição que se encontram os fundamentos dos principais institutos do direito administrativo, como desapropriação, requisição, tombamento, regime jurídico estatutário, regime previdenciário do servidor público, responsabilidade civil do Estado, serviço público, concessão e permissão de serviço público, licitação, contratos administrativos, terceirização, dentre tantos outros. Essa aproximação com o direito constitucional acentuou-se de forma bastante sensível na vigência da Constituição de 1988, passando-se a falar em *constitucionalização do direito administrativo*, expressão que compreende vários sentidos, dentre os quais dois mais relevantes: a) presença de normas de outros ramos do direito na Constituição; e b) expansão dos efeitos das normas constitucionais sobre os vários ramos do direito; é o que ocorre com as normas definidoras dos direitos fundamentais, cujo conteúdo reflete sobre a atuação dos três Poderes do Estado.

A constitucionalização constitui um movimento de mão dupla, porque significa, de um lado, levar para a Constituição uma série de normas antes tratadas pela legislação infraconstitucional, e, de outro, a ida de valores, princípios, fins, direitos previstos na Constituição para outros ramos do direito, inclusive o direito administrativo. A este segundo sentido refere-se Virgílio Afonso da Silva,[7] quando, baseado na lição de Louis Favoreu, ensina que é a *constitucionalização-transformação*, que teve início com a Lei Fundamental de Bonn, de 1949, significando o "*efeito expansivo das normas constitucionais, cujo conteúdo material e axiológico se irradia, com força normativa, por todo o sistema jurídico*", efeito esse que se acentua com alterações introduzidas por Emendas à Constituição.

Luís Roberto Barroso,[8] embora admitindo outros sentidos para o vocábulo *constitucionalização*, atribui-lhe o mesmo sentido referido por Virgílio Afonso da Silva, ao afirmar que a ideia de constitucionalização "*está associada a um efeito expansivo das normas constitucionais, cujo conteúdo material e axiológico se irradia, com força normativa, por todo o sistema jurídico. Os valores, os fins públicos e os comportamentos contemplados nos princípios e regras da Constituição passam a condicionar a validade e o sentido de todas as normas do direito infraconstitucional*".

Embora o direito administrativo brasileiro tenha nascido e evoluído sob influência do direito francês e outros que integram o sistema de base romanística (como italiano, português, espanhol), em tempos mais recentes, no que diz respeito à constitucionalização do direito administrativo, talvez se possa dizer que a influência maior (ainda que atrasada), veio do direito alemão, por força, especialmente, de dispositivos da Lei Fundamental de Bonn, de 1949, e de interpretações do Tribunal Constitucional Federal da Alemanha.

Dois dispositivos dessa Lei foram relevantes para a constitucionalização do direito administrativo: o artigo 20, item 3, e o artigo 1º.

O artigo 20, item 3, estabelece que "*o poder legislativo está vinculado à ordem constitucional; os poderes executivo e judicial obedecem à lei e ao direito.*" Ao falar em "lei e direito", o dispositivo levou ao entendimento de que o princípio da legalidade abrange não só os atos legislativos propriamente ditos, mas também todos os valores e princípios consagrados implícita ou explicitamente na Constituição, em especial o princípio da dignidade da pessoa humana. A constitucionalização levou à expansão dos efeitos dos direitos fundamentais na interpretação de leis e na in-

7 SILVA, Virgílio Afonso da. *A constitucionalização do direito: os direitos fundamentais nas relações entre os particulares*. São Paulo: Malheiros, 2007, p. 48-49.

8 A constitucionalização do direito e suas repercussões no âmbito administrativo. In: ARAGÃO, Alexandre; MARQUES NETO, Floriano de Azevedo (coords.). *Direito administrativo e seus novos paradigmas*. Belo Horizonte: Fórum, 2008, p. 32.

tegração do direito, reduzindo a discricionariedade da Administração Pública na tomada de decisões. O dispositivo propiciou um alargamento do princípio da legalidade, permitindo falar em legalidade em sentido estrito (quando a Administração Pública está sujeita a lei) e legalidade em sentido amplo (que abrange a lei, os atos normativos do Poder Executivo, os valores, os princípios emanados da Constituição, dentre os quais o da dignidade da pessoa humana).

Segundo lição de José Afonso da Silva,[9] a lei, no Estado de Direito, tem sentido *formal*, pelo fato de que emana do Poder Legislativo (ressalvadas algumas hipóteses excepcionais previstas na Constituição, como é o caso das leis delegadas e medidas provisórias) e sentido também *material*, porque lhe cabe o papel de realizar os valores consagrados pela Constituição sob a forma de princípios fundamentais (enunciados no Título I da Constituição).

A consequência da ampliação do princípio da legalidade foi a redução da discricionariedade administrativa, que passa a ser limitada também pelos princípios e valores constitucionais que almejam a efetivação dos direitos fundamentais, e a ampliação do controle judicial, que passa a abranger aspectos antes considerados de mérito do ato administrativo, de apreciação privativa da Administração Pública.

A Constituição Espanhola de 1978, no artigo 103.1, adota preceito semelhante ao do artigo 20.3 da Lei Fundamental de Bonn, ao estabelecer que a Administração Pública serve com objetividade aos interesses gerais e atua com *submissão plena à lei e ao Direito.* A Constituição Portuguesa de 1976, que muito influenciou a Constituição Brasileira de 1988, não repete as mesmas palavras, mas, no artigo 266, coloca os princípios fundamentais a que se submete a Administração Pública, afirmando que ela visa "*a prossecução do interesse público, no respeito pelos direitos e interesses legalmente protegidos do cidadão*"; e, no item 2, preceitua que "*os órgãos e agentes administrativos estão subordinados à Constituição e à lei e devem atuar com justiça e imparcialidade no exercício das suas funções*". Ainda na parte relativa aos direitos e deveres fundamentais, o artigo 16 determina que "*os direitos fundamentais consagrados na Constituição não excluem quaisquer outros constantes das leis e das regras aplicáveis de direito internacional*"; e que "*os preceitos constitucionais e legais relativos aos direitos fundamentais devem ser interpretados e integrados de harmonia com a Declaração Universal dos Direitos do Homem*".

9 *Curso de direito constitucional positivo.* São Paulo: Malheiros, 1989, p. 362.

Por sua vez, o artigo 1º da Lei Fundamental de Bonn, promulgada em 8-5-1949, determina:

> *1. A dignidade do homem é intangível. Respeitá-la é obrigação de todo poder público.*
>
> *2. O povo alemão reconhece, portanto, os direitos invioláveis e inalienáveis do homem como fundamentos de qualquer comunidade humana, da paz e da justiça no mundo.*
>
> *3. Os direitos fundamentais a seguir discriminados constituem direito diretamente aplicável para os poderes legislativo, executivo e judiciário.*

A valorização da dignidade da pessoa humana e dos direitos humanos inspirou-se no artigo 1º da Declaração Universal dos Direitos do Homem, de 1948, em cujos termos "*todos os seres humanos nascem livres e iguais em dignidade e em direitos. Dotados de razão e de consciência devem agir uns para com os outros em espírito de fraternidade*". No Preâmbulo da Declaração consta a expressão "*dignidade inerente a todos os membros da família humana*".

Além das normas constitucionais, o Tribunal Constitucional Federal da Alemanha foi adotando interpretação que permite a aplicação dos direitos fundamentais mesmo sem a existência de leis que lhes dê aplicação e até contra disposições de lei. Por outras palavras, afastou o caráter meramente programático das normas constitucionais que definem os direitos fundamentais, permitindo a sua aplicação direta pelos órgãos de execução (Judiciário e Administração Pública), independentemente de lei que os regule.

Na Itália também a Carta Constitucional de 1956 passou a entender que as normas constitucionais de direitos fundamentais podiam ser aplicadas diretamente pelo Judiciário, sem necessidade de lei e levou até mesmo à declaração de inconstitucionalidade de dispositivos do Código Civil.

No Brasil, embora não se repitam, nos mesmos termos, as normas da Lei Fundamental de Bonn, não há dúvida de que se adotou igual concepção, já a partir do preâmbulo da Constituição, rico na menção a valores como segurança, bem-estar, desenvolvimento, igualdade e justiça. Além disso, os artigos 1º a 4º e outros dispositivos esparsos contemplam inúmeros princípios e valores, como os da dignidade da pessoa humana, os valores sociais do trabalho e da livre iniciativa, o da erradicação da pobreza, o da prevalência dos direitos humanos, o da moralidade, publicidade, impessoalidade, eficiência, economicidade, dentre outros. Todos esses princípios e valores são dirigidos aos três Poderes do Estado: a lei que os contrarie será inconstitucional; a discricionariedade da Administração Pública restou limitada pelos mesmos; o Judiciário pôde ampliar o controle judicial, que passou a abranger a validade dos atos administrativos não só diante da lei, mas também perante o Direito.

Vale dizer que a constitucionalização dos princípios da Administração Pública permitiu ao Poder Judiciário e aos demais órgãos de controle apreciar aspectos dos atos antes reservados à competência administrativa. Princípios como os da razoabilidade, proporcionalidade, segurança jurídica, dentre outros previstos no ordenamento jurídico, passaram a ser invocados no controle dos atos administrativos, dentro da ideia, já referida, de que a Administração Pública deve obediência não só à lei, mas também ao Direito.

Carlos de Cabo Martín[10] resume o que vem ocorrente com o princípio da legalidade e, de outro lado da moeda, com o controle judicial. Quanto à legalidade, ele fala que foi substituída por *constitucionalidade* ou tendência à hiperconstitucionalização do sistema, com as seguintes consequências: ampliação do âmbito da Constituição e diminuição do âmbito da lei; *expansão do âmbito dos direitos e liberdades até entender-se que praticamente todas as questões estão impregnadas dos mesmos, levando a uma contaminação do individualismo*; tendência a colocar na Constituição a regulação de todas as matérias, sem deixar muito campo ao legislador; tendência à formação de um direito constitucional de princípios e valores, o que muda a forma de interpretação da Constituição, tornando-a mais complexa e difusa, com prejuízo para a certeza do direito.

No que diz respeito ao controle judicial, o autor realça o surgimento de novos tipos de sentenças, como as *aditivas* (que preenchem as lacunas da lei), as de inconstitucionalidade por omissão, as que adotam a chamada interpretação "conforme" à Constituição, sem redução do texto da norma constitucional.

No Brasil também houve a valorização da dignidade da pessoa humana, prevista no artigo 1º entre os princípios fundantes da República. E houve valorização dos direitos fundamentais, que passaram a ser previstos logo no início da Constituição, no Título segundo.

Daí hoje falar-se em *princípio da centralidade da pessoa humana* ou *princípio da dignidade da pessoa humana*, como preferem alguns, em substituição ao velho princípio da supremacia do interesse público. A omissão dos órgãos de governo na efetivação dos direitos fundamentais

10 In: *Sobre el concepto de ley*. Madri: Trotta, 2000, p. 79 e ss.

levou a outra consequência que tem se revelado bem forte no direito brasileiro, que é a *judicialização de políticas públicas*, mediante a defesa de entendimento grandemente inspirado no direito alemão: parte-se da ideia de que as normas constitucionais que garantem os direitos sociais não são meramente programáticas, como sempre se afirmou. Elas têm que ter um núcleo essencial, um mínimo de efetividade que decorre diretamente da própria Constituição. A tese é reforçada pelo artigo 5º, § 1º, da Constituição de 1988, em cujos termos "*as normas definidoras dos direitos e garantias fundamentais têm aplicação imediata*".

Na realidade, a efetivação dos direitos fundamentais depende da adoção de políticas públicas hábeis para esse fim. A competência para essa atribuição fica a cargo do Poder Legislativo e da Administração Pública, esta última considerada como *função política* e não meramente como *função administrativa*.

As políticas públicas são metas e instrumentos de ação que o poder público define para a consecução de interesses públicos que lhe incumbe proteger. Elas compreendem, não só a definição das metas, das diretrizes, das prioridades, como também a escolha dos meios de atuação. Nas palavras de Maria Paula Dallari,[11] "*as políticas públicas devem ser vistas também como processo ou conjunto de processos que culmina na escolha racional e coletiva de prioridades, para a definição dos interesses públicos reconhecidos pelo direito*".

Vale dizer que o tema se relaciona com o da discricionariedade, seja na escolha do interesse público a atender, dentre os vários agasalhados pelo ordenamento jurídico, seja na escolha das prioridades e dos meios de execução. E aqui não se fala apenas da discricionariedade no exercício da *função administrativa* (que é de execução das políticas públicas), mas, com mais razão, na própria discricionariedade dos órgãos que exercem a *função política* (Legislativo e Governo), ao definirem políticas públicas com base em metas maiores postas pela Constituição. Postas as metas, em termos genéricos, pela Constituição, cabe ao legislador, em segundo plano, discipliná-las de modo a garantir o seu atendimento, por meio dos atos legislativos previstos no artigo 59. Fica para a Administração Pública direta e indireta o papel de implementação das políticas públicas definidas em lei.

Na omissão dos entes competentes, acabou ocorrendo a chamada *judicialização das políticas públicas*, exatamente por serem elas vistas como o instrumento adequado para concretizar os direitos fundamentais previstos na Constituição, especialmente na área social. Diferentes fatores contribuíram para isso, cabendo realçar, de um lado, a excessiva

11 In: *Direito administrativo e políticas públicas*. São Paulo, Saraiva, 2002, p. 264-265.

prodigalidade do constituinte na indicação do rol dos direitos individuais, especialmente na área social; basta ler o rol contido no artigo 6º. Com a previsão de inúmeros serviços sociais como *deveres* do Estado, acabou-se por colocar em confronto, de um lado, o dever de atender às imposições constitucionais, que correspondem a *direitos* do cidadão (essenciais para garantir a dignidade da pessoa humana) e, de outro lado, a escassez dos recursos públicos para atender a todos esses direitos. Os recursos públicos são finitos, são insuficientes para atender a todos os direitos sociais previstos no artigo 6º. Daí a necessidade de definição das prioridades e dos meios de atuação para efetivá-las. Essa definição cabe aos Poderes Legislativo e Executivo, precipuamente, e não ao Poder Judiciário.

Outro fator que tem levado à judicialização das políticas públicas é a inércia do poder público, a sua ineficiência, a ausência ou deficiência de planejamento, a corrupção, os desvios de finalidade na definição de prioridades, os interesses subalternos protegidos, em detrimento de outros, especialmente relevantes para a garantia dos direitos fundamentais.

A consequência é que a Administração Pública vai perdendo espaço no exercício de uma função que lhe é própria. A interferência do Judiciário foi ganhando adeptos, sob o argumento de que, ao interferir em políticas públicas, ele não está invadindo matéria de competência dos outros Poderes do Estado, nem a discricionariedade que lhes é própria, porque está fazendo o seu papel de intérprete da Constituição. Ele está garantindo o núcleo essencial dos direitos fundamentais ou o mínimo existencial para a dignidade da pessoa humana. Em resumo, o Judiciário não estaria analisando aspectos de discricionariedade, mas fazendo cumprir a Constituição.

Na realidade, o Judiciário, anomalamente, vai se substituindo ao legislador e à Administração Pública. E o faz pela omissão de que tem a competência para efetivação dos direitos fundamentais.

5. Da vinculação da Administração Pública aos direitos fundamentais

A Constituição de 1988 foi pródiga na previsão de direitos individuais. Talvez por isso mesmo seja chamada de "Constituição Cidadã".

Conforme ensinamento de Ingo Walfgang Sarlet,[12] "*(...) para além da circunstância, muitas vezes apontada de forma crítica, de que muitas constituições (especialmente de países tidos como periféricos ou em desen-*

12 Os direitos sociais entre proibição de retrocesso e "avanço" do Poder Judiciário? Contributo para uma discussão. In: PINTO E NETTO, Luísa Cristina; BITTENCOURT NETO, Eurico (coordenadores). *Direito Administrativo e Direitos Fundamentais*. Belo Horizonte: Editora Fórum, 2012, p. 177.

volvimento), dada a amplitude de seu catálogo constitucional de direitos sociais, talvez de fato tenham prometido mais do que o desejável ou mesmo possível de ser cumprido, aspecto que também diz respeito ao que já se designou de uma banalização da noção de direitos fundamentais (fenômeno que não se manifesta apenas na seara dos direitos sociais). Há que reconhecer que, transitando do plano textual para o da realidade social, econômica e cultural, a ausência significativa de efetividade do projeto social constitucional para a maioria das populações dos países designados de periféricos ou em desenvolvimento, marcados por níveis importantes de desigualdade e exclusão social, segue sendo um elemento caracterizador de uma face comum negativa." E continua o autor, com muita razão: "*Tal crise, no sentido de uma crise de efetividade, por sua vez, é comum – em maior ou menor escala – a todos os direitos fundamentais, não podendo ser considerada uma espécie de triste privilégio dos direitos sociais, precisamente pela conexão entre os direitos sociais e o gozo efetivo dos assim designados direitos civis e políticos.*"

Com efeito, a Constituição Brasileira de 1988 contempla direitos individuais em vários dispositivos, alguns previstos como *princípios fundamentais* (arts. 1º a 4º), outros como *direitos e garantias fundamentais* (título II), abrangendo os *direitos e deveres individuais e coletivos* (art. 5º) e os *direitos sociais* (art. 6º e 7º), além de determinar que "*os direitos e garantias expressos nesta Constituição não excluem outros decorrentes do regime e dos princípios por ela adotados, ou dos tratados internacionais em que a República Federativa do Brasil seja parte*", dando ensejo a que os três Poderes estendam o rol dos direitos fundamentais para além dos expressamente previstos, fazendo-o com base em princípios e em tratados internacionais. A Constituição ainda previu os *direitos políticos* (art. 14) e os *direitos dos servidores públicos e dos militares* (arts. 37 a 42), os *direitos dos membros da Magistratura* (art. 93 e 95) e do *Ministério Público* (art. 128, § 5º).

A maior parte desses direitos está disciplinada por lei infraconstitucional e sua aplicação concreta fica a cargo de órgãos administrativos dos três Poderes do Estado, cada qual em seu âmbito de atuação.

Para os fins deste trabalho interessam precipuamente o *princípio da dignidade da pessoa humana* e, inseparáveis dele, os *direitos sociais previstos no artigo 6º* da Constituição.

O princípio da dignidade da pessoa humana[13] apareceu pela primeira vez, no âmbito constitucional do direito brasileiro, na

13 Sobre o tema vide: DI PIETRO, Maria Sylvia Zanella. Direito administrativo e dignidade da pessoa humana. In: *Revista de Direito Administrativo e Constitucional*, Belo Horizonte: Editora Fórum, ano 13, nº 52, abr./jul. 2013, p. 13-33.

Constituição de 1988, cujo artigo 1º, inciso III, o inclui entre os fundamentos da República Federativa do Brasil. Também é prestigiado, de modo implícito, nos artigos 170 (no Título da ordem econômica), 193, 226, § 7º, 227 e 230 (no Titulo da ordem social). No entanto, esses dispositivos não esgotam o conteúdo do princípio. Partindo-se do pressuposto de que a dignidade é inerente a todo ser humano, em seu conteúdo inserem-se todos os direitos individuais, sejam eles econômicos, políticos, sociais, culturais ou de qualquer natureza, previstos em Constituições, em Declarações de Direitos ou em leis infraconstitucionais. Nas palavras de José Afonso da Silva,[14] *"a dignidade da pessoa humana é um valor supremo que atrai o conteúdo de todos os direitos fundamentais do homem, desde o direito à vida"*.

Na realidade, a expressão é de conteúdo indeterminado, aplicável às mais variadas áreas dos direitos individuais. Trata-se de princípio cujo significado é mais fácil de intuir do que definir. Com efeito, todos nós temos consciência de que cada ser humano tem sua individualidade própria, suas crenças, seus sonhos, suas esperanças, sua fé. Todo ser humano quer ter liberdade para decidir como conduzir a sua vida, sem interferência do Estado. Todo ser humano quer ser tratado com igualdade em relação aos seus semelhantes. Todo ser humano quer ser reconhecido como pessoa e respeitado como tal.

Tudo isso realçamos no artigo já citado, publicado na Revista de Direito Administrativo e Constitucional, vol. 52, p. 13-33. Naquela oportunidade, ressaltamos que, em hipóteses extremas, pode-se dizer que a dignidade da pessoa humana exige, pelo menos, um teto onde se abrigar, alimentos para se manter, roupas adequadas para vestir, educação, saúde, trabalho, segurança, lazer, salário compatível com as necessidades mínimas de subsistência. Talvez essas exigências correspondam àquilo que se chama de *mínimo existencial,* ou seja, as condições indispensáveis para que o ser humano tenha existência digna.

O artigo 6º da Constituição, que se insere no Título dos Direitos e Garantias Fundamentais, dá um elenco de direitos sociais que podem ser considerados inerentes à dignidade da pessoa humana, abrangendo a educação, a saúde, a alimentação, o trabalho, a moradia, o lazer, a segurança, a previdência social, a proteção à maternidade e à infância, a assistência aos desamparados. E no Título VIII, pertinente à ordem social, são previstos os direitos à seguridade social (abrangendo previdência, assistência e saúde), à educação, à cultura, ao meio ambiente ecologicamente equilibrado, à assistência à família, à infância e à velhice, todos esses direitos correspondendo, do outro lado da moeda, a *deveres* do Estado.

---

14 In: *Comentário Contextual à Constituição*. São Paulo: Malheiros, 2005, p. 38.

É evidente que todas as normas constitucionais, dentre elas as que definem os direitos fundamentais, vinculam os três Poderes do Estado. Portanto, vinculam a Administração Pública.

Eurico Bittencourt Neto, falando sobre a "incidência do direito ao mínimo existencial sobre a Administração Pública",[15] observa que "*(...) todas as normas de direitos fundamentais possuem ao menos uma dimensão de eficácia que incide diretamente sobre as três funções do Estado. Nesse sentido, todos os direitos fundamentais, incluído o direito ao mínimo existencial, vinculam diretamente a Administração Pública, ao menos quanto a algumas dimensões de sua eficácia. Em primeiro lugar, mencione-se o dever de interpretar e aplicar as leis em conformidade com os direitos fundamentais, cuja inobservância pode levar à invalidação judicial das decisões administrativas. Daqui decorre a relevante questão da possibilidade de a Administração deixar de aplicar, por ato próprio, lei em desconformidade com direito fundamental*". Um pouco além,[16] o autor acrescenta que o mandado de otimização dos direitos fundamentais "*deve orientar a formulação e a aplicação das políticas públicas, no sentido de organização, procedimento e alocação de recursos que possam assegurar as condições materiais necessárias à observância do dever geral de respeito à dignidade da pessoa humana*".

João Antunes dos Santos Neto,[17] por sua vez, defende que "*a irradiação dos direitos humanos fundamentais por todo ordenamento jurídico decorre do fato de serem mandamentos de otimização e esta irradiação representa mais que a mera irradiação do direito positivo, senão a irradiação da própria ideia de justiça em todos os âmbitos de direito*". E acrescenta que "*uma vez que a Administração Pública se encontra vinculada à lei e ao direito justo não poderá deixar de sofrer os influxos desta irradiação, que passará a informar sua ação de ofício de modo que a dignidade da pessoa humana seja a finalidade a ser buscada em todas as suas atividades*".

E não há dúvida de que, perante o ordenamento jurídico constitucional, a Administração Pública, da mesma forma que os demais Poderes do Estado, vincula-se à observância do princípio da dignidade da pessoa humana e aos direitos individuais e coletivos, ficando obrigada a prestar as atividades essenciais à efetivação desses direitos.

---

15 BITTENCOURT NETO, Eurico. Vinculação da Administração Pública ao Mínimo Existencial. In: PINTO E NETTO, Luísa Cristina; BITENCOURT NETO, Eurico. *Direito administrativo e direitos fundamentais*. Ob. cit., p. 153-174.

16 Ob. cit., p. 166.

17 *O impacto dos direitos humanos fundamentais no direito administrativo*. Belo Horizonte: Editora Fórum, 2008, p. 427.

6. O papel do direito administrativo e da Administração Pública na concretização das normas constitucionais que almejam o respeito à dignidade da pessoa humana

Grande parte das normas constitucionais que protegem os direitos fundamentais do homem, essenciais para que se garanta a dignidade da pessoa humana, estão muito longe de serem cumpridas e muitas delas não têm condições de serem concretizadas, por variadas razões que não temos condições de conhecer e analisar.

Todos sabem que, especialmente na área dos direitos sociais, parcela considerável da população não têm nem mesmo o *mínimo existencial* para que se possa dizer que lhe é assegurada existência digna. Embora a situação fosse conhecida desde sempre, talvez não se imaginasse a sua extensão, até que fosse amplamente divulgada e escancarada a partir da adoção de medidas de combate ao corona vírus.

Talvez nunca tenhamos tomado tanta consciência da desigualdade social que vivenciamos em algumas regiões do país, muitas delas bem próximas de nós e situadas em grandes e prósperas cidades: pessoas que não têm água, não têm artigos de higiene, não têm alimentos, não têm moradia digna, não têm segurança.[18] E esse rol vai crescendo por conta da pandemia que afastou milhares de pessoas de seu ganha pão. O mundo realmente vai empobrecendo. A pandemia foi um fato absolutamente imprevisto para toda a humanidade. E pegou o mundo inteiro de surpresa. Ninguém, absolutamente ninguém estava equipado para atender adequadamente a todos os infectados. Daí os resultados catastróficos que mesmo os países mais ricos enfrentaram e continuam a enfrentar. Na realidade, ninguém pensa em equipar os órgãos públicos para enfrentar uma situação inédita como essa. Mas não há dúvida de que a experiência ora vivida recomenda o incremento de serviços públicos essenciais, especialmente o saneamento, em todas as suas áreas. É preciso aprender a prever o imprevisível.

---

18 Foi absolutamente surpreendente a notícia recentemente veiculada pela imprensa de que só no Rio de Janeiro existem mais de 1400 favelas, 80% das quais inteiramente dominadas pelas milícias e pelo tráfico de drogas. Mais surpreendente ainda foi a decisão do STF proibindo a polícia de entrar nas favelas enquanto durar a pandemia, como se o perigo de contágio do corona vírus não fosse tão relevante como a proteção da incolumidade física e a vida das pessoas que convivem, em seu dia-a-dia, com a mais completa insegurança provocada pela atuação de marginais. A segurança pública tem, indiscutivelmente, a natureza de serviço público essencial, previsto, como direito fundamental, tal como previsto no *caput* do artigo 5º da Constituição. Como tal, não pode sofrer solução de continuidade.

Essa situação reforça a ideia de que o Estado brasileiro tem que estar presente em áreas de serviços públicos essenciais, especialmente na área social. Nem poderia ser diferente em um país em que impera a pobreza na maior parte da população. Chama a atenção, no momento atual, a imensa quantidade de pessoas que dependem inteiramente do serviço público de saúde, prestado pelo SUS, para tentar sobreviver. Muitos perdem a vida sem lograr qualquer tipo de atendimento, pelo esgotamento do sistema. Depois da pandemia, a situação talvez se agrave, em termos de dependência da atuação do Estado. Não há como conceber que o Estado possa se ausentar, até porque é a Constituição que prevê a saúde como direito de todos e dever do Estado. A iniciativa privada pode atuar em caráter complementar (como realmente tem atuado em demonstração surpreendente de solidariedade social talvez antes nunca testemunhada), mas a ela não se impõe o *dever jurídico* de atuar. Pode-se abrir mais espaço para a iniciativa privada. Mas o Estado tem que estar presente.

Norberto Bobbio, mencionado por Gilmar Mendes, Inocêncio Mártires Coelho e Paulo Gustavo Gonet Branco,[19] ensina que a universalização do respeito à dignidade da pessoa humana se desenvolveu em pelo menos três fases: num primeiro momento, "eles aparecem como teorias filosóficas nas obras de seus defensores"; a seguir, inserem-se em textos de âmbito nacional; e, por derradeiro, são enunciados em documentos de alcance mundial, como a Declaração Universal dos Direitos Humanos, de 1948.

Quanto à primeira fase, Jacob Dolinger[20] mostra como foi sendo conceituada a dignidade da pessoa humana nas obras filosóficas através dos séculos, a convergência do direito romano com o direito canônico, na era medieval e nas fases subsequentes, mostrando a influência da moral, da religião e da ética na formação do princípio da dignidade da pessoa humana, bem como a influência do Antigo e Novo Testamento. Ele não deixa dúvida de que as construções doutrinárias e filosóficas antecederam em muito o reconhecimento da dignidade da pessoa humana no direito positivo e nas Declarações Universais de Direitos. Mesmo no direito brasileiro, ele cita lições extraídas de obras de Clóvis Beviláqua, Pimenta Bueno, Ruy Barbosa, Carlos Maximiliano, Pontes de Miranda,

---

19 In: MENDES, Gilmar Ferreira; COELHO, Inocêncio Mártires; e BRANCO, Paulo Gustavo Gonet. *Curso de direito constitucional.* São Paulo: Saraiva, 2007, p. 143.

20 Dignidade: o mais antigo valor da humanidade. In: *Revista de Direito Constitucional e Internacional* – RDCI 70/24, jan.-mar./2010; republicado na coletânea *Doutrinas Essenciais. Direitos Humanos.* São Paulo: Revista dos Tribunais, 2012, vol. I, p. 445-506.

em escritos muitos anteriores à Constituição de 1988 e alguns anteriores à própria Declaração Universal de 1948.

A segunda fase, referida por Bobbio, foi a da inclusão em textos internos e, a terceira fase, a inclusão em textos internacionais, de alcance mundial.

No entanto, o autor, da mesma forma que a maior parte da doutrina, reconhece a distância entre o princípio da dignidade da pessoa humana, tal como defendido pela doutrina e posto no direito interno e internacional, e a sua efetiva concretização.

Esse distanciamento existe ou porque nem todas as nações estão empenhadas em garantir a dignidade da pessoa humana e os direitos fundamentais a ela inerentes; ou porque a observância desses direitos exige recursos financeiros que não existem em quantidade suficiente; ou, quando existem, são desperdiçados com outros fins menos relevantes, ou são utilizados de forma incompetente, ou são desviados pela corrupção que impera nas classes políticas.

Conclusões

A Administração Pública, no exercício da *função política* que incumbe aos órgãos governamentais participa, nos limites de suas competências constitucionais, da elaboração de políticas públicas necessárias à efetivação dos direitos fundamentais. Ou seja, ela participa da fixação de metas, de escolha de prioridades e de meios de ação hábeis para esse fim.

No exercício da *função administrativa*, a Administração Pública exerce atividades puramente *materiais* e *atividades jurídicas*. Como atividades materiais, ela participa da execução das políticas públicas essenciais ao cumprimento das normas constitucionais consagradoras dos direitos fundamentais e atua na prestação de serviços públicos essenciais a essa finalidade, especialmente os previstos no Título da ordem social, com a natureza de *deveres do Estado*, a que correspondem *direitos fundamentais do cidadão*. Como atividades jurídicas, a Administração Pública faz escolhas, toma decisões, baixa atos administrativos, limitados pela lei e pelo direito. No exercício dessa função, a discricionariedade administrativa sofre restrições decorrentes, não só da lei, mas também dos princípios, dos valores, dos fins sociais, dos direitos fundamentais previstos na Constituição.

DIREITO PÚBLICO E PRIVADO NO EXERCÍCIO DAS ATIVIDADES ESTATAIS

Maurício Zockun[1]
Carolina Zancaner Zockun[2]
Fernanda Ghiuro Valentini Fritoli[3]

1. A finalidade do Direito

1. O mundo dos acontecimentos reais não se confunde com o plano do pensamento ou das ideias. São realidades que não se tocam, tal como a realidade sonhada não se confunde com a realidade experimentada.

Sem embargo, para que a vida em sociedade possa ser organizada e, com isso, os seus membros possam conviver em harmonia – inclusive para garantir a perpetuação do corpo social –, há necessidade de regular o comportamento humano cuja observância se impõe a todos[4].

2. Acaso assim não se procedesse, não haveria limite ao exercício das atividades individuais e aos meios empregados para consecução deste

---

1 Professor de direito administrativo na PUC/SP (São Paulo-SP, Brasil). Livre-docente e doutor em direito administrativo pela PUC/SP. Mestre em direito tributário pela PUC/SP. Vice-presidente do Instituto Brasileiro de Direito Administrativo. Advogado. E-mail: mzockun@pucsp.br

2 Professora de direito administrativo na PUC/SP (São Paulo-SP, Brasil). Pós-doutora em Democracia e Direitos Humanos pelo *Ius Gentium Conimbrigae* – Centro de Direito Humanos da Universidade de Coimbra, em Portugal. Mestre e doutora em direito administrativo pela PUC/SP. Procuradora da Fazenda Nacional. E-mail: czockun@pucsp.br

3 Mestre em direito constitucional pela PUC/SP. Doutoranda em direito administrativo pela PUC/SP. Advogada. E-mail: fegvfritoli@gmail.com

4 Nesse sentido: Celso Antônio Bandeira de Mello [*O homem e a sociedade*, São Paulo: 1970; e *Curso de Direito Administrativo*, 35ª ed. São Paulo: Malheiros Editores, pp. 34 a 46 (itens 12 a 23)], José Roberto Dromi (*Manual de derecho administrativo*, Tomo I, Buenos Aires, Ástrea, 1987, pp. 1 e 2), Hely Lopes Meirelles (*Direito administrativo brasileiro*, 15ª ed., São Paulo, Revista dos Tribunais, 1990, p. 19) e José Antônio Pimenta Bueno [*Direito público brazileiro e analyse da Constituição de Império*, Rio de Janeiro, J. Villeneuve, 1857, pp. 7 e 8 (§2º)].

fim, o que deflagraria invulgar insegurança nas relações sociais, gerando permanente conflito social[5].

E se o interesse de cada qual fosse garantido não por uma regra objetiva e impessoal, mas pelos poderes manejados pelo seu titular, haveria totalitarismo, situação enjeitada pelos elementos que informam e conformam o Estado de Direito.

3. Eis a síntese do que se propõe o Direito: pretende tornar previsíveis os comportamentos dos membros da sociedade e, com isso, edificar a segurança jurídica[6]. Para tanto, regula-se coativamente as relações intersubjetivas formadas, o que se opera impondo às pessoas obrigações, permissões ou proibições de fazer ou não fazer algo. E para realização deste expediente, o direito positivo se vale de normas jurídicas e juízos categoriais.

4. Ademais, por meio desse plexo de normas jurídicas, valores socialmente relevantes são prestigiados e, por isso mesmo, protegidos de comportamentos que lhes burle.

E não havendo entre nós comportamento humano que, sob uma dada ordem jurídica, não seja normativamente disciplinado, disso resulta que o Direito pretende trazer previsibilidade a todas as condutas praticadas ou a serem praticadas pelo corpo social. Daí haver, pela nossa ótica, "plenitude da ordenação"[7]. Seja-nos permitido esclarecer o pensamento.

2. A "plenitude da ordenação"

5. Doutrina de mão e sobremão já cuidou de demonstrar que o comportamento humano só poderá ser regulado obrigando, proibindo

5 Nesse sentido: Celso Ribeiro Bastos (*Curso de direito constitucional*, 22ª ed., revista e atualizada por Samantha Meyer-Pflug, São Paulo, Malheiros Editores, 2010, pp. 25 e 26) e Celso Antônio Bandeira de Mello ["Direito adquirido e o direito administrativo: uma nova perspectiva", *Grandes Temas do Direito Administrativo*, São Paulo, Malheiros Editores, 2009, pp. 11 e 12 (itens 1 e 2)].

6 Nesse sentido: Dalmo de Abreu Dallari (*O renascer do Direito*, São Paulo, Bushatsky, 1976, pp. 24 a 30); e José Horácio Meirelles Teixeira [*Curso de direito constitucional*, revisto e atualizado por Maria Garcia, Rio de Janeiro, Forense Universitária, 1991, p. 572].

7 Expressão talhada por Santi Romano (*Princípios de direito constitucional geral*, trad. de Maria Helena Diniz, São Paulo, Revista dos Tribunais, 1977, p. 127).

ou permitindo que uma pessoa faça ou não faça algo em relação à outra. Não há qualquer espécie de tergiversação séria a esse respeito[8].

Fiado nesse pensamento sobejamente pacífico, Márcio Cammarosano[9] muito bem observou que o art. 5º, II, da Constituição da República, equacionou o problema que poderia surgir a partir da arguição de eventual lacuna em nosso direito.

Afinal, como esse preceito constitucional prevê que ninguém (brasileiro ou estrangeiro) pode ser obrigado ou proibido a fazer alguma coisa, senão em virtude de lei, duas conclusões daí se sacam: (i) nas hipóteses em que há disponibilidade da vontade das partes sob o bem tutelado, a ausência de lei obrigando ou proibindo um dado comportamento traz, ínsito, uma permissão[10]; e (ii) nos casos em que se exerce função pública, sendo a lei o instrumento que assinala os fins a serem perseguidos em prol do bem comum, ainda que de modo facultativo ou discricionário, é proibido àqueles que exercem função pública atuar, nessa qualidade, no silêncio ou no vácuo da lei.

Assim, pelas premissas eleitas, chega-se à conclusão de inexistência de lacunas em nosso ordenamento jurídico[11].

---

8 Sobre o assunto, confira-se Lourival Vilanova (*As estruturas lógicas e o sistema do direito positivo*, São Paulo, Max Limonad, 1997).

9 Em aulas ministradas no curso mestrado e doutorado da PUC/SP.

10 No mesmo sentido: Tércio Sampaio Ferraz Jr. (*Introdução ao estudo do direito: técnica, decisão, dominação*, 6ª ed., São Paulo, Atlas, 2010, p. 111).

11 Essa mesma ideia – também designada de "plenitude da ordenação" –, já fora concebida pelo gênio de Santi Romano, ainda que dela discordasse (*Princípios de direito constitucional geral*, p. 128). Segundo ele, "...se as leis, prevendo determinados casos, estabelecem para eles certas obrigações, ou seja limitações, isto significaria dizer que, nos demais casos, se pretende que não haja nenhuma limitação. E tal vontade traduzir-se-ia numa norma, que imporia o dever de abster-se de qualquer ação que pudesse importar limitação não prevista pelas leis, e, correspondentemente, estabeleceria o direito de estar livre desta limitação. Tal norma geral de exclusão encerraria em seu âmbito todas as disposições particulares e tornaria completa a ordenação jurídica, preenchendo as lacunas deixadas necessariamente por estas últimas".
Por esta razão, não se adere às proposições de Maria Helena Diniz, para quem (i) a completude ou incompletude do um sistema jurídico perpasse pelo *modo de se conceber o sistema normativo*; e (ii) não é jurídico-positiva a ideia segundo o qual "tudo que não está proibido, está permitido" (*Compêndio de introdução à ciência do direito*, São Paulo, Saraiva, 1993, pp. 397 e 398). *Data venia*, a premissa adotada pela jurista não prospera porque, ao inverso do assentado, essa prescrição é edificável a partir do art. 5º, II, da Constituição da República, norma jurídica de aplicabilidade imediata.

6. Poder-se-ia objetar esse pensamento arguindo-se que o Poder Judiciário, tendo pleitos submetidos à sua apreciação, é obrigado a julgar mesmo no silêncio da lei. E, para suplantar esta suposta lacuna normativa, o art. 4º da Lei de Introdução às normas do direito brasileiro dita os expedientes a serem percorridos pelo magistrado para solucionar os pedidos que lhe forem formulados por meio de uma ação judicial. Mas esta ideia não procede!

Com efeito, como a cláusula que impõe a irrestrita prestação jurisdicional está inserta no art. 5º, XXXV, da Constituição da República, sua aplicabilidade é imediata a teor do §1º do mesmo preceito constitucional. Vê-se, pois, que é a própria Constituição da República, e não o art. 4º da Lei de Introdução às normas do direito brasileiro, que assinala e impõe o dever de resolução de todos os conflitos objeto de demandas judiciais. Não existisse esta Lei de introdução ou fosse ela revogada, ainda assim os conflitos judiciais sempre seriam solucionados.

Logo, a suposta ausência de lei aplicável ao caso concreto não é causa impeditiva da apreciação e resolução de pleitos submetidos à apreciação do Poder Judiciário. Isso porque, a ausência de lei não se traduz na inexistência de disciplina normativa aplicável ao caso concreto, conforme se depreende do conteúdo, sentido e alcance do autoaplicável princípio da legalidade[12].

Em vista disto, parece-nos que o art. 5º, II, da Constituição da República, exaure o objeto tutelado pelo art. 4º da Lei de Introdução às normas do direito brasileiro.

7. Outra objeção também poderia ser edificada ao argumento de que há matérias juridicamente irrelevantes e, portanto, desconsideradas pela ordem jurídica. Por esse raciocínio, se houver uma situação fática desprovida de disciplina normativa ela não será jurídica[13].

---

12 O magistério de Santi Romano é diverso, apesar de assinalar que a "plenitude da ordenação" não admite lacunas no complexo de suas normas. Daí concluir que situação não disciplinada pela ordem jurídica significa dizer que "este caso não será jurídico". Em vista disto, o magistrado "...declarará inexistentes os direitos ou deveres eventualmente afirmados pelas partes sobre um pressuposto diverso e repelirá as ações ou exceções nele fundadas" (*Princípios de direito constitucional geral*, p. 129). Esse pensamento não tem curso entre nós. Afinal, a ausência de disposição normativa expressamente aplicável a uma situação litigiosa posta à apreciação do Poder Judiciário é rompida pelo preceito veiculado no art. 5º, XXV e parágrafo único, da Constituição da República.

13 Esse é o pensamento de Santi Romano [*Princípios de direito constitucional geral*, p. 128].

E, para corroborar este pensamento, aventam-se as situações passadas no exterior que, sendo juridicamente irrelevantes, não são normativamente disciplinadas. Este pensamento não nos parece procedente.

Deveras, a ordem jurídica tutela as relações de pessoas sob o seu império[14] e, portanto, nos limites do espaço nacional. A extraterritorialidade da lei nacional é excepcional e se opera apenas se duas ou mais Nações assim consentirem[15].

Logo, uma dada situação passada no exterior não é juridicamente disciplinada, não porque seja juridicamente irrelevante, mas porque ela não está sob o alcance da ordem jurídica tomada por referência[16].

Pelo fato de haver completude do direito, não se segue que o direito sobre tudo dispõe. Significa dizer que, se um dado fato ocorrido no mundo fenomênico criar, alterar ou extinguir um vínculo de uma pessoa em relação a outra pessoa sob o alcance da nossa ordem jurídica, este vínculo será disciplinado pelo direito, pois do seu silêncio emerge uma permissão.

8. Resulta dessa construção uma consequência lógica: ao mesmo tempo em que a ordem jurídica prevê condutas permitidas, obrigatórias e proibidas, fixa, de outra banda, quais comportamentos se reputam lícitos e ilícitos.

9. Mas não basta reconhecer que todas as atividades humanas são juridicamente disciplinadas entre nós; importa também reconhecer qual o tratamento jurídico aplicável; o regime jurídico incidente, portanto.

---

14 Ou "povo", como prefere Paolo Biscaretti di Ruffia [*Direito constitucional – Instituições de direito público*, trad. de Maria Helena Diniz, São Paulo, Revista dos Tribunais, 1984, p. 37 (Cap. I – item 15-II-A)]. Daí a feliz observação de Celso Ribeiro Bastos, para quem "...todo o Estado é a organização juridicamente soberana de um povo" [*Curso de direito constitucional*, p. 35].

15 Nesse sentido: Oswaldo Aranha Bandeira de Mello [*Princípios gerais de direito administrativo*, 3ª ed., vol. I, São Paulo, Malheiros Editores, 2007, p. 352 (item 38.1)].

16 Exceção feita às hipóteses de extraterritorialidade da lei nacional, como panoramicamente catalogado por Oswaldo Aranha Bandeira de Mello: (i) incorporação ou remissão de lei estrangeira pela lei nacional; (ii) hipóteses em que certas pessoas ou bens, ainda que se encontrem no exterior, não estão submetidas ao império da lei estrangeira. Isso porque a Nação na qual eles se encontram os retirou, total ou parcialmente, do alcance da sua soberania (caso de embarcações de guerra nacionais, embaixadas e consulados); e (iii) nos espaços que estejam fora do exercício de qualquer espécie de soberania (caso de situações ocorridas em alto-mar) [*Princípios gerais de direito administrativo*, pp. 352 e 353 (item 38.1)].

Isso porque é o regime jurídico incidente sobre um dado objeto – e não o objeto isoladamente considerado – que fixa o modo por meio do qual se formam as relações de coordenação e subordinação em um dado sistema normativo.

Sob esse prisma, é corrente a ideia segundo a qual a metodológica bifurcação do direito – entre direito público e privado – é noção elementar, imbricada e indissociável às sociedades juridicamente organizadas[17], ainda que sejam cambiantes – no tempo e no espaço – os institutos jurídicos que neles se alocam.

10. O exame desta questão tem relevância ao estudo empreendido, pois há intenso debate a respeito dos confins da aplicação do direito público e do direito privado nas atividades desenvolvidas pelo Estado e pelos particulares. Assim, há que fixar o que se entende por direito público e qual o seu campo de incidência.

3. Direito público e direito privado: categorias constitucionais

11. O direito positivo não deveria se ocupar de fixar definições jurídicas[18], pois cumpre aos comandos jurídicos nele existentes veicular prescrições jurídicas a serem observadas pelas pessoas[19]. E assim opera o

---

17 Nesse sentido, dentre outros: José Antônio Pimenta Bueno [*Direito público brazileiro e analyse da Constituição de Império*, pp. 7 e 8 (§2º)], Paolo Biscaretti di Ruffia [*Direito constitucional – Instituições de direito público*, pp. 81 a 89 (Cap. II – item 35 a 38)] e Santi Romano [*Princípios de direito constitucional geral*, pp. 98 e 99 (§3º – item 1)].
Em sentido contrário, pela inexistência de utilidade na distinção entre direito público e privado: Hans Kelsen [*Teoria geral do direito e do Estado*, trad. de João Baptista Machado, 6ª ed., 4ª tir., São Paulo, Martins Fontes, 2000, pp. 310 a 315 (itens 2 e 3)], Léon Duguit (*Traité de droit constitucionnel*, 2ª ed, tomo I, Paris, Ancienne Librairie Fontemoing, 1923, p. 522), dentre outros.

18 Essa era é a crítica de Geraldo Ataliba (*Hipótese de incidência tributária*, 5ª ed., 4ª tir., São Paulo, Malheiros Editores, 1995, p. 31), em que pese o prateado constitucionalista paulista ter reconhecido, à moda de José Souto Maior Borges ("Princípio constitucional da legalidade e as categorias obrigacionais", *Revista de Direito Tributário*, n°s 23/24, São Paulo, Revista dos Tribunais, pp. 83 a 90), as virtudes pedagógicas da pragmática veiculação de certas definições no texto legal.

19 Essa é a sua finalidade essencial, apesar de também cumprir às normas jurídicas atribuir qualidade ou estados às coisas e pessoas, o que, na visão de Geraldo Ataliba, indiretamente objetiva regular os comportamentos humanos (*Hipótese de incidência tributária*, p. 26).

direito positivo para regular os comportamentos humanos e afiançar segurança jurídica.

Nesse sentido, a Constituição da República faz expressa referência à expressão direito público para assinalar (i) o regime próprio de contratação de entidades privadas com o Poder público[20]; (ii) a prerrogativa de as pessoas exigirem do Poder público um dado comportamento em seu benefício, por ser esse dever estatal realizável à generalidade dos indivíduos[21]; e (iii) a existência de pessoas jurídicas que, criadas pelo Estado, ou cuja criação foi por ele autorizada, devem obediência a um regime jurídico peculiar[22].

A Constituição da República também se refere ao direito privado, prevendo seu total ou parcial afastamento nas avenças submetidas à disciplina própria do direito público[23].

12. Vê-se que, ao mesmo tempo em que a Carta Magna previu essas duas categorias jurídicas e seus distintos regimes jurídicos, andou bem em não defini-las.

Daí o encargo conflado aos operadores de direito que, ao seu talante, procuram identificar as características capazes de apartar as situações submetidas ao influxo de normas de direito público ou de direito privado, bem como seu correspondente regime jurídico. Mas não há consenso entre os juristas a esse respeito. E isso por quatro razões fundamentais.

12.1. Primeira porque alguns sustentam inexistir critério seguro para distinguir as relações jurídicas que entre nós estão submetidas ao direito público ou ao direito privado[24].

---

20 Art. 199, §1º, da Constituição da República.

21 Art. 208, §1º, da Constituição da República.

22 Arts. 37, § 6º; 54, I, 'a' e II, 'a'; 100, §§ 4º e 5º; 114, I etc., todos da Constituição da República.

23 Assim dispõe o art. 175, parágrafo único, inciso I, da Constituição da República.

24 Caso de Almiro do Couto e Silva ["Os indivíduos e o Estado na realização de tarefas públicas", *Revista da Procuradoria-Geral do Estado do Rio Grande do Sul,* vol. 27, nº 57 (suplemento), Porto Alegre, 2004, p. 195 (nota de rodapé 45)] em razão da denominada "fuga para o direito privado".
Contudo, a multiplicidade de opiniões doutrinárias sobre o tema não enseja sua inutilidade ou impropriedade; revela, pelo contrário, tergiversação sobre os critérios adotados pelos juristas para o seu exame, como didaticamente exposto por Maria Helena Diniz (*Compêndio de introdução à ciência do direito*, pp. 229 e 231) e Tercio Sampaio Ferraz Jr. [*Introdução ao estudo do direito: técnica, decisão, dominação,* pp. 109 a 110 (item 4.2.4.1)].

12.2. Segunda porque também se advoga a ideia segundo a qual o direito público exerce um papel instrumental para os fins perseguidos pelo direito privado[25]. E, por esta razão, o direito privado passou a ter por norte a persecução do bem comum, outrora elemento informador apenas do direito público[26].

12.3. Terceira porque as raízes sobre as quais este tema se funda emergem do sistema jurídico-positivo[27]. Assim, ainda que os sistemas jurídicos possam ser muito semelhantes, certamente não são idênticos[28]. Daí ser altamente inapropriada a adoção de soluções edificadas alhures a respeito

---

25 Nesse sentido: Almiro do Couto e Silva ["Os indivíduos e o Estado na realização de tarefas públicas", p. 205 (item 38)].

26 É o denominado fenômeno da "publicização do direito privado", rótulo em relação ao qual há intenso desacordo quanto ao seu conteúdo. Ao nosso juízo, esse fenômeno não decorre de obediência, no direito privado, dos princípios gerais de direito, eis que informadores do ordenamento jurídico-positivo [nesse sentido é o pensamento de Tércio Sampaio Ferraz Jr. (*Introdução ao estudo do direito: técnica, decisão, dominação*, p. 112), Oswaldo Aranha Bandeira de Mello [*Princípios gerais de direito administrativo*, pp. 418 a 422 (item 44.7)] e Luís Roberto Barroso (*Curso de direito constitucional contemporâneo: os conceitos fundamentais e a construção do novo modelo*, 5ª ed., São Paulo, Saraiva, 2015, pp. 82 a 84)].
Decorre, diversamente, da absorção, pelo direito privado, de ideais concebidos para típicas relações de direito público, relativizando o princípio da autonomia da vontade, outrora reinante de modo inconteste naquela seara. E esse fenômeno não se confunde com a fixação de *normas de ordem pública*, segundo as quais prescrições normativas derrogáveis são vertidas em obrigatórias ou proibidas. Nesse sentido: Oswaldo Aranha Bandeira de Mello (*Princípios gerais de direito administrativo*, p. 51).
Daí porque atualmente se alude, por exemplo, à função social do contrato e da solidariedade social, facetas da constitucionalização do direito privado aludidas por Romeu Felipe Bacellar Filho (*Direito administrativo e o novo Código civil*, Belo Horizonte, Editora Fórum, 2007, pp. 116 a 120).
Essa, aliás, era a pioneira antevisão de Santi Romano, que nos anos 40 do século passado, já assinalava "o direito privado, portanto, encontra o seu fundamento no direito público, já que dele deriva e está circunscrito a sua autonomia: o direito privado é um espaço deixado mais ou menos em branco pelo direito público, que porém o encerra na rede de suas malhas, o alimenta e tutela" [*Princípios de direito constitucional geral*, p. 100].

27 Nesse sentido: Hartmut Maurer [*Direito administrativo geral*, trad. de Luís Afonso Heck, Barueri, Manole, 2006, p. 49 (item 12)].

28 Veja-se, por exemplo, que na Alemanha o critério distintivo entre o direito público e o privado reside nos meios adotados na persecução do bem comum. Já o modelo jurídico francês, faz-se essa distinção tendo em conta os fins perseguidos pelo Estado. Quer-se com isso destacar a inexistência de um conceito universal de direito público e direito privado; este tema não é lógico-jurídico.

da eventual distinção entre direito público e direito privado, porque concebidas a partir de modelo jurídico-positivo diverso e distinto no nosso[29].

Eis a razão pela qual, apesar de louváveis e enriquecedoras, servem-nos apenas de ilustração as lições a respeito do tema lançadas por, dentre outros, Alf Ross[30], Hartmut Maurer[31], Guido Zanobini[32], Giovanni Miele[33], e Agustín Gordillo[34]. Isso porque pautadas em critérios muito próprios das ordenações jurídicas nas quais foram edificadas, bastante diversas das nossas.

---

29 Como há tempos advertia Geraldo Ataliba, ao criticar umas das muitas reformas constitucionais: "13. A raiz de toda esta confusão está – como insistentemente temos denunciado – na colonial admiração pela cultura europeia e na compreensão simplista e acrítica da doutrina jurídica, importada às toneladas e mal digerida. Esta importação leiga – para não dizer ingênua – das questões capilares do nosso direito público não poderia tardar em vir à tona e mostrar suas consequências" [*Sistema constitucional tributário brasileiro*, São Paulo, Revista dos Tribunais, 1968, pp. XIV e XV (item 13)].

30 Para quem "direito público, por conseguinte, pode ser definido como o direito concernente à posição jurídica das autoridades públicas: sua constituição, competência e deveres". Ao juízo do autor, todavia, a noção de direito público se presta a racionalizar a aplicação da força (*Direito e justiça*, trad. de Edson Bini, São Paulo, Edipro, 2000, pp. 240 a 242).

31 Pois, no direito alemão, o direito público é instrumento de contenção e restrição das atividades estatais. Por essa ótica, na Alemanha aplicam-se as normas de direito público em situações nas quais o Estado pretende impor a terceiros o poder e autoridade que lhe são próprios [*Direito administrativo geral*, p. 50 (item 13)]. Daí a dificuldade para se qualificar, naquela ordem jurídica, o dever de o Estado prestar serviços públicos, como bem observou Almiro do Couto e Silva ["Os indivíduos e o Estado na realização de tarefas públicas", p. 193 (item 19 e nota de rodapé 37)].

32 Que adota como critério substancial a ideia de que "...diritto pubblico è il diritto dello Stato e delle istituzioni ausiliari di esso; diritto privato è il diritto degli individui e delle persone giuridiche...". Esse critério subjetivo de classificação do direito público foi ampliado para englobar não só o Estado, pois "...il detto criterio viene precisato con l'indicazione della qualità specifica dei soggetti cui il diritto pubblico si riferisce, soggeti che devono essere lo Stato e gli enti pubblici come tali, cioè come enti investiti di supremazia..." (*Corso di diritto amministrativo*, 8ª ed., Milano, Giuffrè, 1958, pp. 25 e 26).

33 Adepto da corrente formal, que se propõe a apartar o direito público do direito privado a partir da conjugação de três critérios: sujeitos, objeto e conteúdo: "...ma, in questo caso, sembra prevalere l'elemento *formale*, risultante della combinazione dei criterî relativi ai soggetti e alla disciplina (contenuto) della materia che si vuole regolare (oggetto), e non già l'elemento sostanziale, ossia la materia presa in considerazione dalle norme" (*Principî di diritto amministrativo*, 2ª ed., 2ª tir., vol. I, Padova, CEDAM, 1966, p. 7).

34 Para quem o direito público disciplina apenas as relações do Estado com os particulares [*Princípios gerais de direito público*, trad. de Marco Aurélio Greco, São Paulo, Revista dos Tribunais, 1977, p. 27].

12.4. Quarta porque, ainda que balizados pelo mesmo norte jurídico-positivo, edificado com a promulgação da Constituição da República de 1988, juristas de alta nomeada chegam a conclusões bastante diversas, pois embasadas em distintas premissas.

Para alguns, há falar em direito público nos casos em que as regras jurídicas disciplinam o interesse geral, nas quais os sujeitos envolvidos ou o bem jurídico tenham relação imediata com o Estado; posição semelhante, mas não idêntica, àquela adotada por quem sustenta que o direito público se presta a disciplinar os interesses estatais e sociais[35].

Outros, em posição bastante similar aos italianos, sustentam que o direito público disciplina as relações formadas entre o Estado e os administrados, entre Estados e entre seus organismos e agentes[36].

Mais recentemente, apregoa-se a bipartição do direito à luz do binômio supremacia/verticalidade e igualdade/horizontalidade; naquele se aplica o direito público e neste o direito privado[37].

Diz-se, ainda, haver direito público no campo próprio de incidência das normas jurídicas soberanas[38], não tendo o Estado como seu único sujeito.

---

35 Nesse sentido: Hely Lopes Meirelles (*Direito administrativo brasileiro*, p. 20).

36 Posição de Edmir Netto de Araújo [*Curso de direito administrativo*, 6ª ed., São Paulo, Saraiva, 2014, pp. 23 a 25 (item 1) e p. 56 (item 2)]. Apesar de não ser este o critério que nos soa acertado em vista das características tipificadoras do regime jurídico de direito público, há aparente imprecisão na definição adotada. Segundo o autor, há possibilidade de formação de uma relação jurídica de direito público entre os "organismos" e seus agentes (Idem, p. 52). No entanto, como o autor adota a ideia segundo a qual os órgãos são desprovidos de personalidade jurídica (Idem, pp. 162 a 165), não podem eles travar o denominado "contrato de gestão", referido pelo art. 37, §8°, da Constituição da República (Idem, p. 816). Assim, para manter coerência com a teoria adotada, certamente o conceito de "organismos" não é coincidente com órgão, tampouco com Administração direta (que engloba os órgãos). O autor, contudo, não cuidou de prontamente esclarecer o que entende por "organismos", tornando a definição imprecisa.

37 Romeu Felipe Bacellar Filho [*Direito administrativo e o novo Código civil*, p. 251 (item 7)].

38 Para Tercio Sampaio Ferraz Jr. qualifica-se soberania como a "...efetividade da força, pela qual as determinações de autoridade são observadas e tornadas de observação incontrastável pelo uso inclusive de sanções, de um ponto de vista interno". Nada há de autoritário nessa definição se atentarmos para o fato de que o autor assinala só haver soberania quando houver "interesse de ordem pública" ou "interesse público", que não se confunde com o interesse do Estado. E, nestes casos, estes interesses prevalecem, se contrastados com os interesses privados (*Introdução ao estudo do direito: técnica, decisão, dominação*, pp. 110 a 111). No mesmo sentido: Maria Helena Diniz (*Compêndio de introdução à ciência do direito*, pp. 231 e 232).

4. Função pública como elemento orientador das atividades estatais

13. Neste cipoal de abalizadas opiniões a respeito do critério classificatório capaz de segregar o direito público e o direito privado, a melhor solução nos parece ser fornecida pelo conjugado pensamento de Oswaldo Aranha Bandeira de Mello e Celso Antônio Bandeira de Mello.

O primeiro por vincular o direito público à tutela "do interesse do todo social" ou "o bem comum a ser alcançado pelo Estado", por pessoa que receba o encargo de fazer as suas vezes, ou, enfim, por quem venha atuar na qualidade de Poder público[39]. O segundo por consorciar a incidência do direito público ao exercício de uma função[40], por meio da qual se impõe ao Estado, ou quem lhe faça as vezes, o *dever-poder* de curar as finalidades que lhe são próprias[41], tal como demarcadas pela ordem jurídica em um dado momento[42].

14. Entre nós, portanto, uma dada matéria será submetida ao direito público, não apenas porque o Estado, ou quem lhe faça as vezes, é parte em

39 *Princípios gerais de direito administrativo*, pp. 40, 44 e 46. Ainda que, para alguns, bem comum e interesse público sejam noções meramente formais e, por esta razão, insuficientes para fixar materialmente os fins do Estado {esta, por exemplo, é a opinião de Marçal Justen Filho (*Curso de direito administrativo*, 10ª ed., São Paulo, Revista dos tribunais, 2014, p. 93 (item 1.2.5)]. Sem razão, contudo, pois a dignidade da pessoa humana é um dos fins do Estado e, como tal, integrado à noção de bem comum ou interesse público, como já observava Ataliba Nogueira, que designava esta ideia como *prosperidade pública* [*O Estado é meio e não fim*, 3ª ed., São Paulo, Saraiva, 1955, pp. 116 a 120 (item 39)]}.

40 (*Curso de direito administrativo*, p. 27), ainda que o direito privado possa, excepcionalmente, ser observado pelo Estado na tutela do interesse público (vide Cap. I, item 15).

41 Segundo Celso Antônio Bandeira de Mello "Existe função quando alguém está investido no *dever* de satisfazer dadas finalidades em prol do *interesse de outrem*, necessitando, para tanto, manejar os poderes requeridos para supri-las. Logo, tais poderes são *instrumentais* ao alcance das sobreditas finalidades. Sem eles, o sujeito investido na função não teria como desincumbir-se do *dever* posto a seu cargo. Donde, quem os titulariza maneja, na verdade, deveres-poderes, no *interesse alheio*" [*Curso de direito administrativo*, pp. 60 e 61 (item 54)]). A ideia de função não é nova, pois sua essência já havia sido contemplada, por exemplo, por Ruy Cirne Lima que a ele se referia como *relação de administração* [*Princípios de direito administrativo brasileiro*, 3ª ed., Porto Alegre, Sulina, 1954, pp. 53 e 54 (§6°, item 2)]. Daí discordarmos da premissa do pensamento de Massimo Severo Giannini, mas não com sua conclusão: "Ogni attività, in quanto ordinata a un fine, è una funzione; e poichè tutte le attività pubbliche sono ordinate a un fine, a rigore tutte le attività amministrative sono funzioni" (*Lezioni di diritto amministrativo*, vol. I, Milão, Giuffrè, 1950, p. 114).

42 Oswaldo Aranha Bandeira de Mello (*Princípios gerais de direito administrativo*, p. 44).

uma dada relação jurídica; não apenas porque o bem da vida por meio dela perseguido visa à tutela do interesse público; mas, especialmente, porque o Poder público tem o *dever-poder* de persegui-la, atuando, pois, no exercício de uma *função pública*.

15. Isso não afasta, contudo, a possibilidade de o interesse público ser curado pelo Estado ou por quem lhe faça as vezes sob o regime de direito privado[43]. Daí a singular importância da noção de *função pública*, pois o seu exercício poderá se dar tanto em obediência às balizas ditadas pelo direito público (regra geral) como em observância àquelas fixadas pelo direito privado (situação excepcional).

Afinal, tanto em um como em outro caso, o Poder público não age ao abrigo da *autonomia de vontade*[44] na persecução do interesse público. Isso porque, encontrando-se o Estado na contingência de tutelar o interesse público primário[45] em obediência às normas de direito privado, ele o fará no exercício de *função pública*, circunstância que impede a atuação estatal sob o signo da *autonomia de vontade*[46].

---

43 Como se processa nos contratos de locação, financiamento e seguros, dentre outros, travados pelo Poder público (*ex vi* do que prevê, exemplificativamente, o art. 62, § 3°, I, da Lei federal 8.666, de 1993). Neste sentido: FERREIRA, Sérgio de Andréa. Revisitando o tema dos contratos da Administração Pública: Contratos administrativos, contratos privados e outros negócios jurídicos, Revista da Faculdade de Direito de São Bernardo do Campo, v. 11, 13 ago. 2015.

44 Reconhece-se na *autonomia da vontade* o principal vetor axiológico do direito privado. Por esta razão, as partes de uma relação jurídica obediente a esta baliza jurídica fundamental, podem, como regra, livremente dispor sobre os bens juridicamente tutelados nessa relação.

45 Sobre a distinção entre interesse público primário e interesse público secundário, confira-se o pensamento de Celso Antônio Bandeira de Mello [*Curso de direito administrativo*, pp. 55 a 58 (itens 43 a 49)].

46 Essa situação não escapou da aguçada percepção de Oswaldo Aranha Bandeira de Mello, para quem o interesse público pode ser excepcionalmente curado pelo Estado em posição de igualdade com terceiros (caso que se dá, por exemplo, em relação aos Convênios), mas desde que autorizado pela ordem jurídica. Ao seu juízo, a facultatividade do exercício das prerrogativas estatais (própria das normas de direito público) não causa, na hipótese descrita na norma, malbaratamento do interesse público; afinal, a tutela do interesse público não exige, inexoravelmente, a sempre presente manifestação coercitiva do Estado. E, mesmo nas hipóteses de aplicação de normas de direito privado em uma relação jurídica na qual o bem da vida é a tutela do interesse público, é o próprio Estado quem fixará unilateralmente a sua observância (até porque essas normas de direito privado foram por ele produzidas) [*Princípios gerais do direito administrativo*, p. 43 (item 3.2)]. No mesmo sentido: Ruy Cirne Lima (*Princípios de direito administrativo brasileiro*, p. 54).

E mesmo nos casos em que se impõe ao Poder público a tutela do interesse público em obediência à disciplina própria do direito privado, as relações jurídicas que possam nascer em razão e por força deste vínculo estarão, desde o seu nascedouro, orientadas pelo direito público[47].

16. À luz destas ponderações, parece-nos mais acertado (i) perquirir se uma dada matéria é ou não juridicamente inserida na esfera de competência do Estado, caso em que ele terá o *dever-poder* de tutelá-la, do que (ii) saber se sobre ela incidirá ou não a disciplina própria do direito público.

Afinal, não resta dúvida que, essencialmente, o direito público pretende disciplinar a atuação do Estado ou de quem lhe faça as vezes na persecução do interesse público. No entanto, excepcionalmente, o direito privado também poderá ser aplicável à relação jurídica volvida ao mesmo fim, ainda que a opção normativa por essa solução seja edificada segundo o regime jurídico de direito público, no bojo da qual não há autonomia da vontade.

17. Deste modo, é a noção de *função pública* – e não a de direito público ou privado – que se revela prestante a apartar as atividades públicas das privadas; esta exercida com autonomia da vontade e aquela com a vinculação à tutela do bem comum.

Bibliografia

ARAÚJO, Edmir Netto de. *Curso de direito administrativo*, 6ª ed., São Paulo, Saraiva, 2014.

ATALIBA, Geraldo. *Hipótese de incidência tributária*, 5ª ed., 4ª tir., São Paulo, Malheiros Editores, 1995.

Sistema constitucional tributário brasileiro, São Paulo, Revista dos Tribunais, 1968.

47 Daí porque se aplica o art. 183 do Código de Processo Civil de 2015 aos feitos judiciais nos quais, sendo o Estado parte, se contesta certo aspecto de uma relação jurídica formada entre o Poder público e outrem, mas cujas obrigações e direitos são regidos preponderantemente pelo direito privado. Esta é a razão pela qual Maria Sylvia Zanella Di Pietro sentencia, com acerto: "...quando a Administração emprega modelos privatísticos, nunca é integral a sua submissão ao direito privado". Assim, "...mesmo utilizando o direito privado, a Administração conserva algumas de suas prerrogativas, que derrogam parcialmente o direito comum, na medida necessária para adequar o **meio** utilizado ao **fim** público a cuja consecução se vincula por lei" (*Direito administrativo*, 25ª ed., São Paulo, Atlas, 2012, p. 61, destaques no original).

BANDEIRA DE MELLO, Celso Antônio. *O homem e a sociedade*, São Paulo: 1970

__ *Curso de Direito Administrativo*, 35ª ed. São Paulo: Malheiros Editores.

__ Direito adquirido e o direito administrativo: uma nova perspectiva", *Grandes Temas do Direito Administrativo*, São Paulo, Malheiros Editores, 2009.

__ *Grandes Temas do Direito Administrativo*, São Paulo, Malheiros Editores, 2009.

BANDEIRA DE MELLO, Oswaldo Aranha. *Princípios gerais de direito administrativo*, 3ª ed., vol. I, São Paulo, Malheiros Editores, 2007.

__ Conceito do direito administrativo", *Revista de Direito Administrativo: Edição comemorativa – 70 anos FGV*, Rio de Janeiro, FGV, 2013.

BACELLAR FILHO, Romeu Felipe. *Direito administrativo e o novo Código civil*, Belo Horizonte, Editora Fórum, 2007.

BARROSO, Luís Roberto. *Curso de direito constitucional contemporâneo: os conceitos fundamentais e a construção do novo modelo*, 5ª ed., São Paulo, Saraiva, 2015.

BASTOS, Celso Ribeiro. *Curso de direito constitucional*, 22ª ed., revista e atualizada por Samantha Meyer-Pflug, São Paulo, Malheiros Editores, 2010.

BATISTA, Joana Paula. *Remuneração dos serviços públicos*, São Paulo, Malheiros Editores, 2005.

BORGES, José Souto Maior. Princípio constitucional da legalidade e as categorias obrigacionais, *Revista de Direito Tributário*, n°s 23/24, São Paulo, Revista dos Tribunais.

BUZAID, Alfredo. *Exposição de motivos do Código de Processo Civil – Lei nº 5.869, de 11 de janeiro de 1973*, disponível em http://www.oabsa.org.br/documentos/cod_proc_civil.pdf.

CINTRA DO AMARAL, Antônio Carlos. *Concessão de serviço público*, 2ª ed., São Paulo, Malheiros Editores, 2002.

COUTO E SILVA, Almiro do. Os indivíduos e o Estado na realização de tarefas públicas, *Revista da Procuradoria-Geral do Estado do Rio Grande do Sul*, vol. 27, n° 57 (suplemento), Porto Alegre, 2004.

DALLARI, Dalmo de Abreu. *O renascer do Direito*, São Paulo, Bushatsky, 1976.

DINIZ, Maria Helena. *Compêndio de introdução à ciência do direito*, São Paulo, Saraiva, 1993.

DROMI, José Roberto. *Manual de derecho administrativo*, Tomo I, Buenos Aires, Ástrea, 1987.

DUGUIT, Léon. *Traité de droit constitucionnel*, 2ª ed, tomo I, Paris, Ancienne Librairie Fontemoing, 1923.

FAGUNDES, Miguel Seabra. *O controle dos atos administrativos pelo Poder Judiciário*, 7ª ed., atual. por Gustavo Binenbojm, Rio de Janeiro, Forense, 2006.

FERRARI, Regina Maria Macedo Nery. *Direito constitucional*, São Paulo, Revista dos Tribunais, 2011.

FERREIRA, Sérgio de Andréa. Revisitando o tema dos contratos da Administração Pública: Contratos administrativos, contratos privados e outros negócios jurídicos, *Revista da Faculdade de Direito de São Bernardo do Campo*, v. 11, 13 ago. 2015.

FERRAZ JR., Tércio Sampaio. *Introdução ao estudo do direito: técnica, decisão, dominação*, 6ª ed., São Paulo, Atlas, 2010.

FREIRE, André Luiz. *O Regime de direito público na prestação de serviços públicos por pessoas privadas*, São Paulo, Malheiros Editores, 2014.

GORDILLO, Agustín. *Princípios gerais de direito público*, trad. de Marco Aurélio Greco, São Paulo, Revista dos Tribunais, 1977,

GIANNINI, Massimo Severo. *Lezioni di diritto amministrativo*, vol. I, Milão, Giuffrè, 1950.

JUSTEN FILHO, Marçal. *Curso de direito administrativo*, 10ª ed., São Paulo, Revista dos tribunais, 2014.

KELSEN, Hans. *Teoria geral do direito e do Estado*, trad. de João Baptista Machado, 6ª ed., 4ª tir., São Paulo, Martins Fontes, 2000.

LIMA, Ruy Cirne. *Princípios de direito administrativo brasileiro*, 3ª ed., Porto Alegre, Sulina, 1954.

MARQUES, José Frederico. *Ensaio sobre a jurisdição voluntária*, São Paulo, Revista dos Tribunais, 1952.

MAURER, Hartmut. *Direito administrativo geral*, trad. de Luís Afonso Heck, Barueri, Manole, 2006.

MAZZILLI, Hugo Nigro. "O Ministério Público e a jurisdição voluntária", *Revista de Processo*, n° 48, São Paulo, Revista dos Tribunais, outubro/dezembro, 1987.

MEIRELLES, Hely Lopes. *Direito administrativo brasileiro*, 15ª ed., São Paulo, Revista dos Tribunais, 1990.

MIELE, Giovanni. *Principî di diritto amministrativo*, 2ª ed., 2ª tir., vol. I, Padova, CEDAM, 1966.

MOREIRA NETO, Diogo de Figueiredo. *Curso de direito administrativo*, 15ª ed., Rio de Janeiro, Forense, 2009.

NOGUEIRA, Ataliba. *O Estado é meio e não fim*, 3ª ed., São Paulo, Saraiva, 1955.

PIETRO, Maria Sylvia Zanella Di. *Direito administrativo*, 25ª ed., São Paulo, Atlas, 2012.

PIMENTA BUENO, José Antônio. *Direito público brazileiro e analyse da Constituição de Império*, Rio de Janeiro, J. Villeneuve, 1857.

ROMANO, Santi. *Princípios de direito constitucional geral*, trad. de Maria Helena Diniz, São Paulo, Revista dos Tribunais, 1977.

ROSS, Alf. *Direito e justiça*, trad. de Edson Bini, São Paulo, Edipro, 2000.

RUFFIA, Paolo Biscaretti di. *Direito constitucional – Instituições de direito público*, trad. de Maria Helena Diniz, São Paulo, Revista dos Tribunais, 1984.

TÁCITO, Caio. "Arbitragem nos litígios administrativos", *Revista de Direito Administrativo*, n° 242, Rio de Janeiro, FGV, outubro/dezembro, 2005.

TEIXEIRA, José Horácio Meirelles. *Curso de direito constitucional*, revisto e atualizado por Maria Garcia, Rio de Janeiro, Forense Universitária, 1991.

VILANOVA, Lourival. *As estruturas lógicas e o sistema do direito positivo*, São Paulo, Max Limonad, 1997.

ZANOBINI, Guido. *Corso di diritto amministrativo*, 8ª ed., Milano, Giuffrè, 1958.

O PROTAGONISMO DAS NORMAS DO DIREITO ADMINISTRATIVO NO ESTADO DE DIREITO CONTEMPORÂNEO

Paulo Braga Galvão[1]

Palavras iniciais sobre o homenageado

Fiquei muito feliz ao receber o convite para participar desta obra em homenagem ao Professor Sergio de Andréa Ferreira.

Tenho uma única irmã, Lúcia. Ela, afora o carinho que sempre teve e tem comigo, veio a propiciar que eu passasse, aos dez anos de idade, a ter um verdadeiro irmão, que nascera uma década antes de mim. Estávamos em 1958, ano em que o Brasil iria conquistar o seu primeiro campeonato mundial de futebol e em que foi gravada por João Gilberto a canção "Chega de Saudade", letra de Vinícius de Moraes e música de Tom Jobim, que seria considerada o marco inicial da Bossa Nova.

Pois foi nesse ano, que o então estudante de Direito Sergio começou a namorar a minha irmã. Assim, a amizade que eu e Sergio cultivamos já conta com 64 anos e espero que dure muito mais. Desde aquela época, o entusiasmo dele pelo Direito e sua inequívoca vocação para atuar como professor me tornou um aluno privilegiado.

Eu era escalado por meus pais para acompanhar os jovens namorados nas idas ao cinema. É claro que os deixava à vontade e juntos tivemos a oportunidade de assistir a alguns grandes filmes.

Em 1966 ingressei na Faculdade de Direito do Estado da Guanabara, onde, sem poder deixar de mencionar alguns professores que tiveram grande importância na minha vida, como Célio Borja, Flávio Novelli e José Carlos Barbosa Moreira, viria eu ser aluno do meu querido *brother in law* e amigo Sergio.

O nosso homenageado é alguém que tem um conhecimento dos mais amplos do Direito em todos os seus ramos. Disse eu uma vez num painel do qual participávamos, que o Sergio, recorrendo a uma imagem que evoca o seu time de paixão, o Botafogo, que, assim como Nilton Santos, era conhecido como a "enciclopédia do futebol", Sergio é verdadeiramente uma enciclopédia do Direito.

---

1 Professor da Faculdade de Direito da Universidade do Estado do Rio de Janeiro (UERJ). Mestre e Doutor em Direito pela Universidade Federal do Rio de Janeiro (UFRJ).

Outro ponto a ser destacado é que o Sergio tem uma experiência profissional no Direito que poucos têm. Além de professor, Sergio exerceu a advocacia, tendo integrado o Departamento Jurídico da Light, composto de renomados advogados, como Miguel Seabra Fagundes. Foi Defensor Público, Promotor e Procurador de Justiça e Desembargador do Tribunal Regional Federal da 2ª Região.

Em 1978, eu já havia concluído o mestrado e o doutorado na Faculdade de Direito da UFRJ. Nesse mesmo ano, a Faculdade de Direito da UERJ dera início ao sistema de créditos e houve em consequência o aumento do número de turmas de cada disciplina, de tal maneira que o programa de Direito Constitucional, que era ministrado nos dois primeiros anos do bacharelado, foi dividido em quatro períodos semestrais, pelo que passou a haver novas turmas dessa disciplina, o que demandava a necessidade de professores para cada uma delas. Sabendo o Sergio do meu gosto e interesse pelos temas desse ramo do Direito Público, encaminhou-me ele para uma entrevista com um dos titulares da disciplina, o Professor Fernando Whitaker. A partir de então, passei a ter a experiência, para mim extremamente rica e da qual iria gostar muito, qual seja a de lecionar Direito Constitucional.

Tornei-me então colega do meu querido mestre e irmão Sergio, no Departamento de Direito do Estado e muitas vezes íamos juntos para a Faculdade no meu fusquinha, já que morávamos próximo e era sempre um prazer conversar com ele no caminho os mais variados assuntos.

Em 1989, logrei obter o título de Livre Docente em Direito Constitucional da UERJ, para o que era necessário cumprir as mesmas exigências previstas para o concurso para Professor Titular. Além de uma prova escrita, uma prova didática, bem como de títulos, havia a apresentação e defesa de uma tese, perante uma banca integrada por dois professores titulares da Faculdade e mais três de outras instituições. Em todo esse processo, tive a orientação e as dicas da experiência do Sergio, que muito me ajudaram. Faço o registro também de que o candidato aprovado com a melhor média nesse certame foi o meu querido colega de magistério e amigo Luís Roberto Barroso.

Devo ainda fazer um registro. Sergio é e sempre foi muito bem-humorado, com o espírito bem carioca de brincar, criar boas piadas e fazer trocadilhos. Ele também surpreende muitas pessoas, que não o conhecem mais de perto, quando faz palestras sobre música popular brasileira e a história do rádio no Brasil, temas que conhece em profundidade. Dotado de uma privilegiada memória, também discorre com fluência sobre o teatro no Rio de Janeiro e sobre clássicos do cinema brasileiro e norte americano.

Assim, é com muita honra e prazer que estou aqui a colaborar nessa merecidíssima homenagem.

Para começar o presente artigo, vou recorrer inicialmente a uma tese desenvolvida por Francisco Cavalcanti Pontes de Miranda, jurista polêmico e autor de vastíssima obra que abrange vários ramos do Direito, autor esse a quem fui por assim dizer apresentado pelo Sergio, que conhece bem os seus livros e é capaz de demonstrar como são poucos os temas que ele não abordou e apontar com precisão as passagens pertinentes ao assunto.

Em seu "Sistema de Ciência Positiva do Direito", Pontes de Miranda desenvolve, entre outras teses, a da naturalidade do fenômeno jurídico, afirmando que "onde há espaço social, há direito".

Vamos nos deter inicialmente nessa assertiva, que será retomada adiante como elo para o tema escolhido para este artigo.

Na sequência de sua afirmação inicial, Pontes acrescenta ser preciso não crer na diferença essencial entre os fenômenos da vida social de alguns animais, principalmente os da velhíssima vida dos insetos, e os da vida social do homem.

Para ele, assim, a sociedade não descontinua o mundo, não se divorcia do que não é caracteristicamente social, como o orgânico não se separa do inorgânico por abismos e lapsos absolutos. Na sua perspectiva, aliás, a Ciência do Direito não é somente ciência empírica da civilização, não se serve apenas do método histórico, e não tem por única os valores jurídicos; é também ciência da natureza, que estuda realidades físico-psíquicas, forças sociais, processos biológicos da vida em comum. Continuam a Biologia, como todas as ciências sociais (1).

Vê-se, destarte, que Pontes de Miranda, fiel a seu estilo criativo e vasta cultura, alça talvez um voo um tanto ousado e bastante instigante.

Por isso, é oportuno tentar recolocar a questão com base no que a ciência contemporânea nos esclarece.

Primeiramente, é preciso ter presente a noção dialética sobre a passagem do animal ao humano, pois se se considerar como da mesma natureza os processos biológicos e os sociológicos, vendo um como continuação do outro, sem a menor solução de continuidade, incorreremos no erro fundamental do biologismo, qual seja o de pretender reduzir formas avançadas de desenvolvimento histórico e social do homem a explicações zoológicas (2).

É verdade que os homens, como nos informam os biólogos, é um animal com os outros; a sua espécie é apenas uma entre as cerca de novecentas mil espécies animais que habitam atualmente o planeta.

Se não se pode tapar os olhos a essa realidade, também não se pode deixar de considerar o que caracteriza especificamente o homem, ou seja, o clássico problema do lugar do homem na natureza.

Foi justamente a esse propósito que o Padre Teilhard de Chardin se referiu ao "paradoxo humano", isto é, o fato de o homem se tão pouco separável, por sua anatomia, dos antropoides, mas ao mesmo tempo, tão diferente deles (3).

O homem conseguiu sobreviver e multiplicar-se principalmente pelo aperfeiçoamento do seu equipamento, por meio do qual atua sobre o mundo exterior e reage em função dele, obtém seu sustento e escapa dos perigos, ou seja, adapta-se ao meio ou mesmo ajusta o meio às suas necessidades.

O equipamento do homem, porém, difere significativamente dos recursos utilizados pelos outros animais, que os transportam em si mesmos, como parte de seu corpo.

Tal como nos outros animais, há decerto uma base fisiológica corporal para o equipamento do homem, e que pode ser reduzida a duas partes: mãos e cérebro.

Dispensadas do trabalho de transportar o corpo, nossas patas dianteiras transformaram-se em instrumento delicados, capazes de uma surpreendente variedade de movimentos sutis e precisos. Para controlá-los e colocá-los em relação com as impressões recebidas de fora pelos olhos e outros órgãos dos sentidos, tornamo-nos possuidores de um sistema nervoso complicado e de um cérebro excepcionalmente grande e complexo.

Durante o período paleolítico, os homens, a exemplo de seus antepassados, viviam em hordas e a sua economia era puramente coletora ou predatória, pois se limitavam a consumir aquilo que a natureza já lhes oferecia em estado de coisa pronta para consumo. Inexistia economia propriamente produtora.

Supõe-se que do caráter predatório da atividade econômica tenha resultado uma vida de nomadismo para os homens de então, de vez que lhes era necessário seguir a caça em suas migrações. Desconhecendo o cultivo (pois o ato de plantar e colher exigia uma capacidade de racionalização, um nível de observação e domínio da natureza não alcançados na época), os homens se viam obrigados a abandonar uma região quando nela começavam a escassear os recursos alimentícios de natureza vegetal, não renovados devidamente.

O marco decisivo da humanização do animal-homem, segundo Gordon Childe, seria a conquista do fogo, pois, alimentando e apagando o fogo, o homem estava dando um passo revolucionário que o afastava do comportamento dos outros animais. Estava afirmando a humanidade e fazendo-se a si próprio.

A elaboração da linguagem articulada parece ser, entretanto, um passo ainda mais decisivo no desenvolvimento do intelecto humano.

Por força do próprio desenvolvimento do trabalho, que criou um nexo que não se conhecia, nem se podia conhecer no mundo animal, foram-se multiplicando os casos de assistência mútua e de cooperação necessária, criando-se condições nas quais os homens tinham necessariamente de se dizer alguma coisa. A elaboração da linguagem articulada veio satisfazer essa exigência.

O que distingue a linguagem humana, produzida sob o comando de um cérebro maior, é inicialmente o domínio da execução, pois se trata de uma linguagem articulada comportando inúmeros sons (fonemas), devidos à intervenção das modificações de forma das regiões faríngeo-bucais acima da laringe, como observado por Paul Chauchard; o homem tem, de maneira inata, poder de emitir esses sons, mas irá desenvolvê-lo para, associando diversos sons, criar a linguagem com suas palavras, para criar um instrumento vocal muito complexo e sempre perfectível, não se limitando mais como o animal. Por outro lado, o homem é dotado de alta capacidade de imitar, podendo assim reproduzir as palavras que ouve pronunciar (4).

Mas a revolução que se introduz com a linguagem humana decorre da infinita possibilidade verbal que permite ao homem mais se ater a alguns sinais indicando sentimentos e situações simples: a linguagem tornar-se-á descritiva, transformando-se num instrumento simbólico. Tudo passa a ser nomeado, os objetos do mundo exterior passam a ser designados por um símbolo sonoro que permitirá evocá-los facilmente, mesmo na sua ausência. A palavra adquire uma vida independente, destaca-se do objeto.

A utilização da linguagem articulada veio possibilitar desenvolvimento muito maior do intelecto humano. O homem passa a ser dotado do poder de reflexão. Passa a ser capaz de refletir a natureza e refletir sobre ela, isto é, já não é mais um ser que pertence inteiramente à natureza, que já não é inteiramente natural, porque precisamente já é humano.

O fazer humano já não é mais o fazer animal, se é que se pode aplicar o verbo ao campo zoológico, pois fazer implica finalidade, intenção, atitude espiritual complexa – adequação de meios a fins.

O cérebro humano, sobre uma fisiologia idêntica à do cérebro animal, consegue construir toda uma nova psicologia. Vale citar a conhecida observação de Marx (Capital, vol. I, cap. VII): "Uma aranha executa operações semelhantes às do tecelão e a abelha supera mais de um arquiteto ao construir sua colmeia. Mas o que distingue o pior arquiteto da melhor abelha é que ele figura na mente sua construção antes de transformá-la em realidade". E isto seria impossível sem a palavra.

O psiquismo humano é inteiramente socializado e não pode desenvolver-se até o verdadeiro pensamento refletido e a verdadeira consciência senão graças à linguagem, aquisição da humanidade, a mais capital invenção humana. Não é, pois, uma diferença de natureza que separa as sociedades animais da sociedade humana, mas a capacidade de invenção do cérebro humano que, mercê sobretudo da linguagem, permitiu um progresso incessante facilmente transmissível.

A propósito da frase de Paul Barth de que "o homem nasce animal; é a sociedade que o humaniza", indagou-se por que então não se humaniza o chimpanzé. Essa pergunta põe em relevo outro aspecto do problema: é que o ser nasce humano, com estrutura determinada, já é um ser receptivo humano a toda uma ordem complexa de influências, que não atuam sobre o chimpanzé.

Enquanto no animal, adestramento e educação não mudam senão um pouco o grau de consciência, no homem a educação é necessária para dar à consciência refletida toda sua dimensão, para ele uma consciência que difere muito do nível superior da consciência animal: o cérebro não é, por si só, suficiente; ele dá uma possibilidade elementar de consciência humana que se abrirá consideravelmente se o cérebro for utilizado humanamente.

A vida em sociedade no animal, não obstante as modificações que traz aos costumes, não é fonte de verdadeira novidade. Dá-se exatamente o contrário com o homem, porque este possui um cérebro apto ao progresso. Em vez de ficar congelado no fraco nível da linguagem animal, sua fisiologia cerebral permite-lhe não somente uma possibilidade mais rica de vocalização inata ou aprendida, mas, sobretudo, a possibilidade de transformar este código de comunicação em novo meio de pensamento.

Após destacar essa distinção, Pontes de Miranda salienta que às três necessidades principais – alimentação, proteção física, conservação da espécie – correspondem em todos os tempos os mais importantes elementos de criação e modificação do Direito (5). São, no seu dizer, as lâmpadas perenes da vida animal. A ferocidade do homem primitivo e o uso de armas não compensavam a inferioridade em relação aos grandes carnívoros; devia ser enorme o número de homens devorados pelos tigres.

Nesse sentido é que ele afirma que o Direito, como a poupança, e a proteção artificial do corpo, tende a adaptar, ou corrigir defeitos na adaptação e tais defeito se encontram também nas sociedades animais.

O que porém não seria aceitável são as analogias mecânicas ou biológicas como aspectos do Direito, tais como a que formula Pontes ao asseverar que quando do mineral se cristaliza em poliedros, há certo ritmo que se não é o "nosso" Direito, deve ser algo de vivo e de natural como ele (6). Mais adiante ele mesmo indaga: e a vontade? e a consciência? Mas sua reposta é que nada disso importa, pois, a seu ver, quando o homem constrói sua casa, embora seja voluntariamente que o faz, o que, no essencial, o determina é a mesma que leva o pássaro aos esforços da nidificação. E finaliza seu raciocínio dizendo que distinguir do necessário o voluntário e querer traçar raias entre eles é retomar o fio dos problemas metafísicos insolúveis.

Na verdade, ao nos fixarmos nos aspectos mecânicos ou biológicos do equilíbrio, omitem-se as notas essenciais do processo – precisamente as que advêm dos fatores realmente humanos. Isso não significa, porém, que, invocando a conotação da racionalidade e da consciência, regridamos à interiorização subjetivista para recair nas indagações metafísicas clássicas, pois a concepção atual do processo consciente, historicamente desenvolvido no homem não se assemelha nem coincide com a concepção do espiritualismo tradicional. Daí porque, elidir essas conotações seria, repetindo uma imagem antiga, como querer enxergar na clara e na gema do ovo o futuro galo de esporão e crista. Para que a sucessão genética das fases evolutiva explique o enriquecimento das fases superiores em relação às inferiores, é necessário admitir a criatividade íntima do processo.

Assentadas essas premissas, vai-se colocar a questão sobre se haveria Direito entre os homens primitivos.

Segundo nos ensina Henri Lévy-Brühl, o Direito entre os primitivos apresenta características particulares, estando essencialmente envolvido pela religião. Mas se verifica a existência de sistemas jurídicos baseados no costume, nos quais se encontra a essência do Direito, ou seja, regras de conduta impostas e munidas de sanções editadas pela coletividade.

Com efeito, faltos de conhecimentos que lhes permitissem regrar, juridicamente, os atos dos membros dos grupos, de modo que servisse satisfatoriamente à adaptação à vida social, os homens primitivos davam maior importância aos processos religiosos, alógicos, no dizer de Pontes de Miranda (7).

Alguns autores, como Carlos-Nardi-Greco, entendem, porém, não se poder vislumbrar qualquer vestígio de fenômenos jurídicos entre os primitivos grupos humanos. E cita vários exemplos, tais como os "ma--kuando" e "makussen", da costa de Bengala, os "taota" das ilhas Célebes (Indonésia) e alguns povos índios da Califórnia. Entre esses grupos humanos não se encontra qualquer forma de organização nem qualquer esboço de normas de conduta: cada um faz o que quer, se defende como pode e se vinga a seu modo.

A tese de Pontes de Miranda de que onde há espaço social há Direito não estaria, por esse motivo, isto é, mesmo se aceitando a observação de Nardi-Greco, em conflito com a realidade histórica. O que parece necessário é distinguir a existência do espaço social, ou seja, o homem vivendo em sociedade. O que caracteriza os grupos primitivos citados por Nardi-Greco é exatamente a inexistência daqueles laços e nexos normalmente presentes entre os componentes de um grupo social.

Ora, se o Direito é peculiar às sociedades humana, não seria de estranhar que em aglomerados de homens primitivos, tais como os acima mencionados, inexistisse o fenômeno jurídico, da mesma forma que a rigor não se pode falar da existência de vida social entre eles, por lhes faltar um mínimo de organização indispensável e próprio às sociedades humanas.

Essa observação talvez possa ser mais bem compreendida e até mesmo comprovada com um exemplo real e concreto em pleno século XX.

Referimo-nos à tribo dos Iks, com a qual o etnólogo inglês Colin Turnbull conviveu durante mais de dois anos e relatou sua experiência no livro "*The Mountain People*", narrativa adaptada e levada ao palco pelo teatrólogo britânico Peter Brook.

Em 1947, o governo de Uganda decidiu estabelecer em seu território uma ampla reserva natural onde qualquer tipo de caça ou colheita de frutos selvagens seria proibida. Para os Iks, que viviam na região, essa medida significou uma conversão obrigatória à agricultura, para o que os seus integrantes se revelaram absolutamente incapazes, o que acabou por transformar suas existências em um impiedoso e inevitável exercício de crueldades mútuas.

Para encontrar a energia necessária à sobrevivência, os membros da tribo vão aos poucos abandonando as mais elementares regras de convivência: laços familiares, tradições religiosas, solidariedade, tudo começa a ser esquecido.

A debilidade orgânica praticamente liquida qualquer manifestação sexual. Os que já não dispõem de forças para buscar um pouco de água, simplesmente morrem de sede. E no vocabulário dos Iks, palavras como "bom" ou "bondade" passam a ter sentido somente quando relacionadas com a posse de alimentos.

O que parece se poder extrair como conclusão da análise desse exemplo é que da mesma forma que em grupo humano extremamente primitivo o fenômeno jurídico não se encontra presente, pode o Direito desaparecer na medida em que uma sociedade humana se desintegre, na medida em que cesse de haver social, como no caso dos Iks.

As dificuldades para o estudo do Direito nas sociedades primitivas, notadamente nas sociedades ágrafas, como assinala Melville Herskovits (8), deveram-se em grande parte à tendência a estabelecer distinções entre o direito codificado e o consuetudinário. Por outro lado, o que já foi chamado de excessivo "bairrismo dos juristas", no sentido de estabelecer um conceito do Direito na base das características especiais da civilização ocidental, levava ao fracasso dos antropólogos em compreender a natureza do Direito.

Mesmo assim, e sem aprofundarmos o estudo das teorias sobre a gênese do Direito, impende registrar a existência de pelo menos um direito embrionário nas sociedades primitivas, cujos contornos e aspectos mais importantes podemos encontrar nas obras de Lewis Morgan e de Nardi-Greco, entre outros (9).

Uma das características do Direito entre os povos primitivos é a predominância do costume como fonte fundamental das normas jurídicas.

Pontes de Miranda já observara que, no sentido largo, costume é toda a elaboração extralegal do Direito, bem como que o costume é a forma vegetal do Direito, isto é, um processo que vem de formas pregressas de comportamento, ainda estranhas ao mecanismo da coerção social, que impõe regras heteronômicas. Estas exprimem imperatividade exterior, que se interioriza, ganhando força normativa nas formas de convivência na *longa consuetudo inveterata*, de que falavam os romanos.

Nos grupos sociais primitivos, quase todo ou todo o sistema jurídico era composto pelo costume. Faltava-lhes a escrita, o que não só lhe dava o caminho do direito costumeiro, pois, como acentua Pontes de Miranda, se atentarmos a que os chefes podiam impor regras jurídicas, havia leis, em sentido estrito, não-escritas.

A expressão conhecida de que o costume é um hábito social salienta precisamente a ideia da repetição de um certo comportamento e da normatividade resultante da repetição. Nas comunidades, do mesmo que nos indivíduos, há tendência para reagir, em presença de dada situação, de forma idêntica à que se adotou nas situações semelhantes que anteriormente se verificaram O **ter sido sempre** conduz ao **dever ser sempre**.

O costume flui espontaneamente da própria sociedade sem que haja qualquer influência de órgão político ou religioso na sua criação. É a forma espontânea da normatividade.

Outras características do Direito Antigo, dentre as mais relevantes, devem ser mencionadas, tais como o domínio absoluto do sagrado que se reflete no caráter ritualístico de todo o costume jurídico; o casuísmo, em vez de ordenamento lógico, com o predomínio do Juiz sobre o Legislador; a predominância do direito penal, ou, como o expressou Durkheim, o predomínio do direito retributivo (pena) sobre o restitutivo (indenização) e prevalência do **status** sobre o contrato.

Os povos primitivos, no dizer de Pontes de Miranda, fabricam os princípios, os que os devem reger, com os materiais imediatos, como as abelhas fazem o mel; mais tarde, exigem mais apurados conhecimentos e o sentimento não basta.

"Ubi Societas, Ibi Jus"

As indicações que temos da pré-história, desse ser que vai emergindo em direção às fronteiras do humano, já configuram um ser essencialmente social; os próprios biólogos, que defendem o transformismo, aceitam a ideia da sociabilidade pré-humana.

Ninguém parece contestar, hoje, os conceitos clássicos de Aristóteles, Cícero e Grotius, de que o homem é um ser social, vive em sociedade e não pode deixar de viver em sociedade.

Mas a vida dos homens em sociedade determina infinitos conflitos entre os interesses dos indivíduos e se cada um quisesse perseguir os seus, sem qualquer limitação, seus ataques aos interesses dos demais não teriam fim. Para evitar isso, mediante normas, isto é, regras com força de obrigar, se protegem contra as lesões que poderiam causar-lhes as ações dos homens, determinados objetos de interesse, como a vida e a integridade corporal, a liberdade, a honra e a propriedade.

Para Pontes de Miranda, não se pode afirmar que o homem somente possa viver em sociedade; em sociedade é que ele poderá perpetuar-se, mas o homem perdido nas selvas, que conseguiu lá viver dez ou quinze anos, não é para ele inconcebível.

Logo, porém, que convive, começa o fato social da solidariedade, sem o qual seria impraticável a vida social. Principia também o Direito, que é a "forma interior da convivência" e, pois, sociologicamente, "necessidade, como para a geometria, o valor de dois retos que devem ser somados os ângulos do triângulo, ou para a química o de que o corpo **a** misturado ao corpo **b** produz o corpo **c**.

Compreendido como técnica de equilíbrio dos interesses coletivo, o Direito é peculiar às sociedades humanas.

Para Pontes, há em toda comunidade, em todo corpo social, certa virtude de organização intrínseca, para a qual só existe uma explicação e um processo: o Direito.

Procurando concretizar seu pensamento, Pontes traz para o mundo social, para a vida comum, a afirmação concernente ao mundo atmosférico: onde há espaço social há Direito, como onde há espaço atmosférico há corpos sólidos, líquidos ou fluídos que o ocupam.

Nas relações sociais não podia deixar de se refletir o sentimento de identidade pessoal, tão profundo e tão íntimo, destaca Pontes de Miranda (10). É a linha de contacto entre os indivíduos; e como a sociedade de compõe deles, as superfícies facilmente são percebidas, ou pela ajustabilidade (solidariedade) ou pela fricção, que rala uma contra outra e exagera as asperidades e agudas arestas de cada uma. É a relações que se refere o Direito e tudo que está no polo de cada relação é para ele personalidade. Qualquer outro conceito peca por metafísico e evidencia, prossegue Pontes, a própria inutilidade para o conhecimento sociológico do Direito. Se quisermos, conclui, precisar o pensamento, teremos de considerar como partes de um todo os indivíduos, de modo que, socialmente, é como um espaço intermolecular a separação social entre os membros da comunidade e as separações não são indicadas por linhas divisionárias, nem por números, como se tratássemos de quantidades descontínuas.

Segundo Recasens Siches, a motivação radical do Direito, o porquê fundamental que movimenta o homem impelindo-o a regular pelo Direito a vida do grupo é a necessidade vital de segurança e certeza (11).

Embora todo ordenamento jurídico seja um ensaio de direito justo, e ainda que as pessoas que a ele estão sujeitas tenham profundas divergências a respeito do programa de justiça que ele tenta realizar, a sua motivação básica não é o valor mais alto da justiça, mas esses valores mais elementares da certeza e da segurança. Garantindo certeza e segurança, o Direito permite a vida, dando base à existência e permitindo que as pessoas saibam a que ater-se, embora esse algo possa ser vivenciado por elas como talvez injusto.

Todavia, uma certa margem de incerteza e insegurança são condições de mudança e de progresso, e o Direito, sob pena de esclerosar-se numa crosta imóvel a premir a espontaneidade da vida, necessita conter certa margem de insegurança e incerteza. E essa margem comumente

existe, em alguma medida quanto ao conteúdo concreto das decisões judiciais nos casos futuros, bem como na incessante atividade legislativa, que pode modificar para o futuro as regras do jogo de interesses.

Para A. Sturm, o direito é instinto social específico do homem, o instinto que lhe assegura a existência: o sentimento incita-o a prescrever normas e a segui-las, ainda que sejam desagradáveis e limitem ou firam os seus interesses, por modo que, antes do costume e da lei, como alicerce, devemos atender à existência do sentimento jurídico, que apenas falta nos doentes e nos demolidores, que o não são menos. Dado imediato, não requer justificação tal existir: é fato elementar da vida psíquica e define o ***homo sapiens***; tão perfeitamente o define que se podem chamar ao direito ***natura generis humani***.

Pontes de Miranda, embora admita a existência do sentimento jurídico, no qual assentam o costume e a lei, não aceita a coextensão do direito e da espécie humana, o direito ***natura generis humani*** para ele evidente laivo de antropocentrismo.

Norma social que é, o Direito, escreve Machado Neto (12), não surge à toa na sociedade, mas para satisfazer a imprescindíveis urgências da vida. Ele é fruto de necessidades sociais e existe para satisfazê-las, evitando assim a desorganização social.

É graças ao Direito que muitas pessoas podem realizar atos que seriam incapazes de cumprir se tivessem de contar exclusivamente com suas próprias forças naturais, assevera Recasens Siches, exemplificando: remeter dinheiro a países longínquos por meio de cheque ou de transferência bancária; um tenente comanda uma companhia; um fiscal do trânsito detém o tráfego; o proprietário de um terreno o é, ainda que não esteja materialmente nele etc. Em todos esses fatos, e na imensurável quantidade de outros semelhantes, encontramos atos humano que produzem efeitos não por si mesmos, mas em virtude de uma organização jurídica.

O Direito, segundo Radbruch (13), só pode ser compreendido no quadro de referências valorativas (*wertabeziehenden Verhältnis*). O Direito é fenômeno cultural, isto é, fato referido a valores.

Na exposição do jurista alemão, ficam à sombra os nexos que inserem a axiologia jurídica no mundo social e histórico, também permeado a transparência de valores morais, políticos, econômicos e religiosos.

Considerado assim o Direito como fenômeno cuja conotação reside no mundo teleológico da cultura, embora suas raízes mergulhem nas formas prévias da cosmovidência jurígena das sociedades primitivas, não se pode partilhar do ponto de vista de Pontes de Miranda, quando afirma, por exemplo, que o fato de não encontrarmos o nosso direito, os nossos costumes, as nossas leis, nos animais, não basta para reputarmos peculiar ao homem o fenômeno jurídico e mais ainda quando proclama a necessidade de exprobar qualquer teoria que considere o Direito processo de adaptação que apenas existe nas sociedades humanas, pois, a seu ver, quando entre animais, inclusive entre insetos, há proibição de entrada de qualquer deles por algum lugar, ou qualquer restrição ou preferência no tocante às relações sexuais, há Direito, motivo por que ele chega a rotular de "metafísica insolente" afirmar-se que o Direito só existe entre homens.

Mas há que se levar em conta, também que o sentido que Pontes dá ao conceito de naturalidade do fenômeno jurídico implica até certo ponto o de "culturalidade". Com efeito, ele admite a importância cultural do valor, conceituando-o como a relação entre o objeto e o sujeito, relação que exprime ou a estimação do objeto pelo sujeito ou a possibilidade de o estimar, posto que não seja persuadido da existência dele, ou ainda a ajustabilidade da representação à escala do sentimento.

Para Vamireh Chacon (14), embora Pontes de Miranda pretenda vislumbrar uma sociologia isenta de interpretações antropocêntrica, coirmã da Biologia, os fatos sociais não são por ele vistos como coisas, e sim como relações e processos, com o que o seu "fisicalismo neopositivista" supera o risco de cair no mecanicismo.

O Direito é o que estabelece a solução nos conflitos da vida social; a porteira que dá passagem a um, dois, ou três, e se fecha para os outros, com o fim, que é essencial, de permitir que a seu tempo passem todos, ensina Pontes, indagando: onde ele reside? Nos nossos espíritos? É muito frágil repositório para energias que domam a todos; e uma coisa é o direito e outra o conhecimento, a ideia, o sentimento do direito. Só nos códigos e nas leis escritas? Não; porque não precisa ele, sempre, de estar no papel para atuar, e nem tudo que se lança nos pergaminhos, nos livros, nos diários oficiais, ainda que leis se digam, merece o nome de regra jurídica. Na sociedade? Sim; é ali que o haveis de encontrar, na vida social, um de cujos elementos é ele; e, se quereis vê-lo, provocai-o, feri-o, que não tardará que o vejais no que ele tem de mais perceptível, que é a coerção, ou no que há de mais geral e revelador da solidariedade inerente aos corpos sociais: a garantia.

A observação final de Pontes, no trecho acima citado, nos lembrará Jhering, ultrapassando-lhe, porém, a conceituação, na medida em que não põe a tônica na coerção, que implica certo voluntarismo, mas sim nas relações sociais de que a forma seria a expressão jurídica da sociedade.

O Direito regula relações sociais, quer atinentes à distribuição dos bens da vida, do uso e gozo, quer concernentes à harmonia moral. Em qualquer caso, esclarece Pontes, o seu objeto são relações de ordem. Não se trata da ordem mais perfeita, mas da ordem que é, da ordem efetiva e real (15). Daí ter resumido, afirmando: O DIREITO É. O Direito é, mas a medida do seu ser é dada pela sua realização, que ocorre pela observância espontânea, ou pelos aparelhos do Estado tendentes a isso, às vezes criados para isso, como é o da Justiça, havendo ainda direito especial destinado à realização do Direito, o processual.

Como expressão do equilíbrio social, o Direito é indicativo, não imperativo, afirma Djacir Menezes. Mas é um sistema de organização das relações sociais historicamente variável: nesse objetivo se desenvolve do ***Sein*** para o ***Sollen***, do que **é** nas relações sociais para o que **deve ser** nos ditames normativos. O ajustamento entre os dois planos, o da teoria e o da técnica, conclui Djacir, se fará no sentido da **diminuição do "quantum despótico"**, isto é, com a eliminação da energia autoritária que se transforma em persuasão racional.

O Direito, fenômeno social, é, para Pontes de Miranda, processo de adaptação ou de corrigenda dos defeitos de adaptação do homem à vida social. Se a moral prevalecesse, de si só, em todas as relações humanas, isto é, se a sociedade fosse constituída de seres perfeitos, não se daria, esclarece ele, o que pretendeu Wilhelm Schuppe, ou seja, não seria supérfluo o Direito. O Direito não pressupõe a imperfeição humana, que ele corrija. O Direito que seria supérfluo somente poderia ser uma parte do Direito, a destinada a corrigir os defeitos da adaptação do homem à vida social, e não a que exprime a própria adaptação (16).

A penetração do Direito em todas as esferas da vida social, cada vez mais intensa e profundamente, fenômeno a que Mirkine-Guetzevitch (17) denominou de "racionalização do poder", já no período do primeiro pós-guerra, é hoje uma realidade palpável.

A Ciência do Direito é uma construção ideológica como todas as ciências. O Direito, como fenômeno histórico – conjunto de normatividades socialmente coercitivas, que o trabalho posterior dos juristas e legisladores coordena e sistematiza sob as formas lógicas e racionais dos códigos. O modo por que se organiza a vida humana em comunidade espelha-se no Direito positivo; a Ciência, que estuda e interpreta esse aspecto da realidade social é um ramo do conhecimento e varia em função do campo de relações humanas que lhe cumpre estudar.

Daí porque não se poderia compreender o desaparecimento do Direito, mesmo se admitindo um perfeito e absoluto equilíbrio entre todos os elementos da sociedade.

O que se pode perceber é que o Direito se aperfeiçoa e sempre se modifica no devenir das formas de convivência humana.

Se, no passado, quase todo o Direito foi a realização concreta da ideia de expiação e no presente é a de equilíbrio social pela garantia da situação jurídica de cada um, no futuro, como bem diz Pontes de Miranda, será a de garantia da relativa felicidade de todos pela subordinação da situação jurídica de cada um à realização do bem coletivo.

Chegamos aqui no quadro do Estado de Direito. A expressão começou a ser utilizada pela doutrina alemã ("*Rechtsstaat*") nas primeiras décadas do século XIX. Ao lado da ideia básica de submissão ao império da lei, traço característico do liberalismo, acrescenta-se então ao Estado o componente racional, a indicar que, além das limitações que eram impostas aos seus direitos, o Estado deveria organizar-se e atuar segundo os princípios da razão.

É certo, por outro lado, que a noção de Estado de Direito iria passar por um extenso processo histórico de evolução, durante o qual não faltariam críticas contundentes ao seu caráter vago e abstrato, até que, contemporaneamente, viesse a ser reconhecida, tanto doutrinariamente, quanto em vários sistemas constitucionais, como estrutura essencial e indispensável à efetivação dos direitos fundamentais e à realização da justiça.

Embora se diga até o que *Rechtsstaat* seja uma combinação de termos e uma forma conceitual próprias do espaço germanofônico, que não encontra verdadeiro correspondente em língua estrangeira (18), o fato é que há inegáveis pontos de contato com outras expressões como "Estado constitucional", de origem francesa, bem assim "*rule of law*", ou "governo representativo, de origem anglo-americana, ambas indicativas do modelo de Estado a que se chega a partir das influências filosóficas contratualistas e iluministas, como também das revoluções econômicas, sociais e políticas que marcaram o século XVIII (19).

Na doutrina do liberalismo, como observa Paulo Bonavides (20), "o Estado foi sempre o fantasma que atemorizou o indivíduo", pelo que o poder político por ele exercido era visto como "o maior inimigo da liberdade". Assim é que esse primeiro Estado de Direito tem a feição de "armadura de defesa e proteção da liberdade", revestida de um "formalismo supremo" e é, ao mesmo tempo, despido de "substantividade de conteúdo". Nesse sentido, ao sublinhar as origens liberal-burguesas do conceito de Estado de Direito, Garcia-Pelayo assinala que, sem mencionar os seus antecedentes ingleses, ele nasce com o direito positivo das revoluções americana e francesa: a primeira busca o *government of law not of men*; a segunda proclama que *"il n'y a point em France d'autorité supérieure à celle de la loi"*(21).

Ao mesmo tempo, importa lembrar a correspondência histórica entre Estado de Direito e constitucionalismo, ainda que , como assenta Nelson Saldanha "as duas expressões não sejam sinônimas", pois o constitucionalismo "aparece mais como um movimento, um processo, uma tendência a um tempo doutrinária e institucional", enquanto que o "Estado de Direito, mais como um tipo, um modelo, uma estrutura a que o Estado moderno chegou" e que "historicamente – e em consonância mesmo talvez, com seu timbre racionalista-leigo-burguês" assumiu "pretensão universal, sendo que para a teoria política contemporânea "parece valer como um *modus* genérico"(22).

Como esclarece Miguel Reale, a ideia do Estado de Direito deve ser entendida "não no sentido do Estado reduzido a meras formas jurídicas, mas sim no sentido do Estado que subordina, em via de regra, as suas atividades aos preceitos do direito que ele declara; não no sentido que se circunscreve à missão de tutelar os direitos individuais, mas no sentido do Estado que não delimita *a priori* a sua esfera de interferência, mas fixa *a priori* a juridicidade de toda e qualquer interferência neste ou naquele outro setor da produção humana" (23).

Após a 2ª guerra mundial, seria novamente a Alemanha o polo de impulsão da ideia do Estado de Direito, não apenas no sentido de, renovando a tradição que vinha do século XIX, restaurá-lo, mas sobretudo de fazer avançá-lo, de forma a que o Estado de Direito formal fosse substituído pelo Estado de Direito material, ao qual se incorporava definitivamente a dimensão social que fora iniciado com a Constituição de Weimar. A Lei Fundamental, de 1949, proclama ser a Alemanha um Estado democrático e social (art. 20,1) e acrescenta que a ordem constitucional dos Estado deve corresponder aos princípios do Estado republicano, democrático e social de direito (art. 28,1).

O Estado de Direito da Lei Fundamental alemã, como destaca Konrad Hesse, não é um mero sistema de artifícios técnico-jurídicos para garantia da liberdade legal. Para ele, "o conteúdo das normatizações, às quais cabe o primado do direito, não é insignificante; o primado do direito vale não só no sentido da vinculação ao direito como tal, mas também da vinculação a determinados conteúdos do direito" (24), A importância do princípio do Estado de Direito na Alemanha pode ainda ser aferida pelo fato de que é dele que o Tribunal Constitucional Federal faz resultar o princípio da proporcionalidade (*Grundsatz der Verhaltnissmäsigkeit*), ao cuidar da relação entre as restrições que o Estado pode impor às liberdades individuais e os meios para tanto utilizados.

O tema do Estado de Direito seria, aliás, na Alemanha, objeto também da reflexão de filósofos e sociólogos, merecendo indiscutível destaque a esse propósito o pensamento de Jürgen Habermas.

Na linha do pensamento habermasiano, Friedrich Müller, ao responder a indagação sobre a função da racionalidade pretendida de uma metódica jurídica no âmbito do Estado de Direito, assinala que ela consiste, por um lado, em dar à sociedade "a calculabilidade, transparência e regularidade efetivamente necessárias" e, por outro lado, "no fato de produzir um efeito legitimador, à medida em que a transparência dos processos decisórios ou ao menos das razões da decisão devem tornar a decisão acessível à crítica e ao controle" (25).

Ainda que a Constituição italiana, de 1948, não utilize expressamente o termo Estado de Direito, a doutrina tem admitido haver uma identidade essencial entre o que estabelecem os seus artigos 2º e 3º e o Estado Social de Direito referido na Lei Fundamental alemã.

Com efeito, o artigo 2º da Constituição da Itália declara que a República reconhece os direitos invioláveis do homem, enquanto o artigo 3º, além de proclamar a igualdade em sentido não apenas formal, atribui à República a tarefa de remover os obstáculos que impeçam o pleno desenvolvimento da pessoa humana e a efetiva participação dos trabalhadores na organização política, econômica e social do país.

Biscaretti di Ruffia, embora aponte como predominante, nos vinte anos que mediam as duas guerras mundiais, a figura do "*Stato moderno, o di diritto*", registra, porém, que vem a ser superada pela contraposição entre Estados democráticos, por ele chamados de democracia clássica ou ocidental, Estados autoritários (Itália fascista e Alemanha nacional-socialista) e Estados de democracia marxista ou Estados socialistas. Ao concluir suas observações sobre as formas democráticas de governo e de Estado, assenta Biscaretti di Ruffia que "o atual Estado italiano é um Estado de democracia clássica, mas de caráter social", acrescentando considerações que deixam bastante claras as afinidades entre os princípios adotados pela república italiana e os da constituição alemã (26).

Na França, a construção do Estado de Direito teve no Conselho Constitucional a instituição responsável pelo seu aprimoramento. Diz Rivero que, no Estado de Direito, a regra suprema é a constituição, que se impõe ao próprio legislador, mas, "supremacia nas repúblicas precedentes, a vontade política dos partidos tornava essa puramente teórica" e, na falta de sanções previstas, "a lei podia impunemente ignorar a Constituição. O Estado de Direito continuava inacabado, com a onipotência parlamentar substituindo o absolutismo dos monarcas". Aos que objetariam que o texto da Constituição de 1958 parecia limitar o controle exercido pelo Conselho à questão das competências e procedimentos em matéria de elaboração legislativa, Rivero responde que o mérito do Conselho foi o de "ter estendido sua missão ao respeito dos princípios sobre os quais repousa todo o resto do edifício constitucional", entendimento que seria consagrado, em 1974, com a alteração constitucional que possibilitou aos parlamentares (sessenta deputados ou senadores) provocar a manifestação do Conselho (27).

É verdade que na França há ainda controvérsias em torno da questão. Em obra elaborada por sete autores por ocasião dos quarenta anos da Constituição de 1958, foi assinalado que: o princípio do Estado de Direito não está ele próprio perfeitamente determinado. Se a concepção alemã favorece uma supremacia direta da Constituição em todos os domínios do direito, a concepção francesa permanece vinculada ao princípio da intangibilidade da lei uma vez promulgada. Mas as duas opções, embora contraditórias, são conectáveis ao princípio do Estado de Direito...: num caso se trata certamente de fazer prevalecer a regra constitucional enquanto tal, mas no outro se trata de não submeter um texto em vigor à ameaça de sua anulação (28).

Ao comentarem duas decisões proferidas pelo Conselho Constitucional em 1982 a propósito da lei de nacionalizações, Louis Favoreu e Loïc Philip assinalaram que o *considerandum* segundo o qual, como todos os órgãos do Estado, o legislador está submetido ao respeito à Constituição "é a afirmação fundamental da plenitude da realização do Estado de direito na França", aduzindo que se esse entendimento já era reconhecido há vários anos, não tinha ele sido até então objeto de uma "constatação tão solene e definitiva" (29).

Os anos 70 do século XX marcam uma nova fase de expansão da ideia do Estado de Direito, inclusive com a redemocratização da Espanha e de Portugal, após quatro décadas de ditadura.

A Constituição portuguesa, de 1976, consagrou, em seu artigo 2º, o "Estado de direito democrático", dispositivo sobre o qual Canotilho e Vital Moreira teceram, entre outros, o seguinte comentário: a qualificação democrática do Estado de direito não significa que as características tradicionalmente associadas ao conceito desapareçam; significa, porém, que elas têm de ser lidas a uma luz específica e têm de ser unificadas por esse critério. Sobretudo, ela obriga a ler o Estado de direito no quadro do princípio democrático configurado na CRP, apontado como está a um horizonte de democracia material, consubstanciada na realização da democracia econômica, social e cultural (art. 2º, *in fine*), na efetivação dos direitos econômicos, sociais e culturais (*).

Por sua vez, a Constituição espanhola, de 1978, em seu artigo 1.1, declara que "a Espanha se constitui em Estado social e democrático de direito, que afirma como valores do seu ordenamento jurídico, a liberdade, a justiça, a igualdade e o pluralismo político".

A universalização do conceito de Estado de Direito viria a ser mais tarde amplamente percebida nas três últimas décadas do século XX devido também à jurisprudência da Corte Europeia dos Direitos do Homem, a qual, segundo Jacques Chevallier, inclui cerca de duzentas decisões que "trouxeram uma contribuição essencial à construção do Estado de Direito". Com frequência, tem essa Corte feito referência ao princípio da "preeminência do direito", visto como fundamentando o conjunto dos dispositivos da Convenção Europeia dos Direitos do Homem, princípio esse que "implica não apenas garantias de ordem processual, resultantes do acesso a um juiz e da garantia de um processo equitativo, mas também a qualidade das leis" (31).

Para Duverger, no Estado de Direito, o órgão soberano está submetido a regras de Direito estabelecidas previamente, as quais ele não pode modificar senão respeitando os procedimentos fixados para sua revisão. Mas essa estrutura do Direito não é separável de um certo conteúdo deste, daí ser o Estado de Direito necessariamente uma Estado de direitos do homem (32).

De forma bastante sintética, Favoreu destaca que o Estado de Direito, hoje, repousa sobre três pilares: o enquadramento jurídico do poder (a constituição); o controle do poder (justiça constitucional) e a divisão (horizontal e vertical do poder (33).

Focalizando a complexa relação entre política e direito, Norberto Bobbio chama a atenção para o fato de que é da interseção entre essas categorias que nasce a noção de Estado de Direito, "entendido não restritivamente como Estado no qual o poder político está subordinado ao direito, mas como a própria destinação final de todo grupo político que se distingue de outro grupo social pela existência de um sistema normativo, cujas normas, necessárias para a sobrevivência do grupo, se fazem valer através da coerção" (34).

Relativamente aos elementos do Estado de Direito apontados em geral pela doutrina, caberia observar, no tocante à separação de poderes, que ele é compatível com diferentes sistemas e governo próprios da democracia constitucional, para usar a expressão de Karl Loewenstein.

Por outro lado, no que toca ao controle de constitucionalidade das leis, é importante sublinhar que ele deve ser a regra, admitida porém a excepcionalidade de sua inexistência em razão de características peculiares do sistema político de determinados Estados, como é o caso por exemplo do Reino Unido, que se reconhece não só como adotando um regime democrático, mas também como configurando verdadeiro Estado de Direito.

A Constituição brasileira de 1988, claramente influenciada pelos textos português e espanhol, proclamou em seu artigo 1º ser a República Federativa do Brasil um Estado Democrático de Direito.

José Afonso da Silva, realçando a identidade básica de conteúdo entre ao Constituição portuguesa e a nossa, destaca porém o fato de que naquela o adjetivo "democrático" qualifica o Direito, e não o Estado, enquanto que na brasileira o mesmo adjetivo, mais adequadamente, qualifica o Estado, "o que irradia os valores da democracia sobre todos os elementos constitutivos do Estado e, pois, também sobre a ordem jurídica" (35).

Após analisar a mudança de paradigmas que implicou a reaproximação entre direito e ética e entre liberdade e justiça, bem como a preeminência dos princípios jurídicos, no fluxo das transformações operadas após a queda do muro de Berlim, Ricardo Lobo Torres conclui que a legitimação do Estado de Direito passa a fundar-se "no neocontratualismo e na afirmação procedimental da liberdade, da justiça e da segurança jurídica, o que postula a intermediação dos princípio formais da ponderação e da razoabilidade", entre outros, todos eles presentes no elenco dos princípios fundamentais e dos vinculados à liberdade, à justiça e à segurança jurídica da Constituição de 1988 (36).

O fato de as normas constitucionais gozarem de uma posição hierárquica superior em relação às demais leva muitas vezes a que se deixe de enxergar o movimento de expansão de outras, vinculadas disciplinas que integram o Direito Público.

Lembro-me de uma tradicional comparação que se fazia entre o Direito Constitucional e o Administrativo. Enquanto o primeiro cuida da anatomia do Estado, o segundo trata da fisiologia estatal.

Apesar de esquemática a distinção, ela acaba indicando um aspecto relevante do Direito Administrativo, qual seja o caráter dinâmico de suas normas voltadas ao funcionamento dos órgãos do Estado.

No âmbito da biologia, sabemos que o funcionamento do sistema cardiovascular e respiratório pressupõe, evidentemente, a existência dos principais órgãos que dele se encarregam. Mas não basta a sua existência, se o seu funcionamento não estiver dentro dos padrões de normalidade e sem intercorrências ou obstruções.

Por isso, no âmbito do Estado, além da estrutura orgânica adequada é preciso que todos os entes e agentes encarregados de fazer a engrenagem funcionar estejam atuando segundo normas que permitam melhor disciplina dos múltiplos aspectos envolvidos.

E é aí que se pode perceber que no Estado de Direito atual se destaca a grande amplitude das normas do Direito Administrativo, envolvendo uma enorme variedade de temas e questões que dizem respeito ao dia a dia dos cidadãos. Mesmo quando o Estado não presta diretamente determinados serviços públicos ou considerados de interesse público, ainda assim haverá necessidade de normas administrativas para possibilitar algum tipo de controle dessas atividades.

Um primeiro aspecto a ser destacado diz respeito ao aperfeiçoamento dos mecanismos de aferição da validade dos atos administrativos, abrindo espaço para a apreciação dos motivos e da finalidade. Nesse campo certamente foi decisiva a contribuição da doutrina e da jurisprudência, mas tudo isso resultou igualmente na criação por lei de instrumentos que possibilitavam aos cidadãos, a associações, sindicatos e partidos políticos questionar perante o Judiciário da higidez desses atos.

Outra dimensão desse expansionismo das normas do Direito Administrativo se vislumbra nos múltiplos domínios novos que envolvem direitos dos cidadãos e que demandam também a ação de entes vinculados ao Estado, dentre os quais sobressai nos nossos tempos atuais o relativo às telecomunicações e à informática. Nosso mundo hoje está profundamente vinculado a esse universo abrangido pela Internet e isso tem repercussões em todas as esferas da vida dos indivíduos, desde as transações financeiras às manifestações de opinião e de difusão massiva de mensagens. Estamos falando, pois, de algo que alcança a todos nós, e que passou a demandar a edição de normas protetivas dos direitos dos cidadãos e de controle de excessos e desvios prejudiciais ao interesse coletivo.

Registre-se que tudo isso que ora estamos focalizando foi objeto de análise e comentários por parte do autor homenageado. Valho-me aqui de algumas passagens do seu trabalho que se intitula "O ano 2000 e o Ducentésimo Aniversário do Direito Administrativo: Atualidade e Perspectivas Brasileiras", publicado nos "Estudos em homenagem ao Prof. Caio Tácito", Renovar, 1997 (37).

Inicialmente observa Sergio Andréa que em seu percurso histórico, o Direito Administrativo experimentou notável ampliação no apogeu do Estado intervencionista, como instrumento indispensável do Direito Social, na busca da minimização das desigualdades entre os indivíduos e classes e na defesa de interesses difusos e coletivos, bem como de bens comuns de todos.

Este novo campo levaria à expansão da atividade administrativa, através do alargamento do poder regulamentar e da ingerência da Administração Pública nos mais variados escaninhos da vida social, especialmente o econômico. Teremos então o Estado bem-estar, o Estado empresário e o Estado prestador não apenas de serviços públicos, mas de serviços sociais, nos setores da previdência e da assistência social, do ensino, da saúde, assim como muitos outros.

Mais adiante, Sergio Andréa lembra que, a par do fenômeno da constitucionalização, O Direito Administrativo tem experimentado um processo de multiplicação. Dele derivaram diversas disciplinas jurídicas, algumas das quais já conquistaram a autonomia científica, como é o caso do Direito Tributário. Outras já alcançaram algum patamar de autonomia como o Financeiro, o Urbanístico e há ainda aquelas que desabrocharam no universo do Direito Social, como o Direito Administrativo do Trabalho, o Direito Econômico, o Direito do Consumidor, o Direito Agrário, o Direito Ecológico e o Direito da Comunicação Social.

Essas disciplinas viriam reforçar uma das vocações do Direito Administrativo, a de ser o Direito Comum do Direito Público, constituindo-se em um Direito do dia a dia do cidadão, que diuturnamente se vê imerso em situações jurídicas administrativas.

A minha atividade na Pós-Graduação em Direito Público serviu-me também para poder dimensionar essa amplitude da incidência das normas de Direito Administrativo em múltiplas questões que envolviam direitos constitucionalmente assegurados. Seja orientando dissertações de mestrado, ou teses de doutorado, ou ainda apenas participando de bancas examinadoras, tive a grata experiência de ler trabalhos de alta qualidade e de grande profundidade em temas que eram basicamente do Direito Administrativo e com isso não só aprendi muito, como igualmente passei a ter uma visão mais nítida e completa dessa interpenetração de normas de direito público, com destaque especial para o ramo do Direito Administrativo.

Já houve tempo em que houve até uma falsa ideia de que o Direito Constitucional tratava dos aspectos maiores da organização do Estado, cabendo ao Administrativo os menores. Essa visão equivocada está hoje definitivamente superada, até porque, houve por assim dizer uma administrativização do Direito Constitucional, com a presença decisiva de inúmeros temas como desvio de finalidade entre outros no controle da legalidade e constitucionalidade de atos do Poder Público.

Para fazer valer os seus direitos, o cidadão hoje, mais do que em épocas anteriores, precisa manejar os instrumentos, princípios e argumentos doutrinários próprios do Direito Administrativo. Moralidade, impessoalidade e eficiência passaram a contar nesse contexto. É verdade que tais princípios foram inscritos na Constituição de 1988, o que os torna é claro constitucionalmente imponíveis. Mas é certo que a doutrina administrativa de longa data já trabalhava esses conceitos e construiu um sólido embasamento para a sua sustentação.

Um outro dado que merece ser destacado se refere a uma questão que atinge a milhões de pessoas que são participantes de planos de saúde e que frequentemente se veem às voltas com reajustes excessivos de suas mensalidades, ou com negativa de cobertura para determinados tipos de tratamento, entre outros problemas.

Esse é um outro universo em que as normas do Direito Administrativo são decisivas para que possa ser efetivamente assegurado o direito à saúde previsto na Constituição.

A infelizmente crescente ocorrência da prática de atos de corrupção em licitações e contratações pelo Poder Público é outro terreno que tem mobilizado as ferramentas do Administrativo para afinal preservar o interesse público.

Outra área de suma importância na vida contemporânea e que igualmente põe em destaque as normas administrativas diz respeito ao universo da informática e da comunicação via internet, instrumentos sem os quais nada pode funcionar a contento em nossa vida. Há igualmente inúmeras questões que envolvem o direito à privacidade e ao mesmo tempo a liberdade de expressão e de acesso à informação.

Em tudo isso, sem prejuízo é claro dos princípios constitucionais pertinentes, há a incidência de normas do Direito Administrativo, que novamente se mostra presente e atuante no dia a dia dos cidadãos, de tal modo que não é possível a eles fazer valer os seus direitos, sem recorrer a esses preceitos.

Assim, e ainda que a rigor cada uma dessas áreas demandasse uma análise mais aprofundada, fica a nosso ver patenteada uma realidade que talvez os constitucionalistas não tenham ainda dimensionado devidamente, mas que me pareceu merecer ao menos o registro de sua relevância, tal como apontado no título deste artigo.

Referências Bibliográficas

1 PONTES DE MIRANDA – "Sistema de Ciência Positiva do Direito", Rio de Janeiro, Editor Borsoi, 2ª edição, 1972, Tomo II, p. 153/4.

2 DJACIR MENEZES – "Biologismo nas Ciências Sociais e Alguns Reflexos no Brasil", Revista do Instituto de Ciências Sociais da Universidade do Brasil, vol. 1/12.

3 TEILHARD DE CHARDIN – *"Le Phénomène Humain", Paris, Éditions du Seuil,* 1965, p. 179.

4 PAUL CHAUCHARD – "A Linguagem e o Pensamento", São Paulo, Difusão Europeia do Livro, 1967, p. 30.

5 PONTES DE MIRANDA- ob. cit., tomo III, p. 149.

6 Idem, ibidem, tomo III, p. 87.

7 Idem, ibidem, tomo III, p. 136.

8 MELVILLE HERSKOVITS – "Antropologia Cultural", São Paulo, Editora Mestre Jou, 1963, tomo III, p. 137.

9 CARLOS NARDI-GRECO – "Sociologia Jurídica", Buenos Aires, Editorial Atalaya, p. 14 e segs.

10 PONTES DE MIRANDA – ob. cit, tomo IV, p. 246.

11 RECASENS SICHES – "Tratado de Sociologia", Porto Alegre, Editora Globo, 1971.

12 MACHADO NETO – "Teoria do Direito e Sociologia do Conhecimento", Rio de Janeiro, Tempo Brasileiro, 1960, p. 213.

13 GUSTAV RADBRUCH – "Filosofia do Direito", Coimbra, Arménio Amado, Editor, vol. 1, p. 50.

14 VAMIREH CHACON – "Introdução ao Problema da Sociologia do Direito", Recife, 1959.

15 PONTES DE MIRANDA – ob.cit., tomo III, p. 47

16 Idem, ibidem, tomo III, p. 51.

17 MIRKINE GUETZEVITCH – "As Novas Tendências do Direito Constitucional" São Paulo, Companhia Editora Nacional, 1933.

18 BÖCKENFÖRDE – *"Le Droit, l'État et la Constitution Démocratique", Paris, Bruylant"* L.G.D.J, 2000, p. 18.

19 JORGE MIRANDA – "Teoria do Estado e da Constituição", Rio de Janeiro, Forense, 2002, p. 44.

20 PAULO BONAVIDES – "Do Estado Liberal ao Estado Social", Rio de Janeiro, Fundação Getúlio Vargas.1972, p. 2/4.

21 MANUEL GARCIA-PELAYO – *"Derecho Constitucional Comparado", Madrid, Alianza Editorial,* 1987, p. 157.

22 NELSON SALDANHA – "Formação da Teoria Constitucional", Rio de Janeiro, Forense, 1982, p. 17/19.

23 MIGUEL REALE – "Teoria do Direito e do Estado", São Paulo, Livraria Martins Editora, 3ª ed., 1972, p. 330/331.

24 KONRAD HESSE – "Elementos de Direito Constitucional da República Federal da Alemanha", Porto Alegre, Sergio Antonio Fabris Editor, 1998, p. 167.

25 FRIEDRICHO MÜLLER – "Direito – Linguagem – Violência – Elementos de uma Teoria Constitucional", Porto Alegre, Sergio Antonio Fabris Editor, 1995, p. 28.

26 BISCARETTI DI RUFFIA – *"Diritto Costituzionale", Napoli, Jovene Editore,* 1977, p. 175/184.

27 JEAN RIVERO – *"Le Conseil Constitutionnel et les Libertés", Paris, Economica,* 1987, p. 150.

28 LOUIS FAVOREU (*Coordenateur*) – *"Droit Constitutionnel", Paris, Dalloz,* 1998, p. 111.

29 LOUIS FAVOREU e PHILIP LOÏC – *"Les Grandes Décisions du Conseil Constitutionnel", Paris, Dalloz,* 8e ed., 1995, p.464.

30 GOMES CANOTILHO e VITAL MOREIRA – "Constituição da República Portuguesa Anotada", Coimbra, Coimbra Editora, 1984, 1º vol., p. 73/74.

31 JACQUES CHEVALLIER – *"L'État de Droit", Paris, Montchrestien,* 3e, ed,. 1999, p. 108.

32 MAURICE DUVERGER – *"Le Système Politique Français". Paris, Presses Universitaires de France,* 1996, p. 2.

33 LOUIS FAVOREU – Ob. cit., p. 49.

34 NORBERTO BOBBIO – "Teoria Geral da Política: a filosofia política e as lições dos clássicos", Rio de Janeiro, Campus, 2000, p.237.

35 JOSÉ AFONSO DA SILVA – "Curso de Direito Constitucional Positivo", São Paulo, Malheiros Editorres, 1999, p. 123.

36 RICARDO LOBO TORRES – "A Legitimação dos Direito Humanos e os Princípios da Ponderação e da Razoabilidade", In "Legitimação dos Direitos Humanos, Ricardo Lobo Torres (org.), Rio de Janeiro,Renovar, 2002, p. 441.

37 SERGIO DE ANDRÉA FERREIRA – "O ano 2000 e o Duocentésimo Aniversário do Direito Administrativo: Atualidade e Perspectivas Brasileiras", trabalho publicado nos "Estudos em Homenagem ao Professor Caio Tácito", Rio de Janeiro, Renovar, 1997.

CONTROLE DE CONSTITUCIONALIDADE: DE MARSCHALL A RUI BARBOSA

Roberto Rosas[1]

Ainda estudante, e estagiário no fórum do Rio de Janeiro, vi a exaltação a um jovem consagrado como primeiro colocado no concurso para defensor (então início da carreira do Ministério Público). Logo ficou sob a vigilância científica do público no fórum carioca. Logo, brilhou no magistério jurídico, e depois no TRF/2ª como desembargador, e hoje, lado a lado na Academia Brasileira de Letras Jurídicas, onde destaca-se pela ponderação e acertadas colocações. Acompanhei esses brilhantes passos, e essa séria carreira.

Aliomar Baleeiro percorrera o Legislativo (estadual e federal), e brilhara na cátedra jurídica (Bahia e Rio de Janeiro). Em 1965 foi alçado a Ministro do Supremo Tribunal, e continuou no seu brilho permanente. Cooptado pela área do Direito da Universidade de Brasília, em 1968, empreendeu um curso sobre o Supremo Tribunal, numa linha doutrinaria, desde sua história, até seu status político, com a reunião dessas preleções num livro – O Supremo Tribunal, esse outro desconhecido. Partira do pressuposto que as luzes das informações ficaram no Executivo e no Legislativo, mais naquela, e com sombras o Supremo Tribunal. Perguntava-se: de quem a culpa por essa obscuridade? Os juízes, e especialmente do Supremo Tribunal, eram avessos à imprensa, entrevistas, exposições fora dos processos, uma velha máxima – o juiz só fala nos autos, mas a imprensa não tinha especialistas na temática judicial, e assim, aquela linguagem técnica, para muitos arcaica, era obscura, e o leitor não tinha interesse, apenas curiosidade sobre a temática, principalmente, se com color político, aí, primeira página, mas a população, em grande parte analfabeta, via a legenda sem atinar para a importância desses temas. Assim foi durante o século XX, e Baleeiro retratou bem essa posição do Supremo Tribunal.

Podemos sentir, a partir de 1988, e assim, com a nova Constituição, novos rumos e novas missões foram entregues ao Supremo.

Aqui, vamos voltar a Baleeiro, com uma corajosa divergência, ao apontar no século XX, grandes decisões e orientações da Corte, esqueci-

---

1 Professor Titular da Faculdade de Direito da Universidade de Brasília (UnB). Ex--Ministro do Tribunal Superior Eleitoral (TSE). Ex-Conselheiro Federal da Ordem dos Advogados do Brasil (OAB). Autor do livro Direito Sumular, 14ª ed.

das nos anais forenses, mas luzes para os dias atuais, lições de arrojo e sacrifício, coragem e destemor, com perigo social, e de vida.

A nossa intenção é relembrar uma grande linha, sem preocupação com nomes, figurantes ou não, porém, ideias que ficaram, no período entre 1890 (criação do Supremo Tribunal) e 2021, portanto, anos, é o Supremo Tribunal desconhecido do público, como disse Baleeiro, mas conhecido por suas teses e diretrizes, e em especial, aquela vocacionada pela Constituição – precipuamente constitucional, e quem pôs a pedra fundamental, foi Rui Barbosa, e especialmente forte na doutrina do famoso Justice americano John Marshall, no paradigmático caso Marbury x Madison (1803).

Rui Barbosa, em 1893, assim, nos dois anos da primeira constituição republicana, propôs uma ação que enfeixou no título – Os Atos Inconstitucionais do Congresso e do Executivo ante a Justiça Federal, em alentada petição, encartada em livro com 249 páginas. Vamos utilizá-la diante da autoridade e da erudição, a partir do significado do caso americano Marbury x Madison, na palavra de Rui:

> **"Marbury, cidadão americano, nomeado Juiz de paz do distrito de Columbia nos últimos dias da administração de John Adams, com a ratificação do senado, reclamava, em 1801, perante a Suprema Corte Federal, a expedição de um *mandamus* contra o secretário de estado Madison, para o obrigar à entrega de seu título, que o novo presidente lhe sonegava. Pela lei os juízes de paz eram inamovíveis durante cinco anos. Pretendia, pois, o nomeado que a recusa, pelo presidente Jefferson, da carta de comissão, já firmada por seu antecessor, importava a privação de um cargo, cuja posse, durante o quinquênio legal, era legalmente inviolável desde a consumação do ato, que o designara, para exerce-lo. Sentenciando esse pleito celebre, estabeleceu Marshall, o oráculo da Constituição nascente, que Marbury tinha aquelas funções direito legal adquirido, de que o executivo não podia desapossa-lo, e, conquanto o tribunal não pudesse interferir nas prerrogativas da administração, podia e devia intimar o ministro à observância de uma obrigação, que não ficara à mercê do seu arbítrio, estando, como estava, subordinada a leis especiais e a princípios inelutáveis de direito. "O autor", disse o imortal *Chief-justice*, "tem a posse desta comissão direito legal perfeito, de que o executivo não pode expropria-lo. Foi**

> **nomeado para um cargo, do *qual não é amovível à vontade do governo*: e, uma vez nomeado, é inalienável o direito à investidura."**

Pela primeira vez, no Brasil, citava-se John Marshall, após 90 anos da sua lição constitucional, adiante Américo Lobo, Ministro do STF (1894/1903) traduziu – Decisões Constitucionais de Marshall, mas ficou a primazia ruiana.

Vale o exame do supedâneo legislativo brasileiro, porque o Decreto 848/1890 (art. 8º) já admitia a validade das leis diante da Constituição, e a Lei 221/1894 (art. 13), já mencionava – leis manifestamente inconstitucionais, mas, esta é posterior a Rui, sobre tudo o art. 59, § 1º da Constituição de 1891 – diante da Constituição, com a proposta de Rui (Obras Completas – vol. XVII, T. 1 – Constituição de 1891 – pg. 78).

Vale reafirmar o pioneirismo de Rui na invocação ao controle da constitucionalidade pelo Judiciário, como já acentuado, por insignes juristas, no particular, (Gilmar Ferreira Mendes – Controle da constitucionalidade, 1990, pg. 171; Luiz Roberto Barroso – O controle de constitucionalidade no direito brasileiro, 7ª ed., pg. 85; Rubem Nogueira – Rui Barbosa, Combatente da Legalidade, 1999, pg. 21; Luiz Roberto Barroso – Rui Barbosa, in Brasileiros, organização de José Roberto Castro Neves, 2020, pg. 81). Se tivéssemos dúvida do papel de Rui no estabelecimento de uma doutrina ou orientação para o controle da constitucionalidade, bastaria a palavra do importante publicista e Ministro do STF (1940/1949), Castro Nunes:

> **"Quando um dia se escrever a história do Supremo Tribunal Federal desde os seus primórdios indecisos e vacilantes em face da declaração de inconstitucionalidade de uma lei do Congresso, será preciso reservar à obra de doutrinação do insigne constitucionalista um lugar de honra." (Teoria e Prática do Poder Judiciário, 1943, pg. 160).**

Importante uma incursão em Marshall, pelas mãos de Rui Barbosa, no já citado trabalho – Os Atos Institucionais (1893). Diz Rui:

> **"A invalidação da ação dos poderes políticos fora do círculo dos textos constitucionais é o dogma cardeal do constitucionalismo americano. A evolução lógica desse dogma foi traçada admiravelmente por Marshall, o supremo expositor da Constituição americana. "**

Mais adiante, Rui estabelece as fronteiras desse controle: "Ao gênio de Marshall coube a honra, no seu aresto histórico sobre o caso Marbury v. Madison, de **"estabelecer para sempre a necessidade lógica desse poder sob uma Constituição limitada comprovando a insensatez de qualquer teoria."**

E Rui volta a exaltar Marshall – **"constitucionalista sem rival entre os constitucionalistas americanos. "**

Para distinguir atos em geral, e atos políticos, ou função política nos atos, Rui invoca: **"Desde Marshall, no memorável aresto em que se sagrou a jurisdição dos tribunais contra o exercício inconstitucional das faculdades do governo, o do Congresso. "**

Essa demanda, tantas vezes aqui mencionada, foi julgada procedente, e o Supremo Tribunal (então segunda instância) manteve essa sentença em 1895 (Leda Boechat Rodrigues – História do Supremo Tribunal Federal, Tomo I, pg. 61).

A doutrina do controle constitucional e o Supremo Tribunal aplicou-a, na defesa do regime federativo, quando declarou a inconstitucionalidade de leis do Estado da Bahia sobre imposto de importação entre estados e imposto de exportação entre estados (1894), porque aí estavam barreiras alfandegárias.

Em 1897 entrou num debate envolvente de lei do Rio Grande do Sul prevista para o júri com voto a descoberto. O juiz gaúcho Alcides Mendonça Lima declarou a inconstitucionalidade desse dispositivo, e o poder estadual abriu processo criminal contra o magistrado. Chegou ao STF, mas a Corte apenas absolveu o juiz, sem entrar na constitucionalidade.

O controle da constitucionalidade, hoje, é dogma, sem debate, veio forte em 1947 no exame da constitucionalidade de artigos da Constituição do Estado do Rio Grande do Sul, nitidamente parlamentarista. Vivíamos, assim o controle difuso, mas o controle consolidou-se com a Emenda Constitucional nº 16 de 1965, que deu ao Procurador Geral de República, a legitimidade exclusiva para a representação desaparecida com o art. 103 da Constituição de 1988.

Vale a semente ruiana, fincada em árvore frondosa do grande John Marshall.

A narrativa com prioridade ruiana do controle da constitucionalidade, já fora antecedida com a palavra inconstitucional, e quem o disse – Machado de Assis, em crônica de 1885 (Obras completas, Aguilar, 4/609).

LEI DE INOVAÇÃO TECNOLÓGICA: MEDITAÇÕES

Sergio Ferraz[1]

Sumário: **1.** Introdução. **2.** O tema da inovação tecnológica: conteúdo e relevância. Implicações com a Administração Pública. **3.** Inovação tecnológica no direito positivo brasileiro. **4.** Instrumentos institucionais da Lei de Inovação. **5.** Os princípios jurídicos da inovação tecnológica. **6.** Os diálogos da Lei de Inovação. **7.** O estímulo às ICTs. **8.** O estímulo às empresas e ao inventor independente. **9.** O regulamento da Lei de Inovação.

1. O presente texto resulta de nossa inclinação dedicada ao tema da inovação tecnológica e suas implicações com a Administração Pública. Por isso mesmo, já há algum tempo escrevemos (e publicamos) um trabalho sobre o contrato administrativo de aquisição e uso de inovações tecnológicas e científicas. Neste momento, ampliaremos nosso escopo, cuidando de vários outros aspectos relevantes que a temática, proposta no título supra, desperta e provoca, procurando destarte convocar a atenção de outros autores e juristas, mais dotados e preparados, para, na medida do possível, ajudar a desvendar mais esse desafio da ciência jurídica e dos reclamos da atualidade.

2. Em primeiro lugar, impõe-se a busca por um conceito de inovação tecnológica. Conquanto conheçamos a influência da Lei francesa de inovação de 1999, na elaboração do diploma brasileiro análogo, construiremos o conceito com o instrumental próprio da lógica do Direito nacional.

De forma geral, inovação tecnológica significa não só a criação de tecnologias inexistentes, como a renovação e/ou aperfeiçoamento das que já disponíveis. Essa criação ou renovação se dizem tecnológicas quando implicam a utilização, a um certo segmento de atividade, de conhecimentos ou descobertas científicas, capazes de gerar um produto novo ou de tornar melhor um produto existente. Nesse contexto, pode-se dizer, por exemplo, que, a partir da invenção da roda e da apropriação cognitiva do fogo e do calor como insumos, a história da humanidade se

1 Professor Titular de Direito Administrativo da PUC/RJ; Procurador Aposentado do Estado do Rio de Janeiro; Membro da Academia Brasileira de Letras Jurídicas; foi decano do Conselho Federal da Ordem dos Advogados do Brasil e presidente do Instituto dos Advogados Brasileiros, Consultor Jurídico do Ministério da Justiça. É atualmente Consultor Jurídico e Advogado militante.

traduz num permanente e contínuo exercício de inovação tecnológica. De tal esforço perene surgem novos bens, bens existentes se tornam melhores e mais úteis, aperfeiçoa-se o processo de produção da inovação, amplia-se a gama da matéria prima essencial ao processo de inovação. E mais, otimiza-se a cadeia produtiva da inovação, somando esforços pessoais, alargando-se a escala de captação dos alicerces de otimização do processo (capitais, insumos materiais, capacitação dos protagonistas, troca de informações entre os vários *players*, etc...), tudo isso com metas bem claras: dar nascimento a um produto ou alavancar sua melhoria, se possível no menor tempo e com o menor custo, admitindo-se até prazos mais largos de produção e dispêndios respectivos mais elevados, desde que o melhor resultado tecnológico seja atingido, independentemente da episódica possibilidade de absorção da tecnologia por um maior ou menor público alvo.

Há um dado que é inerente a qualquer atividade de inovação ou aperfeiçoamento tecnológico: a possibilidade de frustração do intento. Tanto faz que se trate de produto, serviço ou processos, a inovação anda de braços dados com a incerteza da iniciativa. E este dado inerente tem profunda repercussão na temática da contratação administrativa de inovação tecnológica. E esse é um obstáculo esfingético mesmo: a Administração tem desafios permanentes e qualitativamente maiores e mais complexos, que os cidadãos lhe impõem. Não basta à Administração dar resposta a esses reclamos na medida simplesmente do possível, do "estado da arte". Para justificar sua própria existência, aplacar insatisfações, legitimar-se mesmo, a Administração tem de andar à frente dos reclamos, a eles oferecendo satisfações qualitativas mais refinadas, adiantando-se inclusive a uma necessidade futura mas previsível. É nesse paradigma que se situa nossa conceituação da "melhor administração" – e não só da boa administração – que há décadas temos proclamado. Essa assertiva amolda-se inteiramente ao chamado Manual de Oslo da OCDE (Organização para Cooperação e Desenvolvimento Econômico), datado de 1992. Não temos por essencial, neste momento, a distinção do dito Manual, entre inovação tecnológica (criação de um novo bem ou de um novo processo produtivo) e atividade inovadora (aperfeiçoamento de conhecimento já existente, pesquisa e desenvolvimento de métodos, produção e capacitação pessoal, podendo até conduzir à inovação tecnológica em sentido estrito); em qualquer dessas faces a Administração Pública enfrenta os mesmos tipos de problemas. Mas de uma ou outra forma, a inovação tecnológica e a adoção de qualidade tecnológica mais sofisticada nos métodos de produção e na capacitação do pessoal, ambas as faces pois da inovação, contribuem para o maior bem estar social, para o crescimento e mais desafiadora competitividade do país, para o progresso enfim do Brasil. Estado e iniciativa privada hão que se irmanar neste processo. Nesse desiderato, a intensificação das relações empresa-universidade, a adoção de inteligentes políticas fiscais e a tão reclamada (quanto, infelizmente, até aqui em fase de engatinhamento) reforma do ensino poderão criar um real ambiente de deslanchamento da política proativa de estímulo à inovação tecnológica. Somente assim alcançaremos um nível em que não só "compraremos" tecnologia, como criaremos e desenvolveremos as que mais de perto nos interessam. Nesse estágio histórico que atravessamos, em que lutamos para um ingresso pleno na OCDE, cumpre ver que, uma vez concretizado o propósito, a grandeza atual de nossa economia e o desenvolvimento de nossas instituições não são compatíveis com uma posição meramente retórica, quando não de retaguarda mesmo, em tão importante Colégio como a OCDE. Temos de estudar a fundo a interrelação inovação tecnológica – Direito Administrativo, para que sejamos protagonistas e grandes beneficiários desse novo estágio de nosso crescimento.

Nunca será demais sublinhar a vulnerabilidade da segurança do país, quando não se detém a tecnologia essencial. No particular convém lembrar evento exemplar.

Nos anos 70 a CIA americana quebrou os códigos nacionais de segurança e defesa, economia e política, de mais de cem países, dentre eles o Brasil. Todos eles usavam máquinas codificadoras Crypto, produzidas na Suíça. Só que: a CIA era sócia da Crypto (bem como, em menor proporção, o serviço de inteligência alemão), com isso ganhando duas vezes: informação de nível mundial; astronômicos lucros societários com as vendas. Foi só no final da década de 70 que o finado SNI (Serviço Nacional de Informações) atinou com a vulnerabilidade em questão e começou a criar um parque criptográfico nacional. Mas, por exemplo, a Argentina continuou cliente da Crypto; segundo alguns analistas informam isso teve papel relevante no desastroso final da aventura bélica das Malvinas.

Outro relevante (e ainda mais recente) exemplo de desastre resultante da dependência tecnológica se expõe na pandemia da COVID-19: o Brasil não tinha grande experiência e capacitação na confecção de respiradores artificiais para atendimento a pacientes (milhares) com a "síndrome aguda de respiração". E nem havia como adquirir o equipamento na dimensão necessária, eis que quase o mundo inteiro também era dependente da indústria chinesa. Muitíssimas vidas foram perdidas até o momento em que a inventividade brasileira compôs um modelo simplificado mas eficiente.

Com tudo quanto afirmado, o que pretendemos assentar é que, em paralelo com a iniciativa privada, as contratações da Administração

Pública têm um papel fundamental no desenvolvimento tecnológico nacional e, em geral, na implantação efetiva de políticas públicas. Por outra parte, e certamente jamais perdendo de vista o artigo 37, XXI, da nossa Constituição, há que lembrar que as contratações públicas em geral passam pelos cânones de regras extremamente formais das licitações. É nessa encruzilhada que se situam as preocupações deste trabalho. O princípio da licitação se entrosa, inteiramente, com os princípios administrativos do *caput* do citado artigo 37 constitucional. Mas o processo tecnológico tem velocidades particulares de desenvolvimento, sempre muito premido pela elevada competitividade e pela potencial obsolescência rápida dos produtos e métodos desenvolvidos. Daí a imperatividade de o administrador, sem abandonar as preciosas cautelas inerentes à licitação, descobrir, na positividade jurídica existente, os caminhos próprios e peculiares que permitam levar em conta as notas de competitividade e obsolescência mais anteriormente assinaladas. E aqui se concretiza meta excelsa do que Daniel Ferreira[2] denominou, com muita propriedade, a função social da licitação (e, pois, da contratação administrativa).

A moldura, em que se encarta nossa preocupação com a inovação tecnológica no país, particularmente no contexto da Administração Pública, importa a fixação das matrizes conceituais que dirigem nosso pensamento.

Em primeiro lugar, o investimento (privado e público) em inovação tecnológica constitui fator relevante na edificação do crescimento do país, com isso gerando mais empregos, constituindo um sólido patrimônio de conhecimento científico, afora, como consequência, elevar o país à condição de chamariz valioso para inversões privadas e públicas, nacionais e estrangeiras.

O pleno êxito da meta desenhada no tópico anterior exige um comprometimento permanente do Poder Público, que deve abraçar a aquisição, o desenvolvimento e a inovação do conhecimento tecnológico como verdadeira política de estado. Para tanto, o Estado deve não só aperfeiçoar seus sistemas de inovação, mas também utilizar os instrumentos legais de fomento e financiamento à criação de empresas privadas e estímulos ao empreendedorismo.

3. A exposição mais clara da disciplina da inovação tecnológica, no campo jurídico, sugere que se aloque a análise em dois planos distintos: o da

2 A Licitação Pública no Brasil e sua Nova Finalidade Legal, Ed. Fórum, 2012, p. 39

Constituição de 1988 e o da normatividade infraconstitucional. E assim procederemos.

Enfoque Constitucional

O primeiro momento, em que nossa Lei Magna cuida da tecnologia, se situa no inciso XXIX do artigo 5º, assim redigido:

> "Art. 5º..
>
> ....
>
> XXIX – a lei assegurará aos autores de inventos industriais privilégio temporário para sua utilização, bem como proteção às criações industriais, à propriedade das marcas, aos nomes de empresas e a outros signos distintivos, tendo em vista o interesse social e o desenvolvimento tecnológico e econômico do País;
>
> ...."

Importante notar que, conquanto a palavra "tecnológico" esteja ligada ao desenvolvimento do país, ela no texto transcrito se encarta na ideia de propriedade, que perpassa todo o supratranscrito inciso XXIX. Essa conclusão se reforça com a leitura dos precedentes incisos XXII e XXIII do mesmo artigo: o primeiro, consagrando o direito de propriedade, que concerne à definição de propriedade dos artigos 1.228 e seguintes do Código Civil, prescritivos nos quais domínio e criação/invenção se encontram geminados; o segundo, atributivo de função social à propriedade, o que se encarta totalmente nos objetivos do inciso XXIX supra transcrito, particularmente quando neste se alveja o "desenvolvimento tecnológico e econômico do país". Mas aqui não se detém a preocupação da Constituição com a tecnologia. E nem haveremos de nos ater ao artigo 170, incisos II e III, pontos em que retomadas e reforçadas as matrizes do direito de propriedade e de sua função social. Queremos passar diretamente para os artigos 218 e 219 (com a redação determinada pela Emenda Constitucional nº 85 de 2015), encimados pelo auto-sugestivo título – Capítulo IV do Título VIII – "Da Ciência, Tecnologia e Inovação". Imprescindível que nosso eventual leitor tenha o aludido texto em mãos, pois, em razão de sua extensão, não transcreveremos aqui os dispositivos em questão.

A partir da leitura dos textos constitucionais invocados, algumas constatações podem ser deduzidas.

Em primeiro lugar, uma observação de caráter mais geral: mais detalhada e impositiva que a Carta de 67/69, que se limitava a contemplar a liberdade da ciência e a obrigação do Estado de apoiar a pesquisa, a Constituição de 1988, no caput do artigo 218, dita que todos os entes federativos (União, Estados, Distrito Federal e Municípios) DEVERÃO promover e incentivar o desenvolvimento científico, a pesquisa e a capacitação tecnológica.

Mas o constituinte não se limitou a comprometer-se em um incentivo aberto; bem ao revés, metas determinadas foram lançadas, no próprio Texto Maior, a saber:

a) a meta principal da pesquisa tecnológica é a solução de problemas brasileiros e o desenvolvimento do sistema produtivo nacional;

b) também comporá as finalidades do sistema a concretização da autonomia tecnológica do país.

Para a plena consecução dos propósitos fixados, o constituinte ainda detalhou instrumentos e ações da maior relevância, cabendo a propósito realçar:

a) a capacitação e a inovação tecnológicas receberão tratamento (sem maiores descritivos) prioritário do Estado;

b) o entrosamento entre o Estado e a iniciativa privada, na formação e aperfeiçoamento de recursos humanos;

c) a faculdade deferida a Estados e ao Distrito Federal de vincular receita orçamentária a entidades públicas de fomento à pesquisa tecnológica;

d) a possibilidade de instrumentos de cooperação entre União, Estados, Distrito Federal e Municípios, ensejadores de compartilhamento de informações, recursos humanos e projetos.

Como culminância de todos os fatores, até aqui mencionados o artigo 219 constitucional refere que no patrimônio nacional se inclui o mercado interno, ao qual se assegura acesso a todos os protagonistas do sistema tecnológico, inclusive como condição propiciadora da plena realização da autonomia tecnológica nacional.

Para plena implementação das políticas públicas construídas nos precitados artigos 218 e 219 foi editado um conjunto normativo infraconstitucional, que passaremos a focalizar no próximo segmento.

Enfoque Infraconstitucional

Antes de aprofundarmos o exame que o rótulo supra indica, insta fixar que o legislador ordinário, para que lícita sua produção, leve em conta, no dispor sobre desenvolvimento científico e tecnológico, o que dizem os incisos XIII, XXVIII e XXIX do artigo 5º da Constituição da República.

O XIII assegura o livre exercício de qualquer trabalho, ofício ou profissão, mas baliza tal liberdade na observância, pelo indivíduo, das qualificações profissionais que a lei estabelecer. Mais adiante, lá no parágrafo único do artigo 170, essa liberdade ganha maior dimensão, quando se consagra o princípio da liberdade de iniciativa privada, da pessoa natural e da pessoa jurídica, em qualquer atividade econômica, independentemente de autorização estatal, salvo quando esta é posta em lei. Esse âmbito de liberdade privada recebe os confins definitivos no artigo 173, caput, no qual se traça a regra de que o Estado somente explorará diretamente atividade econômica mediante autorização legal, e assim mesmo quando na lei declarada ser sua inserção necessária aos imperativos de segurança nacional ou a relevante interesse coletivo, permissividades igualmente definidas em lei (sempre em senso estrito).

Os incisos XXVII, XXVIII e XXIX assim estatuem:

> "Art. 5º...
>
> ....
>
> XXVII – aos autores pertence o direito exclusivo de utilização, publicação ou reprodução de suas obras, transmissível aos herdeiros pelo tempo que a lei fixar;
>
> XXVIII – são assegurados, nos termos da lei:
>
> a) a proteção às participações individuais em obras coletivas e à reprodução da imagem e voz humanas, inclusive nas atividades desportivas;
>
> b) o direito de fiscalização do aproveitamento econômico das obras que criarem ou de que participarem aos criadores, aos intérpretes e às respectivas representações sindicais e associativas;
>
> XXIX – a lei assegurará aos autores de inventos industriais privilégio temporário para sua utilização, bem como proteção às criações industriais, à propriedade das marcas, aos nomes de empresas e a outros signos distintivos, tendo em vista o interesse social e o desenvolvimento tecnológico e econômico do País;
>
> ....
>
> ...."

Nesses incisos se atribui aos autores de obras e inventos certos feixes incluídos na acepção de direito de propriedade, determinando-se que, quanto aos autores de inventos industriais, ainda lhes é concedido "privilégio temporário" para sua utilização.

É no somatório dessa moldura, com as garantias dos artigos 218 e 219 antes invocados, que se compõe o espaço reservado ao legislador ordinário, ao regular a apropriação e utilização da inventiva e do conhecimento científico e tecnológico. E essa é uma tarefa ingente, eis que não se limita à específica Lei de Inovação Tecnológica (a 10.973 de 2004), derramando-se também por vários outros diplomas igualmente de grande relevância, que não poderão ser menosprezados neste trabalho.

A Lei nº 10.973/2004, com as alterações da Lei nº 13.246/2016 (a esse conjunto normativo aplicaremos, doravante, a denominação LI), assinala textualmente seu artigo 1º, tem por objetivo nuclear incentivar a inovação tecnológica, com vistas ao incremento da competitividade empresarial brasileira, no país e no mundo. Para esmiuçar esse núcleo teleológico convém, não obstante sua extensão, transcrever seus objetivos específicos, tais como enunciados no parágrafo único e seus catorze incisos, do citado artigo 1º:

> "Art. 1º ....
>
> ....
>
> Parágrafo único. As medidas às quais se refere o caput deverão observar os seguintes princípios:
>
> I – promoção das atividades científicas e tecnológicas como estratégicas para o desenvolvimento econômico e social;
>
> II – promoção e continuidade dos processos de desenvolvimento científico, tecnológico e de inovação, assegurados os recursos humanos, econômicos e financeiros para tal finalidade;
>
> III – redução das desigualdades regionais;
>
> IV – descentralização das atividades de ciência, tecnologia e inovação em cada esfera de governo, com desconcentração em cada ente federado;
>
> V – promoção da cooperação e interação entre os entes públicos, entre os setores público e privado e entre empresas;
>
> VI – estímulo à atividade de inovação nas Instituições Científica, Tecnológica e de Inovação (ICTs) e nas empresas, inclusive para a atração, a constituição e a instalação de centros de pesquisa, desenvolvimento e inovação e de parques e polos tecnológicos no País;

VII – promoção da competitividade empresarial nos mercados nacional e internacional;

VIII – incentivo à constituição de ambientes favoráveis à inovação e às atividades de transferência de tecnologia;

IX – promoção e continuidade dos processos de formação e capacitação científica e tecnológica;

X – fortalecimento das capacidades operacional, científica, tecnológica e administrativa das ICTs;

XI – atratividade dos instrumentos de fomento e de crédito, bem como sua permanente atualização e aperfeiçoamento;

XII – simplificação de procedimentos para gestão de projetos de ciência, tecnologia e inovação e adoção de controle por resultados em sua avaliação;

XIII – utilização do poder de compra do Estado para fomento à inovação;

XIV – apoio, incentivo e integração dos inventores independentes às atividades das ICTs e ao sistema produtivo."

Deflui de forma hialina, da transcrição supra, que há três eixos temáticos fundamentais, na razão de ser da Lei de Inovação:

___ incentivos à pesquisa e à inovação, para tanto, inclusive, facilitando a transferência de tecnologia e aperfeiçoando a gestão das instituições acadêmicas;

___ capacitação e incentivo a pesquisadores e agentes de inovação, fomentando a cooperação entre eles e propiciando sua mobilidade com vistas à ampliação de seus conhecimentos;

___ estímulo à formação de empresas privadas dedicadas à tecnologia, incentivando-as por todos os meios a que sejam autênticos centros de Inovação, para tanto, ademais, quando o interesse coletivo recomendar, procedendo à aquisição das inovações tecnológicas por tais empresas concretizadas.

Os três vetores, antes indicados, definem o cenário que a Lei de Inovação, conformada à Constituição, intenta edificar: o Estado é, e não só, por suas empresas, um dos agentes de inovação. Mas essa não é sua atribuição matricial. Ele é sobretudo um incentivador, um financiador e um cliente (quando isso traz aperfeiçoamento do aparato estatal, em favor da coletividade) da empresa privada e das unidades inovadoras. A tecnologia criada ou otimizada é destinada sobretudo à apropriação pelo sistema produtivo nacional, para que supra o mercado e o interesse nacionais mas também (e talvez sobretudo) para que dispute protagonismo no mercado mundial: essa é, em verdade, a essência da regra contida no artigo 5º, XXIX da Constituição.

Interações legislativas da Lei de Inovação

Antes ainda de adentrarmos a análise de Lei nº 10.973, queremos reiterar que a matéria central, nela tratada, se entrosa com vários outros diplomas legais, anteriores e posteriores, o que clama a busca de uma interpretação sistemática (quando necessário, para tal fim, referiremos também a legislação internacional pertinente). Por ora, vamos limitar-nos à menção a tal fenômeno normativo, para, nos pontos específicos a serem mais adiante abordados, nos debruçarmos sobre tais inserções.

4. O artigo 2º da LI encerra um útil glossário dos principais vocábulos usados com intensa frequência no diploma. Nesse rol estão referidas duas estruturas instrumentais de grande importância, para as finalidades da Lei: a ICT (Instituição Científica, Tecnológica e de Informação) e o NIT (Núcleo de Inovação Tecnológica).

As ICTs são órgãos públicos (administração direta ou indireta) ou privados (sem fins lucrativos), constituídos no país e aqui sediados, que tenham, em seus objetivos, a pesquisa básica (ciência pura ou, melhor dizendo, teórica) ou aplicada (isto é, dedicada a um caso ou problema concreto), de caráter científico ou tecnológico ou, ainda, o desenvolvimento de novos produtos, serviços ou processos.

Os NITs, um ser das ICTs, estão configurados como estruturas instituídas por uma ou mais ICTs, com ou sem personalidade jurídica própria, tendo por objetivo a gestão da política institucional de inovação e o exercício das competências mínimas (que na sequência examinaremos) previstas na própria Lei de Inovação.

Sem especificação particularizada na Lei mesma, são referidas as agências de fomento e as fundações de apoio. Estas são entidades criadas para dar assistência às ICTs, registradas e credenciadas no Ministério da Educação e no Ministério de Ciência, Tecnologia e Inovação. Aquelas são órgãos ou instituições, de natureza pública ou privada, que atuem no financiamento de ações que visem a estimular e promover o desenvolvimento da ciência, da tecnologia e da inovação. Também sem identificação específica, a lei prevê que, conquanto sem a nominação ICT, participem da execução dos propósitos da Lei empresas e entidades privadas sem fins lucrativos, comprometidas com atividades de pesquisa e desenvolvimento que objetivem a geração de produtos, processos e serviços inovadores e a transferência e difusão de tecnologia. Figuram ainda nesse universo não prenominado:

> ___ incubadora de empresas: organização ou estrutura que objetiva estimular ou apoiar (logística, gerencial ou tecnologicamente) o empreendedorismo inovador, bem como a criação e desenvolvimento de empresas dedicadas à inovação;
>
> ___ parque tecnológico: complexo planejado de desenvolvimento empresarial e tecnológico e promoção de sinergias entre tais empresas e uma ou mais ICTs;
>
> ___ polo tecnológico: um ambiente industrial e tecnológico, particularmente composto por micro, pequenas e médias empresas, com vínculos operacionais com ICTs, unidas por compromissos de intercâmbios (humanos, materiais e de equipamentos) que propiciem a difusão e a comercialização de novas tecnologias.

Por último, cabe mencionar a FINEP (Financiadora de Estudos e Projetos), o CNPq (Conselho Nacional de Desenvolvimento Científico e Tecnológico) e as demais Agências Financeiras Oficiais de Fomento. Todos esses são personagens de apoio, incentivo, incremento, fomento e financiamento às redes e projetos de pesquisa tecnológica, às ações de empreendedorismo tecnológico, à criação de ambientes de inovação (inclusive incubadoras e parques tecnológicos) e à formação e capacitação de recursos humanos. Várias das fórmulas e expressões, aqui utilizadas, se encontram definidas no mencionado artigo 2º da Lei nº 10.973.

A par das arquiteturas coletivas, a LI ainda contempla, como protagonistas do desenvolvimento e inovação tecnológicos, pessoas naturais, tais como:

> ___ pesquisador público: ocupante de cargo público efetivo, civil ou militar, ou detentor de função ou emprego público, que realize, como atribuição funcional, atividades de pesquisa, desenvolvimento e inovação;
>
> ___ inventor independente: pessoa natural, não encartada no serviço público, que seja inventor, detentor ou autor de criação;
>
> ___ criador: pessoa natural inventora, detentora ou autora de criação.

Apresentados os personagens, incumbe agora minudenciar suas atribuições e competências.

A atuação das ICTs públicas

As ICTs públicas, por elas mesmas ou em articulação com o Poder Público e demais personagens referidos anteriormente, atuam nos cometimentos por nós lembrados ao defini-las. Nesse desiderato é múltipla a gama de opções de seus objetivos. Dentre eles, como exemplificação:

> ___ o apoio à criação e desenvolvimento de pesquisas e polos tecnológicos (inclusive com a cessão de espaços adequados), bem como de incubadoras de empresas das áreas científica e tecnológica;
>
> ___ a cooperação com redes e projetos internacionais relativos à pesquisa tecnológica;
>
> ___ a atração de centros de pesquisa e desenvolvimento de empresas estrangeiras, promovendo sua interação com ICTs e empresas brasileiras, oferecendo a tais atores acesso a instrumentos de fomento;
>
> ___ com ou sem contrapartida, o compartilhamento, por prazo determinado, de seus equipamentos, laboratórios, instalações, materiais e capital intelectual;
>
> ___ o apoio às empresas brasileiras e entidades brasileiras de direito privado (ambas sem fins lucrativos), mediante a concessão de recursos financeiros, humanos, materiais e de infraestrutura;
>
> ___ a celebração de contratos de transferência de tecnologia e o licenciamento para outorga de direito de uso ou de exploração de criação;
>
> ___ a prestação de serviços técnicos ou tecnológicos, a instituições públicas ou privadas;
>
> ___ a pactuação de parcerias com instituições públicas ou privadas, para realização conjunta de pesquisa científica e tecnológica;
>
> ___ a cessão remunerada, a terceiros, de seus direitos sobre a criação tecnológica; quando a cessão tiver como destinatário o próprio criador, para que exerça tais direitos em seu próprio

nome e sob sua exclusiva responsabilidade, será pactuada a título não oneroso.

Fatores relevantes de incremento à inovação são as compras governamentais. Muitas vezes, sem tais aquisições as empresas inovadoras não chegam a um patamar de competitividade que lhes assegure até mesmo a existência. Cumpre não olvidar que, nos termos de pesquisa da OCDE (Organização para a Cooperação e o Desenvolvimento Econômico), as compras governamentais alcançam 20% (vinte por cento) do nosso PIB. Trata-se de concretização de uma fórmula consagrada em nosso Código Civil: a função social do contrato. Nem se perca de vista que, sendo a inovação tecnológica uma política pública, a utilização do poder de compra estatal configura um real instrumento de implantação dos grandes objetivos da República brasileira. Certamente por isso é que a Lei nº 10.973 incluiu, dentre as hipóteses de dispensa da licitação, a contratação realizada por ICTs ou agências de fomento, para a transferência de tecnologia e para o licenciamento de uso ou de exploração de criação protegida. E não bastasse isso, o propósito fomentador se viu ampliado pela Lei nº 12.349/2010, a qual aditou que tal dispensa não se dirige apenas às ICTs, mas sim a qualquer contratação pública:

> "...
>
> XXXI – nas contratações visando ao cumprimento do disposto nos arts. 3o, 4o, 5o e 20 da Lei nº 10.973, de 2 de dezembro de 2004, observados os princípios gerais de contratação dela constantes.
>
> ...."

Dessa sorte salientado o relevo das compras governamentais, na consolidação do objetivo do desenvolvimento tecnológico, cumpre ressaltar que, para bem firmar o compromisso dessas aquisições com as políticas públicas de desenvolvimento da inovação, deverão as respectivas contratações ter em vista as seguintes diretrizes fincadas na Lei de Inovação:

> "Art. 27. Na aplicação do disposto nesta Lei, serão observadas as seguintes diretrizes:
>
> I – priorizar, nas regiões menos desenvolvidas do País e na Amazônia, ações que visem a dotar a pesquisa e o sistema produtivo regional de maiores recursos humanos e capacitação tecnológica;

> II – atender a programas e projetos de estímulo à inovação na indústria de defesa nacional e que ampliem a exploração e o desenvolvimento da Zona Econômica Exclusiva (ZEE) e da Plataforma Continental;
>
> III – assegurar tratamento diferenciado, favorecido e simplificado às microempresas e às empresas de pequeno porte;
>
> IV – dar tratamento preferencial, diferenciado e favorecido, na aquisição de bens e serviços pelo poder público e pelas fundações de apoio para a execução de projetos de desenvolvimento institucional da instituição apoiada, nos termos da Lei nº 8.958, de 20 de dezembro de 1994, às empresas que invistam em pesquisa e no desenvolvimento de tecnologia no País e às microempresas e empresas de pequeno porte de base tecnológica, criadas no ambiente das atividades de pesquisa das ICTs;
>
> V – promover a simplificação dos procedimentos para gestão dos projetos de ciência, tecnologia e inovação e do controle por resultados em sua avaliação;
>
> VI – promover o desenvolvimento e a difusão de tecnologias sociais e o fortalecimento da extensão tecnológica para a inclusão produtiva e social.
>
> Art. 27-A. Os procedimentos de prestação de contas dos recursos repassados com base nesta Lei deverão seguir formas simplificadas e uniformizadas e, de forma a garantir a governança e a transparência das informações, ser realizados anualmente, preferencialmente, mediante envio eletrônico de informações, nos termos de regulamento."

Cumpre porém uma derradeira observação no assunto.

Pouco adiantarão as boas normas, se o aparato público não tem, concretamente, como as aplicar devidamente ou como fiscalizar seu cumprimento.

A Lei nº 10.973 consagra um complexo mas potencialmente eficiente mecanismo de implantação de uma cultura de prestígio à tecnologia e à inovação, sua criação ou aquisição, seu fomento e desenvolvimento. Embora nela se incentive a cooperação entre Estado, empresas e universidades, brasileiras ou estrangeiras, uma verdade não se pode obscurecer, até por se tratar de compromisso constitucional: além de saúde, segurança e educação, ciência e tecnologia são dever do Estado. Basta uma breve mirada, por exemplo, nos invejáveis parques tecnológicos e polos científicos, dos Estados Unidos e da Alemanha, buscando sua história, e se há de ver que seu nascimento se deu por impulso estatal, e que este continua importante em seu atual desenvolvimento. Como o Estado brasileiro, com mais de 80% de seus recursos comprometidos com despesa de pessoal, previdência e sustentação de tantas autarquias, fundações e empresas (fora dos permissivos do artigo 173 da Constituição), ademais de uma burocracia muitas vezes maior que as reais necessidades administrativas, vai tratar de ciência e tecnologia?

Ceticismos à parte, a respeito dos quais não deveríamos mesmo silenciar, seguiremos em frente, na esperança de que nosso estudo, sobre a Lei de Inovação Tecnológica, não se transforme de simples ensaio jurídico nunca tediosa obra de ficção.

5. Princípios jurídicos são formulações de ideias de considerável generalidade e abstração, consagradoras do pensamento jurídico e da cultura jurídica de certo momento e lugar. Tais formulações são dotadas de tríplice função: elas informam a criação da norma jurídica, conformam sua interpretação e quando integram (implícita ou explicitamente) o sistema jurídico, constituem elas verdadeiras normas de direito positivo. Nesse último sentido, os princípios são regras, e, por isso, dispõem de caráter coercitivo, seja para aplicação positiva direta (por exemplo, para obstar nomeações de agentes viciadas de violação a um princípio), seja para bloquear a aplicação de uma regra que os contrarie. Ou seja, trazendo a lume o tridimensionalismo do inolvidável Miguel Reale, princípios são fato (como matéria prima da conformação de regras), valor (como ideias de imenso relevo na interpretação do ordenamento positivo) e norma (como regra quando assim inseridas, expressa ou tacitamente, no sistema jurídico).

Conquanto a temática dos princípios date já de muitas décadas, ganhou o tema relevo excelso com a Constituição de 1988, que contém uma expressiva coleção de princípios (muitos dos quais explícitos). A partir desse marco, houve uma verdadeira hipervalorização dos princípios, a ponto de, com frequência, decisões judiciais serem tomadas com sua invocação, fazendo tabula rasa do direito positivo, mesmo quando a antinomia fosse sobretudo aparente, passível de superação com o emprego do múltiplo instrumental hermenêutico disponível. Tal hipertrofia foi ainda mais acentuada com as hábeis construções teóricas de Dworkin e sua engenhosa dicotomia: as regras pertenceriam ao universo do tudo/nada, os princípios seriam medidos pela escala da ponderação. A formulação em questão, por mais arguta que pareça, é falaciosa: a ponderação dos princípios por vezes leva ao afastamento completo de um deles, em total similaridade com o esquema do tudo/nada; com a amplitude normativa incessante, muitas vezes a dirimência da questão se faz com a ponderação e decantação de várias normas; aplicando-se ao caso concreto um pouco de cada uma.

Feitas as ressalvas, afirmamos nossa convicção de que, sem acromegalias, a técnica dos princípios jurídicos é muito rica e inspiradora, atuando como valioso instrumento na busca da mais completa intelecção do ordenamento jurídico. Daí, aliás, a decisão de apresentar um segmento específico para o exame dos princípios jurídicos balizadores da inovação tecnológica.

Para iniciar, cabe não deslembrar uma realidade assentada na Lei Maior: a inovação e a evolução da tecnologia e da ciência são expressos compromissos da República, afirmados nos artigos constitucionais 218 e 219. Como consequência, os primeiros princípios, a serem recordados, são os que postos, em caráter de generalidade, nos artigos 5º e 37 (sobretudo no caput) maiores, afora os não expressos, inerentes aos agora lembrados.

Além do que acima declarado (que, recorde-se, nos conduz às ideias de eficiência, moralidade, impessoalidade, legalidade, economicidade, segurança jurídica, publicidade, motivação, razoabilidade, proporcionalidade, boa-fé e dignidade da pessoa humana), há que cogitar dos princípios pinçados ou decantáveis da LI, em conjugação necessária com os constitucionais fundamentos e objetivos do país. Com esse farol a iluminar nossa análise, faremos uma enunciação, com amparo no direito positivo, sem escalonamento de importância maior ou menor das indicações. Com uma derradeira observação: o artigo 1º da LI refere, em sua redação, que irá apresentar os princípios vetoriais da inovação tecnológica. E nesse contexto desenrolou, como princípios, catorze incisos, nenhum deles configurador de um princípio, como entendido o vocábulo na teoria jurídica. O que ali se deduz é um conjunto de instrumentos, possivelmente habilitantes da realização dos propósitos da lei. A confusão entre princípio e instrumento é de impossível justificação. E obriga os comentadores da Lei nº 10.973 a construir uma teoria criativa e reveladora dos princípios reais da LI, segundo a concepção pessoal de cada autor. É esse o prisma que nos leva a enumerar quais são os princípios jurídicos da Lei de Inovação Tecnológica, o que se passa a fazer:

a) Princípio da Liberdade Tecnológica

A inovação tecnológica é expressão criativa do ser humano. A criação (bem como seu aperfeiçoamento e desenvolvimento) é uma das mais excelsas formas de expressão e manifestação do pensamento. O ato de criação se realiza exatamente em face da liberdade de manifestação. Ou seja, a inovação tecnológica reclama um ambiente de liberdade. O pesquisador e o inventor são pilares da formação de uma cultura. Verdadeiramente não se cria sem liberdade e livre iniciativa. Daí nosso destaque, que se ampara no Preâmbulo da Constituição, bem assim em seus artigos 1º, IV, 5º, 218 e 219. E, por fim, em vários incisos do artigo 1º da Lei de Inovação.

b) Princípio da dignidade da pessoa humana

Em qualquer arrolamento de princípios jurídicos, que se pretenda elaborar, a dignidade da pessoa humana é o lume prioritário. Inova-se tecnologia e aprofunda-se ciência em razão desse valor supremo, tido como fundamento da República (CF, art. 1º, III). A inviolabilidade da vida, garantida no caput do artigo 5º constitucional, refere-se à vida digna, com igualdade de oportunidades e participação nas frentes de trabalho (individual e coletivo), com proteção à segurança e à saúde de cada habitante.

c) Princípio da autonomia da inovação

A inovação deve ser vocacionada – e para tanto as medidas públicas de promoção, incentivo e estímulos hão de ser adequadamente graduadas – à formação de polos e parques tecnológicos nacionais, assegurando nossa autonomia nos campos sensíveis culturais e socioeconômicos, essenciais ao nosso desenvolvimento. Tal comprometimento constitui, ademais, fator conducente ao conceito de soberania, um dos pilares da República (CF, art. 1º, I). E assim se edifica o objetivo e a meta de independência nacional, igualmente uma das aspirações fundamentais do país (CF, art. 4º, I).

d) Princípio da função social da Inovação

A dignidade humana, personalizada embora em cada indivíduo, se integra no conjunto da sociedade, numa ambiência de harmonia social e convivência pacífica (CF, Preâmbulo e artigo 3º), numa comunidade justa, solidária e adversa às desigualdades de qualquer natureza. A inovação tecnológica há de ser um caminho de construção dessa sociedade que a Constituição consagra e deseja ver satisfeita em seus anseios e necessidades. O proveito social será pois um dos vetores que o pesquisador e o inventor deverão considerar, na livre manifestação de suas ideias e potencialidades.

e) Princípio da competitividade

A inovação tecnológica não tem como finalidade maior alcançar um certo patamar ou nível de conhecimento. A inovação não é um status, mas sim um. Por mais contraditório, ao menos semanticamente, que possa parecer, a inovação está quase sempre fadada a uma inevitável e rápida obsolescência. Por isso cooperação, interação e troca de conhecimentos, no processo em permanente evolução país e no exterior, são as vias próprias para a capacitação e desenvolvimento tecnológicos nacionais. A competitividade – é dizer, a dedicação voltada a ampliar e ir além do que já existe – é um imperativo da autonomia tecnológica. Daí a imperatividade de uma perene política pública de incentivos e fomentos ao setor; e também por isso, em contrapartida, cumpre ao pesquisador e ao inventor alargar seu horizonte de capacitação e pesquisa. A competitividade é a mola propulsora que nos conduzirá às plataformas de liderança tecnológica, objetivo constitucional expresso.

f) Princípio do controle

Por normatividade constitucional e infraconstitucional, o Estado é um multiprotagonista no campo da inovação tecnológica. As políticas públicas, estabelecidas em razão dessa postura, atribuem ao Poder Público atividades de inovador, pesquisador, adquirente, transmitente e fomentador/financiador. O dispêndio financeiro estatal e os relacionamentos contratuais são automaticamente, por imperativo constitucional, submetidos a considerável gama de controles (internos e externos; legislativos e judiciais).

Doutra parte, os entes e entidades não governamentais bem como os indivíduos implicados nas atuações de inovação tecnológica têm, segundo vimos antes, a um só tempo, liberdade de iniciativa e de criação, mas não podem perder de vista a função social de seus cometimentos. A isso se acrescente que toda e qualquer pessoa natural ou jurídica, que recebe aportes e incentivos públicos, está obrigada à atuação controladora dos Tribunais de Contas. E tal controle não é apenas financeiro, eis que, na forma do artigo 70 da Constituição, ele se estende aos crivos da legalidade, da legitimidade e da economicidade. É dizer não apenas devem ser prestadas e controladas contas, mas também há que se verificar o mérito da atividade inovatória – ou seja, a atuação do controlado há de ter sido legal, conforme às políticas públicas vigentes no setor e, por fim, legítima, eis que terá de perseguir o máximo de benefício social com o mínimo possível de dispêndios de recursos públicos (economicidade).

g) Princípio da responsabilidade

A constatação de irregularidades, pelas unidades de controle, conduz à busca da responsabilização dos eventuais causadores de patologia. A tal dinâmica estão submetidos todos os agentes envolvidos no complexo da inovação tecnológica. Dependendo do ato ou omissão, concretamente considerado, a responsabilidade poderá ser civil, penal ou administrativa (isolada ou concomitantemente). E a LI contempla, em copiosos dispositivos, as consequências de condutas desviantes. Assume relevo, no conjunto das consequências do controle, a temática da responsabilidade civil do Estado.

Na forma do artigo 37 § 6º da Constituição, a ação ou omissão do Estado (em sentido lato), quando atua (ou se omite) na criação da inovação, daí resultando dano, convocará o regime de responsabilidade civil objetiva (mesmo se apenas omissiva). E pouco importa se ele atua diretamente ou mediante seus órgãos, bem como entidades públicas ou privadas que integrem a Administração Pública indireta (aí incluídas, por extensão, as concessionárias e permissionárias de serviço público). Se o dano resultar de ação/omissão de pessoa natural ou pessoa jurídica privada (não componente de Administração), a responsabilidade civil é subjetiva, ainda quando o agente tenha recebido financiamento público para suas atividades de inovação.

6. Em tópicos anteriores cuidamos de fazer uma descrição geral dos propósitos da LI, seus instrumentos fundamentais e seus princípios balizadores. Assim, por exemplo, fizemos uma panorâmica de como, concretamente, os instrumentos institucionais podem atuar no estímulo à construção de ambientes especializados e cooperativos de inovação. Na sua mais concentrada formulação, qualquer atuação estatal de estímulo significa dispêndio econômico-financeiro e meticuloso planejamento da aplicação dos recursos do erário. Incide então aqui, inevitavelmente, a cláusula da reserva do possível, a nos alertar: há um dever estatal de fomentar a inovação e seu desenvolvimento, mas tal cometimento está de antemão limitado pela efetiva disponibilidade de recursos econômico-financeiros estatais. Essa não é uma teoria, é um FATO. E o fato desafia artificialismos doutrinários, como a invocação que se faz, aqui e acolá, a um pretenso "princípio" de vedação ao retrocesso. Assim, por exemplo, em tempos de severas pandemias, os gastos públicos, por imposição indeclinável, terão um alvo preferencial. E isso será fatalmente realizado com a redução de investimentos em certas áreas de interesse social, mas que TÊM de ser menos aquinhoadas por prioridades outras, absolutamente incontornáveis. Administração Pública é exatamente isso: saber em que setores focalizar atenção, segundo o momento em que se está vivendo. Para tanto, retrocessos sociais localizados serão inevitáveis e mesmo, até, virtuosos. Em suma, o chamado princípio da vedação ao retrocesso constitui monumental equívoco.

A Lei nº 10.973 é nova não só na idade (data de 2004, mas com amplas alterações pela Lei nº 13.243 de 2016), mas também nos fenômenos e conceitos que disciplina. Por isso mesmo, ao ingressar ela no ordenamento jurídico, inevitavelmente terá de articular-se com todo um sistema positivo já existente, que também lida com temas lindeiros aos da Lei de Inovação. É dizer, a LI, para ser devidamente compreendida em sua amplitude, há que travar diálogos com outras leis, com a utilização do instrumental da interpretação sistemática. Com vistas a tais diálogos, seguiremos um critério cronológico, estabelecendo separadamente os liames entre a Lei de Inovação e outros diplomas, cuja cogitação se revela imprescindível ao estudarmos o novo diploma.

A primeira referência dialógica envolvendo a LI se estabelece com a Consolidação das Leis do Trabalho (CLT).

Em sua dicção longeva, o artigo 454 da CLT assim dispunha:

> "Art. 454 – Na vigência do contrato de trabalho, as invenções do empregado, quando decorrentes de sua contribuição pessoal e da instalação ou equipamento fornecidos pelo empregador, serão de propriedade comum, em partes iguais, salvo se o contrato de trabalho tiver por objeto, implícita ou explicitamente, pesquisa científica."

É dizer, a lei trabalhista estabeleceu, numa primeira cláusula, que o inovador empregado, que se utilizou de instalação e equipamento do empregador, no seu labor inventivo, um título de propriedade mista, meio a meio, para os dois sujeitos da relação empregatícia. Pouco importa se a criação tivesse, ou não, relação com as atribuições contratuais do empregado: bastaria sua concretização em instalação do empregador, ou com equipamento deste, para que ele, patrão, se tornasse titular de metade da criação. A índole tuitiva da legislação trabalhista nos permite sustentar que a inovação produzida pelo empregado, fora do trabalho e do horário contratual, sem utilização de equipamento patronal, ainda que advinda de conhecimento haurido do exercício do trabalho, somente ao empregado pertenceria.

O mesmo artigo 454 contém contudo uma segunda cláusula: se o contrato de trabalho tiver por objeto a pesquisa científica ou tecnológica, o bem ou processo, criado ou desenhado, será de titularidade do empregador.

Esse panorama, contudo, veio a sofrer modificação, por força da Lei nº 9.279 de 14.05.96, que acrescenta ao artigo 454 da CLT um parágrafo único, do seguinte teor:

> "Art. 454 ....
>
> Parágrafo único. Ao empregador caberá a exploração do invento, ficando obrigado a promovê-la no prazo de um ano da data da concessão da patente, sob pena de reverter em favor do empregado da plena propriedade desse invento."

Em nosso entendimento, a regra acima posta se aplica unicamente à supra citada segunda cláusula do caput do art. 454, isto é, aos contratos de trabalho cujo objeto seja a pesquisa ou inovação. Isso porque os artigos 218 e 219 da Constituição são refratários à ideia de que o inventor ou a inovação permaneçam inertes e sem utilização. E, por isso, nas hipóteses em que o contrato de trabalho envolve pesquisa e criação, é cominado ao empregador o prazo de um ano para a exploração do invento, após o que, se tal não se der, a sua plena propriedade reverte ao empregado. Mas o parágrafo único é sempre serviente ao caput, e aí se aborda também, como vimos, na primeira cláusula, a propriedade compartilhada. Por sua própria dicção, o parágrafo único não revogou o preceito da cabeça do dispositivo. Mas não só: o parágrafo 4º do artigo 218, da Constituição, a nosso ver abriga a permanência da validade da primeira cláusula do caput do artigo 454 da CLT, ao lhe conceder participação nos ganhos da inovação.

No prosseguimento deparamo-nos com a já citada Lei nº 9.279/96, que vem a ser o atual Código da Propriedade Intelectual. Aqui há uma pletora de artigos que interessam à matéria que estamos a abordar. Mas antes de neles focalizarmos atenção, relembraremos a redação do inciso XXIX do artigo 5º da Constituição, ao qual naturalmente reverentes todas as regras infraconstitucionais:

"Art. 5º..

....

XXIX – a lei assegurará aos autores de inventos industriais privilégio temporário para sua utilização, bem como proteção às criações industriais, à propriedade das marcas, aos nomes de empresas e a outros signos distintivos, tendo em vista o interesse social e o desenvolvimento tecnológico e econômico do País;

...."

É na conformidade desse farol que se sucedem os preceitos do referido Código, relativos à presente abordagem. Vejamo-los:

"Art. 6º Ao autor de invenção ou modelo de utilidade será assegurado o direito de obter a patente que lhe garanta a propriedade, nas condições estabelecidas nesta Lei.

§1º Salvo prova em contrário, presume-se o requerente legitimado a obter a patente.

§2º A patente poderá ser requerida em nome próprio, pelos herdeiros ou sucessores do autor, pelo cessionário ou por aquele a quem a lei ou o contrato de trabalho ou de prestação de serviços determinar que pertença a titularidade.

§3º Quando se tratar de invenção ou de modelo de utilidade realizado conjuntamente por duas ou mais pessoas, a patente poderá ser requerida por todas ou qualquer delas, mediante nomeação e qualificação das demais, para ressalva dos respectivos direitos.

§4º O inventor será nomeado e qualificado, podendo requerer a não divulgação de sua nomeação.

Art. 7º Se dois ou mais autores tiverem realizado a mesma invenção ou modelo de utilidade, de forma independente, o direito de obter patente será assegurado àquele que provar o depósito mais antigo, independentemente das datas de invenção ou criação.

Parágrafo único. A retirada de depósito anterior sem produção de qualquer efeito dará prioridade ao depósito imediatamente posterior.

Art. 8º É patenteável a invenção que atenda aos requisitos de novidade, atividade inventiva e aplicação industrial.

Art. 9º É patenteável como modelo de utilidade o objeto de uso prático, ou parte deste, suscetível de aplicação industrial, que apresente nova forma ou disposição, envolvendo ato inventivo, que resulte em melhoria funcional no seu uso ou em sua fabricação.

Art. 13. A invenção é dotada de atividade inventiva sempre que, para um técnico no assunto, não decorra de maneira evidente ou óbvia do estado da técnica.

Art. 14. O modelo de utilidade é dotado de ato inventivo sempre que, para um técnico no assunto, não decorra de maneira comum ou vulgar do estado da técnica.

Art. 88. A invenção e o modelo de utilidade pertencem exclusivamente ao empregador quando decorrerem de contrato de trabalho cuja execução ocorra no Brasil e que tenha por objeto a pesquisa ou a atividade inventiva, ou resulte esta da natureza dos serviços para os quais foi o empregado contratado.

....

Art. 89. O empregador, titular da patente, poderá conceder ao empregado, autor de invento ou aperfeiçoamento, participação nos ganhos econômicos resultantes da exploração da patente, mediante negociação com o interessado ou conforme disposto em norma da empresa.

Parágrafo único. A participação referida neste artigo não se incorpora, a qualquer título, ao salário do empregado.

Art. 90. Pertencerá exclusivamente ao empregado a invenção ou o modelo de utilidade por ele desenvolvido, desde que desvinculado do contrato de trabalho e não decorrente da utilização de recursos, meios, dados, materiais, instalações ou equipamentos do empregador.

Art. 91. A propriedade de invenção ou de modelo de utilidade será comum, em partes iguais, quando resultar da contribuição pessoal do empregado e de recursos, dados, meios, materiais, instalações ou equipamentos do empregador, ressalvada expressa disposição contratual em contrário.

§1º Sendo mais de um empregado, a parte que lhes couber será dividida igualmente entre todos, salvo ajuste em contrário.

§2º É garantido ao empregador o direito exclusivo de licença de exploração e assegurada ao empregado a justa remuneração.

§3º A exploração do objeto da patente, na falta de acordo, deverá ser iniciada pelo empregador dentro do prazo de

> 1 (um) ano, contado da data de sua concessão, sob pena de passar à exclusiva propriedade do empregado a titularidade da patente, ressalvadas as hipóteses de falta de exploração por razões legítimas.
>
> §4º No caso de cessão, qualquer dos co-titulares, em igualdade de condições, poderá exercer o direito de preferência.
>
> Art. 92. O disposto nos artigos anteriores aplica-se, no que couber, às relações entre o trabalhador autônomo ou o estagiário e a empresa contratante e entre empresas contratantes e contratadas.
>
> Art. 93. Aplica-se o disposto neste Capítulo, no que couber, às entidades da Administração Pública, direta, indireta e fundacional, federal, estadual ou municipal.
>
> Parágrafo único. Na hipótese do art. 88, será assegurada ao inventor, na forma e condições previstas no estatuto ou regimento interno da entidade a que se refere este artigo, premiação de parcela no valor das vantagens auferidas com o pedido ou com a patente, a título de incentivo."

Os preceitos acima transcritos são, na sua quase totalidade, auto-explicativos. Mas pedimos vênia para alguns destaques de particular relevância e significação:

> ___ o artigo 88 confirma nossa assertiva anterior, no sentido de manutenção de vigência da primeira cláusula do *caput* do artigo 454 da CLT, eis que somente se refere ao contrato de trabalho que tenha por objeto a pesquisa e a inovação;
>
> ___ o artigo 90 ratifica entendimento antes esposado por nós, ao analisar o caput do prefalado artigo 454 trabalhista, reconhecendo a chamada "invenção livre", exatamente nos termos por nós expostos então;
>
> ___ o artigo 93 estende o regime de patentes, inovações e modelos aos criadores autônomos, estagiários, servidores públicos e entre empresas contratantes e contratadas.

O impacto dessas regras, de indiscutível aplicação na interpretação da LI, reforça o caráter dialógico que preside a busca da inteligência das leis que cuidam da instigante temática da inovação.

A Lei de Proteção de Cultivares (Lei nº 9.456/97) trata dos diversos aspectos atinentes à inovação em gêneros ou espécies vegetais e seu desenvolvimento genético. Surgem aí duas figuras próprias ao setor de que trata a lei: o obtentor, que é a pessoa natural ou jurídica que obtiver novo gênero ou espécie, em caráter originário ou derivado; e o melhorista, que é o colaborador na obtenção do novo cultivar. O tratamento dado pela Lei nº 9.546 à matéria é análogo ao do Código da Propriedade Intelectual e ao da CLT. Para constatação, segue a transcrição dos principais dispositivos regedores da questão:

> "Art. 3º Considera-se, para os efeitos desta Lei:
>
> I – melhorista: a pessoa física que obtiver cultivar e estabelecer descritores que a diferenciem das demais;
>
> II – descritor: a característica morfológica, fisiológica, bioquímica ou molecular que seja herdada geneticamente, utilizada na identificação de cultivar;
>
> III – margem mínima: o conjunto mínimo de descritores, a critério do órgão competente, suficiente para diferenciar uma nova cultivar ou uma cultivar essencialmente derivada das demais cultivares conhecidas;
>
> IV – cultivar: a variedade de qualquer gênero ou espécie vegetal superior que seja claramente distinguível de outras cultivares conhecidas por margem mínima de descritores, por sua denominação própria, que seja homogênea e estável quanto aos descritores através de gerações sucessivas e seja de espécie passível de uso pelo complexo agroflorestal, descrita em publicação especializada disponível e acessível ao público, bem como a linhagem componente de híbridos;
>
> V – nova cultivar: a cultivar que não tenha sido oferecida à venda no Brasil há mais de doze meses em relação à data do pedido de proteção e que, observado o prazo de comercialização no Brasil, não tenha sido oferecida à venda em outros países, com o consentimento do obtentor, há mais de seis anos para espécies de árvores e videiras e há mais de quatro anos para as demais espécies;
>
> VI – cultivar distinta: a cultivar que se distingue claramente de qualquer outra cuja existência na data do pedido de proteção seja reconhecida;
>
> VII – cultivar homogênea: a cultivar que, utilizada em plantio, em escala comercial, apresente variabilidade mínima quanto

aos descritores que a identifiquem, segundo critérios estabelecidos pelo órgão competente;

VIII – cultivar estável: a cultivar que, reproduzida em escala comercial, mantenha a sua homogeneidade através de gerações sucessivas;

IX – cultivar essencialmente derivada: a essencialmente derivada de outra cultivar se, cumulativamente, for:

a) predominantemente derivada da cultivar inicial ou de outra cultivar essencialmente derivada, sem perder a expressão das características essenciais que resultem do genótipo ou da combinação de genótipos da cultivar da qual derivou, exceto no que diz respeito às diferenças resultantes da derivação;

b) claramente distinta da cultivar da qual derivou, por margem mínima de descritores, de acordo com critérios estabelecidos pelo órgão competente;

c) não tenha sido oferecida à venda no Brasil há mais de doze meses em relação à data do pedido de proteção e que, observado o prazo de comercialização no Brasil, não tenha sido oferecida à venda em outros países, com o consentimento do obtentor, há mais de seis anos para espécies de árvores e videiras e há mais de quatro anos para as demais espécies;

X – linhagens: os materiais genéticos homogêneos, obtidos por algum processo autogâmico continuado;

XI – híbrido: o produto imediato do cruzamento entre linhagens geneticamente diferentes;

XII – teste de distinguibilidade, homogeneidade e estabilidade (DHE): o procedimento técnico de comprovação de que a nova cultivar ou a cultivar essencialmente derivada são distinguíveis de outra cujos descritores sejam conhecidos, homogêneas quanto às suas características em cada ciclo reprodutivo e estáveis quanto à repetição das mesmas características ao longo de gerações sucessivas;

XIII – amostra viva: a fornecida pelo requerente do direito de proteção que, se utilizada na propagação da cultivar, confirme os descritores apresentados;

XIV – semente: toda e qualquer estrutura vegetal utilizada na propagação de uma cultivar;

XV – propagação: a reprodução e a multiplicação de uma cultivar, ou a concomitância dessas ações;

XVI – material propagativo: toda e qualquer parte da planta ou estrutura vegetal utilizada na sua reprodução e multiplicação;

XVII – planta inteira: a planta com todas as suas partes passíveis de serem utilizadas na propagação de uma cultivar;

XVIII – complexo agroflorestal: o conjunto de atividades relativas ao cultivo de gêneros e espécies vegetais visando, entre outras, à alimentação humana ou animal, à produção de combustíveis, óleos, corantes, fibras e demais insumos para fins industrial, medicinal, florestal e ornamental.

Art. 5º À pessoa física ou jurídica que obtiver nova cultivar ou cultivar essencialmente derivada no País será assegurada a proteção que lhe garanta o direito de propriedade nas condições estabelecidas nesta Lei.

§1º A proteção poderá ser requerida por pessoa física ou jurídica que tiver obtido cultivar, por seus herdeiros ou sucessores ou por eventuais cessionários mediante apresentação de documento hábil.

§2º Quando o processo de obtençao for realizado por duas ou mais pessoas, em cooperação, a proteção poderá ser requerida em conjunto ou isoladamente, mediante nomeação e qualificação de cada uma, para garantia dos respectivos direitos.

§3º Quando se tratar de obtenção decorrente de contrato de trabalho, prestação de serviços ou outra atividade laboral, o pedido de proteção deverá indicar o nome de todos os melhoristas que, nas condições de empregados ou de prestadores de serviço, obtiveram a nova cultivar ou a cultivar essencialmente derivada.

Art. 38. Pertencerão exclusivamente ao empregador ou ao tomador dos serviços os direitos sobre as novas cultivares, bem como as cultivares essencialmente derivadas, desenvolvidas ou obtidas pelo empregado ou prestador de serviços durante a vigência do Contrato de Trabalho ou de Prestação de Serviços ou outra atividade laboral, resultantes de cumprimento de dever funcional ou de execução de contrato, cujo objeto seja a atividade de pesquisa no Brasil, devendo constar obrigatoriamente do pedido e do Certificado de Proteção o nome do melhorista.

§1º Salvo expressa disposição contratual em contrário, a contraprestação do empregado ou do prestador de serviço ou outra atividade laboral, na hipótese prevista neste artigo, será limitada ao salário ou remuneração ajustada.

> §2º Salvo convenção em contrário, será considerada obtida durante a vigência do Contrato de Trabalho ou de Prestação de Serviços ou outra atividade laboral, a nova cultivar ou a cultivar essencialmente derivada, cujo Certificado de Proteção seja requerido pelo empregado ou prestador de serviços até trinta e seis meses após a extinção do respectivo contrato.
>
> Art. 39. Pertencerão a ambas as partes, salvo expressa estipulação em contrário, as novas cultivares, bem como as cultivares essencialmente derivadas, obtidas pelo empregado ou prestador de serviços ou outra atividade laboral, não compreendidas no disposto no art. 38, quando decorrentes de contribuição pessoal e mediante a utilização de recursos, dados, meios, materiais, instalações ou equipamentos do empregador ou do tomador dos serviços.
>
> §1º Para os fins deste artigo, fica assegurado ao empregador ou tomador dos serviços ou outra atividade laboral, o direito exclusivo de exploração da nova cultivar ou da cultivar essencialmente derivada e garantida ao empregado ou prestador de serviços ou outra atividade laboral a remuneração que for acordada entre as partes, sem prejuízo do pagamento do salário ou da remuneração ajustada.
>
> §2º Sendo mais de um empregado ou prestador de serviços ou outra atividade laboral, a parte que lhes couber será dividida igualmente entre todos, salvo ajuste em contrário."

A Lei nº 9.609/98 trata nuclearmente da proteção da propriedade intelectual de software (programa de computador). Aqui, o diploma em questão difere um tanto da postura dos que anteriormente examinados. Aliás, a Lei nº 9.609 chama a contexto, para integrá-la, a proteção aos direitos autorais literários. Indo novamente em senda própria, a Lei nº 9.609 confere primacialmente ao empregador, ao contratante de serviços ou órgão público, a titularidade dominial dos direitos atinentes à criação de *software*, salvo quando gerados sem relação com o contrato de trabalho, da prestação de serviços ou do vínculo de direito público. Vale fazer a transcrição dos pertinentes preceitos:

> "Art. 2º O regime de proteção à propriedade intelectual de programa de computador é o conferido às obras literárias

pela legislação de direitos autorais e conexos vigentes no País, observado o disposto nesta Lei.

§1º Não se aplicam ao programa de computador as disposições relativas aos direitos morais, ressalvado, a qualquer tempo, o direito do autor de reivindicar a paternidade do programa de computador e o direito do autor de opor-se a alterações não-autorizadas, quando estas impliquem deformação, mutilação ou outra modificação do programa de computador, que prejudiquem a sua honra ou a sua reputação.

§2º Fica assegurada a tutela dos direitos relativos a programa de computador pelo prazo de cinquenta anos, contados a partir de 1º de janeiro do ano subsequente ao da sua publicação ou, na ausência desta, da sua criação.

§3º A proteção aos direitos de que trata esta Lei independe de registro.

§4º Os direitos atribuídos por esta Lei ficam assegurados aos estrangeiros domiciliados no exterior, desde que o país de origem do programa conceda, aos brasileiros e estrangeiros domiciliados no Brasil, direitos equivalentes.

§5º Inclui-se dentre os direitos assegurados por esta Lei e pela legislação de direitos autorais e conexos vigentes no País aquele direito exclusivo de autorizar ou proibir o aluguel comercial, não sendo esse direito exaurível pela venda, licença ou outra forma de transferência da cópia do programa.

§6º O disposto no parágrafo anterior não se aplica aos casos em que o programa em si não seja objeto essencial do aluguel.

Art. 4º Salvo estipulação em contrário, pertencerão exclusivamente ao empregador, contratante de serviços ou órgão público, os direitos relativos ao programa de computador, desenvolvido e elaborado durante a vigência de contrato ou de vínculo estatutário, expressamente destinado à pesquisa e desenvolvimento, ou em que a atividade do empregado, contratado de serviço ou servidor seja prevista, ou ainda, que decorra da própria natureza dos encargos concernentes a esses vínculos.

§1º Ressalvado ajuste em contrário, a compensação do trabalho ou serviço prestado limitar-se-á à remuneração ou ao salário convencionado.

§2º Pertencerão, com exclusividade, ao empregado, contratado de serviço ou servidor os direitos concernentes a programa de computador gerado sem relação com o contrato de trabalho, prestação de serviços ou vínculo estatutário,

> e sem a utilização de recursos, informações tecnológicas, segredos industriais e de negócios, materiais, instalações ou equipamentos do empregador, da empresa ou entidade com a qual o empregador mantenha contrato de prestação de serviços ou assemelhados, do contratante de serviços ou órgão público.
>
> §3º O tratamento previsto neste artigo será aplicado nos casos em que o programa de computador for desenvolvido por bolsistas, estagiários e assemelhados."

Observe-se que a mesma compostura foi adotada pela Lei nº 11.484/2007, ao cuidar da propriedade dos direitos derivados da criação de circuitos integrados e de topografias de circuitos integrados. Veja-se, a propósito, o que rezam os artigos 26, 27 e 28 da citada Lei:

> "Art. 26. Para os fins deste Capítulo, adotam-se as seguintes definições:
>
> I – circuito integrado significa um produto, em forma final ou intermediária, com elementos dos quais pelo menos um seja ativo e com algumas ou todas as interconexões integralmente formadas sobre uma peça de material ou em seu interior e cuja finalidade seja desempenhar uma função eletrônica;
>
> II – topografia de circuitos integrados significa uma série de imagens relacionadas, construídas ou codificadas sob qualquer meio ou forma, que represente a configuração tridimensional das camadas que compõem um circuito integrado, e na qual cada imagem represente, no todo ou em parte, a disposição geométrica ou arranjos da superfície do circuito integrado em qualquer estágio de sua concepção ou manufatura.
>
> Art. 27. Ao criador da topografia de circuito integrado será assegurado o registro que lhe garanta a proteção nas condições deste Capítulo.
>
> §1º Salvo prova em contrário, presume-se criador o requerente do registro.
>
> §2º Quando se tratar de topografia criada conjuntamente por 2 (duas) ou mais pessoas, o registro poderá ser requerido por todas ou quaisquer delas mediante nomeação e qualificação das demais para ressalva dos respectivos direitos.
>
> §3º A proteção poderá ser requerida em nome próprio, pelos herdeiros ou sucessores do criador, pelo cessionário ou por aquele a quem a lei ou o contrato de trabalho, de prestação de serviços ou de vínculo estatutário determinar que

> pertença a titularidade, dispensada a legalização consular dos documentos pertinentes.
>
> Art. 28. Salvo estipulação em contrário, pertencerão exclusivamente ao empregador, contratante de serviços ou entidade geradora de vínculo estatutário os direitos relativos à topografia de circuito integrado desenvolvida durante a vigência de contrato de trabalho, de prestação de serviços ou de vínculo estatutário, em que a atividade criativa decorra da própria natureza dos encargos concernentes a esses vínculos ou quando houver utilização de recursos, informações tecnológicas, segredos industriais ou de negócios, materiais, instalações ou equipamentos do empregador, contratante de serviços ou entidade geradora do vínculo.
>
> §1º Ressalvado ajuste em contrário, a compensação do trabalho ou serviço prestado limitar-se-á à remuneração convencionada.
>
> §2º Pertencerão exclusivamente ao empregado, prestador de serviços ou servidor público os direitos relativos à topografia de circuito integrado desenvolvida sem relação com o contrato de trabalho ou de prestação de serviços e sem a utilização de recursos, informações tecnológicas, segredos industriais ou de negócios, materiais, instalações ou equipamentos do empregador, contratante de serviços ou entidade geradora de vínculo estatutário.
>
> §3º O disposto neste artigo também se aplica a bolsistas, estagiários e assemelhados."

Com tais focos, resta evidente que as leis, ora examinadas, compõem, com a Lei nº 10.973, um sistema legal da inovação tecnológica, que deve ser sempre interpretado com a compreensão do conjunto normativo.

7. Como se há de recordar, as ICTs (Instituições Científicas, Tecnológicas e de Inovação) tanto podem ser órgãos ou entidades da administração pública direta ou indireta, como pessoas jurídicas da iniciativa privada. Nesse segundo caso, trata-se de núcleos operacionais sem fins lucrativos, com sede e foro no país. Tanto as da Administração Pública, como as da iniciativa privada, são jurídica e institucionalmente comprometidas, como objetivo nuclear, com a pesquisa básica ou aplicada, de natureza científica ou tecnológica, com vistas à inovação de produtos, serviços ou processos.

Adite-se, à imagem acima definida, que as ICTs, da iniciativa privada ou integrantes da Administração Pública, podem unir-se e compor uma plataforma de conhecimento, conceito estabelecido pelo artigo 2º do Decreto 8.269/2014, que assim está redigido:

> "Art. 2º Considera-se plataforma do conhecimento a empresa, o consórcio ou a entidade privada sem fins lucrativos que reúna agentes públicos e privados que atuem em conjunto para obter resultados concretos para a solução de problema técnico específico ou obtenção de produto ou processo inovador de elevado risco tecnológico, com metas e prazos definidos."

Para reforçar o caráter dialógico público-privado das plataformas de conhecimento, o artigo 8º, do mesmo Decreto, indica sua composição:

> "Art. 8º As plataformas do conhecimento serão integradas por, no mínimo, os seguintes atores:
>
> I - equipe de pesquisadores, brasileiros ou estrangeiros, coordenada por pesquisador de reconhecida capacidade científica, vinculada a instituição de pesquisa científica e tecnológica pública ou privada, com equipe principal de pesquisa sediada em localidade específica do território nacional;
>
> II - instituição de pesquisa científica e tecnológica, pública ou privada, com estrutura laboratorial preexistente ou com disposição para constituí-la, observado, conforme o caso, o disposto no art. 5º do Decreto nº 5.563, de 11 de outubro de 2005; e
>
> III - empresa constituída sob as leis brasileiras e que tenham sua sede e administração no País."

Deflui das características antes desenvolvidas especial importância da temática contratual, na base das atividades das ICTs.

Focalizemos, inicialmente, os contratos em que a inovação foi criada ou desenvolvida pela ICT:

> a) as ICTs públicas poderão celebrar contratos de transferência de tecnologia e de licenciamento para outorga de direito de uso ou de exploração de criação desenvolvida pela ICT; tais pactos conterão (ou não) segundo as conveniências da ICT, cláusula

de exclusividade. De toda sorte far-se-á, precedentemente, oferta pública tecnológica, no sítio eletrônico da ICT; mas tal oferta será dispensada, se a contratação se der, em caráter de exclusividade, com empresa que tenha participado do desenvolvimento da criação;

b) na hipótese de contratação sem exclusividade ao receptor de tecnologia ou ao licenciado, admitir-se-á a contratação direta;

c) no caso de contratação com exclusividade, a avença deverá estabelecer condições e prazos para a comercialização da criação, dando-se por extinto o pacto em caso de inadimplência.

Há duas ressalvas legais, para essas contratações, a saber:

___ quando a criação se revestir de interesse à defesa nacional será observado o disposto no parágrafo 3º do artigo 75 da Lei nº 9.279/1996, *verbis*:

"Art. 75. O pedido de patente originário do Brasil cujo objeto interesse à defesa nacional será processado em caráter sigiloso e não estará sujeito às publicações previstas nesta Lei.

§1º O INPI encaminhará o pedido, de imediato, ao órgão competente do Poder Executivo para, no prazo de 60 (sessenta) dias, manifestar-se sobre o caráter sigiloso. Decorrido o prazo sem a manifestação do órgão competente, o pedido será processado normalmente.

§2º É vedado o depósito no exterior de pedido de patente cujo objeto tenha sido considerado de interesse da defesa nacional, bem como qualquer divulgação do mesmo, salvo expressa autorização do órgão competente.

§3º A exploração e a cessão do pedido ou da patente de interesse da defesa nacional estão condicionadas à prévia autorização do órgão competente, assegurada indenização sempre que houver restrição dos direitos do depositante ou do titular.";

___ quando, mediante ato expresso do Poder Executivo, a criação for declarada de interesse público relevante, não se admitirá a exploração exclusiva.

Insta observar que a percepção de remuneração por ICT, pela transferência ou licenciamento, não lhe retira a nota de entidade sem fim lucrativo (o que se aplica também às demais modalidades contratuais a serem examinadas, na sequência).

Por último, neste segmento, cabe notar que, ao reverso, a ICT poderá ser receptora de tecnologia, ou licenciada, estabelecendo o contrato o sinalagma conveniente aos pactuantes.

Outra modalidade contratual, aqui possível, é a de prestação de serviços (locação de serviços). É dizer, a ICT poderá prestar, a instituições públicas ou privadas, serviços especializados legalmente caracterizados como de inovação científica ou tecnológica. O contrato poderá inclusive compreender, em cada caso, um ganho eventual adicional, não incorporável aos estipêndios básicos e regulares, sujeito ademais aos tributos e contribuições da espécie, a ser destinado ao servidor, militar ou empregado envolvido na prestação do serviço e custeado exclusivamente com recursos provenientes da atividade contratada.

Mais uma modalidade contratual: parcerias da ICT com instituições públicas e privadas congêneres. A formalização da parceria haverá de prever a titularidade da propriedade intelectual e a participação nos resultados conectados às criações resultantes da cooperação, bem como a disciplina dos direitos à exploração, ao licenciamento e à transferência de tecnologia. No caso de cessão dos direitos de propriedade pela ICT ao parceiro privado, o contrato especificará a correspondente compensação, financeira ou não (desde que economicamente mensurável).

Seguem-se agora os pactos de fomento, caracterizados pela concessão de recursos, de parte do Poder Público, a ICTs ou pesquisadores a elas vinculados, para a execução de projetos de pesquisa, desenvolvimento e inovação, tudo conforme planos de trabalho adrede celebrados. Os contratos serão pactuados pelo tempo necessário à realização do objeto, admitida a prorrogação adequada às particularidades do plano de trabalho.

Por fim, cabe enfocar as cessões de direitos (pelas ICTs), sobre a criação, ao criador, devidamente expressas e motivadas e a título não oneroso, para que os exerça em seu próprio nome e sob sua inteira responsabilidade, ou a terceiro, aqui mediante remuneração. Aliás, independentemente disso, é assegurada ao criador, participação mínima de 5% (cinco por cento) e máxima de 1/3 (um terço), nos ganhos econômicos, auferidos pela ICT, resultantes de contratos de transferência de tecnologia e de licenciamento para outorga de direito de uso ou de exploração de criação da qual ele tenha sido inventor, obtentor ou autor.

A Lei de Inovação trata ainda de aspectos da atuação do pesquisador público, aspectos esses relativos ao regime de seu vínculo civil ou militar, estatutário ou trabalhista. Mas tais relevantes temas refogem ao foco nuclear do presente trabalho.

A LI impõe à ICT de direito público o dever de instituir sua política de inovação, dispondo sobre todo o seu processo de atuação. Com clareza comanda o artigo 15-A da Lei nº 10.973/2004:

> "Art. 15-A. A ICT de direito público deverá instituir sua política de inovação, dispondo sobre a organização e a gestão dos processos que orientam a transferência de tecnologia e a geração de inovação no ambiente produtivo, em consonância com as prioridades da política nacional de ciência, tecnologia e inovação e com a política industrial e tecnológica nacional.
>
> Parágrafo único. A política a que se refere o caput deverá estabelecer diretrizes e objetivos:
>
> I – estratégicos de atuação institucional no ambiente produtivo local, regional ou nacional;
>
> II – de empreendedorismo, de gestão de incubadoras e de participação no capital social de empresas;
>
> III – para extensão tecnológica e prestação de serviços técnicos;
>
> IV – para compartilhamento e permissão de uso por terceiros de seus laboratórios, equipamentos, recursos humanos e capital intelectual;
>
> V – de gestão da propriedade intelectual e de transferência de tecnologia;
>
> VI – para institucionalização e gestão do Núcleo de Inovação Tecnológica;
>
> VII – para orientação das ações institucionais de capacitação de recursos humanos em empreendedorismo, gestão da inovação, transferência de tecnologia e propriedade intelectual;
>
> VIII – para estabelecimento de parcerias para desenvolvimento de tecnologias com inventores independentes, empresas e outras entidades."

Demais disso, para viabilizar a integral consecução de suas finalidades, ordena-se à ICT pública que disponha de NIT (Núcleo de Inovação Tecnológica), próprio ou em associação com outras ICTs. Recordemos, a propósito, que NITs são estruturas instituídas por uma ou mais ICTs, com ou sem personalidade jurídica, sem fins de lucro, destinadas à gestão de políticas institucionais de inovação. Na forma do parágrafo 1º do artigo 18 da LI, constituem competência das NITs:

"Art. 18. ....

Parágrafo único. A captação, a gestão e a aplicação das receitas próprias da ICT pública, de que tratam os arts. 4º a 8º , 11 e 13, poderão ser delegadas a fundação de apoio, quando previsto em contrato ou convênio, devendo ser aplicadas exclusivamente em objetivos institucionais de pesquisa, desenvolvimento e inovação, incluindo a carteira de projetos institucionais e a gestão da política de inovação."

Impõe-se ainda mencionar que, na forma do artigo 26 da LI, as ICTs que contemplem o ensino em suas atividades principais (e não meramente acessórias ou instrumentais), em tais atividades e na formação dos pertinentes recursos humanos deverão incluir o estudo da LI em todos os seus aspectos.

Derradeiramente importa sublinhar que a contratação das plataformas do conhecimento segue regime diferenciado, discriminado no artigo 20 da LI, sendo imprescindível prévio chamamento público. Confira-se:

"Art. 20. ....

....

§ 6º Observadas as diretrizes previstas em regulamento específico, os órgãos e as entidades da administração pública federal competentes para regulação, revisão, aprovação, autorização ou licenciamento atribuído ao poder público, inclusive para fins de vigilância sanitária, preservação ambiental, importação de bens e segurança, estabelecerão normas e procedimentos especiais, simplificados e prioritários que facilitem:

I – a realização das atividades de pesquisa, desenvolvimento ou inovação encomendadas na forma do *caput*;

II – a obtenção dos produtos para pesquisa e desenvolvimento necessários à realização das atividades descritas no inciso I deste parágrafo; e

III – a fabricação, a produção e a contratação de produto, serviço ou processo inovador resultante das atividades descritas no inciso I deste parágrafo.

Art. 20-A. (VETADO):

I - (VETADO);

II - (VETADO).

§ 1º (VETADO).

§ 2º Aplicam-se ao procedimento de contratação as regras próprias do ente ou entidade da administração pública contratante.

§ 3º Outras hipóteses de contratação de prestação de serviços ou fornecimento de bens elaborados com aplicação sistemática de conhecimentos científicos e tecnológicos poderão ser previstas em regulamento.

§ 4º Nas contratações de que trata este artigo, deverá ser observado o disposto no inciso IV do art. 27."

Para arremate, anote-se que, ao término do contrato da plataforma do conhecimento, os bens adquiridos no âmbito do projeto, com recursos decorrentes da contratação, terão seu domínio transferido à ICT partícipe, ou, na sua inexistência, para ICT que atue na mesma área temática.

8. Aqui, duas observações preliminares:

___ conquanto os entes federativos possam ser, diretamente, sujeitos protagônicos de inovação, até por imperativos de ordenação e divisão do trabalho a maior parte dessas atividades incumbirá às ICTs ou às empresas a elas aliadas;

___ o estímulo às empresas brasileiras constitui, ademais, uma opção inafastável na tarefa estatal de construção de ambientes especializados e cooperativos de inovação (LI, arts. 3º a 5º).

Daí a importância dos artigos 19 a 21 da Lei nº 10.973, que constituirão agora destacado ponto de nossas considerações. Ressalte-se contudo que, em nosso entendimento pessoal, não nos parece acertada a dicção da LI, ao convocar apenas o universo empresarial e as entidades privadas "sem fins lucrativos", para o grande esforço concertado nos artigos 218 e 219 da Constituição. Que fossem elas as destinatárias principais do incentivo e estímulo estatais se afigura perfeitamente justificável. Mas as grandes empresas e entidades privadas, comprometidas com a busca da lucratividade (e, por isso mesmo, marcadas pela saudável mola propulsora da competitividade), poderiam e deveriam ser também chamadas, nos pactos de cooperação e mesmo de financiamento, para a formação de um grande parque ou polos tecnológicos brasileiros.

E isso não é de forma alguma obstaculizado nos supra citados preceitos constitucionais. Pelo contrário, aliás: os articulados em questão jamais referem a restrição que estamos agora enfocando, tampouco aliás vedando a participação do empresariado estrangeiro. O precípuo alvo constitucional é a formação, no país, e do país, de parques, polos e ambientes promotores de inovação. *Tout court.* Mas *legem habemus.*

O parágrafo 2º-A, do artigo 19: da LI, enuncia, em caráter exemplificativo, alguns instrumentos de estímulo à inovação nas empresas, assim dispondo:

> "Art. 19 ....
>
> ....
>
> §2º-A. São instrumentos de estímulo à inovação nas empresas, quando aplicáveis, entre outros:
>
> I – subvenção econômica;
>
> II – financiamento;
>
> III – participação societária;
>
> IV – bônus tecnológico;
>
> V – encomenda tecnológica;
>
> VI – incentivos fiscais;
>
> VII – concessão de bolsas;
>
> VIII – uso do poder de compra do Estado;
>
> IX – fundos de investimentos;
>
> X – fundos de participação;
>
> XI – títulos financeiros, incentivados ou não;
>
> XII – previsão de investimento em pesquisa e desenvolvimento em contratos de concessão de serviços públicos ou em regulações setoriais.
>
> ...."

Sublinhe-se, na sequência, uma série de pressupostos normativos que temos por incontestes e até positivados:

> ___ a competência para legislar, na temática da ciência e da tecnologia, é concorrente (União, Estados, Distrito Federal);
>
> ___ a LI é, quase inteiramente (inclusive nos seus artigos 19 a 21 ora iluminados), uma lei de normas gerais, é dizer, uma lei nacional (e não apenas federal);

___ Estados e Distrito Federal podem legislar (ou regulamentar, é óbvio), em caráter suplementar, sobre o tema, descabendo contudo fazê-lo em desconformidade às normas gerais da Lei nº 10.973;

___ no que diz respeito às contratações administrativas, no terreno da inovação tecnológica, a lei-matriz é a LI, atuando a Lei nº 14.133/2021 como fonte subsidiária. Trata-se de aplicação dos critérios da preponderância da lei especial, agasalhada inteiramente na LINDB. Por isso mesmo, os contratos, nesta temática, podem ser avençados sem as chamadas cláusulas exorbitantes da Lei nº 14.133, com o que ainda mais será atraída a colaboração da empresa privada e mais celeremente atingidos os propósitos finalísticos da LI.

Insta agora iniciar a visualização de alguns dos instrumentos consagrados em direito positivo, com vistas à concretização da política pública nacional de estímulo à inovação nas empresas.

Em sede constitucional, o pertinente artigo 219-A, ecoado pelo artigo 4º da LI, prevê a celebração de avenças, entre o Poder Público e entidades privadas, para o compartilhamento de recursos humanos especializados e capacidade instalada. Trata-se de contrato que pode ser objeto de pactuação direta.

O artigo 19, §6º, II, da LI, seguindo na linha do artigo 9º do mesmo diploma, prevê a celebração de acordos de parceria entre as ICTs e instituições públicas e privadas do setor. Ainda aqui é admissível a contratação direta, mas não é vedada qualquer forma de chamamento público. Doutra parte, concerne à competência estadual (ou distrital) suplementar elencar hipóteses em que, pelo vulto ou pelas peculiaridades da parceria, a licitação se imponha.

Anteriormente já foi referida a possibilidade de contratação de prestação de serviços técnicos especializados, pelas ICTs, a particular ou mesmo a entidades públicas. Fazemos então, aqui, remissão ao que antes deduzido.

Quanto ao mais, as disposições dos artigos 19 a 21 da LI são minudentes e auto-explicativas no que se refere à disciplina dos instrumentos de estímulo à inovação nas empresas. Torna-se então desnecessário sobre elas desdobrar considerações adicionais às que expendidas antes, com apenas três ressalvas:

___ a encomenda tecnológica (LI, art. 19, §2º-A, V) será objeto de estudo que desenvolveremos no futuro, em texto autônomo;

___ na forma do artigo 20-A, §§2º, 3º e 4º, os procedimentos das contratações, aqui contempladas, não se subordinam nuclearmente à Lei nº 14.133/2021, mas sim às regras próprias da entidade da administração pública contratante, aos comandos previstos em regulamentos e às políticas públicas de prioridades, preferências e simplificações, expostas no artigo 27 da própria LI;

___ além dos instrumentos de estímulo à inovação nas empresas, referidos exemplificativamente no parágrafo 2º-A do artigo 19 da LI, também poderão ser concedidas isenções fiscais com vistas à consecução das finalidades da LI (art. 28).

Cuidou ainda a Lei de Inovação do estímulo ao inventor independente. Como tal, e para os fins da LI (arts. 22 e 22-A), se tem em vista a pessoa natural, não integrante de órgão/entidade estatal ou privada, que tenha comprovadamente efetuado o depósito de patente da sua criação, a qual, contudo, ainda careça de ulterior desenvolvimento (aí incluídas as etapas de incubação, utilização, industrialização e inserção no mercado). Relembre-se que o artigo 2º da LI define criação, criador, inovação, incubação, invenção, etc...

O que aqui interessa é que a Lei nº 10.973 estimula o apoio, seja por solicitação do inventor independente, seja por iniciativa do próprio Poder Público (aí incluídas as ICTs públicas), ao trabalho criado, desde que observados certos condicionamentos, que sumariamente abordaremos.

Assim é que:

___ no caso de o estímulo ser solicitado pelo inventor independente, junto a uma ICT pública, esta, por meio de seu NIT, avaliará a invenção, sob os prismas não só de sua viabilidade técnica e econômica, mas também da sua afinidade com a área de atuação da ICT e o interesse desta no desenvolvimento da invenção, produto ou processo;

___ a adoção da inovação pela ICT pública (que terá o prazo de seis meses para, fundamentadamente, decidir sobre o pedido) estará ainda condicionada ao compromisso, formal, pelo inventor independente, de compartilhar com a ICT eventuais ganhos econômicos decorrentes da exploração da criação. Essa pactuação é livremente avençada, em face da inexistência de balizas legais ou regulamentares

Segundo antes assinalamos, a iniciativa do apoio ao inventor independente poderá partir dos entes federativos, de agências de fomento e de ICTs públicas, observados os dois condicionamentos supra deduzidos.

De uma ou de outra forma, dentre os mecanismos de apoio a LI elenca:

> a) assistência para transformação da inovação em produto ou processo, com os mecanismos financeiros e creditícios legalmente previstos;
>
> b) assistência para constituição de empresa que produza o bem criado;
>
> c) orientação para transferência de tecnologia para empresas já existentes.

9. O principal regulamento, da Lei de Inovação Tecnológica, se estampa no Decreto nº 9.283 (de 07.02.2018). Trata-se de um diploma muito extenso, com quase 100 (cem) artigos. E não só extenso, mas também com um elevado número de regras de embasamento sobretudo tecnológico-científico, mais além, portanto, de uma abordagem estritamente jurídica.

Por tais características, nosso método de estudo contemplará dois viezes: ***a)*** o da compatibilização formal da norma regulamentar com os preceitos legais (em senso estrito) regulamentados; ***b)*** o da juridicidade da norma regulamentar, a lume da totalidade de nosso sistema jurídico.

Com tais balizas metodológicas estabelecidas, iniciemos o exame do Decreto 9.283/18.

O primeiro capítulo do citado regulamento se compõe de dois artigos. Seu título é "Disposições Preliminares", seguindo a estrutura da LI, cujo primeiro capítulo tem a mesma denominação e o mesmo número de artigos.

O artigo 1º do Decreto se limita a declarar o âmbito normativo a ser regulamentado e a declarar a finalidade geral de suas regras. Aqui não há qualquer reparo a fazer, amoldando-se o Decreto à teleologia da LI, desenvolvendo ademais com exatidão e acerto jurídico o universo das pertinentes normas regulamentáveis.

O artigo 2º da LI, recordemos aqui, contém um glossário dos principais núcleos materiais e conceituais de que cuida o diploma.

Em paralelo, o artigo 2º do Decreto enuncia um sucinto glossário. Os dois primeiros conceitos – os de "entidade gestora" e de "ambientes promotores da inovação" – correspondem a atividades e atores de inovação presentes na Lei, conquanto não rotulados. Aqui há relação de compatibilidade entre lei e regulamento, não ocorrendo assim razão para crítica. O mesmo se diga da terceira expressão conceituada no Decreto, a saber, o de "risco tecnológico". Trata-se, como visto antes, de um dos principais vetores da LI; e a definição do regulamento não afronta a LI e a doutrina existente sobre a matéria. Por fim, nas duas últimas capitulações, o Decreto 9.283 retoma o rótulo "ICT", já definido na LI, apenas separando-o em apartados escaninhos (ICT pública e ICT privada), com vistas à facilitação do regramento regulamentar. Em suma, reparo algum se faz seja à licitude do regulamento, seja quanto à utilidade de sua formulação.

O segundo capítulo do regulamento (artigos 3º a 10) porta a mesma denominação do segundo capítulo da LI (artigos 3º a 5º): "Do Estímulo à Construção de Ambientes Especializados e Cooperativos de Inovação". Mas, como é próprio de um regulamento, aqui a normatização secundária se desenrola com maiores detalhes, minúcias e subdivisões. Por isso, o capítulo segundo do Decreto se desdobra em três segmentos: alianças estratégicas e projetos de cooperação (artigo 3º), participação minoritária de entidades da Administração Pública em empresas de inovação e fundos de investimentos (artigos 4º e 5º) e ambientes promotores de inovação (artigos 6º a 10).

Esses três subtemas já haviam sido apresentados na própria LI, como passaremos a ver, separadamente.

As alianças estratégicas e os projetos de cooperação são referidos no caput do artigo 3º da LI. O sentido de tais expressões é auto-explicativo, tornando supérfluo qualquer conceito que desejássemos elaborar. No desenho da Lei, a constituição de alianças estratégicas e o desenvolvimento de projetos de cooperação, entre Estado e entidades privadas (desde que sem fins lucrativos), constituem instrumentos relevantes para a geração de inovação e para a transferência e difusão da tecnologia. O alvo buscado por essas sinergias é a criação de ambientes de inovação, é dizer, núcleos de inovação e capacitação dos imprescindíveis recursos humanos qualificados (incubadoras, polos tecnológicos, parques tecnológicos, laboratórios; enfim, verdadeiros ecossistemas de inovação, na forma do Decreto 9.283, art. 2º, II, a).

Não obstante a altissonância da letra da Lei e do seu regulamento ora examinado, o que se pôs, até aqui, nada mais é que uma ênfase do telos dos artigos 218 e 219 da Lei Maior. Até mesmo a cooperação internacional referida nos parágrafos do artigo 3º do Decreto 9.283, ou a formulação de projetos de inovação com concessionárias de serviços públicos, não vão além de repetições, não tendo qualquer feição de decreto de execução da previsão legal.

A participação minoritária da Administração Pública no capital de empresas de inovação tecnológica igualmente estava assentada na LI, como instrumento de formação de um ambiente de inovação (art. 5º). O mesmo se diga da utilização, como ferramentas de apoio, de fundos de investimento (artigos 3º, 3º-A e 3º-B da LI).

Aqui, entretanto, o Decreto 9.283 editou normas de cunho regulamentar, estabelecendo como se dará a participação e como fundos de investimento atuarão no incremento à inovação. É o que se vê em seus artigos 4º e 5º, nos quais não se depara qualquer ilegalidade. A respeito da abrangência regulamentar de tais artigos 4º e 5º do Decreto 9.283 expenderemos considerações mais adiante.

A criação e desenvolvimento de ambientes promotores da inovação, já estatuídos nos artigos 3º (parágrafo único) e 3º-B da LI, mas sem detalhamentos de sua concretização, encontram agora nos artigos 6º a 10 do Decreto 9.283 minuciosa regulamentação de execução, não se divisando em tais preceitos máculas legais ou constitucionais, ressalvadas as observações que deduziremos nos três subitens imediatamente subsequentes:

> a) Reiteramos aqui observação já antes apresentada: a LI criou, no entrosamento do processo inovador em parcerias com o empresariado privado, a exigência de que se trate de entidade sem fins lucrativos. Tal restrição não repousa nos artigos 218 e 219 da Constituição da República.

Não é demasia imaginar que alguma empresa privada, nacional ou estrangeira, com fins lucrativos, venha a judicializar discordâncias, inclusive com fulcro nos postulados da igualdade, da legalidade, da eficiência e da economicidade. Talvez, também, no da razoabilidade.

Pondo-se de parte o tópico da judicialização, fixando-nos nos da otimização de resultados e aceleração do desenvolvimento científico e tecnológico, menos ainda se justifica a restrição ora focalizada. Como regra, a empresa lucrativa formou, no curso do tempo, um capital de reconhecimento e de capacitação humana amplíssimo e, provavelmente, maior que o das estruturas que não perseguem o lucro. A preferência à empresa divorciada do lucro poderia ser, sem reparos, uma política pública. Mas a exclusão da parceira que visa ao lucro nos soa como um ruído subdesenvolvido, de país colonizado e não de uma nação que planeja ocupar um lugar no chamado primeiro mundo.

Aliás, a pandemia da COVID-19 nos dá, a respeito, um exemplo sólido em apoio às críticas acima postas.

Na busca ingente e permanente por uma vacina, estabeleceu-se, dentre outras, uma parceria com a Universidade de Oxford, que seria enquadrável na categoria de entidade sem fins lucrativos. A colaboração envolve inclusive transferência de tecnologias para a produção da vacina. Mas há um plus. A Universidade em questão se vincula, nessa pesquisa, a um poderoso conglomerado farmacêutico multinacional, a AstraZeneca, empresa das mais lucrativas do mundo. E agora também nossa parceira, para o enfrentamento do coronavírus. Pode-se prever que identicamente ocorrerá na nova etapa de nosso saneamento básico. Ou, no campo da mobilidade urbana, com a em breve imprescindível adoção de meios de transporte com inteligência artificial de ponta (Tesla, Google, etc.).

Reafirmamos então críticas precedentes e desde já assentamos que este subitem se aplica a todos os demais segmentos do exame do Decreto 9.283.

b) A ressalva do último parágrafo supra também aqui incide.

A Lei nº 10.973, já o dissemos fundamentadamente, é uma lei nacional. E assim é porque, decorrente imediatamente dos artigos 218 e 219 constitucionais, cuida de um tema que não pode ser tratado diferentemente pelas unidades federativas. Em ciência e tecnologia a falta de harmonia teleológica leva a conflitos, quando não a impasses insuperáveis.

Na técnica constitucional de distribuição de competências, particularmente dos pertinentes artigos 24 (e parágrafos) e 30, as leis nacionais se encartam nos escaninhos da competência normativa concorrente (União, Estados e Distrito Federal, artigo 24) e da competência do interesse local e peculiar (Municípios, artigo 30).

A regra geral, aqui, é que a União estabelece as normas gerais, cabendo aos demais entes federativos exercer competência suplementar ou a relativa a interesses tipicamente locais.

Dito isso, daí se extrai que a LI, sendo quase toda ela uma lei de normas gerais, tem abrangência nacional de coatividade (aqui ainda reside um questionamento, que desenvolveremos no subitem imediatamente posterior).

Mas a matéria regulamentar não se encarta no terreno das normas gerais. Com isso pretendemos dizer que a LI, cujas normas gerais e políticas públicas são obrigatórias para todos os entes federativos e para todas as Administrações Públicas, será concretamente executada mediante medidas, atuações, priorizações e particularizações de cada um dos personagens nacionais da inovação tecnológica. Assim, por exemplo, as formas de participação minoritária de Estados e Municípios, em empresas privadas de inovação tecnológica, há de ser definida concre tamente em normas estaduais e municipais. As pertinentes regras do Decreto 9.283 podem até servir de inspiração ou esclarecimento, mas não haverão de ser vistas como campo de cogência.

c) Conquanto o subitem antecedente, postas entre parênteses eventuais polêmicas que suscite, pudesse assumir a característica de um farol esclarecedor em termos de definição de competências normativas, há contudo uma dúvida angustiante. É que a LI, a par de suas predominantes normas gerais, está repleta de normas regulamentares, normas de execução. Por exemplo, vários dos parágrafos do seu artigo 6º. Aqui se põe (não só no aludido artigo, é claro, infelizmente aliás), uma verdadeira usina de potencial litigiosidade, na implantação de uma cultura nacional de inovação tecnológica. Todos sabemos como é controversa a questão da configuração do que sejam normas gerais. Não adentraremos o tema. Agora nos limitaremos a iluminar o problema, pela convicção que nos nutre de que só o tempo, ou as Cortes se provocadas, estabelecerão as linhas de delimitação efetivamente operacionais.

O terceiro capítulo, da LI (artigos 6º a 18) e do Decreto 9.283 (artigos 11 a 18) cuidam do estímulo à participação das ICTs no processo de inovação. Acreditamos que a própria extensão semelhante, da Lei e do Regulamento, já evidencia anotação anterior de nossa parte, quanto à existência de várias normas regulamentares na própria Lei. Por tais artes reiteramos a incidência aqui também, do que desenvolvido nos precedentes subitens.

Tal como se deu anteriormente, agora também o regulamento faz um desdobramento temático, não destacado na LI, embora nela contido. É que o Decreto 9.283 se desdobra no ponto em três seções, com os seguintes títulos: transferência de tecnologia (artigos 11 a 13), políticas de inovação das ICTs (artigos 14 a 17) e internacionalização das ICTs (artigo 18). Como fizemos antes, aqui procederemos ao seccionamento da abordagem.

a) A meta da transferência de tecnologia e do licenciamento para exploração de criação reconhecida se encontra lançada no artigo 6º da Lei. As regras de execução (artigos 11 a 13 do Decreto 9.283), pelas razões já expostas, se endereçam à Administração Pública federal. Assim, por exemplo, as exigência enunciadas, a serem feitas aos terceiros interessados na oferta tecnológica (§5º do artigo 12 do Decreto do 9.283), dizem respeito apenas à União, podendo Estados, Distrito Federal e Municípios optar por um rol diferente.

b) Observações análogas se aplicam ao artigo 14 do regulamento, que cuida do conteúdo das políticas públicas instituídas pelas ICTs públicas. A LI, em seus artigos 15-A e 16, trata da matéria. No prefalado artigo 16, §1º, se estrutura a arquitetura dos NITs, configurando-se aí um preceito com a característica de norma geral, nacionalmente observável. No entanto, a nosso ver, os parágrafos 2º e 3º, ainda do artigo 16 da Lei, não gozam da natureza de norma geral, antes ostentando até mesmo sabor regulamentar, por tudo isso não sendo de observância obrigatória, por exemplo, para os Estados.

Em contrapartida os correspondentes articulados do Decreto 9.283 (artigos 14 a 17) têm como destinatária a Administração Pública federal.

c) A terceira seção do terceiro capítulo do Decreto 9.283 aborda a temática da internacionalização das ICTs. A matéria não é contemplada no Capítulo III da LI. Mas a internacionalização da atividade internacional de inovação está anunciada desde o artigo 1º da Lei nº 10.973. Por tal razão, o artigo 18 do Decreto 9.283 não ultrapassa o âmbito próprio aos regulamentos de execução. Mas o que aí posto não incide automática e diretamente em Estados, Distrito Federal e Municípios. Trata-se apenas de uma inspiração ou sugestão para tais entidades federativas.

Com as mesmas observações acima, refira-se o Decreto 8.269 de 2014, que instituiu o Programa Nacional de Plataformas do Conhecimento. Aqui, além do escopo da internacionalização da cooperação, omitiu-se a inadmissível menção ao limite "sem fins lucrativos" por nós reiteradamente criticado, afeiçoando-se o texto regulamentar à amplitude das balizas de colaboração traçadas nos artigos 218 e 219 da Constituição da República.

O quarto capítulo, da Lei e do Regulamento, a ser estudado, é o que dedicado ao estímulo à inovação nas empresas. O tema é versado nos artigos 19 a 21-A da LI e nos artigos 19 a 33 do Decreto 9.283.

Mais uma vez, o regulamento, ao contrário da Lei, se divide em Seções, assim rotuladas: disposições gerais, subvenção econômica, apoio a projetos, bônus tecnológico e encomenda tecnológica (com três subseções).

Fazendo remissão aqui, a notas metodológicas antes expostas, cremos possível, a partir de agora, fazer uma apreciação mais sucinta. Assim:

a) as "Disposições Gerais" do regulamento se resumem a um artigo (o 19), que tem como destinatária obrigatória a União, e que se limita a prever a admissibilidade de cumulação dos 12 (doze) instrumentos de estímulo à inovação nas empresas, estabelecidos na LI;

b) a Seção II (subvenção econômica, artigos 20 a 24 do regulamento, e um dos instrumentos de estímulo traçado no artigo 19 da LI), também tem em mira, quanto à incidência, a Administração Pública federal. Vale aqui anotar a mesma dificuldade apontada para outros capítulos da LI: esta, além de verdadeiras normas gerais, também contém preceitos de cunho nitidamente regulamentar, que podem ser afastados ou modificados mediante o exercício da competência normativa suplementar de que cuida a Constituição da República, em seus artigos 24, §2º e 30, incisos I e II;

c) a Seção III, "Do apoio a projetos" (que se legitima e ancora no artigo 19 da LI) e a Seção IV, "Do bônus tecnológico" (previsão instrumental da LI), não suscitam outros comentários que não os expendidos nas letras "a" e "b" supra;

d) a Seção V ("Da encomenda tecnológica", também consignada no artigo 19 da LI), subdividida em três subseções ("Disposições Gerais", "Das formas de remuneração" e "Do fornecimento à administração"), além de impactada conteudisticamente pelas considerações anteriores deste item, será objeto oportunamente de um outro estudo que ainda estamos elaborando.

Os restantes segmentos do Decreto 9.283 não serão aqui examinados, por uma das duas seguintes razões:

> ___ ou dizem respeito a diversos tipos de contratos que interessam à inovaçao tecnológica, o que, por sua importância e particularidades, reclama a formulação de obras autônomas;
>
> ___ ou concernem ao direito financeiro (prestação de contas e execução orçamentária), o que escapa ao viés da abordagem escolhida pelo ora autor.

Bibliografia

ANDREASSÉ, Jales - Gestão da Inovação Tecnológica. Thompson Learning, SP, 2007.

BARBOSA, Denis Borges (org. e co-autor) - Direito da Inovação, Lumen Juris, 2ª. ed., 2011.

CHRISTENSEN, C.M; OVERDORF, M. - Meeting the Challenge of disruptive Change. Harvard Business Review, março/abril, 2000.

FERREIRA, Daniel - A Licitação Pública no Brasil e sua Nova Finalidade Legal. Ed. Fórum, BH, 2012.

NONAKA, I; TAKEUCHI, H. - Criação de Conhecimento na Empresa: como as Empresas Japonesas geram a Dinâmica da Inovação. Campus, RJ, 1997.

OLIVEIRA, Mário Esteves de; OLIVEIRA, Rodrigo Esteves de – Concurso e outros Procedimentos de Adjudicação Administrativa. Almedina, Coimbra, 1998.

PEREIRA JUNIOR, Jessé Torres; DOTTI, Marines Restolato – Políticas Públicas nas Licitações e Contratos Administrativos. Ed. Fórum, BH, 2012.

SCOTCHMER, Suzanne – Innovation and Incentives. MIT Press, 2004.

SEMINÁRIO INOVAÇÃO TECNOLÓGICA E SEGURANÇA JURÍDICA. Centro de Gestão e Entidades Estratégicas, Brasília, DF, 2007.

SILVA, Thiago de Carvalho e Silva e – A Inovação Tecnológica no Ambiente de Trabalho. Lumen Juris, RJ, 2015.

VALLE, Horácio – Princípios Jurídicos da Inovação Tecnológica. Lumen Juris, RJ, 2018.